J. Noebels

Haustelegraphie

——○——

Haustelegraphie

und

vat-Fernsprechanlagen

mit besonderer Berücksichtigung

es Anschlusses an das Reichsfernsprechnetz

von

J.^{chann} Noebels,

Vorsteher des Telegraphen-Betriebsbureaus des Reichs-Postamts

Mit 384 Abbildungen

Leipzig

Verlag von S. Hirzel

1905

Vorwort.

Die Veranlassung zur Herausgabe des vorliegenden Werkchens hat die im Abschnitt XII
abgedruckte Verordnung des Reichskanzlers vom
31. Januar 1900 über Fernsprechnebenanschlüsse
gegeben. Bis zum Erlaß dieser Verordnung war
die Errichtung von Fernsprechnebenstellen nur
für den Inhaber der Hauptsprechstelle gestattet
und ihre Anlage der Telegraphenverwaltung vorbehalten. Auf Grund der Verordnung kann jeder,
der die Ausgabe für einen Hauptanschluß scheut,
sich gegen sehr mäßige Gebühr durch einen Nebenanschluß mit einem Hauptanschluß verbinden lassen
und so mit dem Ortsfernsprechnetz in Verkehr
treten. Eine besondere Bedeutung hat die Verordnung dadurch, daß sie die Einrichtung und
Instandhaltung von Fernsprechnebenstellen der
Privatindustrie freigibt. Den Fernsprechteilneh-
mern, welche sich Nebenstellen durch private In-
stallateure einrichten lassen, ist in der Wahl der
Apparate, Batterien und Leitungsmaterialien möglichst freier Spielraum gelassen; Bedingung ist
aber, daß die getroffenen Einrichtungen

den von der Reichs-Telegraphenverwaltung angewandten nicht nachstehen und den von dieser gestellten Anforderungen genügen. Hieraus folgt, daß die Privatindustrie die Anforderungen kennen muß, welche die Reichs-Telegraphenverwaltung im Interesse der Sicherheit und Zuverlässigkcit des Betriebs der Fernsprechnetze an die von Privaten ausgeführten Nebenanschlüsse stellt.

Das vorliegende Werkchen soll nun die Unternehmer derartiger Anlagen (Elektrotechniker, Mechaniker usw.) in den Stand setzen, die Arbeiten sachgemäß nach den erprobten Grundsätzen der Telegraphenverwaltung auszuführen. Es gibt zu diesem Zweck eine vollständige, leicht faßliche Anleitung für den Bau der ober- und unterirdischen Leitung, eine Beschreibung der Apparate und der Einrichtung der Sprechstellen, der vorkommenden Schaltungen, überhaupt der gesamten Anlage von Fernsprechnebenstellen. Auch für die Herstellung aller Telegraphen- und Fernsprechanlagen, deren Ausführung auf Grund des Telegraphengesetzes ohne Genehmigung des Reichs dem Privatunternehmen freigegeben ist — z. B. für den inneren Dienst von Behörden, den Betrieb von Transportanstalten sowie auf Privatgrundstücken —, enthält das Werkchen die notwendige Unterweisung.

Die in Betracht kommenden gesetzlichen Bestimmungen sind im Auszug wiedergegeben.

Das Werkchen wäre unvollständig, wenn darin nicht auch die Einrichtungen für „Haustelegraphie und-Telephonie", insbesondere Wecker- und andere Signalanlagen ausführlich behandelt worden wären. Hierbei haben die bewährten Einrichtungen der ersten Firmen auf diesem Gebiete als Muster gedient; Beschreibungen und Bildstöcke sind von diesen Firmen bereitwilligst zur Verfügung gestellt worden. Endlich ist in einem Anhang eine Anleitung zur Herstellung von Gebäude-Blitzableitern gegeben.

Sowohl bei den theoretischen Erörterungen über Elektrizität, Magnetismus und galvanische Elemente wie auch bei der Darstellung der Ausführungsarbeiten ist stets im Auge behalten worden, daß das Werkchen namentlich auch solchen Installateuren als Lehrer und praktischer Führer dienen soll, die ohne besondere elektrotechnische Vorbildung sich mit der Herstellung der in Betracht kommenden Anlagen befassen.

Für den Bezug der Apparate usw. sind vielfach die Quellen angegeben; Apparate und Einrichtungen, die bestimmten Firmen patentiert sind oder von ihnen als Spezialität angefertigt werden, sind als solche bezeichnet.

Bei Abfassung des Werkchens haben erfahrene Kollegen mitgewirkt, denen ich dafür an dieser Stelle gebührend zu danken nicht unterlassen möchte.

Der Verfasser.

Inhaltsverzeichnis.

II. Galvanische Elemente.

IV. Apparate für die Haustelegraphie.

A. Die Kontaktvorrichtungen.

1. Druckkontakte.

2. Die Zugkontakte.

3. Die Tretkontakte.

4. Die Sicherheitskontakte.

B. Die elektrischen Läutewerke oder Wecker.

a) Die Rasselwecker.

VIII. Apparate für Telephonie.

IX. Die Fernsprechschaltungen.

A. Anlagen für Batterieanruf.
1. Direkte Schaltung.

2. Normalschaltung.

B. Anlagen für Induktoranruf.

X. Fernsprechnebenanschlüsse.

XI. Betriebsstörungen in Fernsprechanlagen.

A. Aufsuchen des Fehlers durch Besichtigung.

B. Eingrenzen des Fehlers durch elektrische Prüfung.

a) Störungen in Anlagen mit zwei Sprechstellen:

XII. Gesetzliche Bestimmungen.

Anhang.

Anleitung zur Herstellung von Gebäude-Blitzableitern.

Einleitung.

Haustelegraphen und Haustelephone sollen dazu dienen, mit Hilfe des elektrischen Stromes zwischen verschiedenen Räumen eines Hauses oder zwischen getrennten Gebäuden Nachrichten zu übermitteln. Sie haben vor den früher hierzu benutzten Klingelzügen und Sprachrohren den Vorzug, daß sie in ihrer Handhabung weit bequemer und auf jede beliebige Entfernung verwendbar sind. Sollen nur Signale gegeben werden, z. B. zum Herbeirufen der Bedienung, so genügen elektrische Klingelanlagen, nach Umständen in Verbindung mit Nummerkästen. Muß dagegen jede beliebige Nachricht übermittelt werden können, so verwendet man Fernsprecher und Mikrophone.

Hausfernsprechanlagen können auch mit den von der Reichs-Postverwaltung hergestellten Anschlüssen an Ortsfernsprechnetze in Verbindung gesetzt werden; die Bedingungen dafür sind im VII. Abschnitt abgedruckt. Derartige Fernsprechnebenanschlüsse müssen mit besonderer Sorgfalt ausgeführt werden und in technischer Hinsicht den Anforderungen der Reichs-Postverwaltung entsprechen.

Zu jeder elektrischen Telegraphen- oder Fernsprechanlage gehören folgende Teile:

1. die Stromquelle, welche die Betriebskraft liefert;
2. der Sender, d. i. ein Apparat, mittels dessen das Signal oder die Nachricht abgegeben wird;
3. der Empfangsapparat, welcher das Signal oder die Nachricht am Bestimmungsorte zur Wahrnehmung bringt;
4. die Leitung, d. i. eine den elektrischen Strom vom Sender zum Empfangsapparat leitende Drahtverbindung.

Als Betriebskraft dient der elektrische Strom, welcher sich mit Hilfe einer Drahtverbindung bequem und billig nach jeder beliebigen Empfangsstelle hinleiten läßt. Die Entsendung des Stromes erfolgt in Klingelanlagen lediglich durch Schließen eines Kontaktes, meist mittels Druckknopfes, in Fernsprechanlagen einfach durch Sprechen in den Apparat hinein.

Wer elektrische Anlagen für den Nachrichtenverkehr anlegen oder instandhalten will, muß mit den wichtigsten Gesetzen des elektrischen Stromes vertraut sein. Wir geben daher zunächst eine kurze Erläuterung der hier in Betracht kommenden Erscheinungen und Begriffe aus der Lehre von der Elektrizität und dem Magnetismus.

I. Elektrizität und Magnetismus.

1. Der elektrische Strom.

Zustandekommen des Stromes. Wenn man eine Glühlampe in eine elektrische Lichtleitung einschaltet, so daß ein Ende des Kohlenfadens mit dem positiven Pole, das andere Ende mit dem negativen Pole der Elektrizitätsquelle verbunden ist, so wird der Kohlenfaden glühend und leuchtet. Die Ursache dieser Erscheinung ist ein elektrischer Strom, der vom positiven Pole durch den Kohlenfaden hindurch zum negativen Pole fließt und dabei den Kohlenfaden erwärmt; die verbindenden Leitungsdrähte werden ebenfalls, aber in viel geringerem Grade erwärmt. Wie die elektrischen Maschinen einer Beleuchtungsanlage, so ist auch das in Figur 1 abgebildete galvanische Element eine Elektrizitätsquelle. Es enthält in einem Standglase den Zylinder *a* aus Kohle und Braunstein, ferner am Glasrand aufgehängt den hohlen Zinkzylinder *b* und ist mit einer Lösung von Salmiak in Wasser gefüllt. Die Kohle bildet den positiven, das Zink den negativen Pol des Elements. Verbindet man beide Pole durch einen Draht von beliebiger Länge miteinander, so fließt in dem Drahte ein elektrischer Strom, der sich durch verschiedene Wirkungen äußert; die wichtigsten sind, daß der Strom den Draht erwärmt, daß er eine frei drehbare Magnetnadel, neben welcher der Draht entlang geführt wird, aus der Ruhelage ablenkt, und daß er einen Eisenstab, um welchen der Draht in Spiralwindungen herumgelegt wird, magnetisch macht.

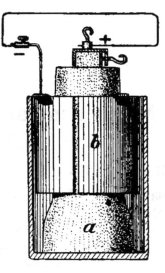

Fig. 1.

In dem Element wird Zink aufgelöst und die Salmiaklösung zersetzt, und diese chemischen Vorgänge erzeugen auf dem Kohlenpol Elektrizität, welche gleichsam aus dem Element herausgedrückt wird und deshalb das Bestreben hat, nach dem Zinkpol in das Element zurückzuströmen, ähnlich wie eine aus ihrer Lage gedrückte und dadurch gespannte Feder in die Ruhelage zurückzugehen strebt. Nach dem Bilde der gespannten Feder sagt man auch von der Elektrizitätsquelle, daß ihr positiver Pol gegen den negativen Pol eine Spannung oder einen Spannungsunterschied besitze.

Vergleich mit einem Wasserstrome. Das Wesen der Elektrizität und der Mechanismus ihres Strömens entziehen sich unserer Wahrnehmung. Wir können uns jedoch eine anschauliche Vorstellung davon machen, wenn wir den elektrischen Strom mit einem Wasserstrome vergleichen.

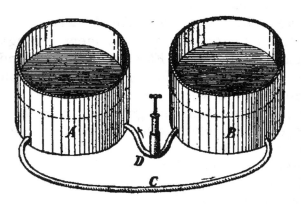

Fig. 2.

Die teilweise mit Wasser gefüllten Gefäße *A* und *B* (Fig. 2) sind durch ein dicht über dem Boden eingelassenes Rohr *C* von beliebiger Länge und Gestalt miteinander verbunden; das Wasser steht daher gleich hoch in ihnen und befindet sich in Ruhe. In ein zweites Verbindungsrohr *D* ist eine Pumpe eingefügt, mittels deren das Wasser aus *B* nach *A* gepumpt werden kann. Wird die Pumpe mit der Hand oder durch irgend eine andere Kraft in Tätigkeit gesetzt, so steigt das Wasser in *A* und fällt in *B*. Dadurch ist das Gleichgewicht des Wasserdrucks in beiden Gefäßen gestört, die Flüssigkeit im Rohre *C* erfährt nun von *A* aus einen stärkeren Druck als von *B* aus, und es strömt Wasser von *A* durch das Rohr *C* nach *B* so lange, bis der Höhenunterschied der Flüssigkeit in beiden Gefäßen wieder aus-

geglichen und der Überdruck in *A* beseitigt ist.
Man kann den Wasserstrom im Rohre *C* beliebig
lange unterhalten, indem man mit Hilfe der Pumpe
für das Fortbestehen des höheren Wasserstandes
und damit des Überdrucks im Gefäß *A* sorgt.

In ähnlicher Weise wird ein elektrischer Druck-
unterschied im galvanischen Element erzeugt und
unterhalten. In dem Element (Fig. 1) sind die
Gefäße *A* und *B* der Fig. 2 nebst dem Rohre *D*
und der Pumpe vereinigt zu denken. Der Ver-
bindungs- oder Schließungsdraht entspricht dem
Rohre *C*. Der elektrische Überdruck oder die
Spannung bleibt bestehen, so lange Zink und
Salmiaklösung zur Unterhaltung der erwähnten
chemischen Prozesse vorhanden sind. Infolge des
Überdrucks strömt, wie im Rohre *C* das Wasser,
so im Schließungsdrahte beständig Elektrizität von
dem Ende mit höherer Spannung (dem positiven
Pole) nach dem Ende mit geringerer Spannung
(dem negativen Pole).

Leiter und Nichtleiter. Der Elektrizitäts-
strom fließt nur dann, wenn zwischen den beiden
Polen eine ununterbrochene Verbindung von
Metalldraht oder einem andern elektrisch leitenden
Material vorhanden ist. Wie man den Wasser-
strom durch Einfügen einer undurchlässigen
Scheidewand, z. B. durch Schließen eines Hahnes
im Rohre *C*, unterbrechen kann, so läßt sich das
Strömen der Elektrizität im Schließungskreise ver-
hindern, wenn dieser auf einer noch so kurzen
Strecke aus einem die Elektrizität nicht leitenden
Körper gebildet wird. Die Elektrizität fließt leicht
in Metallen und Kohle, dagegen nicht durch die
Luft oder durch Glas; ist der Schließungsdraht

an einer Stelle durch den geringsten Luftzwischenraum unterbrochen, so kommt ein Strom nicht
zustande.

Gute Leiter der Elektrizität sind:

Metalle,
Kohle,
Lösungen von Salzen und
   Säuren in Wasser,
Quell- und Flußwasser,

Regen,
der feuchte Erdboden,
lebende Pflanzen und
   Tiere.

Nichtleiter oder Isolatoren sind:

Luft;
Schwefel, Harz, Ebonit, Paraffin;
Glas, Porzellan, Glimmer;
Guttapercha, Kautschuk;
Seide, Haare, Wolle, Leder;
Fette, Öle;
trockene Metalloxyde;
trockenes Holz, Papier, Leinen, Baumwolle.

Eine scharfe Grenze zwischen Leitern und
Nichtleitern besteht nicht; gegenüber starken
Spannungen zeigen auch Isolatoren eine geringe
Leitungsfähigkeit.

Zum Fortleiten des elektrischen Stromes von
der Elektrizitätsquelle nach dem Empfangsapparat
und zurück dienen allgemein Metalldrähte, und
zwar von Kupfer, Bronze oder Eisen. Damit der
Strom ungeschwächt zum Empfangsapparat gelangt
und nicht zum Teil bereits vorher nach dem negativen Pole zurückfließt, muß dafür gesorgt werden,
daß die beiden von den Polen ausgehenden Drähte
unterwegs weder unmittelbar in Berührung kommen,
noch daß zwischen ihnen ein elektrisch leitender
Weg, etwa über eine feuchte Holz- oder Mauer-
fläche an den Befestigungsstellen hinweg oder

durch den Erdboden hindurch besteht. Mit anderen Worten: die Leitungsdrähte müssen in ihrer ganzen Länge von Nichtleitern umgeben oder isoliert sein. Blanke Drähte werden zu dem Zwecke an den Stützpunkten durch Porzellanglocken gegen die eiserne Stütze isoliert, in die Erde oder in Gewässer zu versenkende Drähte erhalten ihrer ganzen Länge nach einen Überzug von Guttapercha, Kautschuk, Papier mit Bleimantel usw. und darüber noch eine schützende Bewehrung, die innerhalb der Gebäude an den Wänden zu befestigenden Drähte werden mit Baumwolle umsponnen und durch Tränken mit Wachs, Harz, Paraffin oder durch eine Gummihülle isoliert.

Die Rückleitung vom Empfangsapparat nach der Elektrizitätsquelle kann, wenn es sich um eine größere Entfernung handelt, durch den gut leitenden feuchten Erdboden ersetzt werden; in diesem Falle muß jede der zu verbindenden Stationen eine Erdleitung erhalten, d. i. eine bis in das Grundwasser des Erdbodens hinabgeführte Drahtleitung.

Widerstand (Ohm). Ein Kupferdraht leitet den elektrischen Strom besser als ein Bronzedraht, und dieser wieder besser als ein Eisendraht von gleichen Abmessungen. Drähte von demselben Material, z. B. von Kupfer, leiten den Strom um so besser, je kürzer und dicker sie sind. Jeder Leiter setzt der ihn durchströmenden Elektrizität einen Widerstand entgegen, ähnlich wie auch das Wasser beim Fließen durch ein enges Leitungsrohr den Reibungswiderstand der Rohrwand zu überwinden hat. Und wie der letztere um so größer ausfällt, je länger und enger das Rohr ist

und je rauher seine innere Wandfläche, so hängt
auch der elektrische Widerstand eines drahtför-
migen Leiters von dessen Abmessungen und von
der inneren Beschaffenheit, d. h. von der Art des
Materials ab. Der elektrische Widerstand eines
Leitungsdrahts ist um so größer, je länger der
Draht, je kleiner sein Querschnitt ist und je
schlechter das Drahtmaterial leitet. Gemessen
wird der Widerstand in Ohm. Ein Draht, welcher
dem Strome denselben Widerstand darbietet wie
eine Quecksilbersäule von 106,3 cm Länge und
1 qmm Querschnitt, hat gerade 1 Ohm Widerstand. Durch Vergleichung mit einer solchen
Quecksilbersäule ergibt sich, daß der Widerstand
bei Drähten von 1 m Länge und 1 qmm Querschnitt beträgt

für Kupferdraht 0,018 Ohm,

„ Bronzedraht 0,018 bis 0,056 Ohm (je nach
Art und Menge der Zusätze),

„ Eisendraht 0,10 bis 0,12 Ohm.

Hieraus findet man den Widerstand eines beliebigen Kupfer-, Bronze- oder Eisendrahts an-
genähert, indem man die angegebene Zahl, die
als spezifischer Widerstand des Materials bezeichnet wird, mit der Drahtlänge in Meter mul-
tipliziert und das Produkt durch den Querschnitt
des Drahtes in Millimeter dividiert. Ein 1000 m
langer Draht aus reinem Kupfer von 1 qmm
Querschnitt hat demnach 18 Ohm Widerstand;
beträgt sein Querschnitt aber 2 qmm, so sinkt
der Widerstand auf 9 Ohm.

Der Querschnitt eines Drahtes von 1 mm Stärke
berechnet sich zu $^{1}/_{4} \cdot 3,14 = 0,785$ qmm. Ein
Kupferdraht von 1 mm Stärke und 1000 m Länge

hat also ungefähr $\dfrac{18}{0,785}$ = 23 Ohm Widerstand;
ein ebenso langer Kupferdraht von 2 mm Stärke
hat den 4 fachen Querschnitt und deshalb nur
$^1/_4 \cdot 23 = 5,75$ Ohm Widerstand.

Es beträgt der Widerstand
von 1000 m Bronzedraht, 1 $^1/_2$ mm stark, 14,5 Ohm
„ 1000 „ Eisendraht, 4 mm stark, 10,5 „
des Kohlenfadens einer Glühlampe etwa 200 „ .

Man sieht, daß der kurze Kohlenfaden dem
Strome einen sehr viel höheren Widerstand bietet
als ein gleich langer Metalldraht. Dies ist der
Grund, weshalb der Kohlenfaden von demselben
Strome stärker erwärmt wird als die Zuleitungs-
drähte, denn die vom Strom in einem Leiter er-
zeugte Wärmemenge ist dem Widerstand des
Leiters proportional.

Die nach dem negativen Pole des Elements
zurückgeflossene Elektrizität wird durch den chemischen Prozeß im Element von neuem durch
letzteres hindurch nach dem positiven Pole getrieben. Beim Durchgange durch das Element
hat die Elektrizität ebenfalls einen Widerstand zu
überwinden; dieser beträgt bei dem in Fig. 1
dargestellten Element ungefähr 0,5 Ohm.

Spannung (Volt). Das Maß, in welchem
elektrische Spannungen gemessen werden, heißt
Volt. Elektrische Beleuchtungsanlagen erzeugen
gewöhnlich Spannungen von 110, 220 oder 440
Volt. Die Spannung des Zink-Kohlen-Elements
(Fig. 1) beträgt 1,5 Volt, die des später zu be-
schreibenden Zink-Kupferelements nahezu 1 Volt.
Die bekannten Elektrisiermaschinen und Funken-
induktoren vermögen Spannungen von mehreren

10000 Volt hervorzubringen, beim Blitz handelt es sich um Spannungen von mehreren 100000 oder Millionen Volt.

Die Spannung eines galvanischen Elements hängt von der chemischen Natur seiner Bestandteile ab. Will man höhere Spannungen mit Hilfe von Elementen hervorbringen, so muß man eine entsprechende Anzahl Elemente in Reihe schalten, d. h. den positiven Pol des ersten Elements mit dem negativen Pole des zweiten, dessen positiven Pol mit dem negativen des dritten Elements usw. verbinden. Auf diese Weise erhält man eine galvanische Batterie, deren Spannung zwischen den beiden Endpolen die Summe der Spannungen der einzelnen Elemente ist.

Stromstärke (Ampere). Unter der Stärke eines elektrischen Stromes versteht man die Menge Elektrizität, welche in jeder Sekunde durch einen Querschnitt des Leiters fließt, ebenso wie als Stärke des in Fig. 2 durch das Rohr C fließenden Wasserstroms die in jeder Sekunde an einer beliebigen Stelle vorüberfließende Wassermenge anzugeben sein würde. In einem mit den Polen einer Stromquelle verbundenen Leitungsdrahte hängt die Stromstärke ab:

1. von der Spannung zwischen den Polen,
2. von dem Widerstande des Drahtes.

Je mehr Volt Spannung auf den Draht einwirken, um so stärker ist die elektrische Strömung; je größeren Widerstand aber der Draht entgegensetzt, um so schwächer ist der Strom. Als Maß der elektrischen Stromstärke dient derjenige Strom, welchen ein Element mit 1 Volt Spannung zwischen seinen Polen in einem Schließungsdrahte von 1 Ohm Widerstand hervorbringt; diese Stromstärke heißt 1 Ampere.

Eine Glühlampe erfordert zum Betrieb einen Strom von etwa 0,5 Ampere, ein Morse-Telegraphenapparat von 0,013 Ampere oder 13 Milliampere, eine elektrische Klingel von mindestens 5 Milliampere.

Ohmsches Gesetz. Zwischen den drei elektrischen Größen Stromstärke, Spannung und Widerstand besteht folgende Beziehung:

in jedem mit den Polen einer Stromquelle verbundenen Leitungsdraht ist

$$\text{die Stromstärke in Ampere} = \frac{\text{Polspannung in Volt}}{\text{Widerstand in Ohm.}}$$

Diese von Ohm entdeckte Beziehung ist das Grundgesetz der Elektrotechnik.

Beispielsweise ergibt sich daraus, daß, wenn ein Zink-Kohlenelement durch einen Draht von 100 Ohm Widerstand geschlossen wird, in dem

$$\text{Drahte ein Strom von } \frac{1,5}{100} = 0,015 \text{ Ampere}$$

= 15 Milliampere kreist.

Ein Strom von derselben Stärke wie im Schließungsdrahte fließt vom negativen Pole durch das Element hindurch nach dem positiven Pole, wobei der Widerstand des Elements zu überwinden ist. Hierzu wird ein entsprechender Teil der Spannung verbraucht. Die zwischen den Polen des geschlossenen Elements bestehende Spannung ist deshalb etwas geringer als die Gesamtspannung, wie sie zwischen den Polen des offenen Elements gemessen werden kann. Diese höhere Gesamtspannung nennt man die elektromotorische Kraft des Elements. Das Ohmsche Gesetz gilt auch

von dem ganzen, aus Element und Schließungsdraht bestehenden Stromkreise und lautet dann:
in einem geschlossenen Stromkreise
ist die Stromstärke in Ampere gleich
der elektromotorischen Kraft in Volt,
dividiert durch den Gesamtwiderstand
in Ohm.

Der Widerstand des Stromkreises ist die Summe
der Widerstände des Schließungsdrahts und der
Batterie.

2. Elektromagnetismus.

Dauermagnete. Ein Stab von gehärtetem
Stahl läßt sich durch Einwirkung magnetischer
Kräfte (z. B. durch Bestreichen mit einem Magnet)
dauernd magnetisch machen, d. h. er erlangt die
Eigenschaft, Eisenstücke anzuziehen und festzu-
halten. Die anziehende Wirkung des Stabmagnets
ist am stärksten an den beiden Enden, die man
deshalb magnetische Pole nennt, dagegen un-
merklich in der Mitte. Der Wirkungsbereich eines
Magnets heißt sein magnetisches Feld.

Ein Stab von weichem Eisen wird durch Einwirkung einer magnetisierenden Kraft ebenfalls
magnetisch, aber nur für die Dauer der Einwirkung; nach Entfernung der äußeren magnetischen
Kraft verschwindet der Magnetismus des Eisen-
stücks wieder bis auf einen sehr geringen
Rest, den man als remanenten Magnetismus bezeichnet.

Wird ein stabförmiger Dauermagnet an einem
in seiner Mitte befestigten Faden aufgehängt, so

nimmt er eine bestimmte Richtung an: er stellt
sich nahezu in die Richtung Nord-Süd ein. Das
nach Norden zeigende Ende des Magnets nennt
man seinen Nordpol, das nach Süden zeigende
Ende den Südpol. Auf dieser Eigenschaft der
Magnete beruht der Kompaß, der in einem
Gehäuse eine frei drehbare Magnetnadel enthält.

Werden zwei frei drehbare Magnetnadeln einander genähert, so zeigt sich, daß der Nordpol
der einen den Nordpol der andern abstößt, dagegen deren Südpol anzieht, oder mit anderen
Worten: daß gleichnamige Magnetpole einander abstoßen, ungleichnamige einander
anziehen. Nach diesem Gesetz läßt sich mit
Hilfe einer Magnetnadel leicht feststellen, welcher
Pol eines Magnets der Nord- oder der Südpol ist.

Die Richtkraft der Magnete erklärt man durch
die Annahme, daß die Erde selbst magnetisch ist
und daß ihr magnetisches Feld, dessen Pole in
der Nähe des geographischen Nord- und Südpols
liegen, alle irdischen Magnete beeinflußt.

Die Telegraphen- und Fernsprechapparate beruhen überwiegend auf magnetischen Wirkungen
des elektrischen Stromes. Zur Verwendung kommen
in den Apparaten außer Stabmagneten und Magnetnadeln namentlich Magnete in Form von Hufeisen,
Bügeln oder Halbkreisen. Um einen Hufeisenmagnet kräftig zu erhalten, legt man vor die
beiden dicht nebeneinander stehenden Polenden
ein Stück weiches Eisen, den Anker, der dann
stark magnetisiert und von den Polen festgehalten
wird. Ein Hufeisenmagnet übt mit beiden Polen
auf den Anker eine viel größere Anziehungskraft
aus, als ein Stabmagnet mit einem Pole.

Durch die Figuren 3 und 4 wird veranschaulicht, wie sich die magnetischen Kräfte in der Umgebung eines Stabmagnets und eines Hufeisen-

Fig. 3.

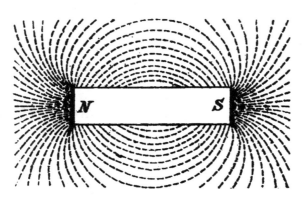

Fig. 4.

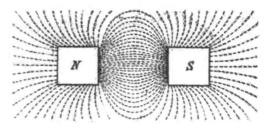

magnets verteilen. Die gestrichelten Linien geben an jedem Punkte des Feldes die Richtung der magnetischen Kraft an, und wo die Linien sich am dichtesten zusammendrängen, da ist die Kraft am größten. Man nennt diese Linien Kraftlinien. Sie gehen bei einem Hufeisenmagnet, wie Fig. 4 zeigt, vorzugsweise durch den Raum zwischen Nord- und Südpol, so daß daselbst eine

besonders starke Kraft zur Wirkung kommt. Ein
vor die Pole gebrachter Eisenanker verstärkt das
Feld noch erheblich, indem er die Kraftlinien in
sich sammelt und dadurch bewirkt, daß viel mehr
Kraftlinien durch ihn hindurchgehen, als deren
vorher den vom Anker eingenommenen Luftraum
durchsetzten.

Magnetische Wirkungen des Stromes. Wenn
man einen stromdurchflossenen Schließungsdraht
zum Kreise biegt (Fig. 5) und ihn einer frei
drehbaren Magnetnadel nä-
hert, so wird ein Pol der
Nadel angezogen, der an-
dere abgestoßen. Von dem
im Drahte fließenden Strom
geht also eine magnetische
Kraft aus, er erzeugt in
seiner Umgebung ebenso
ein magnetisches Feld wie
ein Dauermagnet. Diese
Kraft läßt sich verstärken,
indem man aus dem Draht

Fig. 5.

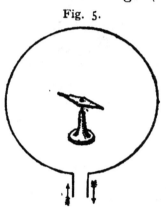

Fig. 6.

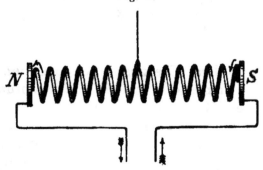

viele Kreise in Form einer Spirale bildet (Fig. 6).
Eine solche Vorrichtung, Solenoïd oder Mag-

netisierungsspirale genannt, verhält sich wie
ein Magnet, sobald ein Strom den Draht durchfließt. Wird sie an einem Faden aufgehängt, so
stellt sie sich wie eine Magnetnadel in die Nord-
Südrichtung ein. Die mag-

netische Spirale hat an der
Seite ihren Südpol, auf welcher
der davorstehende Zuschauer
den Strom in der Richtung

Fig, 7.

des Uhrzeigers kreisen sieht; stellt man sich vor
das andere Ende der Spirale, so sieht man den
Strom entgegen der Richtung des Uhrzeigers
fließen und hat also den Nordpol vor sich.
Figur 7 veranschaulicht diese Regel. Auch die
folgende, von Ampère aufgestellte Regel ermöglicht die Lage des Nordpols zu bestimmen: denkt
man sich in Figur 5 oder 6 mit dem Strome
schwimmend, das Gesicht dem Innenraum zugekehrt, so liegt der Nordpol links.

Elektromagnete. Die magnetische Kraft der
Spirale ist nur schwach, sie wird aber bedeutend verstärkt, wenn man einen Stab aus weichem
Eisen in die Spule hineinsteckt. Der Eisenstab
wird dann im magnetischen Felde der Spirale
jedesmal selbst magnetisch, so oft und so lange
der Strom fließt. Ein in dieser Weise mit Draht
umwickelter runder Eisenstab, welcher durch Einwirkung der stromdurchflossenen Drahtwindungen
magnetisch gemacht werden kann, heißt ein
Elektromagnet. Der Draht muß durch eine
Umspinnung mit Seide isoliert sein, damit die
einzelnen eng an und übereinander liegenden
Windungen sich gegenseitig und den Eisenkern
nicht metallisch berühren. In dem Elektromagnet

wird um so stärkerer Magnetismus erzeugt, je mehr Drahtwindungen vorhanden sind und je stärker der Strom ist. Bei einem gegebenen Elektromagnet steigt und fällt also die magnetische Kraft mit der Stromstärke. Dies gilt in der Schwachstromtechnik allgemein; der Sättigungspunkt, über den hinaus eine Steigerung der Kraft nicht mehr stattfindet, wird erst bei sehr starken Strömen erreicht.

Den Elektromagneten gibt man in der Regel die Form des Hufeisens: zwei runde Eisenstäbe, die Kerne, sind auf ein drittes Eisenstück, das

Fig. 8.

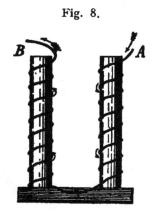

Joch, aufgenietet (Fig. 8). Auf jeden Kern wird eine Spule mit vielen Windungen eines feinen, durch Seidenumspinnung isolierten Kupferdrahts gesteckt. Wie in Figur 8 schematisch angedeutet ist, sind die Spulen so gewickelt und verbunden, daß der bei *A* eintretende Strom daselbst, weil er in der Richtung des Uhrzeigers kreist, einen Südpol hervorbringt, dagegen an der Austrittsstelle bei *B* einen Nordpol. Läßt man den Strom bei *B* eintreten, so entsteht dort ein Südpol und bei *A* ein Nordpol.

Dem Elektromagnet legt man einen Anker von weichem Eisen vor; in den Telegraphen- und Klingelapparaten wird der Anker durch eine Gegenkraft, d. i. meist eine Feder, für gewöhnlich in geringem Abstande von den Polen gehalten, bei Stromschluß aber von der alsdann auf-

tretenden magnetischen Kraft, welche die Gegenkraft überwindet, nach den Polen hingezogen.
Die anziehende Kraft der Pole auf den Anker
ist bei unmittelbarer Berührung am stärksten und
nimmt mit wachsendem Ankerabstand schnell ab,
Wenn daher nur eine geringe magnetische Kraft
zur Verfügung steht, so muß der Abstand des
Ankers von den Polen möglichst klein gemacht
werden.

Bei den **Weckern** mit **Selbstunterbrechung**
oder mit **Rollenausschluss** (Fig. 9) sitzt der

a.   Fig. 9.   b.

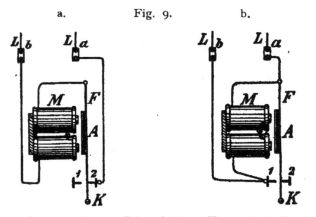

Anker *A* an einer Blattfeder *F* und trägt den
Klöppel *K*. Die hin- und hergehende Bewegung
des Ankers wird durch die Anschlagstifte 1 und 2
begrenzt. Bei der Schaltung auf Selbstunterbrechung (Fig. 9 a) fließt der Strom aus der
Leitung *L a* über den Kontakt 2 zum Anker und
weiter durch die Drahtrollen des Elektromagnets *M*
in die Rückleitung *L b* und zur Batterie zurück.
Durch den Strom wird *M* magnetisch und zieht
den Anker an; dieser verläßt den Stift 2, unterbricht aber dabei den Stromkreis und wird in-

2*

folgedessen durch die Feder *F* nach dem Kontakt 2 zurückgeschnellt. Nun ist der Stromkreis wieder geschlossen und das Spiel beginnt von neuem. Der Anker gerät dadurch in schnelle hin und her schwingende Bewegung, wobei sein Klöppel jedesmal die Glocke trifft.

Bei Rollenausschluß (Fig. 9 b) fließt der Strom aus der Leitung *L a* durch die Drahtrollen nach der Rückleitung *L b*. Durch den angezogenen Anker wird aber der Stromkreis nicht unterbrochen, sondern ein kürzerer Stromweg nach dem Kontakt 1 hergestellt; der Strom umgeht dann die Drahtrollen, so daß *M* den Magnetismus verliert und der Anker durch die Feder *F* nach dem Kontakt 2 zurückgeschnellt wird.

Polarisierte Elektromagnete. In vielen Apparaten, z. B. im Telephon, ist der Elektromagnet mit einem Dauermagnet verbunden und daher auch im stromlosen Zustande magnetisch. Durch die Einwirkung des Stromes wird dann der vorhandene Magnetismus entweder verstärkt oder geschwächt, je nach der Stromrichtung, wodurch ebenfalls der Anker in Bewegung gesetzt werden kann. Derartige polarisierte Elektromagnete werden wir u. a. in den Wechselstromweckern kennen lernen.

Galvanometer. Auf den elektromagnetischen Wirkungen des Stromes beruhen auch die gebräuchlichsten elektrischen Meßinstrumente oder Galvanometer. Sie dienen dazu, die Stärke eines elektrischen Stromes durch die drehende Wirkung zu ermitteln, die er auf einen Dauermagnet ausübt, oder welche eine stromführende Drahtspule im magnetischen Felde erfährt.

Galvanoskop nennt man ein solches Instrument, wenn es nur das Vorhandensein von Strom in einer Leitung, die Stromrichtung und die ungefähre Stromstärke anzeigen soll. Es besteht dann aus einer Magnetnadel oder einem um seinen Scheitel drehbaren Winkelmagnet, die vom Strom in der sie umgebenden Drahtspule je nach der Stromstärke mehr oder weniger weit aus der Ruhelage abgelenkt werden.

Strommesser oder **Amperemeter** gestatten die Stärke eines sie durchfließenden Stromes in Ampere oder Milliampere durch die Stellung ihres Zeigers auf einer Skala unmittelbar abzulesen; die besseren Instrumente enthalten zwischen den Polen eines starken Hufeisenmagnets eine Drahtspule, die sich um eine Achse drehen kann und durch zwei flache Spiralfedern in der Ruhelage gehalten sowie in den Stromkreis eingeschaltet wird.

In der Ruhelage stehen die Ebenen der Drahtwindungen den Kraftlinien parallel; geht aber Strom durch die Spule, so wird diese selbst magnetisch und strebt ihre Kraftlinien in die Richtung der vorhandenen Kraftlinien zu bringen, zu welchem Zwecke die Spulenwindungen sich senkrecht zu den Kraftlinien des Dauermagnets stellen müssen. Der Drehwinkel der Spule ist ziemlich der Stromstärke proportional.

Die **Spannungsmesser** oder **Voltmeter** sind ebenso eingerichtet; auch sie geben die Stärke des sie durchfließenden Stromes an, ihre Skala ist aber so geeicht, daß man unmittelbar die zwischen den Spulenden bestehende Spannung in Volt oder Millivolt abliest, welche nach dem

Ohmschen Gesetze gleich dem Produkt aus der Stromstärke und dem Widerstande der Spule ist.

3. Induktion.

Erzeugung von **Induktionsströmen.** Zu dem elektrischen Strome gehört untrennbar das von ihm in der Umgebung des Leitungsdrahtes erzeugte magnetische Feld. Umgekehrt aber vermag ein vorhandenes magnetisches Feld auf einen geschlossenen Leitungskreis auch stromerzeugend zu wirken. Wie der Strom beim Durchfließen einer Drahtspule den in dieser befindlichen Eisenkern magnetisch macht, so ruft ein Magnet in der geschlossenen Drahtspule einen elektrischen Strom hervor, wenn er in die Spule hineingesteckt oder herausgezogen wird. Dasselbe geschieht, wenn der in der Spule befindliche Magnet durch Vorlegen oder Wegnehmen eines Ankers verstärkt oder geschwächt wird, oder wenn eine Drahtspule im magnetischen Felde so bewegt wird, daß ihre Drahtkreise die Kraftlinien schneiden. Diese Erscheinung nennt man die magnetelektrische Induktion oder kurz Magnetinduktion. Die Induktionsströme werden in der Drahtrolle induziert nicht durch das magnetische Feld an sich, sondern durch jede Veränderung der magnetischen Kraft des Feldes; sie dauern nur so lange wie diese Änderungen. Beim Entstehen oder Verstärken des Feldes ist die Richtung des induzierten Stromes entgegengesetzt derjenigen, welche der Strom beim Schwächen oder Verschwinden des Feldes hat.

Die Ursache der Induktionsströme ist die infolge der Änderungen des magnetischen Feldes in den Drahtwindungen entstehende Spannung. Die Spannungen der einzelnen Windungskreise summieren sich dabei, gerade wie die Spannungen mehrerer in Reihe geschalteten Elemente. Je mehr Windungen die Spule hat, um so größer ist deshalb die induzierte Spannung. Letztere ist ferner den Kraftänderungen des magnetischen Feldes proportional.

Funkeninduktor. Um recht große Kraftänderungen zu erhalten, benutzt man am besten einen Elektromagnet, dessen Feld bei jedem Stromschluß in unmeßbar kurzer Zeit entsteht und bei Stromunterbrechung ebenso plötzlich wieder verschwindet. In Figur 10 ist ein derartiger Apparat, Funkeninduktor genannt, abgebildet.

Fig. 10.

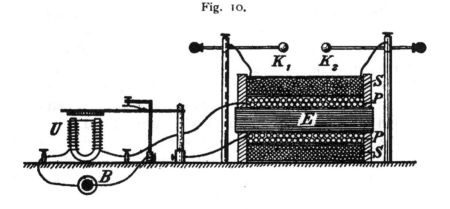

parat, Funkeninduktor genannt, abgebildet. E ist der Eisenkern, P die aus wenigen Windungen bestehende sogenannte primäre Rolle, welche vom Strome der Batterie B durchflossen, den Magne-

tismus erzeugt; der Selbstunterbrecher U schließt
und öffnet den primären Stromkreis selbsttätig
in schneller Folge. Dadurch werden in der
mehrere Tausend Windungen enthaltenden sekundären Spule S so hohe Spannungen induziert, daß sie sogar durch den ungeheuern
Widerstand der Luftstrecke, welche die in
Kugeln endenden Metallstäbe K_1 und K_2 voneinander trennt, Ströme in Form elektrischer
Funken hindurchzutreiben vermögen. Während
aber die galvanische Batterie E Ströme von gleich-
bleibender Richtung liefert, haben die Induktionsströme die Eigentümlichkeit, daß sie beständig ihre
Richtung wechseln. Fließt der induzierte Strom
beim Schließen des Primärstroms aus der Spule S
nach der Kugel K_1, so fließt er beim Öffnen nach
K_2; er pendelt also in schneller Folge im sekundären Stromkreise hin und her.

Magnetinduktor. Während der Elektromagnet des Funkeninduktors Kraftlinien der in
Fig. 3 dargestellten Art durch die Spule S hindurch abwechselnd aussendet und wieder einzieht,
läßt sich die Anordnung auch so treffen, daß umgekehrt das magnetische Feld mit den Kraftlinien unverändert bleibt und dafür die Drahtspule in dem Felde bewegt wird. Nach diesem
Prinzip ist der Magnetinduktor gebaut, der vielfach in Fernsprechanlagen zur Erzeugung des
Anrufstromes gebraucht wird.

Der Apparat enthält einen kräftigen Hufeisenmagnet NS (Fig. 11), an dessen Innenseite zwischen
den Schenkeln zwei etwas ausgehöhlte Eisenplatten als Polschuhe befestigt sind. Den so
zwischen den Polen gebildeten zylinderförmigen

Raum füllt nahezu ganz ein eiserner Anker von ⏜ ̣̣förmigem Querschnitt aus, des- Fig. 11.
sen rinnenartige Ausschnitte der
Länge nach mit vielen Windungen isolierten Kupferdrahts be-
wickelt sind. Der Anker kann
mittels einer Kurbel und eines
Zahnradgetriebs in rasche Umdrehung versetzt werden. Die
beiden Enden der Drahtwickelung stehen mit zwei auf der Ankerachse sitzenden, gegeneinander
isolierten Messinghülsen in Verbindung, an welchen Blattfedern
schleifen. Bei jeder Drehung des Ankers werden
in der Drahtwickelung Ströme induziert, welche
über die Schleiffedern in die Leitung fließen.

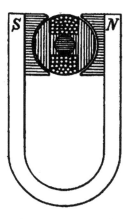

Das Feld des Hufeisenmagnets ist nämlich
bei dieser Anordnung in dem vom Anker aus-
gefüllten zylindrischen Raume besonders kräftig; die Kraftlinien gehen zum allergrößten Teile
durch diesen Raum hindurch fast geradlinig vom
Nord- zum Südpol (vergl. Fig. 4). Bei der gezeichneten Ankerstellung werden die Drahtwindungen von allen Kraftlinien durchsetzt,
ebenso bei der Stellung nach $^1/_2$ Umdrehung.
Dagegen liegen nach $^1/_4$ und $^3/_4$ Umdrehung die
Ebenen der Drahtwindungen parallel zur Richtung
der Kraftlinien, letztere gehen also nicht durch
die Drahtkreise hindurch. Man sieht, auch die
Ankerdrehung hat zur Folge, daß Kraftlinien abwechselnd sich durch die Drahtkreise der Wickelung
hindurchstrecken und wieder daraus verschwinden.
Der Vorgang findet bei jeder Umdrehung zwei-

mal statt; dabei wechselt aber auch zweimal — bei
Beginn des 2. und 4. Viertels — die Seite, von
welcher aus die Kraftlinien in die Drahtkreise
eintreten. Infolgedessen werden bei jeder Umdrehung zwei Stromstöße in der Drahtwickelung
induziert, und zwar nach entgegengesetzten Richtungen. Diese Wechselströme haben je nach der
Stärke des magnetischen Feldes, der Zahl der
Drahtwindungen und der Drehgeschwindigkeit in
den gebräuchlichen Magnetinduktoren Spannungen bis zu 30 und 40, ja 60 Volt.

Wir haben also in dem Magnetinduktor eine
neue Stromquelle kennen gelernt, in welcher die
zum Umdrehen des Ankers aufgewendete mechanische Arbeit unmittelbar in elektrischen Strom
umgesetzt wird. Auf demselben Prinzip beruhen
die Dynamomaschinen der Elektrizitätswerke,
nur wird bei diesen das magnetische Feld nicht
von Dauermagneten, sondern von starken Elektromagneten gebildet.

Das Telephon. In seiner ursprünglichen
Form enthält das Telephon als wesentlichen Teil

Fig. 12.

einen Stabmagnet, auf dessen Nordpol ein Elektro-
magnetkern von weichem Eisen mit übergescho-
bener Drahtspule aufgeschraubt ist. Figur 12 gibt

eine schematische Darstellung zweier Telephone, deren Spulenden durch Hin- und Rückleitung verbunden sind. Dem polarisierten Elektromagnet jedes Telephons ist in geringem Abstand eine dünne Eisenblechscheibe (Membran) *a* als Anker vorgelagert; die $^1/_4$ bis $^1/_2$ mm dicke Scheibe ist mit dem Rande im Gehäuse des Apparats festgeklemmt und wird auf der äußeren Seite durch eine hölzerne Sprech- und Hörmuschel mit runder Öffnung in der Mitte abgeschlossen. Spricht man gegen die Muschel des einen Telephons, so wird die Luft vom Sprachorgan in eine schwingende, hin- und hergehende Bewegung versetzt, es werden Schallwellen erzeugt, die mit einer Geschwindigkeit von mehreren hundert in der Sekunde aufeinander folgen und je nach den gerade gesprochenen Lauten (Vokalen und Konsonanten) verschieden sind. Diese Verschiedenheiten werden durch die Unterschiede der Höhe, der Stärke und der Klangfarbe der gesprochenen Laute oder Töne bestimmt. Je höher ein Ton ist, um so schneller gehen die ihn fortpflanzenden Luftbewegungen vor sich; die Zahl der Hin- und Hergänge oder Schwingungen in der Sekunde schwankt zwischen 16 bei dem tiefsten und etwa 4000 bei dem höchsten musikalisch verwendeten Tone. Ein starker Ton unterscheidet sich von einem schwachen oder leisen Tone durch die größere Schwingungsweite, das weitere Ausladen der hin- und hergehenden Luftteilchen; man denke an das Uhrpendel, das beim Schwingen mehr oder weniger weit ausgreifen kann, dabei aber seiner Länge entsprechend stets dieselbe Anzahl Schwingungen in der Sekunde macht. K l a n g f a r b e

endlich nennt man dasjenige, wodurch sich Töne
gleicher Höhe und Stärke von einander unterscheiden, je nachdem sie von einem Menschen
gesungen, auf einer Trompete, einer Flöte oder
Geige usw. hervorgebracht werden; die Klangfarbe wird durch die den Grundton begleitenden
höheren Obertöne bestimmt. Die gesprochenen
Vokale bestehen ebenso wie die musikalischen
Klänge aus einem Grundton und verschiedenen
Obertönen, die Konsonanten dagegen sind Ge-
räusche und bestehen aus unregelmäßigen Schwingungen.

Treffen nun die beim Sprechen erzeugten
Schallwellen der Luft auf die Membran des Telephons *A*, so versetzen sie diese in gleiche Schwingungen, indem sie die federnde Blechscheibe
nötigen, dieselben hin- und hergehenden Bewegungen zu machen. Die Bewegung der Eisenplatte bewirkt periodische Änderungen in der
Stärke des magnetischen Feldes: bei jeder Annäherung der Platte an den Magnetpol wächst
die magnetische Kraft, werden neue Kraftlinien
durch die Spule gestreckt, bei jedem Zurückgehen
der Platte sinkt die Kraft, werden Kraftlinien aus
der Spule zurückgezogen. Dementsprechend
werden gleichzeitig in der Drahtspule elektrische
Ströme induziert, jede Zunahme der magnetischen
Kraft erzeugt einen Strom in bestimmter Richtung,
jede Abnahme einen Strom in umgekehrter Richtung. Es entsteht also ein Wechselstrom, der
genau im jeweiligen Tempo der Schallwellen, meist
einige hundert Mal in der Sekunde, in dem Stromkreise hin- und herpendelt; dabei ändert sich auch
die Stromstärke entsprechend der wechselnden

Tonstärke oder Schwingungsweite, und selbst der Einfluß der Obertöne kommt in der Wechselstrombewegung zum Ausdruck.

Durch die Drahtleitung gelangen die induzierten Wechselströme zum Telephon *B*, dem Fernhörer. Dieses wirkt wie ein polarisierter Elektromagnet, sein magnetisches Feld wird von den Strömen der einen Richtung verstärkt, von den Strömen der andern Richtung geschwächt, und zwar beides mehr oder weniger nach Maßgabe der veränderlichen Stromstärke. Bei jeder Verstärkung wird die Eisenplatte kräftiger angezogen und nähert sich ein wenig dem Pole, bei jeder Schwächung schnellt sie vermöge ihrer Elastizität zurück und geht noch über die Ruhelage hinaus. Es ist leicht einzusehen, daß auf solche Weise die Membran des Telephons *B* in ganz ähnliche Schwingungen geraten muß, wie sie die Blechscheibe des Telephons *A* vollführt. Die Schwingungen der Membran in *B* teilen sich der umgebenden Luft mit und gelangen durch die Öffnung der Hörmuschel als Schallwellen zum Ohre des Hörenden. Die ankommenden Schallwellen sind zwar viel schwächer als die in *A* erzeugten, weil deren Kraft zum großen Teil durch die Übermittlung aufgezehrt wird, sonst aber mit ihnen vollständig übereinstimmend, so daß der Hörende am Telephon *B* die in das Telephon *A* hineingesprochenen Worte vernimmt.

Der Stabmagnet, den die ersten 1876 von dem Amerikaner Bell gebauten Telephone enthielten, wurde in den Siemens'schen Telephonen durch einen Hufeisenmagnet ersetzt. Ein solcher erzeugt vor seinen beiden Polen, deren jeder eine Elektromagnetrolle mit Eisenkern trägt, ein viel stärkeres magnetisches Feld und zeichnet sich deshalb durch größere Lautstärke aus.

Der Abstand zwischen der Membran und den Magnetpolen muß regulierbar sein; beide Teile sind so einzustellen, daß die Membran eben nicht mehr soweit von der magnetischen Anziehungskraft durchgebogen wird, um an den Polen zu kleben, sondern noch Spielraum für ihre Schwingungen hat. Der Abstand beträgt dabei $^1/_{10}$ bis $^1/_5$ Millimeter.

Das Mikrophon. Beim Telephonieren wird in der Regel das Telephon nur zum Hören benutzt; zum Geben dient meist ein Mikrophon, welches die Schallwellen kräftiger und deutlicher überträgt. Das Mikrophon besteht in der ihm zuerst 1878 von Hughes gegebenen Form (Fig. 13) aus drei Kohlenstückchen, die an dem Resonanzbrettchen *A* befestigt sind. Die Kohlenstückchen

Fig. 13.

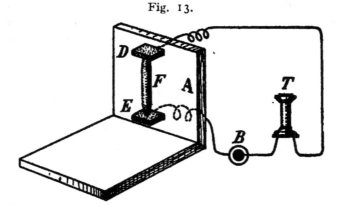

D und *E* sind angeleimt, in ihren Einkerbungen ruht lose in senkrechter oder wagerechter Richtung das an beiden Enden zugespitzte Kohlen-

stäbchen *F.* Von der Kohle *E* führt ein Leitungsdraht nach einem galvanischen Element *B,* weiter
nach dem fernen Telephon *T* und zurück zur
Kohle *D.* Wird das Brettchen im geringsten er-
schüttert, etwa durch Beklopfen oder Bestreichen,
so hört man im Telephon ein entsprechendes Geräusch. Spricht man gegen das Brettchen, so
werden die Worte von dem fernen Telephon
wiedergegeben.

Die Ursache dieser Erscheinung ist die schnell
wechselnde Änderung des Widerstandes, den der
in dem geschlossenen Stromkreise fließende Strom
des Elements *B* an den Kontaktstellen des Mikrophons, nämlich da, wo das Stäbchen *F* die Kohlen-
stücke *D* und *E* berührt, zu überwinden hat. Der
Widerstand an diesen Berührungsstellen ändert
sich fortwährend, sobald die hin- und hergehenden
Schallbewegungen der Luft das Brettchen treffen
und ihm gleiche Bewegungen aufnötigen, wobei
das Stäbchen *F* abwechselnd in mehr oder weniger
innige Berührung mit seinen Haltern *D* und *E*
kommt. Je inniger die Berührung, um so geringer
ist der Widerstand, und umgekehrt. Mit den
Widerstandsschwankungen muß, da die Batterie-
spannung dieselbe bleibt, sich die Stromstärke im
ganzen Kreise fortwährend im gleichen Maße,
jedoch im umgekehrten Verhältnis ändern: jede
Widerstandzunahme hat eine Abnahme der Stromstärke, jede Verringerung des Widerstandes ein
Anwachsen des Stromes zur Folge. Durch das
Mikrophon werden also die Schallwellen in Stromwellen umgesetzt, wobei jedem Hin- und Hergang
der Luftteilchen ein An- und Abschwellen der Stromstärke entspricht. Der auf- und abschwankende Mi-

krophonstrom wirkt auf das Telephon ebenso wie
ein hin- und herpendelnder Wechselstrom; zu der
magnetischen Kraft des Dauermagnets tritt nämlich im Ruhezustande der von dem Batteriestrom
erzeugte Magnetismus hinzu, und dieser wird beim
Sprechen den Stromwellen entsprechend abwechselnd verstärkt und geschwächt. Die Membran des Fernhörers gerät infolgedessen in ähnliche Schwingungen, wie sie die Platte des gebenden
Mikrophons vollführt, und gibt das in letzteres
Hineingesprochene wieder.

Die Sprechplatte des Mikrophons kann aus
Metall (Eisen, Messing, Aluminium) oder aus Holz,
Kohle, Glimmer, Pergament bestehen. Vor ihr
wird ein Schalltrichter angebracht zwecks besserer
Zuleitung der Schallwellen. Der wichtigste Teil
ist der veränderliche Kohlenkontakt, dessen Widerstand genau den Schwingungen der Sprechplatte
folgen muß. Es genügt zwar schon ein einziger
Kontakt, der z. B. aus einer an der Sprechplatte
befestigten Kohlenscheibe mit lose daraufliegendem
Kohlenhammer bestehen kann; doch wirken mehr-
kontaktige Mikrophone stärker und sicherer. Besonders starke Lautwirkung geben die Körner-
mikrophone, in denen der Zwischenraum zwischen
zwei parallelen Kohlenplatten mit Kohlenkörnern
ausgefüllt ist. Der Strom fließt von der einen
Scheibe zur andern durch die Körner hindurch
und hat dabei zahlreiche Kontaktstellen mit ver-
änderlichem Widerstande zu überwinden.

Im Fernsprechbetriebe wird das Mikrophon
meist nicht wie in Fig. 13 unmittelbar in die
Leitung eingeschaltet, sondern man wählt die in
Fig. 14 dargestellte Verbindungsart. Die beiden

Sprechstellen *I* und *II* haben jede ein Mikrophon *M* zum Sprechen und ein Telephon *F* zum Hören. Jedes Mikrophon ist mit der Batterie *B* aus 1 oder 2 Elementen und der primären Wickelung einer Induktionsrolle *J* zu einem Stromkreise verbunden.

Fig. 14.

Zwischen beiden Kreisen liegt ein dritter Stromkreis, bestehend aus Hin- und Rückleitung, den beiden Fernhörern und den sekundären Wickelungen der Induktionsrollen *J*. Letztere sind ähnlich gebaut, wie der Funkeninduktor (Fig. 10), nur in viel kleineren Abmessungen. Bei dieser Einrichtung hat jeder Mikrophonkreis höchstens 10 Ohm Widerstand; die beim Sprechen entstehenden Widerstandsänderungen und Stromschwankungen sind daher viel größer, als wenn im Mikrophonkreise auch die Leitung und besonders die beiden Fernhörer von je 200 Ohm liegen. Durch Induktion werden die Stromschwankungen des Mikrophonkreises in der Doppelrolle *J* auf den mittleren, den Hörkreis, übertragen, und zwar in Form von Wechselströmen. Die Spannung wird dabei bedeutend erhöht, da die primäre Wickelung der Rolle nur wenig Windungen, die sekundäre aber sehr viele (2600 bis 5300) Windungen hat.

II. Galvanische Elemente.

Allgemeines. In den galvanischen Elementen werden durch chemische Vorgänge elektrische Spannungen hervorgerufen, eine Erscheinung, die zuerst (1789) von Galvani beobachtet und dann von Volta gedeutet worden ist. Ein galvanisches Element besteht allgemein aus einem Gefäß von Isoliermaterial, gefüllt mit verdünnter Säure oder Salzlösung, in welche zwei Platten oder Zylinder aus verschiedenartigem leitenden Material, die Elektroden, eintauchen. Die negative Elektrode ist aus Zink und wird allmählich in der Flüssigkeit, dem Elektrolyten, aufgelöst. Zu der positiven Elektrode dagegen, welche den Strom an die Leitung abgibt, verwendet man Kupfer, Blei, Kohle oder Platin; sie wird nicht aufgelöst, soll vielmehr nur die Verbindung zwischen Flüssigkeit und Leitung herstellen.

Zum Betrieb elektrischer Klingeln, Nummerkästen und Mikrophone werden vorzugsweise die in zahlreichen Formen ausgeführten Zink-Kohlenelemente (vgl. Fig. 1) benutzt. In neuerer Zeit findet die als Trockenelement bezeichnete Ausführungsform des Zink-Kohlenelements immer mehr Eingang. Das Trockenelement enthält die Flüssigkeit in Form eines Breies oder einer feuchten Paste und ist oben dicht verschlossen; es kommt gebrauchsfertig in den Handel, läßt sich leicht transportieren und bequem handhaben.

Entnimmt man einem Zink-Kohlenelemente dauernd Strom, so läßt es bald in seiner Wirkung nach. Zur Hergabe von Dauer- oder Ruhestrom, wie er z. B. in elektrischen Anlagen zur Sicherung gegen Einbruch erforderlich ist, sind daher Zink-Kohlenelemente nicht geeignet. In solchen Fällen müssen Zink-Kupferelemente zur Verwendung kommen, die auch bei Dauerstrom in ihrer Wirkung beständig (konstant) bleiben.

Außer den Elementen der vorbezeichneten Art werden zuweilen auch solche benutzt, die nicht von selbst Strom erzeugen, sondern den in sie hinein geladenen Strom einer anderen Stromquelle aufspeichern und dann wieder von sich geben; derartige Elemente heißen Sammler, Akkumulatoren oder Sekundärelemente.

Wir geben nachstehend eine Übersicht der bei Haustelegraphenanlagen am häufigsten verwendeten Elementformen, wobei im Hinblick auf die amtlichen Vorschriften für Fernsprechnebenanschlüsse die bewährten Elementmuster der Reichstelegraphie an erster Stelle berücksichtigt sind.

1. Nasse Zink-Kohlenelemente.

Wirkungsweise. Das zuerst von Leclanché gebaute Zink-Kohlenelement enthält als Flüssigkeit eine Lösung von Salmiak in Wasser. Salmiak, eine chemische Verbindung von Chlor und Ammonium, zersetzt sich bei Stromschluß in seine Bestandteile. Das Chlor wandert zur Zinkelektrode und verbindet sich mit Teilchen davon zu Chlorzink, das in Lösung geht. Das Ammonium, eine Verbindung von Stickstoff und Wasserstoff, wandert zur Kohlenelektrode und gibt an diese Wasserstoffgas ab. Die so veränderte Kohlenelektrode würde jedoch eine Gegenspannung (Polarisation) hervorrufen, welche die Tätigkeit des Elements sehr bald aufheben würde. Deshalb ist die Kohle mit einem sauerstoffreichen Körper, Braunstein (Mangansuperoxyd) umgeben, der einen Teil seines Sauerstoffs abgibt und dadurch den Wasserstoff unschädlich macht, indem dieser sich mit dem Sauerstoff zu Wasser verbindet. Der Braunstein umgibt die Kohle entweder lose in grobkörniger Form, oder ist in Plattenform an die Kohle gepreßt (Brikettform) oder gleich bei der Fabrikation der Kohlenelektrode mit dieser vermengt. Die Spannung des Elements beträgt 1,5 Volt, der innere Widerstand je nach der Größe und dem Abstand der Elektrodenflächen sowie nach der Beschaffenheit der Flüssigkeit 0,3 bis einige Ohm.

Das Kohlenelement der Reichstelegraphie ist in Fig. 1 abgebildet. In dem 10 cm weiten und 15 cm hohen Standglase hängt an 3 Nasen ein Ring aus gewalztem Zinkblech, an dessen eine Nase ein als Poldraht dienender Kupferdraht angelötet ist. Der in dem Glase stehende Kohlenzylinder mit Fuß (von Dr. Alb. Lessing in Nürnberg) ist aus einem Gemisch von gepulverter Retortenkohle und Braunstein in eiserner

Form unter hohem Drucke zusammengepreßt. Auf den prismatischen Ansatz am oberen Ende wird ein Messingbügel mit Polklemme geschraubt. Gefüllt wird das Element mit einer Lösung von 20 bis 25 g chemisch reinem Salmiak in Wasser bis zu $1^1/_2$ cm unterhalb des Glasrandes. Damit die in der Kohle leicht emporsteigende Flüssigkeit nicht mit dem Messingbügel in Berührung kommt und ihn zerstört, werden zwei Bleiplättchen zwischen Bügel und Kohlenflächen eingeschoben. Der obere Glasrand erhält einen Anstrich von weißer Ölfarbe, welcher die Ausscheidung von Salzkrystallen verhindern soll. Beim Ansetzen wird zuerst die Salmiaklösung in das Element hineingegossen, dann der Kohlenzylinder hineingestellt und endlich der Zinkring eingehängt.

Die Unterhaltung des Elements beschränkt sich darauf, daß in längeren Zwischenräumen Wasser nachgegossen wird zum Ersatz für das verdunstete. Das Element hält sich im Weckbetriebe ein Jahr und darüber, im Mikrophonbetriebe je nach der Inanspruchnahme $^1/_4$ bis $^1/_2$ Jahr.

Wenn das Element schließlich versagt, muß es auseinander genommen und neu angesetzt werden. Dabei ist das Glas zu entleeren, zu reinigen und mit frischer Lösung zu füllen, der Zinkring, wenn noch nicht allzusehr zerfressen, durch Waschen und Schaben von Schlamm und Salzablagerungen zu befreien und der Kohlenzylinder ebenfalls gründlich zu reinigen. Letzterer wird, nachdem Salzkrystalle und Schlamm abgeschabt sind, etwa 5 Minuten lang in fünfprozentige verdünnte Schwefelsäure getaucht, dann längere Zeit ausgewässert und schließlich gut an der Luft getrocknet.

In Hausklingelanlagen ist es von Wert, die Unterhaltungsarbeiten an den Elementen möglichst zu beschränken und selbst ein Nachfüllen von Wasser zu ersparen. Um das Verdunsten des Wassers zu verlangsamen, verschließt man das Element mit einem Deckel, der zugleich gegen Staub schützt. Ein solches **Standkohlen - Element mit Deckel** von Mix & Genest in Berlin zeigt Figur 15. Das Element wird in zwei Größen, mit 16 bz. 25 cm Glashöhe, hergestellt; zur Füllung sind 60 bz. 120 g Salmiak erforderlich. Der aus gepreßter und lackierter Pappe bestehende, mit Schrauben befestigte Deckel dient zugleich zur Führung der Kohlenelektrode. Um den oberen Ansatz der letzteren ist ein verzinntes Kupferband gepreßt, welches die Polklemme zum Anlegen des Leitungsdrahts trägt. Der Zinkzylinder besteht aus gewalztem Zinkblech.

Fig. 15.

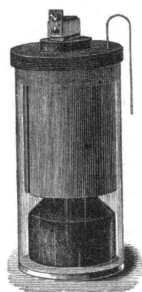

Das **Braunstein-Element** von Keiser & Schmidt in Berlin — Fig. 16 — enthält beide Elektroden in Plattenform. Die Kohlenplatte reicht bis auf den Boden des 25 cm hohen Standglases und ist unten mehrere Centimeter hoch mit einer Mischung von körnigem Braunstein und Graphit umgeben. Etwas über dieser endigt die amalgamierte Zinkplatte, welche oben als Poldraht einen Kupferstreifen trägt. Beide Platten sind an dem das Gefäß nur teilweise schließenden

Deckel befestigt. Bei Verwendung von mit Braunstein präparierten Kohlen-
platten kann die Braunstein-
mischung am Boden des
Gefäßes wegfallen. Zur Füllung werden 300 g Salmiak
verwendet.

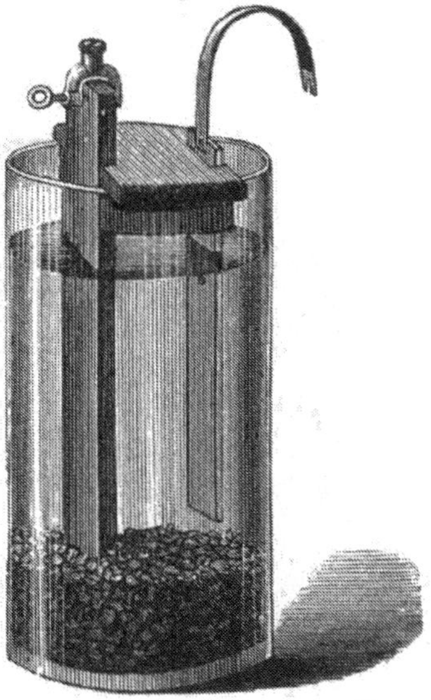

Ein Brikettelement mit
viereckigem Glase von Dr.
Alb. Lessing in Nürn-
berg ist in Fig. 17 abge-
bildet. Die Kohlenelektrode
hat ebenfalls Plattenform;
gegen sie werden durch zwei
Gummibänder zwei Kohle-
Braunsteinbriketts ange-
preßt. Die Zinkelektrode ist
stabförmig und hat oben eine Polklemme. Der
Zinkstab wird durch eine zwischengeschobene
Porzellanrinne von der Kohlenelektrode isoliert gehalten, gegen die
er sonst durch die auch ihn um-
schlingenden Gummibänder gedrückt werden würde.

Fig. 16.

Fig. 17.

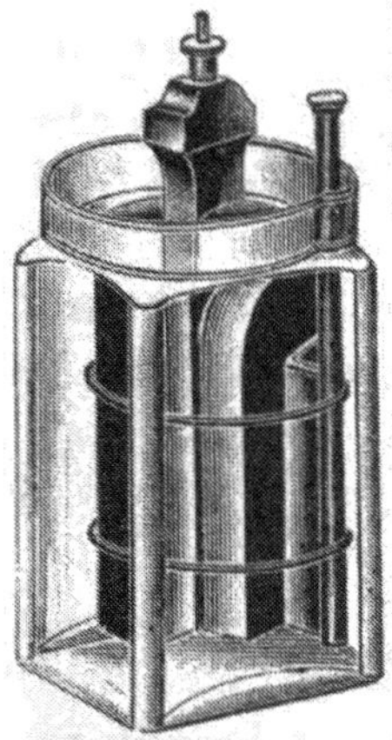

In dem **Beutel-Brikettelement**
— Fig. 18 — von Mix & Genest
ist die Kohlenelektrode ein hart-
gebrannter Kohlenstab, um dessen
mittleren Teil das Brikett aus Graphit und Braunstein in Zylinderform
herumgepreßt ist. Der das Brikett
umgebende Stoffbeutel soll das Ab-
fallen der Staubteilchen von den Rändern verhüten.

Der Kohlenstab ist oben mit Paraffin getränkt, damit die Flüssigkeit nicht bis zu dem ihm aufgedrückten Metallhut mit Polstift aufzusteigen vermag.

Fig. 18.

Unten steht der Kohlenstab in einer Vertiefung des Glasbodens; sein unteres Ende ist mit Pech überzogen — zur Verhütung eines etwaigen Kurzschlusses im Element. Der Zinkblechzylinder hängt an Lappen, von denen einer nach außen verlängert und mit einem Kupferstreifen, der die Polklemme trägt, verbunden ist. Ein Glasdeckel schließt das Element, indem er, mit Aussparungen für die Aufhängelappen des Zinkzylinders versehen, auf dem paraffinierten Rande des Glasgefäßes aufliegt.

Das Element wird in zwei Größen, mit 16 und 25 cm Glashöhe angefertigt. Salmiakbedarf 60 bz. 120 g.

2. Trockenelemente.

Besondere Eigenschaften. Trockenelemente besitzen den Vorzug, daß sie gebrauchs-

fertig geliefert werden und keiner Wartung bedürfen, dagegen den Nachteil, daß sie sich nicht
neu ansetzen lassen, sobald ihre Füllflüssigkeit,
der Elektrolyt, zersetzt ist, dann vielmehr als
wertlos beseitigt und durch neue Elemente ersetzt
werden müssen. Die Flüssigkeit dieser Elemente
ist gewöhnlich mit Gips, Sägemehl, Glaswolle und
dergl. zu einem Brei oder einer Paste gemengt
und hierdurch sowie durch einen dichten Ver-
schluß des Elements am Auslaufen gehindert. Als
Elektroden dienen stets Zink und Kohle. Bei
Verwendung von Trockenelementen ist sorgfältig
darauf zu achten, daß ein Kurzschluß, d. h. eine
unmittelbare widerstandslose Verbindung zwischen
Zink- und Kohlenpol, verhütet wird. Bei Kurzschließung liefert das Element nämlich einen sehr
starken Strom und erschöpft sich dadurch völlig
in kurzer Zeit. Schon eine die beiden Pole verbindende Flüssigkeits- oder feuchte Staubschicht
auf der Decke des Elements wirkt schädlich.
Auch bei sachgemäßer Behandlung ist die
Lebensdauer und Leistungsfähigkeit der verschiedenen auf den Markt kommenden Fabri-
kate sehr verschieden. Um sicher zu gehen, tut
man deshalb gut, möglichst nur Trockenelemente
der als bewährt bekannten Marken zu verwenden.
Bei der Auswahl ist der Verwendungszweck zu
berücksichtigen; für Mikrophonstromkreise eignen
sich nur kräftige Elemente, die mehrere Minuten
einen Strom von 0,1 bis 0,3 Ampere hergeben
können, ohne in der Spannung nachzulassen. Für
Klingelanlagen genügen schwächere Elemente.
Von der Reichs-Telegraphenverwaltung werden
zum Mikrophonbetriebe zur Zeit Gaßner-, Hellesen-

und Hydra-Elemente verwendet, während mehrere andere Marken noch der Prüfung unterliegen.

Das **Gassner'sche Trockenelement** (Fig. 19).

Fig. 19.

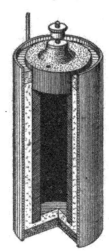

Eine Zinkblechbüchse von 2 mm Wandstärke dient als Gefäß und zugleich als Elektrode. Darin steht auf einer Paraffinschicht ein hohler Kohlenzylinder, der zur Verhütung der Polarisation mit Eisenhydroxyd getränkt ist. Den 8 mm weiten Raum zwischen Gefäßwand und Kohle füllt die Erregermasse, eine mit Salmiaklösung angerührte Gipsmischung, deren oberen Abschluß eine feste Paraffinschicht bildet. Den Kohlenzylinder bedeckt ein 2 cm starker Kohlendeckel mit einer Lüftungsöffnung, die stets offen sein muß. Ein Ansatz des Kohlendeckels trägt die Polklemme; der negative Poldraht ist außen an den Zinkmantel angelötet. Der innere Widerstand des Elementes soll höchstens 0,35 Ohm betragen. Beim Aufstellen dieser Elemente ist darauf zu achten, daß sie nicht zu dicht nebeneinander stehen, eine Berührung der Zinkgefäße zweier Elemente kann Kurzschluß verursachen. Auch sollen die Elemente auf isolierenden Unterlagen (trockenen Holzbrettern oder Glasscheiben) stehen.

Das **Hellesen - Patent - Trockenelement** zeigt Figur 20. In den Zinkblechzylinder *a* ist zentrisch der Kohlenstab *b* eingesetzt, den die in einem Beutel von Nesselgaze befindliche Braunsteinmasse *d* umgibt. Den Elektrolyt *c* bildet eine

mit Salmiaklösung getränkte Gipsmischung. Die
Porosität beider Massen erleichtert den Austausch

Fig. 20.

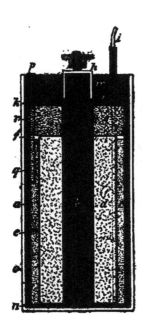

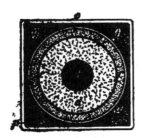

a   *Zinkzylinder*
b   *Kohlenstab*
c   *Elektrolyt*
d   *Depolarisator*
e   *Nesselgaze*
f   *Paraffin*
g   *Reisspreuschicht*
h   *Messingkappe (pos. Poldraht)*
i   *Negativer Poldraht*
k   *Papierlage*
l   *Deckmasse*
m   *desgl., Verstärkung*
n   *Asphaltmasse*
o   *Pappkasten*
p   *Glasrohr*
q   *Sägespäne*
r   *Ventilationslöcher.*

der Gase. Soweit diese nicht vom Depolarisator
gebunden werden, treten sie in die aus Reisspreu
bestehende Schicht *g* ein. Die Deckmasse *l* aus
einem Gemisch von Asphalt und Wachs bildet
den oberen Abschluß, hält die Kohlenelektrode

fest und schützt zugleich die die Polklemme tragende Messingkappe *h* vor der Zerstörung durch die Salmiaklösung. Der negative Poldraht *i* ist an den Zinkzylinder angelötet und oben mit einer geklöppelten Schutzhülle umgeben. Das Element ist in einen Pappkasten *o* eingebaut und wird darin durch die eingestopften Sägespäne *q* und eine Verstärkung der Deckschicht *m* festgehalten.

Damit die entwickelten Gase trotz des Verschlusses abziehen können, befinden sich im Zinkzylinder in Höhe der Spreuschicht *g* 4 Löcher; durch diese treten die Gase in den äußeren Behälter, geben ihre Feuchtigkeit und die mitgerissenen Teilchen des Elektrolyts an die Sägespäne ab und entweichen durch das Glasrohr *p*. Der innere Widerstand soll nicht über 0,15 Ohm betragen.

Das **Hydra - Patent - Trockenelement** (Fig. 21). In den amalgamierten Zinkbecher ist zentrisch die Hohlzylinder - Kohlenelektrode mit Kohle-Braunsteinbeutel eingesetzt.

Fig. 21.

Beide Elektroden werden durch eine Salmiaklösung enthaltende plastische Masse getrennt. In dem Kohlenzylinder befindet sich ein Flüssigkeitsvorrat, welcher durch die poröse Kohle hindurch allmählich austritt und den äußeren Elektrolyt gleichmäßig feucht erhält. Dadurch wird die Lebensdauer des Elements wirksam verlängert. Das Element ist in einen Becher von lackiertem Metall, von Pappe

oder Isolit eingebaut; als Zwischenlage dient Holzmehl. Eine Schicht Holzmehl befindet sich auch
oberhalb des Elektrolyts; darüber ist das Ganze
mit einem Pechverschluß, welcher nur ein Ent-
gasungsrohr und die Ableitung der beiden Elektroden durchläßt, luftdicht abgeschlossen.

Das Hydra-Stift-Trockenelement unterscheidet
sich von dem vorigen dadurch, daß es die Kohlenelektrode nicht in Form eines Hohlzylinders, sondern in Form eines Kohlenstifts enthält. Bei einer
andern Marke ist als Gefäß ein starker schwarzer
Glasbecher verwendet.

Sonstige Trockenelemente. Weiter seien hier
genannt:

Dr. Lessing's Dauerelement in weißem
Glasgefäß,

das Trockenelement Electra in einem Gefäß
von Papiermaché mit Asphaltdecke,

das Trockenelement Thor, dem die Füllmasse
in luftdicht verschlossenen Glasgefäßen beigegeben
wird zwecks Ansetzung des Elementes kurz vor
der Ingebrauchnahme,

das Trockenelement Columbus mit flüssiger
Füllung und die Trockenelemente von «Eggert»
«Schneeweis», und von Eschenbach.

3. Zink-Kupferelemente.

Bei den bisher beschriebenen Elementen geht
die chemische Beseitigung des an der Kohlenelektrode ausgeschiedenen Wasserstoffs, die De-
polarisation, nur langsam vor sich. Sie brauchen

nach jeder Stromentnahme Zeit, um sich wieder zu erholen und sollen deshalb nur minutenweise in Anspruch genommen werden. Erfordert eine elektrische Anlage dauernd Strom, sogenannten Ruhestrom, so verwendet man eine Batterie von Zink-Kupferelementen. Dieses Element enthält eine Zinkelektrode in Zinkvitriollösung und eine Kupferelektrode in Kupfervitriollösung.

Das **Kupferelement der Reichstelegraphie** zeigt Fig. 22. Der gegossene Zinkring mit eingegossenem Poldraht hängt an drei Armen

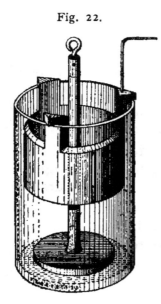

Fig. 22.

am oberen Glasrande; auf dem Boden des Glasgefäßes liegt eine runde Bleiplatte, aus deren Mitte ein starker Bleidraht mit aufgesetzter Polklemme nach oben führt. Das Glas wird nach dem Einsetzen der Elektroden mit einer Lösung von 15 g schwefelsaurem Zink in weichem Wasser bis dicht unter den oberen Rand des Zinkringes gefüllt, darauf werden etwa 70 g Kupfervitriol in nußgroßen Stücken hineingeworfen. Sobald sich am Boden eine blaue Lösung von schwefelsaurem Kupfer (d. i. Kupfervitriol) gebildet hat, ist das Element gebrauchsfertig. Das Zink bildet auch hier den negativen, dagegen das Blei den positiven Pol. Wird der Stromkreis geschlossen, so löst sich beständig Zink auf zu schwefelsaurem Zink; die dazu erforderliche Schwefelsäure gibt

das schwefelsaure Kupfer her, indem Kupfer ausgeschieden und auf der Bleiplatte niederge-
schlagen wird. Die Bleiplatte bedeckt sich infolgedessen sehr bald mit einem Überzug von Kupfer,
so daß sich als Elektroden nun Zink und Kupfer
gegenüberstehen. In diesem Elemente wird also
kein Wasserstoffgas ausgeschieden, vielmehr bleibt
die positive Elektrode chemisch unverändert und
nimmt lediglich an Umfang zu. Der den Strom
erzeugende chemische Prozeß kann daher beliebig
lange ganz gleichmäßig unterhalten werden, wenn
man dafür sorgt, daß stets eine blaue Lösung von
Kupfervitriol vorhanden ist.

Eine Batterie von Zink-Kupferelementen bedarf demnach fortgesetzt einer sorgfältigen Wartung. Insbesondere muß Kupfervitriol genau in
dem Maße nachgeschüttet werden, wie es im
Element verbraucht wird. Es sollen stets noch
einige Stücke dieses blauen Salzes ungelöst am
Boden des Glases liegen, und die Flüssigkeit soll
bis etwa 3 cm über dem Boden eine tiefblaue
Färbung haben. Die blaue Lösung darf aber
nicht bis an den Zinkring steigen, da sie sonst
nutzlos zersetzt wird. Ein Schütteln des Glases
ist deshalb zu vermeiden; die einzufüllenden
Stücke Kupfervitriol taucht man behutsam ein
und läßt sie zu Boden sinken, damit eine Ver-
mischung der blauen Flüssigkeit mit der darüber
stehenden farblosen Zinkvitriollösung verhütet wird.
Durch die Tätigkeit des Elements nimmt der
Gehalt an Zinkvitriol beständig zu, so daß schließlich ein Ausscheiden von weißen Zinkvitriol-
krystallen am Zinkring und oberen Glasrande
stattfindet. Von Zeit zu Zeit muß deshalb ein

Teil der Zinkvitriollösung mittels eines Hebers herausgenommen und durch weiches Wasser ersetzt werden. Wenn sich am unteren Rande des Zinkringes rotbraune Zapfen, von aufsteigendem Kupfervitriol herrührend, bilden, so müssen sie mit einem Drahte, der am Ende umgebogen ist, abgestrichen werden.

Nach dreimonatiger Tätigkeit müssen die Ruhestromelemente auseinander genommen und neu angesetzt werden. Dabei sind besonders die Zinkringe sorgfältig zu reinigen, indem der braune Schlamm mit einer Bürste entfernt und die darunter sitzende harte Kruste von Zinkoxyd mittels eines Batterieschabers abgekratzt wird. Die alte Flüssigkeit wird weggegossen, nachdem von der farblosen Lösung des Zinkvitriols soviel zurückbehalten ist, daß es mit der achtfachen Menge Wasser verdünnt zur Neufüllung ausreicht. Der Kupferniederschlag braucht nur dann von der Elektrode abgenommen zu werden, wenn seine Menge die Benutzung der Platten hindert. Damit er sich leicht ablöst, wird die Bleiplatte vor dem Einsetzen mit erwärmtem Schweinefett leicht bestrichen. Die Zinkzylinder werden, damit sie sich besser halten, von vorn herein amalgamiert, d. h. mit einem Überzug von Quecksilber versehen. Zu dem Zwecke wird entweder das Quecksilber mit einer Bürste oder einem Lappen auf der Oberfläche des Zinkrings eingerieben, nachdem diese durch Eintauchen in verdünnte Salzsäure metallisch rein gemacht ist, oder das Quecksilber wird in Königswasser aufgelöst (200 g in 1000 g), darauf noch Salzsäure (1000 g) zugesetzt und der Zinkring einige Sekunden in diese Flüssigkeit eingetaucht.

Das Ballon-Element (Meidinger) — Fig. 23 —
braucht nicht so peinlich überwacht und alle zwei
oder drei Tage mit Kupfervitriol beschickt zu
werden, da der in das Glas
hineinragende Ballon einen größeren Vorrat dieses Salzes enthält. In dem oberen, weiteren
Teile des Standglases steht auf
dem einspringenden Glasabsatz
der Zinkzylinder. Der untere
engere Teil umschließt ein
kleineres Glasgefäß, in welchem
sich ein Kupferzylinder befindet;
ein mit Guttapercha isolierter
Poldraht führt durch die Flüssigkeit empor nach außen. Das
große Glasgefäß wird etwa
zur Hälfte mit reinem Fluß-
oder Regenwasser, worin 15 g
Bittersalz oder Zinkvitriol gelöst sind, angefüllt.
In den Glasballon füllt man Kupfervitriol in
erbsengroßen Stücken unter Zusatz von Wasser
und verschließt ihn dann mit einem Kork,
in den ein Glasrohr eingelassen ist. Dann
wird der Ballon mit dem Rohr nach unten in
das Standglas eingesetzt, so daß die Rohr-
öffnung bis in den Kupferring hineinragt und
die Kupfervitriollösung allmählich in das kleine
Glas hineinsinkt.

Die Zinkvitriollösung steht nach dem Einsetzen des Glasballons bis zum oberen Rande
des Zinkes; sie ist auch hier von Zeit zu Zeit teilweise abzuziehen und durch weiches Wasser zu
ersetzen.

Fig. 23.

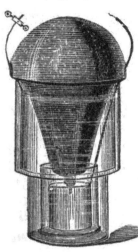

4. Sammler.

Wirkungsweise. Die Sammler, Akkumulatoren oder Sekundärelemente enthalten als Elektroden stets Bleiplatten, als Füllung Schwefelsäure verdünnt mit der dreifachen Menge destillierten Wassers. Die Spannung einer Sammlerzelle beträgt im Mittel 2 Volt, ihr Widerstand je nach Anzahl und Größe der Bleiplatten 0,05 Ohm oder weniger. Eine Sammlerzelle speichert den in sie hineingeladenen Strom einer stärkeren Elektrizitätsquelle auf und gibt ihn bei der Entladung wieder von sich. Soll die Zelle geladen werden, so verbindet man ihren positiven Pol mit dem positiven Pole der Ladestromquelle und ebenso die beiden negativen Pole. Der die Zelle durchfließende Ladestrom zersetzt das an den Bleiplatten haftende schwefelsaure Blei und erzeugt an der positiven Bleielektrode eine sauerstoffreiche Verbindung (Bleisuperoxyd), während an der negativen Elektrode schwammiges Blei ausgeschieden wird und zugleich in der Flüssigkeit der Gehalt an Schwefelsäure zunimmt. Die Ladung ist beendet, sobald die vorgeschriebene höhere Spannung (2,3 Volt) oder die vorgeschriebene größere Säuredichte, die mit einem Aräometer gemessen wird, erreicht ist.

Wird das geladene Sekundärelement in einen Stromkreis eingeschaltet, so gibt es den angesammelten Strom wieder von sich, es entladet sich. Der Strom hat dabei im Element die umgekehrte Richtung wie beim Laden. An der negativen Elektrode wird nun Bleischwamm zu schwefelsaurem Blei umgebildet, an der positiven

Elektrode wirkt das Bleisuperoxyd durch Abgabe von Sauerstoff depolarisierend und wird zugleich ebenfalls in schwefelsaures Blei verwandelt. Durch diese Vorgänge sinkt auch der Gehalt an freier Schwefelsäure, so daß sich der ursprüngliche Zustand allmählich wieder herstellt. Das Element darf nur soweit entladen werden, bis seine Spannung auf 1,8 bis 1,9 Volt oder die Säuredichte auf die zulässige untere Grenze (die vom Fabrikanten angegeben wird) gesunken ist; alsdann muß die Ladung wiederholt werden.

Sammlerzellen bilden eine recht ergiebige, gleichmäßig wirkende Stromquelle, die namentlich zum Betriebe stark benutzter Mikrophone mit Vorteil verwendet werden kann. Voraussetzung ist aber, daß am Orte ein Elektrizitätswerk besteht, welches die regelmäßige Aufladung der Sammler übernimmt. In diesem Falle ist der Betrieb mit Sekundärelementen auch wirtschaftlicher als mit Primärelementen. Zum Zwecke des Ladens müssen die Sammlerzellen transportfähig und daher in Kästen eingebaut sein.

Der Mikrophon-Sammler von Boese (Fig. 24) befindet sich in einem Holzkasten von 24 cm Höhe, 15 cm Länge und 10 cm Breite. Der Kasten hat oben einen Traggriff und an den Schmalseiten die beiden Polklemmen. Eingebaut ist, nur durch die runde Öffnung sichtbar, ein viereckiges Glasgefäß mit der Füllsäure, einer positiven und zwei negativen Bleiplatten. Letztere sind 10 cm hoch und breit. Die 12 mm starke positive Platte hängt in der Mitte, die negativen 8 mm starken Platten zu beiden Seiten parallel in geringem Abstande. Jede Platte besteht aus

4*

einem Hartbleirahmen, welcher mit der wirksamen

Fig. 24.

Bleimasse ausgefüllt ist; die Masse ist zementartig erhärtet, so daß sie aus dem Rahmen nicht herausfällt. Als negative Elektroden werden auchGitterplatten verwendet, in denen die wirksame Bleimasse durch zwei Bleigitter zusammengehalten wird, und als positive Elektroden Großoberflächenplatten, auf deren mit Zähnen besetzte Oberflächen die Masse aufgestrichen ist.

Eine solche Zelle kann nach erfolgter Ladung 25 Stunden lang einen Strom von 1 Ampere Stärke abgeben, oder 250 Stunden lang einen Strom von $^1/_{10}$ Ampere, wie er für Mikrophone erforderlich ist.

5. Aufstellung und Schaltung der Batterie.

Batterieschränke. Die zu einer Batterie verbundenen Elemente sollen möglichst nahe bei den Apparaten an einem Platze untergebracht werden, wo sie weder großer Wärme noch Kälte oder Feuchtigkeit ausgesetzt und Unbefugten

nicht zugänglich sind. Zur Aufnahme der Elemente
dient gewöhnlich ein Batterieschrank, der an zwei
in die Wand geschlagenen oder eingegipsten
Haken aufgehängt wird. Für Zink-Kupferelemente
wird der Schrank zweckmäßig mit Glastüren und
im Innern mit einem weißen Ölfarbenanstrich versehen, damit die Elemente besser besichtigt werden
können. Auch für Trockenelemente ist die Unter-
bringung in einem Batterieschrank, wenn zwar
nicht unbedingt nötig, so doch zu empfehlen.

Die Endpoldrähte der Batterie oder der einzelnen Elementenreihen im Schranke werden an
Messingklemmen geführt, die an der Schrankwand
befestigt sind. Von da erfolgt die Zuleitung zu
den Apparaten mittels isolierten Drahtes oder
Bleirohrkabels.

Die Größe des Batterieschrankes richtet sich
nach der Anzahl der unterzubringenden Elemente.
Bei der Reichstelegraphie kommen Schränke für
35 Elemente (in 5 übereinander liegenden Reihen
zu je 7), für 12 Elemente (in 3 Reihen zu 4) und
für 2 Trockenelemente (zu Mikrophonbatterien)
zur Verwendung; letztere sind im Lichten etwa
27 cm hoch, 25 cm breit und $12^1/_2$ cm tief.

Batterieschaltung. Zwei oder mehrere zu
einer Batterie zu verbindende Elemente können
entweder hintereinander oder nebeneinander geschaltet werden. Bei der Hintereinander- oder
Reihenschaltung wird der Zinkpol des ersten mit
dem Kohlenpol des zweiten Elements, dessen Zinkpol
mit dem Kohlenpol des dritten Elements u. s. f. verbunden; der positive Pol des ersten und der negative
Pol des letzten Elements bilden dann die beiden
Batteriepole, an welche die Zuleitungsdrähte nach

den Apparaten angeschlossen werden. Durch diese Schaltung wird die Spannung entsprechend der Anzahl der verbundenen Elemente gesteigert, die spannungerzeugende Wirkung der einzelnen Elemente summiert sich. Bei der Reihenschaltung haben 2 Elemente die doppelte, 10 Elemente die zehnfache Spannung eines einzigen Elements. Entsprechend der Anzahl der hintereinander geschalteten Elemente wächst aber auch der Batteriewiderstand. Daraus folgt nach dem Ohm'schen Gesetz, daß eine Batterie von 10 oder beliebig viel in Reihe geschalteten Elementen bei Kurzschluß, d. h. wenn man die beiden Batteriepole durch einen kurzen Draht miteinander verbindet, keinen stärkeren Strom liefert als ein einziges kurz geschlossenes Element. Bezeichnet nämlich i die Stromstärke, e die elektromotorische Kraft eines Elements und w dessen Widerstand, so ist bei 1 Element $i = \frac{e}{w}$ und bei 10 Elementen ebenfalls $i = \frac{10\,e}{10\,w} = \frac{e}{w}$.

Das Verhältnis ändert sich aber, sobald man den Strom einen äußeren Widerstand durchfließen läßt. Beträgt dieser z. B. 100 Ohm, so liefert 1 Element einen Strom $i = \frac{e}{w + 100}$; die Batterie von 10 Elementen aber einen Strom $i = \frac{10\,e}{10\,w + 100}$ $= \frac{e}{w + 10}$, also erheblich mehr. Nasse Zink-Kohlenelemente, für welche $e = 1{,}5$ Volt und $w = 1$ Ohm ist, liefern hiernach bei Kurzschluß einen Strom $i = 1{,}5$ Ampere; dagegen bei Schließung durch

100 Ohm äußeren Widerstand gibt 1 Element $\frac{1,5}{1 + 100} = 14,9$ Milliampere, eine Batterie von 10 Elementen aber $\frac{1,5}{1 + 10} = 136$ Milliampere Strom.

Die Reihenschaltung der Batterien bildet beim Betriebe von Telegraphen- und Fernsprech-apparaten die Regel.

Bei der Nebeneinander- oder Parallel-schaltung werden die positiven Pole der ein-zelnen Elemente unter sich und ebenso die nega-tiven Pole unter sich verbunden. Der Strom geht also durch alle Elemente gleichzeitig, d. h. von dem Gesamtstrom wird in dem einzelnen Element nur ein entsprechender Teil erzeugt. Die Batterie hat daher nur die Spannung eines einzelnen Ele-ments, ihr innerer Widerstand ist jedoch der Ele-mentzahl entsprechend verringert. Hiernach lie-fern 2 Zink-Kohlenelemente nebeneinander bei Kurzschluß einen Strom von $\frac{1,5}{1/2} = 3$ Ampere, 10 Elemente einen Strom von $\frac{1,5}{1/10} = 15$ Ampere. Durch einen äußeren Widerstand von 100 Ohm hindurch senden 2 Elemente $\frac{1,5}{1/2 + 100} = 14,9$ Milliampere, dagegen 10 Elemente $\frac{1,5}{1/10 + 100} = 15$ Milliampere Strom. Schon hieraus ergibt sich, daß bei nassen Zink-Kohlenelementen und bei Trockenelementen von der Parallelschaltung niemals Gebrauch zu machen sein wird; sie kann höchstens in Frage kommen, wenn Zink-Kupferelemente zum Betriebe von Mikrophonen dienen sollen, was u. U. bei ununterbrochener Benutzung eines Mikrophons

notwendig werden kann. Hat z. B. ein Mikrophonstromkreis 5 Ohm und das eingeschaltete Element
ebenfalls 5 Ohm Widerstand, so ist die Stromstärke

$$= \frac{1}{5+5} = 100 \text{ Milliampere.}$$ Wird nun ein zweites
Kupferelement parallel geschaltet, so steigt der

Strom auf $\frac{1}{5/2+5} = 133$ Milliampere. Beim Sprechen
auf weite Entfernungen wird aber diese Stromstärke oft noch zu gering sein. Durch Parallelschaltung eines 3. und 4. Elements kann man den
Strom alsdann auf 150 bezw. 160 Milliampere
steigern. Zweckmäßiger jedoch ist in solchem
Falle die gemischte Schaltung, welche darin
besteht, daß man zwei Batterien von je 2 hintereinander geschalteten Elementen parallel verbindet;

der Mikrophonstrom wird dadurch auf $\frac{2}{10/2+5} =$
200 Milliampere erhöht.

Bemessung der Batteriestärke. Die Zahl
der Elemente für eine elektrische Anlage ist unter
Berücksichtigung des Widerstandes der Leitung
und der Apparate so zu bemessen, daß die erforderliche Stromstärke erzeugt wird.

Für eine Klingelanlage richtet sich die Batteriestärke nach der Länge der Drahtleitung und der
Art des Drahtes sowie hauptsächlich nach dem
Widerstand der Elektromagnete des Weckers und
des etwa dazu gehörenden Nummerkästchens. Im
allgemeinen kann ein Strom von 20 Milliampere
als ausreichend angesehen werden. Zur Erzeugung desselben ist für je 70 Ohm Widerstand
des Stromkreises 1 nasses oder trockenes Zink-
Kohlenelement erforderlich, oder für je 50 Ohm
1 Zink-Kupferelement. Um die Anzahl der hinter-

einander zu schaltenden Elemente zu erhalten, hat man also den Gesamtwiderstand des Stromkreises überschläglich zu berechnen und durch die angegebenen Zahlen zu dividieren.

Für Mikrophone genügt bei Hausfernsprechanlagen in der Regel ein Element. Nur beim Sprechen über längere Außenleitungen hinweg, insbesondere bei den mit Fernsprechhauptanschlüssen verbundenen Nebenstellen werden meist zwei Elemente in Reihe zu schalten sein. — Wenn nach längerem Gebrauche die Verständigung nachläßt, so empfiehlt es sich, die Mikrophonelemente mit einem Spannungsmesser zu prüfen. Sowohl trockene wie nasse Zink-Kohlenelemente müssen, während sie durch einen äußeren Widerstand von 10 Ohm geschlossen sind, nach 2 Minuten zwischen ihren Polklemmen noch mindestens 0,8 Volt Spannung zeigen; andernfalls sind sie zum Sprechen auf weitere Entfernungen nicht mehr brauchbar.

III. Die Anlage der Leitungen.

Man unterscheidet drei Arten von Leitungen:
1. Innenleitungen (Zimmerleitungen, Hausleitungen),
2. blanke Außenleitungen (oberirdische oder Luftleitungen),
3. in die Erde verlegte oder unter Wasser versenkte Außenleitungen (Kabel).

I. Innenleitungen.

a) Allgemeine Erfordernisse der Leitungsanlage.

Bei jeder Haustelegraphenanlage ist auf die Verwendung guten Materials und auf eine sachgemäße Anbringung der Leitungen Sorgfalt zu legen. Die Leitung muß auf der ganzen Länge gut isoliert sein, d. h. sie darf an keinem Punkte mit Gegenständen, die den Strom ableiten, in Berührung kommen. Finden sich im Stromkreise mangelhaft isolierte Stellen vor, so geht, wenn der Stromkreis durch Niederdrücken der Taste oder des Druckknopfes geschlossen wird, ein Teil des Stromes in die Erde oder die Rückleitung über und die Apparate sprechen schlecht oder

gar nicht an; ist in einem solchen Stromkreise
zu beiden Seiten der Batterie ein Isolationsfehler,
so ist die Batterie, wie das Schema Fig. 25 zeigt,
auch ohne Tasten-

Fig. 25.

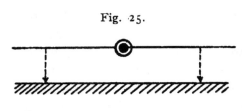

druck durch die
Erde oder die
Rückleitung dau-
ernd geschlossen
und erschöpft sich
sehr bald.

Die Leitungen müssen solide befestigt und
ferner so übersichtlich angebracht sein, daß Beschädigungen rasch aufzufinden sind. Um diese
leicht beseitigen und auch Änderungen an der
Anlage bequem vornehmen zu können, sollte die
Leitung überall wenigstens mittels Leiter zugänglich sein.

Zweckmäßig ist es, vor Beginn der Arbeiten
eine Skizze über den Verlauf der Leitungen zu
fertigen, worin alle Einzelheiten der Anlage genau
eingezeichnet sind. Eine gute Skizze erleichtert
das Auffinden von Fehlern, besonders dann, wenn
spätere Reparaturen von anderen Arbeitern ausgeführt werden sollen.

Wo die Anlage sichtbar hervortritt, muß sie
ein gefälliges Äußere haben; offene Zimmerleitungen
sind daher in der Farbe den Wänden oder Ta-
peten anzupassen, mehrere nebeneinander geführte
Leitungen müssen genau parallel verlaufen.

Gutes Material und sorgfältige Ausführung
sichern den Betrieb, sparen Unterhaltungskosten
und fördern den Ruf des Installateurs.

b) Materialien für Innenleitungen.

Leitungsdraht. Als Leitungsdraht für Innen-

leitungen wird ausschließlich isolierter Kupferdraht verwendet, der im allgemeinen einen Durchmesser von 1 mm besitzt. Zur Isolierung des
Drahtes dienen verschiedene, die Elektrizität nicht
leitende Stoffe: Guttapercha, Gummi, mit Wachs
oder Asphalt getränkte Baumwolle. Zum Schutz
gegen äußere Beschädigung und gegen Feuchtigkeit sowie zur Erhöhung der Isolierfähigkeit wird
die Leitung in der Regel mit einer Umspinnung
aus Baumwolle oder Zwirn, einer Umwickelung
von Hanfband u. dgl. versehen und in besonderen
Fällen mit einem Bleimantel umpreßt oder in
Isolierrohr aus Papier eingezogen. Die äußere
Umhüllung des Leitungsdrahts wird in den verschiedensten Farben hergestellt.

In trockenen Räumen genügt die Verwendung
von Wachsdraht. Die Kupferleitung des Wachs-
drahts ist mit Baumwolle doppelt umsponnen; die
untere Umspinnung ist asphaltiert, die obere entgegengesetzt laufende mit einer wachsartigen
Masse getränkt.

Für feuchte Räume (Keller, Badezimmer,
Küchen, Brauereien usw.) ist besonders präparierter
Wachsdraht, Guttaperchadraht, Gummidraht oder
Bleirohrkabel zu benutzen, da nur diese Drähte
gegen das Eindringen von Feuchtigkeit durch
die Isolierschicht schützen.

Wachsdraht für feuchte Räume: der Kupferdraht ist zunächst mit Papier umwickelt, dann
mit Baumwolle umsponnen, mit wachsartiger Masse
getränkt, dann nochmal mit Papier umwickelt,
umsponnen und gewachst.

Guttaperchadraht ist mit einer Schicht Guttapercha, dem besten Isoliermaterial für elektrische

Leitungen, umhüllt, mit Baumwolle umsponnen und zuweilen mit geteertem Hanfband umwickelt.

Gummidraht (englischer Draht): der Kupferdraht ist verzinnt, mit Paragummi umlegt, mit Längsfäden umhüllt, dann zweimal rund umsponnen und gewachst.

Asphaltdraht: der Kupferdraht ist zweimal rund umsponnen, die untere Lage asphaltiert.

Bleirohrkabel bestehen aus einem Kupferdraht, der zunächst mit einer Lage Papier, dann mit zwei entgegengesetzt laufenden Baumwollumspinnungen und einer Zwirnumklöppelung versehen ist; das Ganze ist mit einem Bleimantel umpreßt. Der Bleimantel schützt gegen das Eindringen von Feuchtigkeit, sowie gegen chemische Einwirkungen von Säuren und Dämpfen. Bei den vieraderigen Bleirohrkabeln sind die vier einzeln isolierten Kupferdrähte verseilt, das Seil ist mit Jute umsponnen und mit einem Bleimantel umgeben. In der Reichs-Telegraphenverwaltung werden nur 1- und 4-aderige oder -paarige Bleirohrkabel verwendet.

Die Süddeutschen Kabelwerke, A.-G. in Mannheim, fertigen Bleikabel mit 1 bis 7 Adern. Die einzelnen Adern haben Kupferdrähte von 0,9 oder 1 mm Stärke und sind mit Guttapercha umpreßt, doppelt mit Baumwolle umsponnen, gewachst, verseilt, zusammen mit Band umlegt und mit einfachem oder doppeltem Bleimantel umpreßt.

Das Kabelwerk Rheydt A.-G. fertigt außer 1- und 4 aderigen Bleirohrkabeln mit Einfachleitungen Bleirohrkabel mit Doppelleitungen (1-, 2- und 4 paarig). Jede Ader besteht aus einem

1 mm starken Kupferdraht, je zwei dieser Leitungen sind zu einer Doppelader verseilt; zur besseren Unterscheidung der beiden Zweige ist die eine Kupferader verzinnt. Bei den zwei- und vierpaarigen Kabeln sind. auch die einzelnen Adernpaare miteinander verseilt.

Z-Draht. Unter dieser Bezeichnung verwendet die Reichs-Telegraphenverwaltung bei den Fernsprechstellen vier Sorten (No. 1 bis 4) Zimmerleitungsdraht, der von dem Kabelwerk Rheydt A.-G. hergestellt wird. Die Drähte haben 0,8 mm Stärke und werden sowohl ein- wie zweiadrig geliefert.

Draht No. 1 ist doppelt kreuzweise umsponnen; die untere Umspinnung ist mit Asphalt, die obere mit Wachs getränkt;

Draht No. 2 ist mit Papier umwickelt, umsponnen, nochmals mit Papier umwickelt, dann imprägniert, wieder umsponnen und in Wachs getränkt;

Draht No. 3 ist feuerverzinnt, mit Paragummi umwickelt, umsponnen, mit Zwirn umflochten und mit Kabelwachs getränkt. Der Draht ist wetterbeständig, also für feuchte Räume besonders geeignet.

Draht No. 4 ist verzinnt, umsponnen, mit Paragummiband umwickelt, nochmals umsponnen und feuersicher imprägniert. Bei der zweiadrigen Sorte dieser Nummer sind die beiden Adern nicht wie bei den Nummern 1—3 verseilt, sondern nebeneinandergelegt und umsponnen.

Bedarf an Zimmerleitungsdraht. Für die Berechnung des Bedarfs an Zimmerleitungsdraht muß man wissen, welche Länge Draht auf 1 kg geht. Bei gutem, nicht durch schwerwiegende Zusätze zum Isolationsmittel gefälschten Draht kann man auf 1 kg rechnen:

bei einem Durchmesser des Kupferdrahts von

		0,8 mm	0,9 mm	1,0 mm
Wachsdraht,	2 mal umsponnen	175	145	115
Guttaperchadraht,	1 „ „	135	115	85
„	2 „ „	115	95	80
Gummidraht,	2 „ „	120	95	80
Asphaltdraht,	2 „ „	155	125	115
			Meter	

Bezugsquellen für Zimmerleitungsdraht (Wachsdraht, Guttaperchadraht, Asphaltdraht, Bleirohrkabel):

1. Allgemeine Elektrizitäts-Gesellschaft, Berlin NW. 6,
2. Felten und Guilleaume, Mülheim (Rhein),
3. Kabelwerk Rheydt,
4. Land- und Seekabelwerke Cöln-Nippes,
5. Mix & Genest, Berlin W. 57,
6. Siemens & Halske, Berlin SW. 12.
7. Süddeutsche Kabelwerke, A.-G. in Mannheim.

c) Herstellung der Zimmerleitung.

Befestigungsmittel. Zur Befestigung freiliegender Leitungen in trockenen Räumen dienen eiserne Drahtstifte (Fig. 26), Haken (Fig. 27) und Klammern (Ösen) (Fig. 28), die in verschiedenen Längen (von 15 bis 30 mm) hergestellt werden und zum Schutz gegen

Fig. 26. Fig. 27. Fig. 28.

Verrosten verzinkt sein müssen. Beim Einschlagen ist mit Vorsicht zu verfahren, damit die isolierende Hülle des Leitungsdrahts nicht beschädigt wird. Wachsdraht kann mittels Stifte befestigt werden. Der Stift wird zunächst nur teilweise in die Wand geschlagen, dann zieht man den Draht straff, legt ihn um den Stift einmal herum und treibt den Stift soweit ein, daß der Kopf den Draht eben an die Wand drückt. Für Guttaperchadraht sind Stifte nicht zu verwenden, weil die Guttaperchahülle durch das Umlegen um die Stifte leicht verletzt werden kann. Haken und Klammern sind so tief einzuschlagen, daß sie die Leitung gerade berühren, ohne sie aber zu quetschen.

Jede Leitung muß einzeln für sich mittels besonderer Stifte, Haken oder Klammern befestigt werden; es ist darauf zu achten, daß die Befestigungspunkte gleich weit (etwa 1,50 m) voneinander entfernt sind und daß, wenn mehrere Drähte zu ziehen sind, sie genau parallel laufen.

In fertigen tapezierten Wohnungen legt man die Leitungen am besten an der unteren Kante der Deckenborte entlang und führt sie im rechten Winkel herunter zu den Apparaten oder Druckknöpfen. Sind Türbekleidungen vorhanden, so legt man die Leitungen zweckmäßig an die Holzleiste des Türrahmens, weil sie da unauffällig und geschützt liegen. Für die Befestigung der Drähte an Holz genügen die kürzesten Stifte, Haken und Klammern.

Anlagen in Neubauten werden häufig vor dem Tapezieren ausgeführt, nachdem die Stuckarbeiten vollendet sind und der Mauerputz vollständig trocken geworden ist. Mittels eines Ritzeisens

oder eines sägeartigen Werkzeugs zieht man
etwa 50 cm unterhalb, der Decke Rinnen in den
Putz, in welche der Draht — besonders präparierter Wachsdraht oder Guttaperchadraht — hin-
eingelegt und mittels Haken befestigt wird. Ist
das Mauerwerk feucht, so. empfiehlt es sich, den
Draht mit einem Asphaltanstrich zu überziehen.

Die eingelegten Drähte dürfen nicht mit Kalk,
Zement oder Gips bedeckt werden, weil sie da-
durch leicht verderben können und eingetretene
Fehler schwer aufzufinden und zu beseitigen sind.
Soll die Rinne verdeckt werden, so verwendet
man dazu am besten Holzleisten.

Diese Art der Verlegung ist nur da zu
empfehlen, wo die Leitungen unsichtbar bleiben
sollen; auf jeden Fall ist die Arbeit mit größter
Sorgfalt auszuführen, damit Fehler, die nicht ohne
Beschädigung der Tapete abzustellen sind, überhaupt nicht entstehen können.

Für feuchte Räume sind Bleirohrkabel am
meisten zu empfehlen; sie werden ausschließlich
benutzt zur Einführung der Außenleitungen in
Innenräume. Die Bleirohrkabel, einaderige sowohl
wie mehraderige, sind mittels Haken, oder wenn
mehrere Kabel nebeneinander zu führen sind,
mittels Wandleisten an der Wand zu befestigen.
Es ist darauf zu achten,
daß der Bleimantel an
den Befestigungsstellen
nicht eingedrückt oder
verletzt wird. Wand-
leisten (Fig. 29) bestehen

Fig. 29.

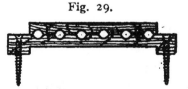

aus zwei Teilen mit aufeinander passenden, halb-
runden Einschnitten. Zunächst wird die untere

Noebels, Haustelegraphie.   5

Hälfte an der Wand auf Holzdübel befestigt, dann werden die Kabel in die Einschnitte gelegt, nach

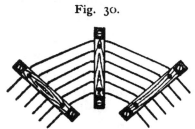

Fig. 30.

Aufbringen der oberen Hälfte der Leiste glatt- gezogen und durch An- ziehen der Leisten- schrauben festgelegt. Die Einschnitte dürfen nur so eng sein, daß die Kabel festgehalten, aber nicht stark gepreßt werden. Wenn sich die Richtung der Kabel ändert, ist der Übergang in der durch Fig. 30 angedeuteten Weise herzustellen.

Isolierrollen. Soll in feuchten Räumen be- sonders präparierter Wachsdraht oder Guttapercha- draht verwendet werden, so ist eine bessere Iso- lierung dadurch zu erreichen, daß man die Drähte über Isolierrollen aus Porzellan (Fig. 31) führt.

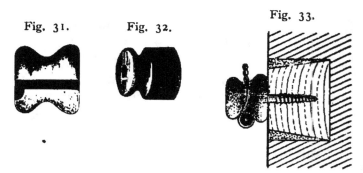

Fig. 31.   Fig. 32.   Fig. 33.

Sind die Räume besonders feucht, so eignen sich besser Isolierrollen der Figur 32, bei deren An- wendung der Draht etwa 10 mm von der feuchten Wand entfernt bleibt. Die Rollen werden, wie aus Fig. 33 ersichtlich, mittels Holzschrauben auf kleine Holzdübel geschraubt, die in die Wand gegipst sind. Der straff gezogene Leitungsdraht wird an der Rolle befestigt, indem man dünnen isolierten Bindedraht um Leitung und Rolle legt und die Enden mit einer Flachzange verwürgt. Nicht zu empfehlen ist es, den Leitungsdraht einfach um die Rolle herumzulegen. Es ist darauf zu achten, daß die Dübel die in der Figur 33 dargestellte Form haben, daß die Holzfaser parallel zur Wand verläuft, daß Dübel und Mauerloch vor dem Eingipsen angefeuchtet werden und der Gipsbrei frisch angerührt ist.

Fig. 34.

Fig. 35.

Fig. 36.

Sind Drähte um Mauerecken herumzuführen, so können hierzu Rollen mit einem Einschnitt am Kopf (Fig. 34), in welche der Draht eingelegt wird, oder Eckrollen (Fig. 35) verwendet werden.

An Stelle der Holzdübel können auch kleine Dübel aus Gußeisen (Fig. 36) benutzt werden, auf welchen die Rollen aufgeschraubt sind. Jeder Draht ist über eine besondere Isolierrolle zu führen. Sind zwei

Fig. 37.

Fig. 38.

oder eine größere Anzahl von Drähten nebeneinander zu führen, so pflegt man eiserne Dübel, wie Fig. 37

5*

zeigt, oder Flacheisenschienen (Fig. 38) mit einer entsprechenden Anzahl von Rollen zu verwenden.

Bezugsquellen für Isolierrollen:

Mix & Genest, Berlin W. 57,

Porzellanfabrik in Hermsdorf (S.-A.),

H. Schomburg & Söhne A.-G. Berlin NW. 21,

Telephonfabrik A.-G. vorm. J. Berliner, Hannover.

Isolierrohre. In eleganten Räumen, wo die Leitungen dem Auge entzogen sein sollen, zieht man die Drähte in Isolierrohre, die in Rinnen des Mauerputzes eingelassen und vergipst werden. Die Isolierrohre der Firma Bergmann, Elektrizitäts-Werke, A.-G. in Berlin N. 65, sind aus Papier hergestellt, das mit einem schwer schmelzbaren Kohlenwasserstoff getränkt ist. Die Isolierrohre sind 3 m lang und haben eine lichte Weite von 9, 11, 16, 23 und 29 mm. Sie werden in geraden und gebogenen Stücken (Ellbogen) gefertigt.

Fig. 39.

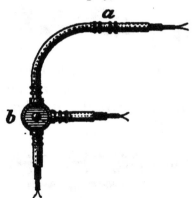

Für die Verbindungsstellen sind Messinghülsen (Muffen) (*a* in Fig. 39) vorgesehen, welche die Rohre luftdicht abschließen. Sollen Leitungen an einer Stelle abgezweigt werden, so ist eine Abzweigdose (*b* in Fig. 39) einzuschalten. Offen zur Verlegung kommende Rohre werden, um ihnen ein besseres Aussehen und größere Festigkeit zu geben, mit einem Messingmantel versehen. Die Isolierrohre mit Messingmantel können auch bei der Verlegung durch geeignete Werkzeuge kalt gebogen werden.

Das Einziehen der Leitungen in die Rohre erfolgt erst nach Verlegung der Rohre und zwar in der Weise, daß man in das Rohr zunächst ein sehr biegsames Stahlband einschiebt. Das Stahlband ist an dem vorderen Ende mit einer kleinen Kugel, an dem anderen Ende mit einer Öse zum Befestigen und Einziehen der Leitungen versehen. Die Leitungen können ohne Schwierigkeit durch drei und mehr Ellbogen gezogen werden. Lötstellen dürfen nicht innerhalb der Rohre liegen.

Von den Abzweigdosen aus können die Leitungen bequem kontrolliert und nötigenfalls

Fig. 40. Fig. 41.

einzelne Leitungen ausgewechselt oder neue eingezogen werden.

Die Befestigung der Rohre geschieht durch Rohrschellen (Fig. 40 und 41). Werden die Rohre in den Mauerputz verlegt, so empfiehlt es sich, um eine Beschädigung durch Haken und Nägel zu verhüten, die etwa später in die Wände eingeschlagen werden könnten, die Rohre an der betr. Stelle durch ein Flacheisenband, zu überdecken. Bei abgeschnittenen Rohrstücken müssen die entstehenden scharfen Kanten beseitigt werden.

Die Isolierrohre können auch benutzt werden, um Leitungen durch Wände zu führen.

Als Bezugsquelle für Isolierrohre mit sämtlichem Zubehör und den für die Verlegung er-

forderlichen Werkzeugen ist ferner zu nennen:
Gebr. Adt. A.-G. in Ensheim (Pfalz).

**Guttaperchapapier, Gummipapier oder Isolier-
band** (geteertes Hanfband) wird zur Umwickelung
des gewöhnlichen isolierten Leitungsdrahts (Wachsdraht, Guttaperchadraht, Gummidraht, Asphaltdraht) an solchen Stellen verwendet, wo die Isolierung des Drahtes besonders sicher sein muß,
z. B. wenn gewöhnlicher Leitungsdraht ohne besonderes Schutzmittel durch eine Wand geführt
werden soll oder feuchtes Mauerwerk passiert, wo
der Draht unmittelbar über Eisenteile, Glas-
röhren u. dgl. zu legen ist, oder wo der Draht
an Druckknöpfe und Apparate heruntergeführt wird.

Verbindung zweier Drähte. Man entfernt von
beiden Enden der zu verbindenden Drähte die
Isolierung auf etwa 6 cm mit einem Messerrücken

Fig. 42 u. 43.

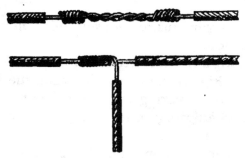

oder durch Abbrennen, macht die Enden mittels
Schmiergelpapiers metallisch rein, legt sie entgegengesetzt übereinander und dreht sie mit
zwei Flachzangen, wie in Fig. 42 dargestellt, zusammen. Die Verbindungsstelle ist mehrfach mit
Guttaperchapapier zu umhüllen, das gelinde erwärmt wird und sich dann fest an den Draht anlegt.

Soll ein Draht von einem anderen abgezweigt werden, so geschieht dies in der durch Fig. 42 veranschaulichten Weise.

Die Verbindungsstelle zweier Leitungen kann zur größeren Sicherheit noch verlötet werden, doch genügt bei Haustelegraphen im allgemeinen eine in der angegebenen Weise sorgfältig ausgeführte Verbindung.

Verbindung des Zimmerleitungsdrahts mit Apparaten. Wo Zimmerleitungsdraht mit Apparaten oder Batteriepolen zu verbinden ist, gibt man der Länge, die bis zu der betr. Klemmschraube nötig ist, noch ein Stück von etwa 15 cm zu und wickelt dieses Ende auf einem Bleistift zu einer Spirale. Dies hat den Zweck, daß der Draht an der Verbindungsstelle nicht so leicht abbricht, eintretendenfalls aber noch lang genug bleibt, um eine neue Verbindung herzustellen.

Das um die Klemmschraube zu legende Ende ist von dem Isoliermittel zu befreien, blank zu machen und zu einer kleinen Öse zu biegen, die wie hierneben angedeutet, ○ mit der Öffnung nach rechts um die Spindel der Klemmschraube zu legen ist, sodaß die Öse sich beim Andrehen der Schraube nicht öffnen kann.

Soll der Kupferdraht eines Bleirohrkabels in einer Klemme befestigt werden, so ist der Bleiüberzug und die Isolierhülle bleistiftartig abzuschneiden. Zwischen dem blank gelegten Kupferdraht und dem Bleimantel muß ein Stück Isolierhülle von etwa 3 cm verbleiben.

Prüfung der richtigen Leitungsverbindungen. In mehr- oder vieladrigen Kabeln sind die einzelnen Adern gewöhnlich durch eingelegte

Zählfäden, durch Wulste oder auf andere Weise gekennzeichnet, sodaß man eine bestimmte Ader an beiden Endpunkten leicht herausfinden kann. Fehlt diese Kennzeichnung, so kann man die Adern in folgender Weise feststellen:

Man verbindet eine beliebige Ader mit einem

Fig. 44.

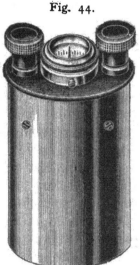

1:2

Hilfsdraht, mit dessen zweitem Ende man, nach Einschaltung eines Elements und eines Galvanoskops, nacheinander die einzelnen Adern an dem anderen Kabelende berührt. Die Nadel schlägt aus, sobald man die richtige Ader getroffen hat. In derselben Weise ist zu verfahren, um aus mehreren Zimmerleitungsdrähten einen bestimmten herauszufinden.

Statt eines einzelnen Elements und eines Galvanoskops kann man zweckmäßig den durch Fig. 44 dargestellten einfachen Leitungsprüfer der Firma Hartmann & Braun in Frankfurt (Main) verwenden.

2. Blanke Aussenleitungen.

a) Allgemeines.

Bei Haustelegraphenanlagen ist die Führung der Leitung außerhalb der Gebäude in der Regel nur in geringerem Umfang erforderlich; es kommt jedoch auch vor, daß private Anlagen sich über ausgedehnte Grundstücke erstrecken, die unter sich durch oberirdische Leitungen zu verbinden sind, oder daß telegraphische bzw. telephonische

Verbindungen zwischen weit voneinander entfernten Örtlichkeiten herzustellen sind. In manchen
Fällen sind derartige Anlagen mit Reichs-Tele-
graphen- und Fernsprechanlagen in Verbindung
zu setzen. In der Wahl und Verwendung der
Materialien ist in solchen Fällen den Privatunter-
nehmern ein möglichst freier Spielraum gelassen,
die Einrichtungen dürfen jedoch, um die Sicherheit
des Betriebs nicht zu beeinträchtigen, den von
der Reichs - Telegraphenverwaltung getroffenen
nicht nachstehen. Bei der folgenden Darstellung
des Baues von Außenleitungen halten wir uns
deshalb an die erprobten Einrichtungen der Reichs-
Telegraphenverwaltung.

Die Herstellung der oberirdischen Leitungen
wird durch Benutzung zweckentsprechender Werkzeuge sehr erleichtert; es sei deshalb darauf aufmerksam gemacht, daß praktisch bewährte Werkzeuge für
Telegraphenbau u. a. zu beziehen sind von Hermann
Lembke in Berlin C 22 und von Kücke in Elberfeld.

b) Materialien für Außenleitungen.

Als Material für oberirdische Leitungen kommen
zur Verwendung:

Leitungsdraht und zwar verzinkter Eisendraht
von 3 mm und 4 mm Stärke für Telegraphenleitungen,

Bronzedraht von 1,5 mm und 2 mm Stärke
für Telegraphen- und für Telephonleitungen;

hölzerne Stangen in Längen von 7 bis 12 m und
einer Stärke am Zopfende von 12 oder 15 cm;

eiserne Stangen;

eiserne Rohrständer, Mauerbügel, Querträger
Konsole;

eiserne hakenförmige und gerade Stützen, Winkelstützen, J- und U-förmige Stützen; Isolatoren; Hilfsmaterialien: Streben, Anker, Bindedraht und Wickeldraht.

Eisendraht. Für Telegraphenleitungen genügt gewöhnlich eiserner, verzinkter Draht von 3 mm Stärke, bei längeren Leitungen von 4 mm Stärke; immerhin ist Bronzedraht vorzuziehen, der zwar verhältnismäßig teurer, dafür jedoch dauerhafter ist, namentlich aber der zerstörenden Wirkung von Rauch und Dampf aus Fabrikschornsteinen besser widersteht.

Guter Eisendraht ist aus bestem Schmiedeeisen hergestellt, hat einen genau kreisrunden Querschnitt, eine glatte Oberfläche ohne Risse und Splitter, der Zinküberzug bedeckt den Draht überall gleichmäßig. Der Eisendraht wird in Ringen von 30 bis 45 kg geliefert. Für 1 km Leitung sind erforderlich:

bei 3 mm verzinktem Eisendraht 58 kg,
bei 4 mm „ „ 103 kg.

Bezugsquelle für verzinkten Eisendraht: Felten und Guilleaume Mülheim (Rhein), Osnabrücker Kupfer- und Drahtwerke Osnabrück.

Bronzedraht (Hartkupfer) leitet den elektrischen Strom ungefähr 6 mal so gut wie Eisendraht von gleicher Stärke. Daraus folgt, daß ein Bronzedraht ebenso gut leitet wie ein Eisendraht, wenn auch sein Querschnitt nur den sechsten Teil des Querschnitts des Eisendrahts beträgt. Ein Bronzedraht von 1,5 mm Stärke kommt in der Leitfähigkeit gleich einem Eisendraht von 3,7 mm, ein Bronzedraht von 2 mm Stärke einem Eisendraht von

4,8 mm Stärke. Zu Sprechleitungen wird in der Reichs-Telegraphenverwaltung Bronzedraht von 1,5 mm und von 2 mm Stärke, für die langen Verbindungsleitungen solcher von 3 mm, 4 oder 5 mm benutzt.

Bronzedraht von 1,5 mm wird in Ringen von 8 kg, von 2 mm in Ringen von 25 kg geliefert. Für 1 km Leitung sind erforderlich:

bei 1,5 mm Bronzedraht 17 kg
bei 2 mm „ 30 kg.

Bezugsquelle für Bronzedraht: Allgemeine Elektrizitäts-Gesellschaft Berlin NW6, Basse & Selve in Altena (W.), Carl Berg in Eveking und Heddernheimer Kupferwerk vorm. F. A. Hesse Söhne in Heddernheim.

Hölzerne Stangen werden gewöhnlich in Längen von 7 m und 8,5 m benutzt; bei Wegeübergängen, zur Schonung der Bäume usw. sind e. F. längere Stangen zu verwenden. Die Stangen werden in zwei Sorten beschafft: schwächere von 12 cm Zopfstärke und stärkere von 15 cm Durchmesser am oberen Ende.

Zu Stangen wird das Stammende von Nadelhölzern, meist der Kiefer, in einzelnen Gegenden auch der Fichte, Lärche, Tanne und ausnahmsweise auch der Eiche verwendet. Die Nadelhölzer (nicht Eichen) werden, um sie gegen Fäulnis widerstandsfähiger zu machen, bald nach dem Fällen und bevor die Bäume entrindet sind, mit einer Lösung aus Kupfervitriol getränkt. Zuweilen geschieht die Zubereitung auch mit kreosothaltigen Teerölen, Zinkchlorid oder Quecksilbersublimat. Rohe Nadelhölzer werden in der Reichs-Telegraphenverwaltung nur ausnahmsweise in Nebenlinien verwendet; sie müssen im Winter gefällt sein und vor dem Einstellen einige Monate getrocknet haben; an dem in die Erde kommenden Teil werden sie mit Karbolineum oder Steinkohlenteer bestrichen. Gut zubereitete Stangen widerstehen der Fäulnis 10 bis 20 Jahre, während rohe Stangen nur wenige Jahre aushalten.

Die Stangen werden entrindet und am Zopfende dachartig abgeschrägt; die Abschrägung ist mit heißem Teer zweimal anzustreichen.

Der Abstand der Stangen richtet sich nach der Örtlichkeit; auf gerader Strecke sind sie bei Verwendung von Eisendraht in Abständen von 75 bis 100 m, in Kurven dagegen in geringeren Abständen aufzustellen, bei Verwendung des festeren Bronzedrahts können die Abstände bis zu 150 m erweitert werden. In letzterem Falle sind daher weniger Stützpunkte erforderlich, wodurch die höheren Kosten für den Bronzedraht in etwas ausgeglichen werden.

Isoliervorrichtungen. Die aus Porzellan hergestellten Glocken mit einem äußeren und einem inneren Mantel (Doppelglocken) werden auf eisernen oder stählernen Stützen befestigt. Die Befestigung erfolgt durch Aufdrehen der Glocke auf das betreffende Ende der Stütze, das vorher mit in Leinölfirnis getauchtem Hanf umwickelt ist.

Doppelglocken mit den zugehörigen Stützen werden in der Reichs-Telegraphenverwaltung in verschiedenen Größen verwendet; für uns kommen in Betracht:

Doppelglocken No. I, 14 cm hoch,
für 4 mm Eisenleitung,
Doppelglocken No. II, 10 cm hoch,
für 3 mm Eisenleitung,

Doppelglocken No. III, 8 cm hoch,
für Bronzeleitung.

Die Doppelglocken No. I und II haben die in
der Fig. 45 dargestellte Form; bei den Doppel-

Fig. 45.   Fig. 46.

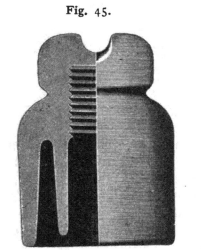

glocken No. III (Fig. 46) fehlt der obere Einschnitt (das Drahtlager); an diesen Glocken wird
der Draht (Bronzedraht) immer seitlich angebracht.

Zur Befestigung der Doppelglocken an Holz-

Fig. 47.   Fig. 48.   Lig. 49.

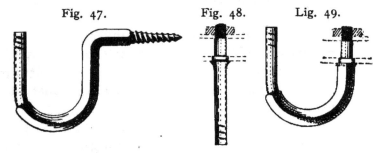

stangen dienen meist hakenförmige Schraubenstützen (Fig. 47) sollen die Glocken mit Eisenkonstruktionen verbunden werden, so verwendet

man gerade Stützen (Fig. 48) oder U-förmige Stützen (Fig. 49).

Bezugsquellen für Porzellan-Doppelglocken: Königl. Porzellan-Manufaktur, Berlin W 66, Porzellanfabrik in Hermsdorf (S.-A.), H. Schomburg & Söhne A.-G., Berlin NW 21; für Stützen:

C. Beermann, Berlin SO 33,
A. Kopfermann, Dortmund,
J. & E. Kronenberg, Leichlingen (Rheinl.),
R. Fitzner, Laurahütte.

c) Herstellung der Außenleitung.

1. Allgemeines. Wenn es sich bei einer Außenleitung nur um kurze Entfernungen handelt, ist der Bedarf an Material (Leitungsdraht, Stangen, Stützen, Hilfsmaterial) leicht zu übersehen. Bei größeren Entfernungen oder bei Anlagen, die mehrere Stellen unter sich oder mit einem Zentralpunkte verbinden sollen, muß, um den Materialbedarf und die Höhe der Kosten zu ermitteln, eine recht genaue Auskundung der Anlage vorgenommen werden. Es kommt hierbei darauf an

1. die Richtung und die Länge der einzelnen Linien festzustellen;

2. zu ermitteln, an welchen Punkten der Linie besondere Vorkehrungen erforderlich sind, z. B. höhere Stangen zur Überschreitung von Wegen oder Gewässern, Eisenkonstruktionen bei Befestigung der Drähte an Häusern, Mauern, Brücken, Schutzvorrichtungen gegen benachbarte Starkstromleitungen, sowie welche Stangen einer Verstärkung durch Streben oder Anker bedürfen. In einzelnen Fällen wird wegen Benutzung fremden Eigen-

tums mit den Besitzern das Nötige zu vereinbaren sein.

Auf Grund dieser Ermittelungen ist ein Kostenanschlag aufzustellen, aus dem der Bedarf an Material, die dafür aufzuwendenden Kosten sowie die Kosten für Frachten und Arbeiten hervorgehen. Die Aufstellung eines ordentlichen Kostenanschlags ist auch nötig, damit sich der Unternehmer gegen Nachteile schützt, die durch zu geringe Ansätze an Materialbedarf entstehen.

2. Ausführung der Leitungsanlage. Die Arbeiten bestehen in dem Abpfählen der Linie, dem Verteilen der Baumaterialien, der Aufstellung der Stangen und sonstigen Stützvorrichtungen sowie dem Ziehen des Drahtes. Bei größeren Anlagen ist es zweckmäßig, die für die Stangen bestimmten Standpunkte durch Pfählchen zu markieren. Dann werden die Stangen, Streben, und Isolationsvorrichtungen an der Strecke verteilt, der Leitungsdraht erst kurz vor dem Ziehen des Drahtes.

Aufstellen der Stangen. Vor dem Aufstellen sind die Stangen mit den Isoliervorrichtungen auszurüsten. Die oberste Isoliervorrichtung ist 6 cm unterhalb des tiefsten Punktes der dachartigen Abschrägung einzuschrauben und der Straßenseite zuzukehren. Weitere Isoliervorrichtungen sind immer mit 24 cm Abstand wechselständig, wie Fig. 51 zeigt, anzubringen. Bei Straßenübergängen kann der Abstand bis auf 15 cm verringert werden.

Fig. 50.

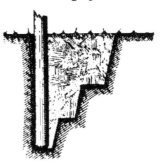

Die Löcher zur Aufnahme der Schraubenstützen werden mit einem Löffelbohrer senkrecht
zur Stangenachse bis zu $\frac{3}{4}$
der Schraubenlänge vor-
gebohrt; die Stützen sind
dann so weit einzuschrau-
ben, daß auch der nicht
mit Gewinde versehene Teil
noch ein wenig im Holze
sitzt.

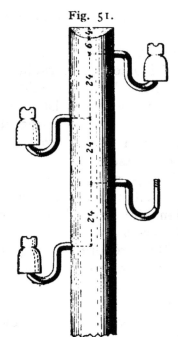

Fig. 51.

Die Stangenlöcher müssen
so tief sein, daß die Stangen
bei ebenem Boden auf $\frac{1}{5}$,
in Böschungen auf $\frac{1}{4}$ und
in Felsboden auf $\frac{1}{7}$ ihrer
Länge in die Erde zu stehen
kommen. Die Löcher wer-
den treppenartig gegraben
(Fig. 50), damit sie nicht
größer werden als unbedingt
nötig ist. Die Stange muß
in einer Ecke des Loches gegen gewachsenen
Boden stehen. In Felsboden sind die Löcher
mittels Sprengpulvers herzustellen. Es ist darauf
zu halten, daß die Stangen lotrecht stehen; die
lotrechte Stellung einer Stange läßt sich leicht
von zwei um 90 Grad voneinander abweichenden
Richtungen aus mit einem Richtlot bestimmen.
Die Erde zum Ausfüllen der Stangenlöcher ist
schichtweise recht sorgfältig festzustampfen.

Stangen in Winkelpunkten und Krümmungen
sowie auf Anhöhen sind gegen den Drahtzug
durch Strebenhölzer oder Drahtanker zu verstärken.

Streben. Eine Strebe ist innerhalb des von der Leitung an der Stange gebildeten Winkels anzubringen (Fig. 52). Der Befestigungspunkt an der Stange ist möglichst hoch, der Fußpunkt so zu wählen, daß Strebe und Stange einen Winkel von wenigstens 30 Grad bilden (Fig. 53). Das obere Ende der Strebe ist

Fig. 52.

der Rundung der Stange entsprechend auszuhöhlen und durch zwei Schrauben, die etwas versetzt untereinander stehen, zu befestigen. Damit der Fußpunkt fest liegt, ist er durch einen flachen Stein oder ein Stück Holz mit eingerammtem Pfahl zu stützen. Durch eine Querverbindung zwischen Stange und Strebe wird die Widerstandskraft der Strebe wesentlich verstärkt.

Fig. 53.

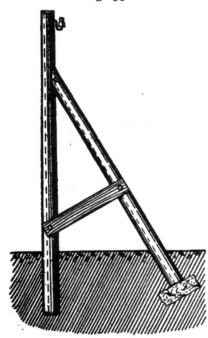

Anker. Ein Anker dient dazu, dem Drahtzug entgegenzuwirken, er ist deshalb außerhalb des von den Leitungsdrähten gebildeten Winkels anzubringen (Fig. 54). In die Stange wird ein Ankerhaken eingeschraubt und auf denselben um die Stange herum der Anker-

draht (Fig. 55) gelegt. An dem Fußpunkt des
Ankers wird ein starker Pfahl in einem Winkel
von 90 Grad gegen
.den Drahtanker in

Fig. 55.

Fig. 54.

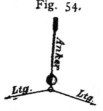

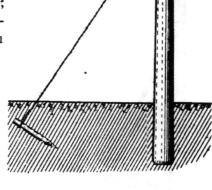

die Erde getrieben;
die Enden des Anker-
drahts werden in einen

Fig. 56.

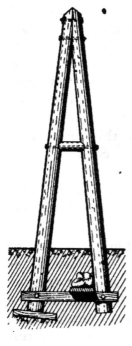

Einschnitt des Pfahls gelegt, in
entgegengesetzter Richtung um
den Pfahl herumgeführt, straff
gezogen und um den Anker-
draht spiralig herumgewickelt.
Dann wird die Erde festgestampft,
zwischen die beiden Einzeldrähte
ein eiserner Knebel eingesetzt,
der solange nach einer Richtung
zu drehen ist, bis die Drähte
spiralig gewunden und ganz straff
gespannt sind.

Doppelständer. Ist zur Anbringung von Strebe oder Anker kein Raum vorhanden, so kann man an Stelle einer einfachen Stange einen Doppelständer (Fig. 56) aufstellen. Er besteht aus zwei an den Zopfenden zusammengepaßten Stangen. In der Höhenmitte des über der Erde befindlichen Dreiecks wird ein Riegel zwischen beide Stangen eingepaßt; durch die Stangen und den Riegel hindurch wird ein eiserner Bolzen getrieben.

Fig. 57.   Fig. 58.   Fig. 59.

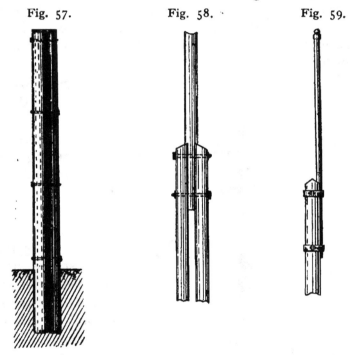

Gekuppelte Stangen. Noch weniger Raum beanspruchen gekuppelte Stangen (Fig. 57), die aus zwei an den anstoßenden Seiten behobelten und durch 4 Bolzen fest zusammengeschraubten Stangen bestehen.

6*

Verlängerte Stangen. Reicht die Länge der vorhandenen Stangen nicht aus, so kann man sich damit helfen, daß man eine Stange, wie Fig. 58 zeigt, zwischen zwei Stangenabschnitten durch Bolzenschrauben befestigt, oder wie in Fig. 59 dargestellt ist, einen Rohrständer mittels zweier Schellen an die für die Rundung des Rohres etwas ausgekehlte Stange ansetzt. An Rohrständern werden die Isoliervorrichtungen (gerade Stützen mit Doppelglocken) auf Querträger gesetzt, die in der nachstehend angegebenen Weise an den Rohrständern befestigt werden.

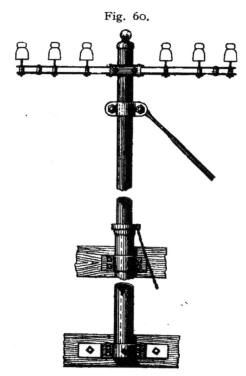

Fig. 60.

Eiserne Rohrständer mit Querträgern (Fig. 60) finden allgemein Verwendung als Stützpunkt auf Gebäuden. Sie bestehen aus einem schmiedeeisernen Rohre von 5 mm Wandstärke oder aus zwei derartigen Rohrstücken, die auf 15 cm ineinander geschraubt sind. Im letzteren Falle ist das untere Rohr 75, das obere 67 mm stark. Oben wird der

Rohrständer durch einen Verschlußknopf geschlossen. Zur Befestigung des Rohrständers
am Dachgebälk oder Mauerwerk dienen zwei
schmiedeeiserne Schellen mit starken Unterlegeplatten. Der Fußpunkt des Ständers ruht auf
einem Dorn, der durch die untere Schelle hin-
durchgeht. Wenn nötig, ist der Rohrständer
durch eiserne Streben und Drahtanker und das
Dachgebälk durch Querhölzer zu verstärken.

Die Querträger sind vor der Anbringung an
den Rohrständern mit den Isoliervorrichtungen
auszurüsten. Der oberste Querträger ist 10 cm
vom Ende zu befestigen, etwa folgende Querträger je 30 cm tiefer.

Bezugsquelle für Rohrständer:

C. Beermann, Berlin SO. 33.

Querträger bestehen aus zwei schmiedeeisernen
Flachschienen von mindestens 35 mm Breite und
7 mm Stärke, die durch Niete von 10 mm

Fig. 61.

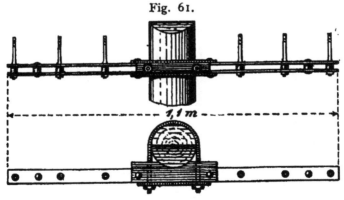

starkem Rundeisen mit Kopf miteinander verbunden und durch Flacheisenringe von 5 mm
Stärke und 30 mm Höhe, welche die Niete um-

geben, voneinander gehalten werden. Die Querträger erhalten gerade Stützen. In der oberen Schiene sind die Löcher für die Stützen oval geformt, entsprechend dem Teil der Stütze, der in diese Schiene kommt. Hierdurch wird eine Drehung der Stütze verhindert.

Die Befestigung der Querträger an Holzstangen ist durch Fig. 61, an Rohrständern durch Fig. 62 veranschaulicht. An die Querträgerschienen sind zwei

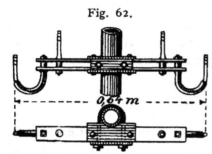

Fig. 62.

Flacheisenstücke genietet und an der einen Seite mit Ausschnitten versehen, die der Rundung der Stange oder des Rohrständers entsprechen; zur Befestigung des Querträgers dient ein Ziehband aus Flacheisen, das

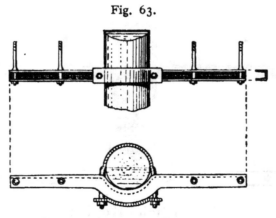

Fig. 63.

an beiden Enden rund geschmiedet und mit Schraubengewinde versehen ist.

Neuerdings werden von der Reichs - Telegraphenverwaltung nur Querträger aus ⊏-Eisen
neu beschafft. Bei diesen Querträgern bedarf es
der Zwischenschaltung von Nieten mit Ringen
zum Auseinanderhalten der Schienen nicht. Bei
einfachen Holzgestängen wird, wie Fig. 63 zeigt,
der Querträger mit der geschlossenen Seite
(Stegseite), die der Stangenrundung entsprechend
gebogen wird, an der Stange befestigt; die Anbringung an eisernen Stangen erfolgt mit der
offenen Seite, die aber an der Befestigungs-
stelle nicht eingebogen, sondern ein wenig mit
der Feile ausgerundet wird.

Bezugsquelle für Querträger und Zubehör:
C. Beermann, Berlin SO. 33,
Friedr. John, Schwerin (Meckb.),
A. Kopfermann, Dortmund,
J. & E. Kronenberg, Leichlingen (Rheinl.).

Mauerbügel werden an Stelle
von Holzstangen verwendet,
wenn es an Raum zur Auf-
stellung von Stangen fehlt
und die Isoliervorrichtungen
deshalb an Mauerwerk,
Brückengeländern, Felswän-
den anzubringen sind. Sie
werden, wie die Figuren 64
bis 66 erkennen lassen, in verschiedenen Formen herge-
stellt: der Mauerbügel (Fig. 64)
besteht aus einem quadratisch

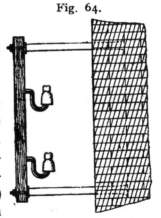

Fig. 64.

geformten Bohlstück von 8 cm Stärke zur Aufnahme
von hakenförmigen Schraubenstützen, Fig. 65
aus einem Bügel aus Flacheisen von 40 zu 10 mm

Stärke, Fig. 66 aus einem schmiedeeisernen Rohr
von 30 bis 40 mm Durchmesser. Zur Anbringung
der Isolatoren dienen U-förmige und J-förmige

Fig. 65.   Fig. 66.

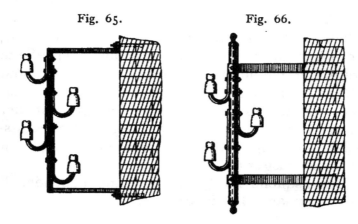

Stützen mit flach ausgearbeiteten Befestigungs-
laschen. Bei dem Mauerbügel (Fig. 66) kann
das Rohr zur Aufnahme weiterer Isoliervorrichtungen nach oben und unten verlängert werden.
Winkelstützen von der in Figur 67 dargestellten Form werden be-
nutzt, wenn an einzelnen
Stangen die eine Seite
wegen örtlicher Hinder-
nisse zur Anbringung von
Isoliervorrichtungen nicht
benutzbar ist oder die Drähte
höher geführt werden sollen,
als dies mit Schrauben-
stützen möglich ist. Zur
Befestigung an Mauerwerk
werden die Enden der Flachseiten mit Steinschrauben versehen.

Fig. 67.

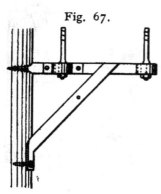

Abzweigungskonsole dienen dazu, eine Leitung von einer Stange aus als Schleife abzuzweigen, d. h. zu irgend einer Stelle hin und zu der Stange wieder zurückzuführen. Sie haben die in Fig. 68 dargestellte Form und zwei stählerne gerade Stützen. Die Abzweigungsstange ist in der Richtung der Schleifenleitung zu verstreben oder in entgegengesetzter Richtung zu verankern.

Fig. 68.

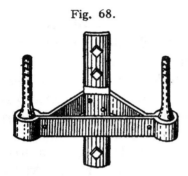

Stützen in Mauerwerk für einzelne Leitungen sind zweckmäßig in der durch Fig. 69 angegebenen Weise unter Verwendung eines Dübels und einer hakenförmigen Schraubenstütze zu befestigen.

Fig. 69.

Fig. 70.

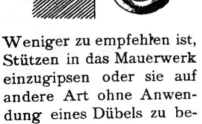

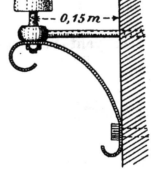

Weniger zu empfehlen ist, Stützen in das Mauerwerk einzugipsen oder sie auf andere Art ohne Anwendung eines Dübels zu befestigen.

In Figur 70 ist eine verlängerte (ausladende) Stütze dargestellt, die zur Führung einer Leitung über Dachgesimse, Fenstervorsprünge u. dgl. geeignet ist und auch an verzierten Wänden angebracht werden kann.

3. Herstellung der Drahtleitung.

Auslegen des Drahtes. Sind alle Stangen mit den erforderlichen Streben und Ankern aufgestellt und die sonstigen Stützpunkte mit den Isoliervorrichtungen ausgerüstet, so wird der Leitungsdraht ausgelegt. Dies geschieht durch Abwickeln von den Ringen, indem man den Ring auf die Erde stellt, das äußere Ende des Drahtes löst und um den Ring abrollt. Leichte Ringe kann man beim Abwickeln auch in den Händen halten. Niemals darf der Draht von innen aus abgewickelt werden, weil dann beim Abheben jeder neuen Lage der Draht sich um seine Achse dreht und Knicke und Klanken bildet.

Beim Abwickeln von Bronzedraht bedient man sich zweckmäßig eines Haspels oder einer Trommel.

Verbinden der Drahtleitungen miteinander.

Eisendraht-Verbindung. Die Enden des ausgelegten Eisendrahts werden durch Wickellötstellen verbunden. Zu dem Zweck werden die

Fig. 71.

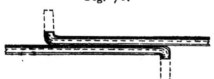

Enden so kurz als möglich mittels Feilklobens und Flachzange rechtwinkelig

Fig. 72.

umgebogen und bis auf eine Nocke von 2 mm Höhe ab-
gefeilt (Fig. 71). Dann werden die Enden auf 75 mm in
entgegengesetzter Richtung so aneinander gelegt,
daß die Nocken nach außen stehen und hierauf
in ihrer ganzen Länge mit Wickeldraht fest umwickelt. Der Wickeldraht wird in 7 bis 8 Windungen noch über die Nocken hinausgeführt.
(Fig. 72). Als Wickeldraht dient 1,7 mm starker
verzinkter Eisendraht.

Die Verbindungsstelle wird nach Bestreichen
mit säurefreiem Lötwasser ihrer ganzen Länge
nach durch Eintauchen in geschmolzenes Lötzinn
(2 Teile Zinn und 3 Teile Blei) verlötet. Die
Lötstelle muß langsam erkalten.

Bronzedraht - Verbindung. Bei Bronzedraht
erfolgt die Verbindung nach dem Arld'schen
Drahtbund - Verfahren. Die Enden der Drähte
werden in engegengesetzter Richtung durch eine
Kupferhülse gesteckt, deren Querschnitt den dicht

Fig. 73.

nebeneinandergelegten Drähten annähernd entspricht; die Enden müssen ein kleines Stück aus
der Hülse heraustreten (Fig. 73). Dann wird die
Hülse mit den eingeschobenen Drähten an beiden
Enden mittelst Kluppen fesgeklemmt; Figur 74
zeigt zwei verschiedene Formen von Kluppen.
Beim Anlegen der Kluppen ist darauf zu achten,
daß die Röhren über die Kluppen etwas hinaus-
ragen. Durch mehrmaliges Drehen der beiden
Kluppen in entgegengesetzter Richtung um 360

Grad wird der zwischen den Kluppen befindliche

Fig. 74.

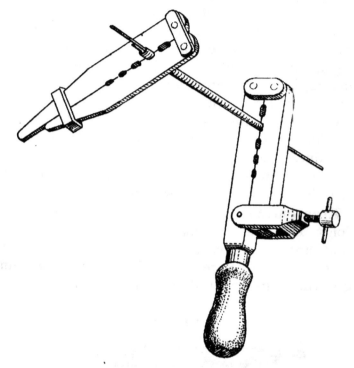

Teil schraubenförmig gewunden und eine innige, haltbare Verbindung (Fig. 75) hergestellt. (Be-

Fig. 75.

zugsquelle für Hülsen und Kluppen: Dr. Schmidmer & Co., Nürnberg-Schweinau).

Ausrecken des Drahtes. Nachdem die Verbindungen des ausgelegten Drahtes hergestellt sind, wird der Draht ausgereckt, um alle Biegungen und Knicke zu beseitigen und etwaige Fehlerstellen aufzufinden. Hierzu dient ein Flaschenzug, der mit einer Froschklemme (Fig. 76) zu verbinden ist, in welche das eine Ende des Drahtes eingespannt wird. Der Flaschenzug wird an einer Stange oder einem Baum angelegt. Nachdem das andere Drahtende an einer anderen entfernten Stange oder einem sonst geeigneten Festpunkte

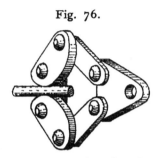

Fig. 76.

festgelegt ist, erfolgt das Ausrecken durch Anziehen des Flaschenzugs. Die Drähte dürfen nicht zu stark angespannt werden.

Fig. 77.

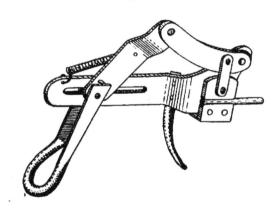

Für Bronzedraht wird statt der Froschklemme eine Kniehebelklemme (Fig. 77) benutzt (zu beziehen von C. Beermann in Berlin).

Durchhang der Leitungen. Der gereckte Draht wird mittels einer Stange, die an ihrem oberen Ende eine Gabel trägt, auf die Isolatorstützen gehoben. Dann wird das eine Drahtende an der ersten Stange festgelegt und von der sechsten Stange aus gespannt. Hierzu benutzt man, wie beim Ausrecken, einen Flaschenzug mit Klemmvorrichtung (Fig. 76 und 77). Es ist wichtig, daß der Draht weder zu stark noch zu schlaff gespannt ist, er muß den richtigen Durchhang haben. Unter Durchhang versteht man den Abstand des tiefsten Punktes des Drahtes von der geraden Verbindungslinie zwischen den beiden

Fig. 78.

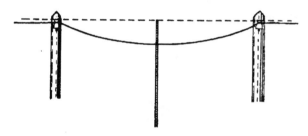

Befestigungspunkten. Je weiter die Stangen auseinander stehen, je stärker der Draht und je höher die herrschende Temperatur ist, um so tiefer hängt der Draht durch.

Aus der nachstehenden Tabelle ist zu entnehmen, welchen Durchhang in Zentimetern eine Eisen- oder Bronzeleitung bei den Spannweiten von 60, 80, 100, 120 und 150 m und bei Temperaturen von 10, 15, 20 und 25° Celsius haben muß. Für die in der Tabelle nicht aufgeführten Spannweiten und Temperaturen ist eine mittlere Spannung annähernd zu berechnen.

Der Durchhang muß betragen:
bei einer Spannweite von

	Tempe-ratur in ° C.	60 m	80 m	100 m	120 m	150 m
		cm	cm	cm	cm	cm
für Eisendraht	10° C.	63	98	141	189	275
3 und 4 mm	15°	67	103	147	196	283
stark	20°	71	109	154	202	290
	25°	76	114	160	209	298
für Bronzedraht	10° C.	36	61	93	129	192
1,5 mm stark	15°	39	66	99	136	201
	20°	43	71	105	143	210
	25°	47	76	111	151	219
für Bronzedraht	10° C.	57	92	134	181	264
2 mm stark	15°	62	98	141	190	274
	20°	67	105	148	198	283
	25°	72	111	155	206	292

Praktisch stellt man den Durchhang, z. B. für eine 1,5 mm Bronzeleitung bei einer Spannweite von 100 m und einer Temperatur von 10° C. in folgender Weise her. Aus der Tabelle ergibt sich für den vorliegenden Fall ein Durchhang von 93 cm. In eine leichte Stange oder Latte schlägt man 93 cm vom oberen Ende einen Nagel ein. Die Stange oder Latte wird dann in der Mitte zwischen den beiden Stangen so gehalten, daß ihre Spitze in der Visierlinie zwischen den beiden Isolatoren liegt, während die Leitung soweit angezogen wird, daß ihr tiefster Punkt den Markiernagel berührt (Fig. 78).

Sind mehrere Leitungen gleichzeitig herzustellen, so reguliert man zunächst den Durchhang der obersten Leitung und spannt die anderen der ersten parallel.

Festbinden der Leitung an den Isolatoren. Das Festbinden der Leitung erfolgt entweder im oberen

Drahtlager (auf dem Kopf) des Isolators oder an
der Seite. Bei Eisendraht erfolgt die Bindung
wegen des schweren Gewichts im oberen Lager,
sodaß der Draht auf dem Isolator ruht. Dies geschieht jedoch nur in gerader Linie; in Winkelpunkten und Kurven wird der Draht im seitlichen
Einschnitt des Isolators festgebunden und zwar
so, daß der Isolator stets innerhalb des von der
Leitung gebildeten Winkels liegt.

Der leichtere Bronzedraht wird immer seitlich
(an Isolatoren III ohne Einschnitt auf dem Kopf)
gebunden.

Als Bindedraht wird bei Eisenleitung 2 mm
starker, verzinkter Eisendraht, bei Bronzeleitung
ausgeglühter Bronzedraht von 1,5 mm Stärke verwendet.

Bei der Bindung im oberen Drahtlager
werden zwei Bindedrähte von entgegengesetzten
Seiten so um den Hals des Isolators gelegt, daß

Fig. 79.   Fig. 80.   Fig. 81.

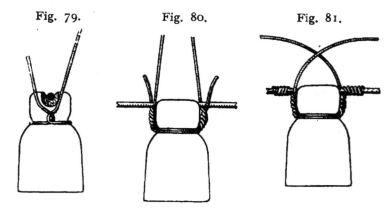

die Enden in verschiedener Länge überschießen
(Fig. 79). Die Enden werden dann seilartig zusammengedreht und nach oben gebogen (Fig. 80),

hierauf die kürzeren Enden in 5 Windungen fest um den Leitungsdraht gelegt (Fig. 81) und zuletzt jedes der längeren Enden über den Kopf der Glocke und die bereits vor-

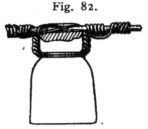

Fig. 82.

handene Wickelung hinweg geführt und ebenfalls in 5 Windungen fest um den Leitungsdraht gewickelt (Fig. 82).

Zur Bindung im seitlichen Drahtlager ist nur ein Bindedraht erforderlich. Er wird mit der Mitte über den Leitungsdraht und um den Hals des Isolators gelegt und dann mit beiden Enden nach vorn zurückgeführt (Fig. 83). Das von links herumkommende Ende wird parallel und dicht

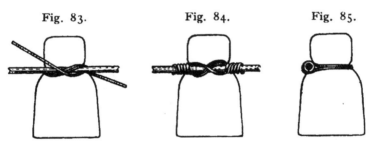

Fig. 83.　　　　Fig. 84.　　　　Fig. 85.

neben der über dem Leitungsdraht bereits vorhandenen Bindedrahtlage nach der rechten Seite geführt und hier in 8 Windungen fest um den Leitungsdraht gewickelt. In gleicher Weise verfährt man mit dem rechts herumkommenden Ende (Fig. 84 und 85).

Nachdem der zwischen den sechs Stangen gespannte Leitungsdraht an den Isolatoren festgebunden ist, fährt man mit dem Spannen und Binden der Leitung fort, bis die Leitung auf der ganzen Strecke fertiggestellt ist.

Die Leitung ist an der letzten Stange vor
der Einführung abzuspannen und wird zu diesem
Zweck um den Hals der Doppelglocke und dann
in 6 Windungen fest um den jenseits der Glocke
befindlichen Teil der Leitung gewickelt.

Einführung in Gebäude. Oberirdische Leitungen sind tunlichst von der Hofseite der Gebäude einzuführen. Steht die letzte Stange unmittelbar am Gebäude, so erfolgt die Einführung
direkt von der Stange aus, andernfalls von einem
Isolator, der unterhalb der Einführungsstelle
mittels Dübels in dem Mauerwerk befestigt wird.
Zur Einführung dient einadriges Bleirohrkabel.
Das Kabel wird auf eine hinreichende Länge von

Fig. 86.

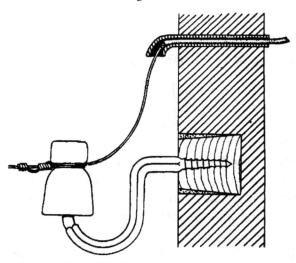

der isolierenden Hülle befreit und das blanke
Ende um den Isolator geschlungen, in mehreren
Umwindungen um die Leitung gelegt und sorg-
fältig verlötet. In eine Durchbohrung des Mauer-

werks wird ein Ebonitrohr mit Glocke (Fig. 86)
eingesetzt, durch welche das Kabel in das Innere
des Gebäudes geführt wird. Bleimantel und
Isolierhülle endigen in der Glocke. Den Rand
der Glocke darf der Draht des Kabels selbstverständlich nicht berühren.

Zur Einführung kann man sich auch einer
Ebonitschutzglocke bedienen (Fig. 87). Die
Leitung wird, wie vorher, am letzten Isolator ab-
gespannt, dabei aber ein 20 cm langes Stück
freigelassen. Der in den Kopf der Schutzglocke
eingelassene Draht wird um
den Hals des Isolators gelegt
und wie die Figur zeigt, mit
dem Ende des Leitungsdrahtes
verwürgt; die Würgestelle ist
gut zu verlöten. Zur Ver-
bindung des Bleirohrkabels
mit dem Draht in der Glocke
ist deren Mantel abzuschrauben
und über das Kabel zu ziehen;
hierauf ist das Kabel auf
einige Zentimeter freizulegen
und mit dem zu einer Öse

Fig. 87.

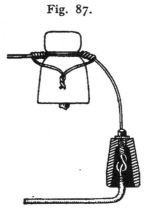

umgebogenen Glockendraht durch einige Um-
windungen zu verbinden und dann zu verlöten.
Dann wird der Mantel wieder an den Kopf der
Glocke geschraubt. Der isolierte Draht muß in
die Glocke hineinreichen, damit das Ende gegen
Befeuchtung durch Regen geschützt ist.

Sollen mehrere oberirdische Leitungen eingeführt werden, so kann die durch Fig. 88 veranschaulichte Einrichtung getroffen werden. In
dem Mauerwerk wird eine Öffnung angebracht

7*

und in diese ein aus 2 Teilen bestehendes Bohlstück eingesetzt, in welches nach Art der Wandleisten (vergl. Fig. 29) aufeinander passende,
halbzylindrische Einschnitte für Ebonitrohre mit

Fig. 88.

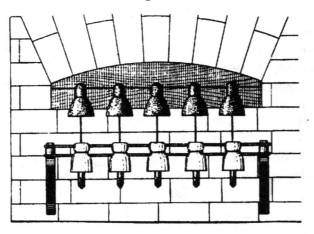

Glocken gemacht werden. Die Leitungen werden
dann von der letzten Stange aus zu Isolatoren
auf U-förmigen Stützen an einen Mauerbügel und
von hier aus mittels Bleirohrkabel in das Gebäude geführt.

Bezugsquelle für Ebonitglocken und Ebonitrohr:
Harburger Gummi-Kamm-Komp. in Harburg.

4. Tönen der Leitungen. An Gebäuden angebrachte Leitungen können den Bewohnern
durch das Tönen lästig werden. Um es zu verhindern, legt man etwa 1 m vom Isolator einen
aufgeschlitzten Gummizylinder um den Draht,
umwickelt den Zylinder mit einem Streifen Bleiblech und befestigt den Bleimantel mit einigen
Drahtwindungen.

Das Tönen wird leicht durch die auf Gebäuden aufgestellten Rohrständer übertragen. Dies läßt sich dadurch verhüten, daß man die Rohrständer unten abschließt und mit Asche oder feinem Sand füllt.

5. Die Erdleitung. Bei Leitungsanlagen innerhalb von Gebäuden, Wohnungen usw. wird für die Rückleitung des elektrischen Stromes stets ein zweiter Leitungsdraht verwendet; bei Anlagen von großer Ausdehnung, insbesondere bei längeren oberirdischen Leitungen wird dagegen statt des Rückleitungsdrahts die Erde als Leiter benutzt, indem man die Leitung an den Endstellen mittels eines Drahtseils bis in das Grundwasser führt. Die zwischen den Endstellen vorhandene feuchte Erdschicht wirkt dann in derselben Weise, als wenn die Stellen durch eine Rückleitung aus Draht verbunden wären.

Ist das Grundwasser in der Nähe der Endstelle nicht gut zu erreichen und auch fließendes Wasser oder ein Brunnen nicht vorhanden, so kann die Erdleitung an einem geeigneten Punkte angelegt und mittels eines gewöhnlichen Leitungsdrahts in die Station eingeführt werden.

Die Erdleitung besteht aus einem Drahtseil aus 4 mm verzinkten Eisendraht; das Ende des Seils ist in mehreren Windungen zu einem Ring zusammenzulegen, der so tief in das Grundwasser zu versenken ist, daß er auch in der trockenen Jahreszeit, wenn der Grundwasserspiegel sinkt, noch im Grundwasser liegt. Das Seil ist mit Ausnahme des Ringes gut zu asphaltieren; es ist außen an der Mauer hoch zu führen und kann neben dem Ebonitrohr durch die Maueröffnung

gelegt werden. Im Innern des Raumes ist mit
dem Drahtseil der Kupferdraht eines einadrigen
Bleirohrkabels oder ein blanker Kupferdraht zu
verlöten und zu der Erdklemme des betreffenden
Apparats weiterzuführen. Das Seil ist außen an
der Wand durch eine Holzleiste gegen Beschädigung zu schützen.

Statt des Erdleitungsseils kann auch ein Gasrohr von 3 cm Durchmesser 1 m tief in das
Grundwasser eingeführt werden. Verbindungen
der Rohrstücke untereinander müssen gut verlötet sein.

**6. Schutz der Telegraphen- und Telephon-
anlagen gegen Starkströme.** Wenn Telegraphen-
und Telephonleitungen, die man auch Schwachstromleitungen nennt, in der Nähe von Starkstromanlagen verlaufen, so können, wenn durch
Bruch einer Leitung oder aus anderer Ursache
eine Berührung zwischen einer Stark- und einer
Schwachstromleitung stattfindet, durch Übergang
des starken Stromes in die Schwachstromleitung
leicht Leben und Gesundheit von Menschen gefährdet und die Apparate zerstört oder ein Schaden-
feuer verursacht werden. Aber auch die bloße
Nähe der Starkstromanlagen stört oft schon den
Betrieb der Schwachstromleitungen durch Induktion
(Übertragung) und erzeugt in den Telephonleitungen störende Nebengeräusche. Diese In-
duktionsstörungen kann man vermeiden oder
wenigstens vermindern, wenn die Telephonanlagen
als Doppelleitungen (Hin- und Rückleitung) ausgeführt werden. In jedem Falle sind bei der
Anlage von Schwachstromleitungen folgende
Punkte zu beachten.

1. Die Leitungen sind möglichst weit von den Starkstromleitungen entfernt zu führen; laufen Telephonleitungen mit Starkstromleitungen parallel, so muß der Abstand mindestens 10 m betragen.

2. Wo eine Kreuzung einer Schwachstrommit einer Starkstromleitung unvermeidlich ist, sind für beide Anlagen kurze Spannweiten zu nehmen und die Stangen möglichst sicher aufzustellen. Die Kreuzung muß möglichst im rechten Winkel und zwar so erfolgen, daß die Schwachstromleitung 1 m, wenn möglich unterhalb der Starkstromleitung verläuft.

3. Bei Kreuzungen und wo die Schwachstromleitung in einen kürzeren Abstand als 10 m neben der Starkstromleitung verläuft, ist entweder für die Schwachstromleitung fabrikmäßig hergestellter isolierter Draht zu verwenden, oder es ist zwischen beiden Gattungen von Leitungen ein Schutznetz aus Draht anzubringen, das mit der Erde in Verbindung steht und eine unmittelbare Berührung der Leitungen beider Arten beim Reißen eines Drahtes oder beim Umbruch einer Stange verhindert. Beträgt die Spannung in einer Starkstromleitung mehr als 1000 Volt, so bietet isolierter Draht keinen ausreichenden Schutz.

4. Zum weiteren Schutze werden bei den Betriebsstellen Schmelzsicherungen in die Schwachstromleitungen eingeschaltet.

5. Bei Schwachstromanlagen, die mittels Kabel ausgeführt werden, sind diese von unterirdischen Starkstromkabeln tunlichst entfernt, wenn möglich auf die andere Straßenseite zu verlegen. Bei Kreuzungen muß der Abstand mindestens 40 cm betragen; in diesem Falle sowie

bei seitlicher Annäherung der Kabel auf 50 cm sind die Schwachstromkabel mit Halbmuffen aus Zement zu bedecken.

4. In die Erde verlegte und unter Wasser versenkte Außenleitungen (Kabel).

a) Allgemeines. Die oberirdische Führung von Telegraphen- und Telephonleitungen ist manchmal schwierig oder nicht zweckmäßig, z. B. in Städten, auf Bahnhöfen, in der Nähe oberirdischer Starkstromleitungen, oder wo aus Rücksicht auf den Verkehr, vorhandene Baumpflanzungen, das Aussehen der Straßen sowie bei Überschreitung von Gewässern Stangen nicht aufgestellt werden können. In solchen Fällen verlegt man die Leitungen in Form eines Kabels in die Erde oder versenkt sie unter Wasser.

Während oberirdische Leitungen nur an den Stützpunkten (Isolatoren) gegen Ableitungen des elektrischen Stromes zur Erde geschützt (isoliert) sind, müssen die in Kabel eingeschlossenen Leitungen, die ausnahmslos aus Kupfer bestehen, auf ihrer ganzen Länge mit einem isolierenden Material umgeben sein. In der Regel enthalten die Kabel mehrere Leitungen (Adern), die Leitungen sind einzeln isoliert und dann zusammen verseilt; das Seil ist mit Hanfband od. dgl. umwickelt, mit einem Bleimantel umgeben und darüber, wenn das Kabel gegen äußere Beschädigung noch eines besonderen Schutzes bedarf, mit Eisen- oder Stahldraht oder Band spiralig umwunden.

In der Konstruktion der Kabel herrscht eine große Verschiedenheit; fast jede Fabrik hat ihre

besonderen Kabeltypen. Da die Verwendung
von Kabeln für private Anlagen nur selten vor-
kommt, geben wir hier die Konstruktion der Kabel
nur im allgemeinen an.

Man unterscheidet zwischen Telegraphen- und
Telephonkabeln. Bei Telegraphenkabeln, die
gewöhnlich nur eine geringe Zahl von Adern
haben, sind die Kupferdrähte durch Faserstoff
oder Guttapercha isoliert, bei Telephonkabeln
sind die Drähte meist von einer lufterfüllten
Papierhülle umgeben.

b) Telegraphenkabel. Zur Isolierung der Leitungen wird entweder Guttapercha oder Faserstoff
verwendet.

Bei **Guttaperchakabeln** besteht jede Leitung
aus 7 dünnen Kupferdrähten, die zu einer Litze
zusammengedreht sind. Diese Konstruktion hat
gegenüber eindrähtigen Leitungen den Vorzug,
daß die Leitung nicht so leicht reißt wie einfacher

Fig. 89.   Fig. 90.

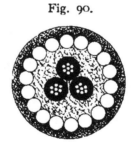

Draht und daß, wenn einzelne Drähte der Litze
dennoch reißen, immer noch durch die übrigen
Litzendrähte die Verbindung aufrecht erhalten
wird. Fig. 89 u. 90 zeigen ein 1- und ein 3-ade-
riges Guttaperchakabel. Die Adern sind durch Guttapercha isoliert; bei mehraderigen Kabeln sind die

Adern zusammen verseilt, das Seil ist mit Jutehanf umsponnen; darüber befinden sich die Schutzdrähte aus verzinktem Rundeisen oder Flacheisen. Die Schutzdrähte sind bei Kabeln, die unmittelbar in die Erde verlegt (nicht in Rohre oder Kanäle eingezogen) werden sollen, noch mit einer Schutzhülle aus Asphalt und Jutehanf versehen.

Faserstoffkabel, die in neuerer Zeit ihres billigen Preises wegen den Guttaperchakabeln vorgezogen werden, haben massive Kupferdrähte, die durch Juteumspinnung oder durch Umhüllung mit Papier und Baumwollenband oder ein Gespinst aus Baumwolle isoliert sind. Die verseilten Adern

Fig. 91.

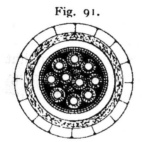

sind mit Baumwollenband umwickelt, mit harzigen Stoffen getränkt und dann zur Fernhaltung der Feuchtigkeit mit einem einfachen oder doppelten Bleimantel umgeben. Damit an den Enden keine feuchte Luft eindringen kann, werden die Kabel in der Fabrik an den Enden mit Isoliermasse gedichtet und mit Bleikappen verschlossen. Die Kabel können mit bloßem Bleimantel überall da verwendet werden, wo sie gegen Beschädigung geschützt liegen; ist dies nicht der Fall, so wird über den Bleimantel noch eine Schutzhülle aus Jute und Asphalt aufgebracht und darüber eine Bewehrung (Armatur) aus verzinktem Flacheisen oder Stahlband.

Fig. 91 zeigt ein zehnadriges Faserstoffkabel mit Bleimantel und Flacheisen-Bewehrung.

c) Telephonkabel enthalten gewöhnlich eine größere Zahl von Doppelleitungen (Hin- und Rückleitung). Es werden Kabel hergestellt mit beliebig vielen Doppeladern; in der Reichs-Telegraphenverwaltung werden verwandt solche von 4, 7, 10, 20, 50, 100, 200 und 250 Aderpaaren. Jede einzelne Ader ist mit einem dreikantig gefalteten Papierstreifen umgeben oder auch mit einer einfachen oder doppelten Papierlage hohl umsponnen, so daß zwischen dem Drahte und der Papierhülle möglichst viel Luftraum bleibt. In derartig isolierten Kabelleitungen kann man viel besser und auf erheblich weitere Entfernung sprechen als in Kabelleitungen ohne Luftraumisolierung. Die isolierten Drähte werden paarweise zusammengedreht und sämtliche Doppeladern sodann verseilt. Das Seil ist mit Band umwickelt und mit einem Bleimantel umgeben. Über dem Bleimantel wird, wenn das Kabel noch gegen äußere Beschädigung geschützt werden muß, eine Hülle aus Jute und Asphalt und darüber eine Armatur aus Flacheisen oder Stahlband angebracht. Telephonkabel, die in Flüsse verlegt werden sollen, unterscheiden sich von den vorbeschriebenen nur durch die stärkere Armatur. Fig. 92 stellt ein aus 10 Aderpaaren bestehendes Telephonkabel dar mit Bleimantel.

Fig. 92.

Bezugsquellen für Kabel:

Guttaperchakabel:

Felten & Guilleaume, Mülheim (Rhein),
Land- und Seekabelwerke, Cöln-Nippes,
Siemens & Halske A.-G., Berlin SW. 11;

Faserstoffkabel und Telephonkabel:
Allgemeine Elektrizitäts-Gesellschaft,
Berlin NW. 6.
Deutsche Kabelwerke A.-G., Rummelsburg
bei Berlin,
Felten & Guilleaume, Mülheim (Rhein),
Kabelwerke Duisburg,
Kabelwerke Wilhelminenhof, Berlin SW. 19,
Kabelwerk Rheydt,
Land- und Seekabelwerke, Cöln-Nippes,
Siemens & Halske A.-G., Berlin SW. 12,
Süddeutsche Kabelwerke, Mannheim.

d) Verlegung von Kabeln in die Erde. Die
Kabel werden entweder direkt in Gräben verlegt
oder in Röhrenstränge eingezogen, die bereits
vorher eingelegt sind.

Verlegung in Gräben. Kabel mit Guttaperchaisolierung müssen, um sie der schädlichen
Einwirkung der Sonnenwärme zu entziehen, 1 m
tief in die Erde gebettet werden, bei Kabeln mit
Faserstoff- oder Guttaperchaisolierung genügt eine
Tiefe von 60 bis 75 cm. Der Graben erhält oben
eine Breite von 60 cm, auf der Sohle von 20 bis
30 cm; die Sohle muß eben sein. Gewöhnlich
werden die Kabel auf Trommeln aufgewickelt
geliefert. Die Trommel wird entweder neben
dem Graben entlang abgerollt oder drehbar auf
einem Wagen befestigt und bei dessen Fortbewe-
gung von der Trommel abgewickelt. Das in
gerader Richtung im Graben liegende Kabel
wird zunächst mit einer Schicht Sand oder stein-
freier Erde und u. U. noch mit Ziegelsteinen bedeckt, damit es bei etwaigen späteren Arbeiten
an dem Kabelgraben nicht beschädigt wird. Bei

Faserstoff- und Papierkabeln können als Schutz-
decke auch Halbröhren aus Zement verwendet
werden. Der Graben wird zum Schluß schichtweise zugestampft.

Verlegung in Röhren. Das Einziehen der
Kabel in Rohrstränge bietet den Vorteil, daß die
Kabel ausgewechselt und neue Kabel eingezogen

Fig. 93.

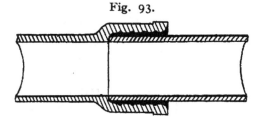

werden können. Es wird deshalb besonders in
Städten angewendet, um das kostspielige Auf-
brechen und Wiederherstellen des Pflasters oder
des Trottoirs zu vermeiden. Als Röhren werden

Fig. 94.

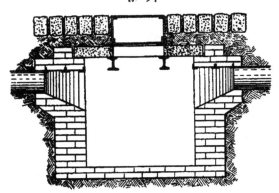

zweckmäßig gußeiserne Muffenrohre (Fig. 93) in
Baulängen von 1 m verwendet (Bezugsquelle: R.
Böcking & Co., Halbergerhütte) oder Röhren aus

Ton oder Zement. Die Röhren sind in gerader
Richtung etwa 1 m tief in den Graben zu legen.
In gewissen Entfernungen, die sich nach der Länge
der einzelnen Kabelstücke richten (bis zu 600 m)
und wo die Strecke eine Biegung macht, muß
ein Kabelbrunnen angelegt werden. Figur 94
zeigt einen solchen, in der Fahrstraße einge-
mauerten Brunnen. Die Rohre sind so zu verlegen, daß das Muffenende beim Einziehen des
Kabels vom Brunnen abgewendet ist. Zum Einziehen des Kabels wird beim Verlegen der Röhren
ein verzinkter Eisendraht hinein gebracht, an dem
man darauf ein Zugseil und mittels des letzteren
das Kabel einzieht. In dem Brunnen werden die
einzelnen Kabellängen miteinander verbunden.

Verlegung eines Flusskabels. Bei Flüssen oder
Gewässern von geringer Breite wird die Trommel
mit dem Kabel an dem einen Ufer aufgestellt, in
der Richtung der Kabellinie verankert man einige
Boote, zieht dann das Kabel mittels eines Taues
auf die Boote und versenkt es von diesen strom-
abwärts in das Wasser. Bei breiten Flüssen
wird die Trommel mit dem Kabel auf einen
Ruderprahm verladen und bei dessen Überfahrt
in das Wasser abgerollt. Soweit die Ufer flach
sind, ist das Kabel einzubaggern, außerdem ist
es an den Ufern auf 10 bis 15 m Länge in festem
Boden einzugraben oder, wo dies nicht möglich
ist, in einem Kabelhalter festzulegen. Der Kabelhalter besteht aus zwei durch Bolzen zusammen-
gehaltenen Schwellen mit Ausschnitten; die Schwellen finden ein Widerlager an zwei in die Erde ge-
rammten Pfählen.

Verbindung zweier Kabellängen. Bei Privat-

anlagen wird man in den meisten Fällen mit
einer Kabellänge auskommen; wenn dies nicht
möglich ist, müssen die einzelnen Stücke miteinander verbunden werden. Dies geschieht in
besonderen Verbindungskästen, in welchen die
bloßgelegten Enden der Adern an Klemmen gelegt werden, oder durch Verlötung der Kabeladern.

Die Herstellung von Löt-
stellen in Guttaperchakabeln
ist eine schwierige Arbeit,
die nur von geübten Kabel-
lötern ausgeführt werden
kann. Auch zur Herstellung
von Lötstellen in Faser-
stoff- und Papierkabeln
empfiehlt es sich, geschulte
Monteure der Kabelfabrik
heranzuziehen.

**Zur Einführung eines
Kabels** in ein Gebäude ist
nötigenfalls die Grundmauer
zu durchbrechen, in die
Öffnung ein eisernes Rohr
einzusetzen, durch dieses
das Kabel einzuziehen und
in einem Holzkasten bis zu
den Apparaten zu führen.
Soll ein Kabel an der Außen-
wand hochgeführt werden,
so ist es in einen Falz der
Mauer einzulegen und mit einem Brett abzu-
decken.

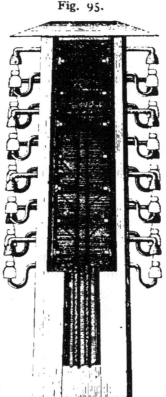

Fig. 95.

Zur Verbindung eines Kabels mit ober-

irdischen Leitungen dient eine sog. Überführungssäule. Fig. 95 stellt eine solche für zwei 7-adrige Kabel dar. Zwei starke Hölzer von 7 oder 8,5 m Länge werden so in die Erde gestellt, daß sie an ihren oberen Enden 8 cm voneinander abstehen und nach unten auf je 1 m Länge um 2 cm weiter auseinander gehen. Am oberen Ende sind die Hölzer an der inneren Seite auf je 8 cm so ausgeschnitten, daß ein kastenartiger Raum von 24 cm Weite entstanden ist. Die Tiefe der Ausschneidung hängt von der Zahl der einzuführenden Kabeladern ab. Der Zwischenraum zwischen den Hölzern wird bis auf den oberen Teil der Vorderseite durch starke, astfreie Bretter, die in Falze der Hölzer eingreifen, geschlossen. Die Vorderseite des kastenartigen Raumes wird durch eine mit Gummiliderung und Schloß zu versehende Tür abgeschlossen. Im Inneren des oberen Raumes befinden sich an den Seitenwänden Messingklemmen auf Ebonitunterlagen. Oberhalb dieser Klemmen greifen durch die Seitenwände Ebonitrohre mit Glocken, und unterhalb sind an den Außenwänden der Säule Isolatoren angebracht. Die Ebonitrohre stehen in zwei Reihen gegeneinander versetzt. Eine Zinkblechabdachung schließt die Säule nach oben ab.

Ist das mit oberirdischen Leitungen zu verbindende Kabel ein Guttaperchakabel, so wird das in die Säule hochgeführte Ende mit einem Drahtbund versehen. Von dem Drahtbund ab werden die Adern freigelegt, die Litzenenden werden verlötet und in den Klemmen festgelegt. Von den Klemmen führen Guttaperchadrähte durch die Ebonitrohre zu den Isolatoren; um deren Hals werden die blanken Enden einmal herumgelegt und dann in 5 Windungen um die oberirdische Leitung gewickelt. Die Wickelstelle ist zu verlöten.

Bei einem Faserstoffkabel ist vor der Verbindung mit den oberirdischen Leitungen ein Stück wetterbeständiges Kabel anzulöten. Die Adern dieses Kabels sind bloßzulegen und in ähnlicher Weise wie vorstehend die Guttaperchadrähte mit den oberirdischen Leitungen zu verbinden.

e) Schutz der Kabel gegen Blitz. Die mit oberirdischen Leitungen verbundenen Kabel müssen durch besondere Vorrichtungen gegen Blitz geschützt werden, damit der Blitz nicht die Isolierhülle des Kabels durchschlägt und es unbrauchbar macht. Zu dem Zwecke wird auf jeder Seite des Kabels mit der Leitung ein Stangenblitzableiter in Verbindung gebracht.

An dem Halse der aus Hartgummi hergestellten Doppelglocke ist eine Holzschraube angebracht, mittels der die Vorrichtung an der Stange befestigt wird.

Der Stangenblitzableiter (Fig. 96) besteht im wesentlichen aus 2 gereifelten Messingplatten, die durch einen geringen Luftzwischenraum von einander getrennt sind (Fig. 97). An die oberirdische Leitung wird ein Stück Draht angelötet, dessen Ende mit der Klemme *k* und dadurch mit der unteren Platte verbunden wird; die obere Platte steht mit einer an der Stange herunterzuführenden Erdleitung in Verbindung. Während der gewöhnliche Telegraphierstrom von der unteren Platte keinen Weg zur oberen Platte findet, springt

ein die Leitung treffender Blitz auf die obere
Platte über und gelangt durch die Erdleitung in
die Erde, ohne Schaden anzurichten.

Fig. 96.

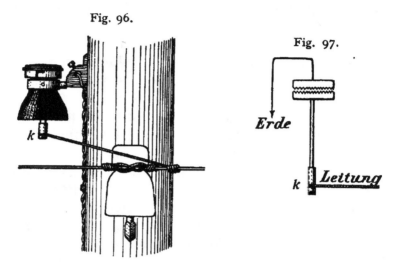

Fig. 97.

Erde

Leitung

Ist nach einem Gewitter der Betrieb gestört
und an den Apparaten ein Fehler nicht zu ent-
decken, so ist der Deckel des Blitzableiters abzunehmen und nachzusehen, ob etwa der Blitz
beim Überspringen auf die obere Platte Messing-
teilchen abgeschmolzen und dadurch eine Verbindung zwischen den beiden Platten hergestellt hat.
    Bezugsquelle für Stangenblitzableiter:
Siemens & Halske A.-G., Berlin SW 12.
    Sind mehrere Leitungen gegen Blitz zu schützen,
so verwendet man zweckmäßig Vielfach-Stangen-
blitzableiter. Die Firma C.F.Lewert in Berlin S.O. 26
fertigt derartige Apparate für 7 und mehr Leitungen. Die Apparate sind mit einer für alle
Leitungsplatten gemeinsamen Kappe versehen und
können auch an Mauerwerk befestigt werden.

IV. Die Apparate für die Haus-
telegraphie.

A. Die Kontaktvorrichtungen.

Sie dienen dazu, den zur Betätigung der An-
zeigeapparate, wie Wecker, Klappenelektromagnete usw. erforderlichen elektrischen Strom durch
Aufeinanderpressen zweier Stromschlußfedern a u. b
(Fig. 98) in die Leitung
zu senden (Arbeits-
strombetrieb); seltener
dienen sie dazu, den
in der Anlage vor-
handenen Dauerstrom
(Ruhestrombetrieb)
durch Aufhebung der
Berührung zweier Stromschlußfedern a u. b (Fig. 99)
zu unterbrechen und dadurch die Apparate zum
Ansprechen zu bringen.

Man unterscheidet
hauptsächlich:

Druckkontakte,
Zugkontakte,
Preßkontakte,
Tretkontakte,

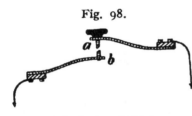

Fig. 98.

Arbeitsstrombetrieb.

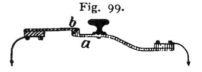

Fig. 99.

Ruhestrombetrieb.

8*

Sicherheitskontakte,
Feuermelde- und Notsignalkontakte,
Fortschellkontakte.

1. Druckkontakte.

Feste Wandkontakte.

Die festen Wandkontakte sind die unter
der Bezeichnung „Druckknöpfe" oder Kontaktknöpfe bekannte einfachste Form der Druckkontakte; ihre Anbringung erfolgt zweckmäßig
in der Nähe der Türen, damit man nicht in der
Aufstellung der Möbel behindert ist.

Der Druckknopf (Fig. 100—102) besteht aus
einer Grundplatte, auf die zwei auseinander

Fig. 100.   Fig. 101.

Oberansicht des Druckknopfes.

strebende, schnecken-
förmig gebogene Kon-
taktfedern aus Neusilber Grundplatte des Druckknopfes mit
aufgeschraubt sind. Die   den 2 Kontaktfedern.
obere größere Feder
liegt gegen den beweglichen Druckknopf und
drückt diesen soweit nach außen, bis er mit seinem

Rande an dem auf die Grundplatte aufgeschraubten rosettenförmigen Deckel ein Widerlager findet. In der Ruhelage des Druckknopfes tritt also eine Berührung der beiden Neusilberfedern, von denen isolierte Drähte durch ein Loch der Grundplatte nach der Leitungsanlage führen, nicht ein. Ein Stromschluß tritt nur dann ein, wenn durch Niederdrücken des Knopfes die Kontaktfedern in Berührung miteinander kommen. Hört der Druck auf den Knopf wieder auf, so bewirkt die Elastizität der Federn die sofortige Aufhebung des Kontaktes.

Fig. 102.

Durchschnitt des Druckknopfes.

Man stellt die Druckknöpfe aus Holz in allen Farben, aus Porzellan, Metall, Elfenbein, Horn usw. in den mannigfaltigsten Formen her, die wohl jeder Geschmacksrichtung Rechnung tragen dürften. Die folgenden Abbildungen 103—114 veranschaulichen einige Typen der Firma Mix & Genest:

Fig. 103.   Fig. 104.   Fig. 105.

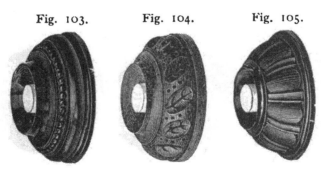

Kontaktknöpfe aus Holz mit Beindrücker.

Fig. 106.

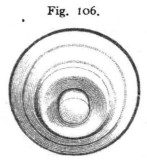

Fig. 107.   Fig. 108.

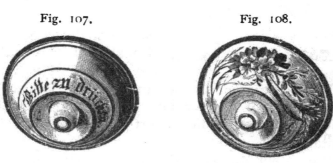

Kontaktknöpfe aus Porzellan mit Hartgummi- oder Holzboden.

Fig. 109.   Fig. 110.   Fig. 111.

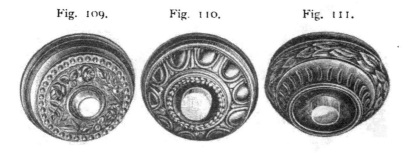

Kontaktknöpfe aus Metall mit Hartgummi- oder Holzboden.

Fig. 112.

Fig. 113.

Fig. 114.

Luxus-Kontaktknöpfe aus cuivre poli etc.

An Außenwänden und überall da, wo die Druckknöpfe feuchter Luft ausgesetzt sind, empfiehlt
sich die Verwendung wetterbeständiger Kontaktvorrichtungen aus Metall oder Porzellan mit
Hartgummiboden, bei welchen die Kontakte der
Stromschlußfedern zur Verhütung der Oxydation
mit Platinplättchen belegt sind.

Die Befestigung der Druckknöpfe geschieht
in der Regel mittels zwéier Holzschrauben an den
Türverkleidungen, für welche die Löcher in die

Fig. 115.

Fig. 116.

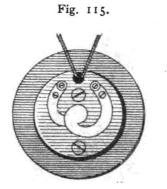

Druckknopf mit durch-
gesteckten Leitungsdrähten.

Druckknopf mit ange-
schraubten Leitungsdrähten.

Grundplatten der Kontaktvorrichtung bereits vor-
gebohrt sind. Vor der Festlegung der Grund-

Fig. 117.

Fig. 118.

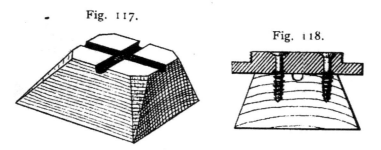

Holzdübelbefestigung für Kontaktknöpfe.

platte werden die beiden isolierten Leitungsdrähte,
welche den Druckknopf in die Haustelegraphenanlage einschalten sollen, von hinten durch das
hierfür vorgesehene Loch der Grundplatte gesteckt, am Ende von ihrer Isolierhülle befreit,

blank geschabt, um die zur Befestigung der betreffenden Kontaktfeder benutzte Holzschraube in einer Öse herumgeschlungen und mit letzterer festgeschraubt. (Fig. 115 u. 116).

Wenn die Kontaktknöpfe an massiven Wänden zu befestigen sind, so empfiehlt es sich, zunächst einen Holzdübel in die Mauer einzulassen und auf diesem die Grundplatte des Apparats mittels zweier Holzschrauben zu befestigen (Fig. 117 u. 118).

Bei der Anbringung der Druckknöpfe ist besonders darauf zu achten, daß die Befestigungsschrauben der Grundplatte nicht mit der Kontaktfeder oder den Leitungszuführungen in Berührung kommen, ebenso ist auch eine Berührung der blanken Drahtenden der Leitungsdrähte unter sich oder mit der gegenüberstehenden Feder unter allen Umständen zu vermeiden. Die Folge würde ein dauernder teilweiser oder vollständiger Stromschluß sein.

Fig. 119.

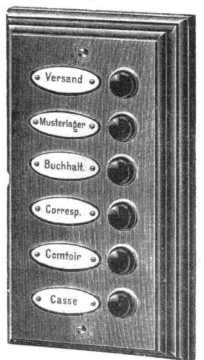

Wandkontakte mit mehreren Druckknöpfen.
Die einzelnen Druckknöpfe werden auf einer Holz-

platte montiert (Fig. 119). Die Anordnung der Stromschlußfedern und ihre Betätigung durch den Druckknopf ist die gleiche wie beim einzelnen Wandkontakt. Die Vorderfläche der abschraubbaren Deckplatte ist zur Anbringung von Schildern für die Bezeichnung der einzelnen Klingelleitungen eingerichtet.

Druckkontakte für Haus- und Korridortüren. Sie bestehen aus einer zylindrischen Metallbüchse, die den Druckknopf und sämtliche Stromschluß-

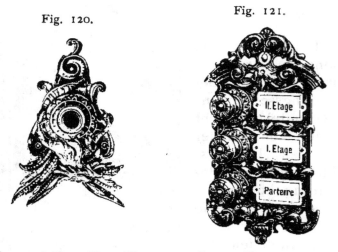

Fig. 120.

Fig. 121.

teile enthält. Die Kontaktträger (Fig. 120—122) in welche diese Metallbüchsen eingeschraubt werden, sind einfache oder mehrteilige Metallschalen.

Die Kontaktbüchse besitzt einen Hartgummiboden, in welchen ein Kontaktstück k mit dem Platinplättchen p eingelassen ist, das mit einer aus dem Boden der Büchse heraustretenden Klemmschraube s zur Befestigung des einen Zuführungsdrahtes in leitender Verbindung steht. Der Druckknopf endet nach Innen in einen Metall-

zylinder z mit Platin-
kontakt; durch eine
mit dem Metallzy-
linder und der Kon-
taktbüchse verlötete
Spiralfeder wird der
Druckknopf nach
außen gedrückt. Der
zweite Leitungsdraht
wird an die über die
Kontaktbüchse und

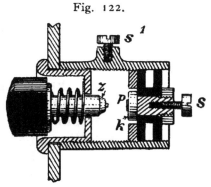

Fig. 122.

die Spiralfeder mit dem Metallzylinder des Druck-
knopfs verbundenen Schraube s^1 gelegt.

Fig. 123.

Birne mit
1 Kontakt.

Fig. 124.

Birne mit
2 Kontakten.

Fig. 125.

Birne mit 3 Kontakten.

Bewegliche Druckkontakte.

Sie dienen der Bequemlichkeit, indem sie
es ermöglichen, das Klingelsignal vom Sitz

oder Ruhelager aus zu geben. Verwendung
finden sie infolgedessen vornehmlich in Speise-
zimmern, Schreibzimmern, Krankenzimmern usw.,
also überall da, wo eine beliebige

Fig. 126.

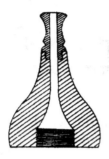

Ortsveränderung der Kon-
takte möglich sein soll. Ihre
Verbindung mit der Leitungsanlage erfolgt durch biegsame
Seiden- oder Baumwollenkabel
und besondere Anschlußdosen
oder auch unter Benutzung der
festen Wandkontakte, die zu
diesem Zweck als Ösenknöpfe
ausgebildet sind.

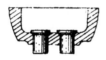

Die hauptsächlichsten Ausführungsformen der beweglichen
Kontaktvorrichtungen sind die
Birnenkontakte, die Preßkontakte
und die Tischkontakte.

Birnenkontakte. (Fig. 123 bis
128). Sie werden meist in Birnen-
form aus allen Holzarten und auch
aus Metall mit einer, zwei und mehr Drucktasten
hergestellt. Der Konstruktion der Drucktasten
liegt das Prinzip der gewöhnlichen Druckkontakte
zu Grunde. Das zur Verbindung der Birne mit
der Leitungsanlage dienende Kabel hat demnach
3 oder mehr Leitungsadern. Neben den Leitungsadern enthält das Anschlußkabel noch eine sogenannte blinde Ader ohne Drahtleiter, die in
der Anschlußdose und in der Birne verknotet
wird. Die Knoten nehmen den von der Schnur
auf ihre Verbindungen mit der Kontaktvorrichtung und der Anschlußdose ausgeübten me-

chanischen Zug auf. Die Kontaktbirnen bestehen gewöhnlich aus Oberteil, Mittelstück oder Einsatzstück und Verschlußdeckel. (Fig. 126 u. 127). Der Oberteil ist hohl; er enthält die aus Knochen, Elfenbein oder Hartgummi hergestellte Einführungstülle für das Verbindungskabel. (Fig. 128).

Fig. 127.   Fig. 128.

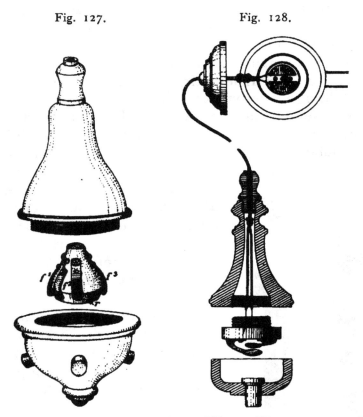

Bei der zweikontaktigen Birne (Fig. 124 u. 126) enthält das Mittelstück, welches mit dem Oberteil verschraubt wird, zwei schneckenförmige Kontaktfedern und eine gemeinschaftliche Kontaktplatte, von denen jede mit einer Leitungsader des Ver-

bindungskabels verbunden ist. Das Verschlußstück
enthält die Druckknöpfe in der bei den gewöhnlichen Druckkontakten üblichen Anordnung; es
wird an dem Mittelstück durch Holzschrauben
befestigt.

Bei der dreikontaktigen Birne (Fig. 125 u. 127)
tritt an die Stelle des Mittelstücks ein Einsatzstück
aus Holz, an dem oben drei Kontaktfedern f_1 f_2
und f_3 und unten eine gemeinschaftliche Kontaktplatte in Gestalt eines Metallringes r angeschraubt
sind. Zu jeder Kontaktfeder und zu der mit dem
Metallringe r verbundenen Metallplatte p führt eine
Ader des Verbindungskabels. Das Einsatzstück
wird in dem Verschlußteil mittels einer Holzschraube so befestigt, daß die Kontaktfedern den
Druckknöpfen gegenüberstehen und durch Nieder-

Nr. 129. Nr. 130.

drücken derselben mit dem
Metallring r leitende Verbindung erhalten. Die Verbindung zwischen Oberteil und
Verschlußdeckel mit Einsatzstück erfolgt durch einfache
Verschraubung.

Um bei den mehrkontakti-
gen Birnen zu erkennen,
welcher Stromkreis durch
Niederdrücken eines Knopfes
geschlossen wird, erhalten die
Knöpfe verschiedene Form
oder auch oberhalb derselben
eine entsprechende Aufschrift.

Presskontakte. Preß- oder
Quetschkontakte (Fig. 129 u. 130) bestehen aus
einem aufgeschlitzten Holzzylinder, dessen innere

Flächen mit zwei Metallscheiben belegt sind, die
in der Ruhelage einander nicht berühren. Jede
Metallscheibe ist mit einer Ader der Leitungsschnur verbunden, die zur Anschaltung an die
Haustelegraphenanlage dient. Bei leichtem Zu-
sammendrücken des Preßkontaktes mit der Hand
wird Stromschluß, d. h. eine leitende Verbindung
zwischen den beiden Metallschienen hergestellt.
Man verwendet die Preßkontakte vielfach für
Speisezimmer derart, daß sie am Beleuchtungs-
körper dicht über dem Speisetisch aufgehängt
werden.

Tischkontakte. Sie kommen hauptsächlich für
Schreibtische und Speisetische zur Verwendung,
im ersteren Falle dienen sie gleichzeitig meist als
Briefbeschwerer. Ihre einfachste Ausführungsform

Fig. 131.

besteht aus einem gewöhnlichen Druckknopfe,
wie sie für Wandkontakte Verwendung finden.
Die Grundplatte ist mit einer Bleieinlage be-
schwert. Elegantere Formen sind den besseren

Briefbeschwerern nachgebildet; sie erhalten figür-
lichen Schmuck aus bronziertem, vernickeltem usw.
Metall auf polierter Holz-, Steinplatten- usw. Unterlage
in einer der Aus-
stattung des Ver-
wendungsortes
angepaßten Weise
(Fig. 112 u. 131).
Für Tischkontakte
mit einer größeren
Anzahl von Druck-
knöpfen werden
ähnliche Kontakt-
platten, wie sie
Fig. 119 darstellt,
mit Bleibeschwe-
rung benutzt. Bei
drei und mehr
Druckknöpfen verwendet man auch die runde
Form (Fig. 132). Die Zuführung des Verbindungskabels erfolgt bei den beweglichen Tischkontakten
in der Regel seitlich.

Fig. 132.

Anschlussdosen, auch Verbindungskapseln
und Wandrosetten genannt, vermitteln die Verbindung der beweglichen Kontakte mit der festen
Leitungsanlage. Sie werden je nach den örtlichen
Verhältnissen an den Zimmerwänden und in Speise-
zimmern gewöhnlich an der Decke durch Aufschrauben auf eingegipste Holzdübel in gleicher
Weise befestigt wie die Wandkontakte. Die Anschlußdosen bestehen aus einer dem gewöhnlichen
Druckkontakt ähnlichen Grundplatte, auf der die
entsprechende Anzahl Klemmen zur Befestigung
der Adern des Verbindungskabels einerseits und
der Zuführungsdrähte zu der Leitungsanlage

andererseits angeordnet sind (Fig. 133). Der aufzu-
schraubende Verschlußdeckel enthält eine Öffnung

Fig. 134.

Fig. 133.

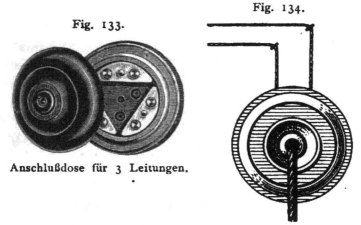

Anschlußdose für 3 Leitungen.

zur Durchführung des Verbindungskabels (Fig. 134).

Fig. 135.

Fig. 136.

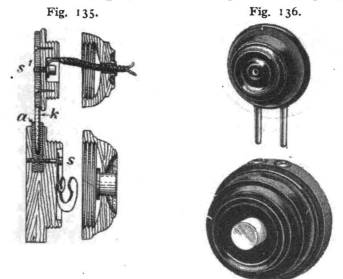

Eine Verknotung der blinden Ader des Kabels in
der Anschlußdose verhindert, daß es aus ihr durch
Unvorsichtigkeit herausgerissen werden kann.

Ösenknöpfe dienen dazu, bewegliche Kontaktvorrichtungen im Bedarfsfalle vorübergehend an
festen Kontakten durch einfaches Aufstecken zu
befestigen. Zu diesem Zwecke sind in die Grundplatte des gewöhnlichen festen Druckkontaktes
zwei Metallhülsen (Fig. 135 u. 136) eingelassen,
welche mit den Kontaktfedern über die Schrauben *s* in leitender Verbindung stehen. In die
Metallhülsen *a* und *b* werden die Kontaktstifte *k*
einer Anschlußdose — Einsteckrosette — gesteckt, die auf der Rückseite der Grundplatte
durch Schrauben befestigt sind. Die Schrauben s_1
dienen zur Anlegung der Adern des Verbindungskabels. Durch die Einsteckrosette wird also eine

Fig. 137.

bewegliche parallele Ab-
zweigung zur Leitungsan-
lage an dem zu einem Ösen-
knopfe ausgebildeten festen
Wandkontakte hergestellt.
Ösenknöpfe einfacherer
Form (Fig. 137) erhalten
zwei seitliche mit den Stromschlußfedern verbundene Metallösen, in welche ko-
nische Stöpsel eingesteckt werden, an denen die
Enden der Adern des Verbindungskabels befestigt
sind.

2. Die Zugkontakte.

Sie werden hauptsächlich für Haus- und Korridortüren verwendet und unterscheiden sich dem
Äußeren nach wenig von den mechanisch be-
tätigten Klingelzügen. Ihr Konstruktionsprinzip
ist folgendes. Eine Zugstange *z* (Fig. 138) wird
mit ihrem Knopf *k* in der Ruhelage durch

Wirkung der Spiralfeder f gegen die auf der Grundplatte g befestigte Rosette r gedrückt. Auf der Rückseite der Grundplatte ist ein Hartgummistück angeschraubt, das die beiden Kontaktfedern c und c_1 trägt. Diese berühren in der Ruhelage das aus einem Hartgummiring bestehende Isolierstück i der Zugstange, hinter dem die Kontaktscheibe ko angebracht ist.

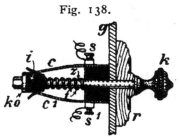

Fig. 138.

Die Zuführungsdrähte werden an die Klemmschrauben s und s_1 gelegt.

Fig. 139.   Fig. 140.

Sobald an dem Knopf *k* gezogen wird, gelangt die Kontaktscheibe *ko* zwischen die Kontaktfedern *c* und c_1 und stellt Stromschluß her.

Fig. 139 stellt eine Kontaktplatte mit 2 Zugknöpfen für Haustüren dar.

Für Korridortüren sind insbesondere die Kontaktvorrichtungen (Fig. 140) mit hängendem Zugbügel beliebt. Diese erhalten oft auch eine Einrichtung derart, daß der Kontakt der Strom-

Fig. 141.   Fig. 142.

schlußfedern bereits beim Anheben des Bügels erfolgt. Zu diesem Zwecke hat der in einem wagerechten Scharnier bewegliche Bügel nach hinten eine hebelartige Fortsetzung, die so breit ist, daß sie die Stromschlußfedern untereinander in Berührung bringt.

Die Zugschalen mit einem Kontaktknopf für Haustüren (Fig. 141) werden gewöhnlich mittels eines eisernen Ringdübels durch Steinschrauben in dem Mauerwerk befestigt (Fig. 142).

Sollen die Zugkontakte an der Decke angebracht werden, so erhalten sie eine zu einer Öse ausgebildete Zugstange, an der die Zugschnur befestigt wird (Fig. 143).

Zugkontakte in luft- und wasserdichten Gehäusen (Bergwerks- und Grubenkontakte). Zur Verwendung in nassen Räumen, Bergwerken, chemischen Fabriken und im Freien kommen gewöhnlich Kontaktvorrichtungen von der

Fig. 143.

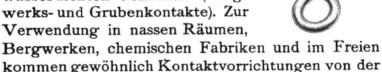

Fig. 144.

Form der Fig. 144 in luft- und wasserdichtem Eisenkasten zur Verwendung, in dessen mit Schrauben zu befestigenden Deckel am Rande eine in Talg getränkte Schnur eingelegt ist, um einen genügend dichten Abschluß der inneren Apparatteile zu ermöglichen. Die Kontaktvorrichtung selbst besteht aus zwei starken Blattfedern, die im Ruhezustande auf einer Ebonitplatte aufliegen. Für die Herstellung des Stromschlusses zwischen beiden Federn dient eine mit einer Kontaktplatte versehene Achse, die in der ihr durch eine Spiralfeder gegebenen Lage die Kontaktfedern nicht berührt. Die Kontaktplatte der Achse stellt den Stromschluß zwischen beiden Federn her, sobald sie mittels des außerhalb des Apparatgehäuses befindlichen Hebels etwa um 90 ⁰ gedreht wird. Der Hebel ist zur Befestigung eines Seiles oder einer Kette mit einem Ring versehen. Die durch die Seitenwand des Apparats hindurchgehende Achse liegt in einer langen, sorgfältig gegen Wasser und Luft abgedichteten Messingbuchse. Die Zuführungsdrähte werden oben durch zwei kegelförmige Öffnungen von der Rückseite aus zu den Kontaktfedern geführt; die Öffnungen und erforderlichenfalls auch die Verbindungsstellen der Drähte mit den Kontaktfedern werden durch Paraffin ausgegossen.

Die Kontaktvorrichtung kann mittels dreier Ansätze so befestigt werden, daß sie durch senkrechten Zug von oben nach unten oder durch seitlichen Zug betätigt wird.

Badezimmerkontakte — (Fig. 145 und 146). Sie werden in der Regel in der Nähe der Zimmerdecke befestigt, um die Stromschlußteile aus dem Bereich des umherspritzenden Badewassers zu bringen; aus demselben Grunde und um überhaupt

die inneren Teile des Apparats vor dem Eindringen von Feuchtigkeit zu schützen, erhalten
sie einen wasserdicht schließenden Deckel.

Die Kontaktvorrichtung besteht in der Regel
aus zwei auf einer Grundplatte aufgeschraubten
Blattfedern f und f_1, über denen an einer vertikal
verschiebbaren Zugstange z der Kontaktstift k
befestigt ist. Die unten zu einem Ring ausgebildete Zugstange wird in der Ruhelage durch die
starke Spiralfeder s gehalten; in dieser Lage ist
der Kontaktstift durch einen Luftzwischenraum
von den Kontaktfedern getrennt. Sobald jedoch
die Zugstange mittels der an ihrem Ringe befestigten Schnur oder Kette nach unten gezogen
wird, gleitet der Kontaktstift auf die mit ihren
freien Enden von der Grundplatte abgebogenen

Fig. 145.

Fig. 146.

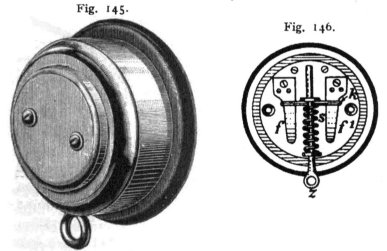

Kontaktfedern und stellt den Stromschluß her,
der so lange andauert, als der Zug wirkt. Unter
dem Einfluß der Spiralfeder s geht nach Aufhören
des Zuges die Zugstange in ihre Ruhelage zurück.

3. Die Tretkontakte.

Die Tret- oder Fußbodenkontakte kommen als feste oder transportabele Kontaktvorrichtungen zur Verwendung und werden zumeist unter Schreibtischen und Speisetischen so angeordnet, daß sie unbemerkbar durch einen Druck mit dem Fuße betätigt werden können.

Feste Tretkontakte. Sie werden in den Fußboden so eingesetzt, daß ihre obere Platte genau mit dem Fußboden abschneidet; die gut isolierten Drahtzuführungen werden in einer in die Diele

Fig. 147. Fig. 148.

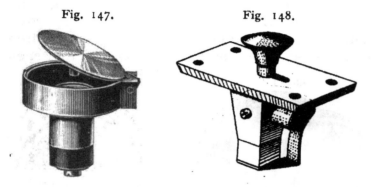

eingehobelten Rinne verlegt, die durch eine gut schließende Holzleiste abgedeckt wird. Gewöhnlich bestehen diese Kontakte aus einem in einer Metallfassung mittels Scharniers beweglichen kleinen Pulte, unter dessen höchstem Punkte ein pendelndes Metallstück angebracht ist, das bei einem Druck auf die Pultfläche Stromschluß herstellt. (Fig. 147). Soll die Kontaktvorrichtung außer Tätigkeit treten, so wird das Pendel in wagerechte Lage gebracht und die Pultfläche in den Metallrahmen hineingedrückt. Rahmen, Pult und Fußboden bilden

dann eine Fläche. Einen ähnlich konstruierten Tret-
kontakt andrer Form zeigt Fig. 148. Die festen
Tretkontakte werden auch als Knopfkontakte
hergestellt; der über den Fußboden hervorragende
Knopf wird bei Außerdienststellung abgeschraubt.
Die pultförmigen Kontakte sind zweckmäßiger.

Bewegliche Tretkontakte. Sie werden in der
Form der gewöhnlichen
Druckkontakte (Fig. 149),
aber stabiler aus Metall und
mit hervorstehendem Druckknopfe hergestellt. Der Anschluß an die Leitung er-
folgt in gewöhnlicher Weise
mittels Seidenkabels und Anschlußdose u. s. w.

Fig. 149.

4. Die Sicherheitskontakte.

Sie dienen zur Sicherung von Wohnräumen,
Geschäftszimmern, Kassenräumen u. s. w. und sollen
den Eintritt in diese, also auch einen Einbruch sofort selbsttätig melden, indem sie eine oder
mehrere Klingeln so lange in Tätigkeit setzen,
bis der Kontakt wieder aufgehoben ist.

Man unterscheidet nach der Art ihrer Anbringung und Bestimmung Tür- und Fensterkontakte, Streichkontakte, Jalousiekontakte und
Fadenkontakte.

Tür- und Fensterkontakte. Sie werden zwischen
Tür- und Türpfosten in den Holzrahmen des Tür-
pfostens und bei den Fenstern ebenso in einen
Fensterfalz derart eingelassen, daß die geschlossene
Tür oder das geschlossene Fenster den Kontakt
offenhält.

Ein solcher Kontakt (Fig. 150) besteht aus
einer Messingplatte, auf deren Rückseite unter
Zwischenschaltung einer isolierenden Hartgummi-
platte eine Kontaktfeder befestigt ist. Das freie
Ende dieser Feder trägt ein Platinkontaktstück,
welches sich in der Ruhelage gegen die Messingplatte legt und so Stromschluß zwischen den beiden an die Platte bzw. an die Kontaktfeder geführten Leitungsdrähten herstellt. Die Kontakt-

Fig. 150.   Fig. 151.   Fig. 152.

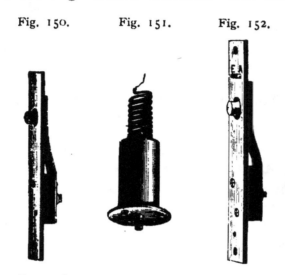

feder trägt oben einen durch die Messingplatte
hindurchragenden Hartgummiknopf; dieser wird
durch die geschlossene Tür oder durch das geschlossene
Fenster zurückgedrückt, so daß der
Kontakt zwischen Messingplatte und Feder aufgehoben wird. Beim Öffnen der Tür oder des
Fensters wird der Hartgummiknopf unter Einwirkung der Feder nach vorn gedrückt, es entsteht Stromschluß und der Wecker ertönt. Bei
einer anderen Form (Fig. 151) ist an Stelle der

Blattfeder eine Spiralfeder in einer zylinderförmigen Büchse angeordnet.

Fig. 152 stellt einen Tür- oder Fensterkontakt mit Ausschaltvorrichtung dar; steht der oberhalb des Druckknopfes in einem kleinen Querschlitz bewegliche Stift, der mit einer auf der Rückseite des Apparates befindlichen Schubvorrichtung verbunden ist, auf *E*, so ist der Kontakt eingeschaltet, auf *A* dagegen ausgeschaltet.

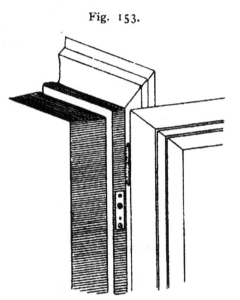

Fig. 153.

Zur Anbringung dieser Art Kontakte stemmt man in den Türpfosten usw. eine Aussparung ein, in die die Messingplatte der Kontaktvorrichtung eingepaßt wird. Die Aussparung muß so tief sein, daß sich die Kontaktfeder bei einem Drucke auf den Hartgummiknopf vollständig frei bewegen kann. Die Isolierung der an die Messingplatte und an die Kontaktfeder anzuschraubenden Leitungsdrähte ist nur soweit zu entfernen, als die Herstellung einer metallischen Verbindung mit den Klemmschrauben erfordert. Die Fig. 153 und 154 zeigen die Stelle,

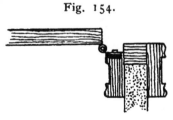

Fig. 154.

an welcher die Tür- und Fensterkontakte anzubringen sind.

Streichkontakte. Sie kommen namentlich für Türen von Ladengeschäften zur Verwendung und sollen beim Öffnen der Türen nur ein kurzes Ertönen der Signalglocke bewirken. Die Tür darf also nur für eine kurze Zeit an dem beweglichen Teil der Kontaktvorrichtung vorüberstreichen und dabei Stromschluß herstellen. Von den vielfachen Ausführungsformen der Streichkontakte haben sich insbesondere folgende als praktisch erwiesen:

a) Der Streichkontakt mit bogenförmigem Druckstück (Fig. 155). Das bogenförmige aus Hartgummi bestehende Druckstück sitzt an dem freien Ende der einen Kontaktfeder. Beim Öffnen und Schließen der Tür streift die obere

Fig. 155.

Türkante an dem bogenförmigen Druckstück vorbei, dieses gibt dem Druck nach und stellt Stromschluß mit der zweiten Kontaktfeder her.

b) Der Streichkontakt mit zwei bogenförmigen Kontaktflächen. Bei diesem Apparat (Fig. 156) befinden sich zwei Federn mit nach unten gerundeten Kontaktflächen an einem Winkelstück, das unmittelbar über der Tür an der Türbekleidung befestigt wird. An der Tür selbst ist eine

Fig. 156.

Metallscheibe derart befestigt, daß sie beim Öffnen der Tür beide Kontaktflächen streift und so Stromschluß für die an die beiden Federn herangeführten Leitungsdrähte herstellt.

c) **Der Streichkontakt mit Bügel** (Fig. 157 u. 158). Er besteht aus zwei auf einer Messingplatte voneinander isoliert befestigten Federn,

Fig. 157.

Fig. 158.

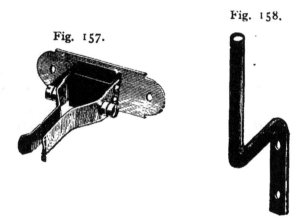

die in der Ruhelage durch einen kleinen Zwischenraum getrennt sind, und aus einem Kontaktbügel in Gestalt eines winkelförmigen Metallstücks. Die Messingplatte mit den Kontaktfedern wird oberhalb der Tür an der Türbekleidung befestigt, der Kontaktbügel an der Tür selbst, und zwar so, daß sein oberes Ende bei geschlossener Tür nahe dem Hartgummistück zwischen den beiden Kontaktfedern steht, ohne diese zu berühren. Bei Öffnung der Tür schiebt sich das Bügelende zwischen den beiden Federn mit geringer Reibung hindurch und stellt Stromschluß her.

d) **Einseitig wirkende Streichkontakte.** Sie bestehen aus einer an der Türbekleidung über

der Tür anzubringenden Messingplatte, die oben
eine feste Kontaktfeder und darunter an einem
federnden Scharnier einen Rollenträger mit Rolle
und einem zweiten Kontakt be-
sitzt. Die Rolle gleitet in einem
Schlitz; bei dem Türkontakt, Fig.
159, der beim Öffnen derTür wirkt,
wird sie durch die sie streifende
Türoberkante mit dem Rollenträger und dem unteren Kontaktstück gegen die Kontaktfeder gedrückt, wodurch Stromschluß entsteht. Wird die Tür dann wieder geschlossen,
so wird die Rolle zwar wieder durch die Türoberkante gestreift, sie folgt jedoch jetzt der Bewegung der Tür, indem sie in dem Schlitz in die
Höhe gleitet, ohne den Rollenträger zu heben.

Bei dem Türkontakt (Fig. 160), der nur beim
Schließen der Tür wirkt, sind Feder und Kontakt-

Fig. 159.

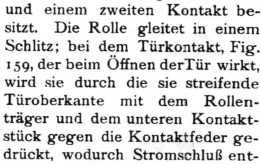

Fig. 160.

Fig. 161.

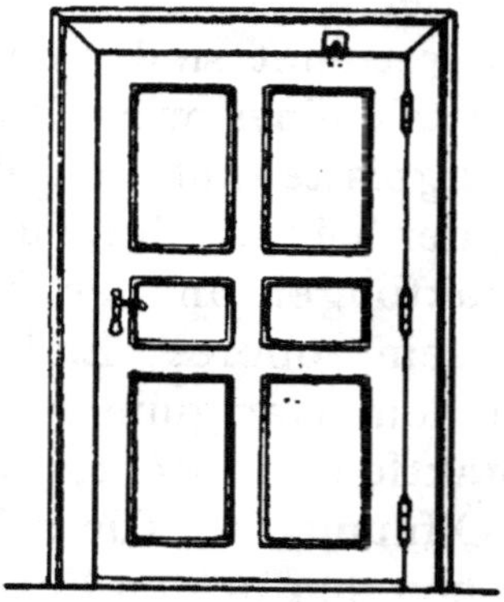

rolle durch zwei Messingsäulen an der Grundplatte so befestigt, daß beim Öffnen der Tür die
Rolle in den Schlitz nach oben geht, ohne Kontakt

herzustellen. Beim Schließen der Tür wird dagegen die Rolle mit dem Träger angehoben und
dadurch Stromschluß hergestellt.

Die Streichkontakte werden in der Regel
möglichst nahe dem Drehpunkte der Tür angebracht; je näher man den Kontakt bei den Tür-
angeln anordnet, desto länger wird das Klingelsignal ertönen. Fig. 161 zeigt die Stelle, an der
die Streichkontakte für gewöhnlich zu befestigen
sind.

Fig. 162.   Fig. 163.

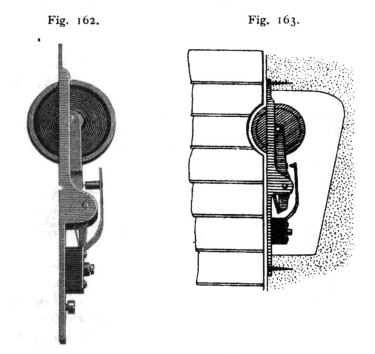

Jalousiekontakte. Sie sollen beim Aufziehen
der Rolljalousien in Tätigkeit treten und erhalten
zu diesem Zwecke eine Anordnung wie die Streichkontakte (Fig. 155) mit bogenförmigem Kontakt-

stück oder an Stelle des Bogenstücks eine Rolle, wie Fig. 162 zeigt.

Die Kontaktvorrichtung wird in das Fensterfutter möglichst hoch oben eingelassen; für die Ruhestellung erhält die Jalousie einen Ausschnitt für das Bogenstück oder die Rolle (Fig. 163). Sobald die Jalousie gehoben wird, werden Bogenstück bzw. Rolle zur Seite gedrückt und dadurch Stromschluß zwischen den Kontaktfedern hergestellt. Würde der Jalousiekontakt nicht hoch angebracht, so könnte er leicht durch vollständiges Aufziehen der Jalousie außer Tätigkeit gesetzt werden.

Fadenkontakte. Sie dienen zur Sicherung von Fenstern und Wertgelassen und treten in Wirk-

Fig. 164.　　　　　Fig. 165.

samkeit, wenn ein an der zu sichernden Stelle ausgespannter Faden bei dem versuchten Öffnen der Fenster usw. zerrissen oder zur Seite gedrückt wird. Es kommen Fadenkontakte für Arbeits- und für Ruhestrom zur Anwendung. Der wegen seiner einfacheren Konstruktion vorzuziehende Fadenkontakt für Arbeitsstrom (Fig. 164 und 165) besteht aus einer Messingplatte mit isoliert auf ihr be-

festigter Kontaktfeder. Letztere wird mittels einer
Öse und eines quer über den Kassenschrank oder
das Fenster zu spannenden Fadens oder dünnen
Metalldrahtes (etwa $^1/_4$ mm Durchmesser) so

Fig. 166.

zwischen ein winkelförmiges an der Metallscheibe
befestigtes Kontaktstück eingestellt, daß sie in der
Mitte frei schwebt, also das Winkelstück nicht
berührt. Wird der Faden zerrissen oder angezogen, so legt sich die Feder gegen den Kontakt-

Fig. 167.   Fig. 168.

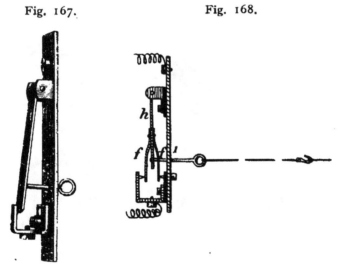

winkel und stellt Stromschluß her. Die normale
Mittelstellung des Fadenkontaktes muß mit Sorg-
falt ausprobiert werden. Eine zweckmäßige
Spannvorrichtung für den Faden zeigt Fig. 166.
Sie besteht aus einer Hülse mit Muttergewinde

und einer zu ihr passenden Schraube. Zwei Bügel, von denen der an der Hülse sitzende für sich drehbar ist, dienen zur Befestigung der Fäden. Der Fadenkontakt für Ruhestrom (Fig. 167 und 168) hat zwei Kontaktfedern f und f_1, die bei normaler Fadenspannung mit je einem Kontakt eines Winkelstücks in Berührung sind. Wird der Faden angezogen, so wird der Kontakt der Feder f geöffnet und die Leitung unterbrochen; reißt der Faden, so wird durch das Zurückweichen des Kontakthebels h der Kontakt der Feder f_1 geöffnet und die Leitung ebenfalls unterbrochen.

Fig. 170.

Fig. 169.

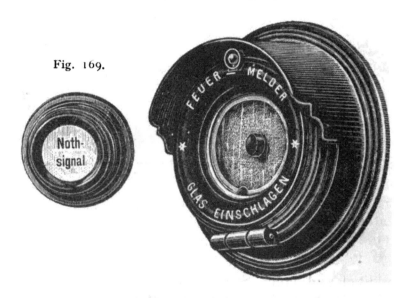

Die Fadenkontakte sind möglichst versteckt, unter Umständen unter besonderen Schutzkästen oder in den Füllungen anzubringen.

5. Feuermelde- und Notsignalkontakte.

Die Konstruktion dieser Kontaktvorrichtungen entspricht derjenigen der gewöhnlichen Druckkontakte. Um jedoch mißbräuchliche Benutzung zu verhüten und sofort feststellen zu können, welcher Kontakt betätigt worden ist, wird der Druckknopf durch eine Papier- oder Glasscheibe mit entsprechender Aufschrift auf der Scheibe abgedeckt (Fig. 169 und 170). Innerhalb der Gebäude können die gewöhnlichen Druckknöpfe in Holzfassung mit Papierscheibe verwendet werden, zur Aufstellung im Freien sind Eisengehäuse und Glasscheiben zu benutzen.

Der Notsignalkontakt mit Fallscheibe für Gefängnisse. Er dient dazu, von den Gefängniszellen bei Bedarf Notsignale nach der Wache zu geben. Seine Konstruktion entspricht derjenigen der Zugkontakte, nur wird bei ihm der Kontakt der beiden Federn nicht durch Zug mittels einer

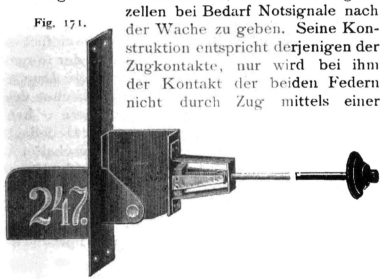

Fig. 171.

Zugstange betätigt, sondern durch Druck auf eine Druckstange, deren freies Ende als Druckknopf ausgebildet ist. Die Druckstange reicht durch

10*

die Wand hindurch und schiebt, wenn sie nach vorn gedrückt wird, eine Signalscheibe mit der Zellennummer aus dem Schlitz einer in die Flurwand eingelassenen Platte heraus (Fig. 171). Gleichzeitig ertönt infolge des Kontaktschlusses zwischen den beiden Federn der Wecker in der Wache.

6. Fortschellkontakte.

Sie ermöglichen eine andauernde Signalgebung und sind daher mit Vorteil für Klingelanlagen zum Wecken der Dienstboten oder ähnliche Zwecke zu verwenden. Ihre Konstruktion ist die der gewöhnlichen Druckknöpfe. Auf der Rückseite des Druckknopfes ist dann noch die Fortschellvorrichtung angebracht, die aus einem einfachen Hebel besteht, der in entsprechender Lage dauernden Kontakt zwischen den Stromschlußfedern herstellt. Bei dieser Hebellage arbeiten also die in die Leitung eingeschalteten Wecker andauernd; sie läuten solange, bis der Hebel wieder zurückgeschoben wird. Die Benutzung der Kontaktvorrichtung als gewöhnlicher Druckknopf ist natürlich ebenfalls angängig. Die Fig. 172 veranschaulicht einen Ösenknopf mit Fortschellvorrichtung.

Fig. 172.

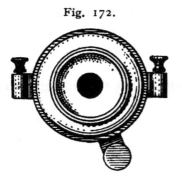

B. Die elektrischen Läutewerke oder Wecker.

———

Ein elektrisches Läutewerk oder Wecker besteht im wesentlichen aus einem Elektromagnet, der für eine kurze Zeit durch den elektrischen Strom magnetisiert wird und dadurch ein vor den Magnetpolen beweglich aufgehängtes Stück Eisen, das man Anker nennt, anzieht. Der Anker setzt sich in einem längeren, in eine Kugel endigenden Hebel, dem Klöppel fort. Wird der Anker vom Elektromagnet angezogen, so schlägt der Klöppel gegen eine Glocke. Die Glocke gibt einen Ton von sich, dessen Stärke und Klangfarbe von der Größe der Glocke, des Klöppels, der Stärke der Ankeranziehung und der Form der Glocke, sowie von dem Material abhängt, aus dem sie hergestellt ist.

Die einfachste Form des Weckers ist die Einschlagglocke; jeder Stromschluß bringt einen Glockenton hervor. Solche Wecker finden jedoch nur selten Verwendung.

Allgemein verwendet werden dagegen:

1. die sogenannten Rasselwecker; es sind dies gewöhnliche oder neutrale Wecker mit Selbstausschluß der Elektromagnet-rollen (Nebenschlußschaltung) oder mit Selbstunterbrechung des Stromes.

2. Wechselstromwecker; dies sind polari-sierte Wecker, zu deren Betrieb kleine Magnetinduktoren oder sonstige Wechsel-stromquellen erforderlich sind.

In der Haustelegraphie finden am häufigsten die Rasselwecker Anwendung.

a) Die Rasselwecker.

1. Der Rasselwecker für Nebenschlussschaltung und für Selbstunterbrechung (Type der Reichs-telegraphie). Ein rechtwinklig geform-tes Gußeisenstück w

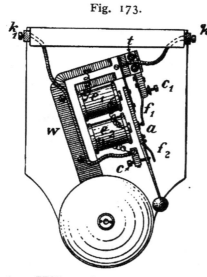

Fig. 173.

(Fig. 173) trägt die Kerne der Elektro-magnetrollen e_1 und e_2, die Glocke und das von ihm durch Ebonitzwischenlage isolierte Metallstück t mit der Unter-brechungsfeder f_1. Der mittels einer Blattfeder an dem Eisenwinkel befes-tigte Anker a trägt den Klöppel und die Ausschlußfeder f_2, welche bei angezogenem Anker die verstellbare Kontakt-

schraube c berührt. Die Elektromagnetrollen
werden zweckmäßig mit Paraffin getränkt.

Zur Einschaltung des Weckers in den Strom-
kreis dienen die Klemmen k_1 und k_2. Die Klemme k_2
ist durch einen isolierten Kupferdraht mit dem
Eisenwinkel w und dieser mit dem einen Ende
der Umwindungen verbunden, die Kontaktschraube c steht über ihr Lagerstück einerseits
mit dem anderen Ende der Rollenwindungen und
anderseits durch einen isolierten Kupferdraht
mit der Klemme k_1 in Verbindung.

**Betrieb mit Nebenschlußschaltung, d. h.
Selbstausschluß der Rollen.** Ein bei der
Klemme k_2 aus der Leitung eintretender Strom
findet über den Eisenwinkel einen Weg zu den
Umwindungen, durchfließt diese und gelangt über
das Lagerstück der Kontaktschraube c und die
Klemme k_1 zur Erde bzw. zur Rückleitung. Der
Anker wird angezogen, der Klöppel schlägt
gegen die Glocke und gleichzeitig legt sich die
Ausschlußfeder an die Kontaktschraube c. Der
Strom findet jetzt unter Ausschluß der Rollen
einen Weg von k_2 über den Anker, die Ausschlußfeder und die Kontaktschraube c zur Klemme k_1
und zur Erde bzw. zur Rückleitung. Infolgedessen
verschwindet der Magnetismus und der Anker
wird durch die Blattfeder in seine Ruhelage
zurückgeführt. Das Spiel beginnt hierauf von
neuem. Die Einregulierung erfolgt durch die
Schrauben c und c_1. Je näher c an f_2 steht, desto
kürzer und schwächer wird der Schlag. Berühren
sich c und f_2 schon im Ruhezustande, so wird der
Wecker überhaupt nicht läuten; sind c und f_2
dagegen so weit voneinander entfernt, daß sie

sich nicht berühren, wenn der Klöppel gegen die
Glocke schlägt, so erfolgt ebenfalls kein ordent-
liches Läuten, der Klöppel schlägt nur einmal an.
Die Nebenschlußschaltung empfiehlt sich hauptsächlich da, wo mehrere Wecker in eine Leitung
hintereinander geschaltet werden sollen. Der
Nebenschlußwecker wird ferner vorteilhaft in Verbindung mit Tableaus verwendet, weil durch die
Verringerung des Widerstands bei jedem Nebenschluß eine Stromverstärkung erfolgt, die das
Auslösen der Klappen erleichtert.

Betrieb mit Selbstunterbrechung. Der
isolierte Kupferdraht der Klemme k_2 ist von dem
Eisenwinkel abzunehmen und über das isoliert auf
den Eisenwinkel aufgesetzte Metallstück t mit der
Unterbrechungsfeder f_1 zu verbinden. Die Kontaktschraube c ist so weit zurückzuschrauben, daß
sie bei angezogenem Anker nicht mehr von der
Ausschlußfeder berührt wird. ,

Ein bei k_2 eintretender Strom geht dann über
die Unterbrechungsfeder, den Anker, den Eisenwinkel und durch die Rollen zur Kontaktschraube c
und über die Klemme k_1 zur Erde bzw. zur Rückleitung. Der Anker wird angezogen und der
Klöppel schlägt gegen die Glocke. Gleichzeitig
erfolgt aber die Unterbrechung des Kontakts
zwischen Anker und Unterbrechungsfeder. Die
Leitung wird einen Augenblick stromlos, bis der
Anker der Wirkung seiner Tragfeder folgend sich
wieder gegen den Kontakt der Unterbrechungsfeder legt und damit das Spiel von neuem beginnt.

2. **Der gewöhnliche Rasselwecker für Selbstunterbrechung (Unterbrecherglocke)** (Fig. 174).
Der Betrieb mit Selbstunterbrechung des Weck-

stromes findet bei den Haustelegraphenanlagen
am meisten Verwendung; für diesen werden deshalb als Wecker einfache Unterbrecherglocken
konstruiert, bei denen die Kontaktvorrichtung für
den Rollenausschluß der Rasselwecker der Reichstelegraphie in Wegfall
kommt. Die Ankerfeder
bildet bei diesen Weckern
gleichzeitig die Unter-
brecherfeder; sie ist zu
diesem Zwecke verlängert.
Die Verlängerung f steht
von dem Anker etwas ab
und lehnt sich mit ihrem
freien Ende unter schwa-
chem Druck gegen die
am Weckergestell isoliert
befestigte Kontakt-
schraube c. Kontakt-
schraube und Unter-
brecherfeder tragen an
der Berührungsstelle Pla-
tinplättchen. Der Druck
der Unterbrecherfeder f auf die Kontaktschraube c
wird hauptsächlich durch die Schraube s reguliert.

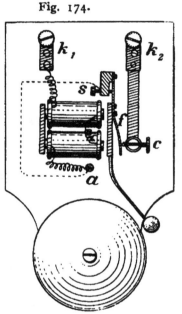

Fig. 174.

Das eine Ende der Elektromagnetumwindungen
ist mit der Leitungsklemme k_1, das andere Ende
über die Schraube a mit dem Eisengestell des
Weckers, durch dieses über die Schraube s, die
Unterbrecherfeder f und die Kontaktschraube c
mit der Leitungsklemme k_2 verbunden. Werden bei
Stromschluß die Elektromagnetkerne magnetisch,
so ziehen sie den Anker an und der Klöppel
schlägt gegen die Glocke. Der Kontakt bei c

wird geöffnet. Dadurch wird die Leitung stromlos, der Magnetismus in den Kernen verschwindet,
der Anker fällt ab und legt sich unter der
Wirkung seiner Tragfeder mit deren Verlängerung
wieder gegen den Kontakt c. Damit beginnt das
Spiel von neuem.

Bei der Einregulierung dieser Wecker ist zunächst zu beachten, daß der Klöppel die Glocke
berühren muß, wenn der Anker gegen die Polenden des Elektromagnets geschlagen wird;
e. F. ist die Klöppelstange zu biegen. Hierauf
ist die Schraube s so zu stellen, daß der Anker
sich in einem Abstande von 1—2 mm von den
Polenden befindet. Die Kontaktschraube c ist
dann so zu regulieren, daß ihre Berührung mit
der Unterbrecherfeder f aufgehoben wird, wenn
man den Anker mit dem Finger gegen den Elektromagneten drückt. Je schwächer der Druck der
Unterbrecherfeder auf die Kontaktschraube c ist,
desto kürzer und schwächer ist der Schlag, weil
die Unterbrechung schnell eintritt und der Klöppel
die Glocke nur einen Augenblick, vielleicht auch
gar nicht berührt. Die Kontaktschraube c ist in
diesem Falle vorwärts zu drehen. Ist der Druck
von f auf c dagegen zu stark, so wirken die An-
ziehungen der Feder f durch die Elektromagnetkerne infolge der länger andauernden Berührung
zwischen c und f länger, die Unterbrechungen
aber kürzer, u. U. hören sie ganz auf und der
Wecker arbeitet nicht mehr. Die Kontaktschraube c ist in diesem Falle rückwärts zu drehen.
Vorausgesetzt wird, daß in beiden Fällen die
Schraube s richtig eingestellt ist.

Die Rasselwecker werden in den verschiedensten

Größen von 4,5 bis 30 cm Glockendurchmesser hergestellt. Je größer der Glockendurchmesser ist, desto lauter tönt der Wecker, desto mehr elektrische Kraft erfordert er aber auch zu seinem Betriebe. Man kann also nicht ohne weiteres zur Erhöhung der Lautwirkung lediglich einen kleinen Wecker durch einen großen ersetzen, sondern man wird in den meisten Fällen für den Betrieb des größeren Weckers die Batterie verstärken müssen. Je nach der Verwendungsart der Wecker ist auch die Zahl der Elektromagnetwindungen und deren Widerstand ein verschiedener. Wecker für Hausbetrieb haben je nach der Größe eine Wickelung von 5—10 Ohm Widerstand, Wecker für Stadtbetrieb, d. h. solche für Entfernungen bis zu 3 km haben etwa 40 Ohm und die Wecker für den Fernbetrieb, also für Entfernungen über 3 km, etwa 90—150 Ohm Widerstand.

Für Hauswecker bis 10 cm Glockendurchmesser genügen im allgemeinen 2 Elemente, von 11 bis 20 cm Glockendurchmesser sind 3—4 und für die größeren 5—7 Elemente erforderlich. Wecker für Stadtbetrieb gewöhnlicher Größe erfordern in der Regel 6 Elemente, Wecker für Fernbetrieb je nach der Leitungslänge 8—20 und darüber.

3. Besondere Ausführungsformen des Rasselweckers. Von den vielen Ausführungsformen der Rasselwecker können hier nur folgende angeführt werden:

a) Wecker mit Schalmeiglocke oder Russenglocke. Sie kommen da zur Verwendung, wo mehrere Wecker an einem Ort vorhanden sind und wo sich daher die Wecker durch verschiedenen Klang unterscheiden müssen. Die Schalmei-

glocke hat die durch Fig. 175 veranschaulichte
Form, während die Russenglocke die gewöhnliche
Glockenschalenform besitzt, aber aus Glocken-
metall gegossen ist.

Fig. 175.   Fig. 176.

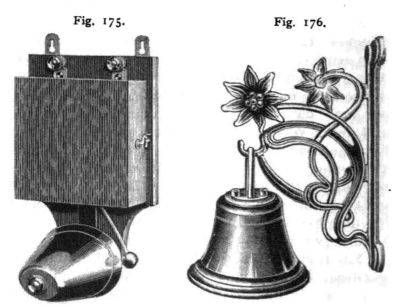

b) Tyrolerglocken. (Fig. 176). Diese Glocken-
art kommt für Schulen, Fabrik- und Lagerräume,
öffentliche Gebäude, Gärten usw., kurz überall da
zur Verwendung, wo ein kräftig tönendes Läutewerk erforderlich ist und wo solches auch nicht
vollständig den Witterungseinflüssen entzogen
werden kann. Der auf Unterbrechung geschaltete
Elektromagnet befindet sich im Inneren der Glocke
und ist dadurch vor den Witterungseinflüssen geschützt. Die Drahtwickelung ist außerdem in
Paraffin getränkt. Die Klemmen für die Zu-
führungsleitungen sind gewöhnlich oben neben
dem Aufhängebügel in die Glockenschalen ein-

geschraubt; die eine Klemme ist von der Schale isoliert. Die gewöhnliche Anwendung des Elektromagnets in der Glocke stellt Fig. 174 dar.

Bei einer zweiten Ausführung, die man als Glocke mit weitem Schlag bezeichnet, und die besonders laute und ausklingende Schläge gibt, sind die Elektromagnetkerne (Fig. 177) durch Polschuhe *p* nach oben verlängert. Die Polschuhe sind entsprechend der Schwingungskurve des Ankers ausgeschnitten, so daß dieser dicht vor ihnen frei schwingt. Es wird dadurch ein starker

Fig. 177.

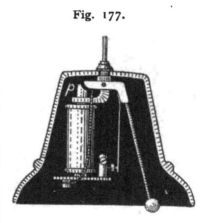

Fig. 178.

Hub und ein freies Ausschwingen des Klöppels bedingt. Die Konstruktion eignet sich besonders für große Glocken.

c) Tischwecker- und Salonglocken. Erstere (Fig. 178) kommen für Schreibtische, Klappenschränke, Anruftableaus usw. zur Verwendung. Ihr Elektromagnet mit Klöppel befindet sich im Innern der Glocke, die auf einer Holzrosette montiert ist. Der Leitungsanschluß geschieht in der üblichen Weise mittels zweiadrigen Seidenkabels. Die Salonglocke (Fig. 179) enthält den Weckermechanismus in einer tulpenförmigen, mit der Öffnung nach unten gerichteten Stahlschale.

Fig. 179.

d) Eiserne Rasselwecker in wasserdichtem Gehäuse. Sie dienen zur dauernden Verwendung im Freien oder in feuchten Räumen. Sämtliche leitenden Teile sind auf einer gußeisernen Platte montiert. Diese besitzt einen geschlossenen Rand, um welchen eine mit Talg getränkte Schnur gelegt wird, die in eine Rinne am Rande des gußeisernen Deckels paßt und durch Aufschrauben festgepreßt wird. Die Einführung der Leitung geschieht von unten auf der Vorderseite der Rückwand durch zwei kleine Öffnungen; die Verbindungsklemmen sind im Innern des Gehäuses angebracht und dadurch vor Witterungseinflüssen geschützt.

In diese Wecker würde also nur noch Feuchtig-

keit von unten durch die Öffnungen für die
Leitungszuführungen und für den Klöppelstiel eindringen können. Um auch dies zu verhüten,

Fig. 180.

werden Wecker wie der durch Fig. 180 veranschaulichte der Firma Mix & Genest A.-G., Berlin
hergestellt, bei denen die Zuführungsklemmen
über dem eigentlichen Weckergehäuse in einem
kleinen eisernen Kästchen mit aufgeschraubtem
Deckel untergebracht und der Klöppelstiel auf der
Rückseite des Kastens auf dem den Anker tragenden Zapfen befestigt ist, der durch eine

Stopfbüchse in der Grundplatte nach hinten austritt.

Wecker, die besonders stark der Witterung ausgesetzt sind und bei denen im Winter die Gefahr vorliegt, daß sich Schnee odes Eis zwischen Klöppel und Schale setzt, werden zweckmäßig mit einem an die untere Kastenseite anzuschraubenden Schutzdach versehen.

Besonders widerstandsfähig gegen Feuchtigkeit, Dampf, Staub und chemische Einflüsse sind die wasser- und gasdichten Membranwecker der Firma Siemens & Halske A.-G., Berlin (Fig. 181). Diese Wecker können sogar unter Wasser gesetzt werden, ohne zu leiden. Der gas- und wasserdichte Abschluß wird durch eine Membran erreicht, welche als flache Scheibe über dem Abschnitt eines das Weckerwerk umschließenden Gußeisengehäuses mit diesem verlötet ist, oder als Zylinder einen Teil des Gehäuses bildet und die an der äußeren Seite den Klöppel und an der inneren den Anker trägt.

Fig. 181.

e) Rasselwecker mit Markierscheibe (Fig. 182) Der Apparat soll neben dem Glockensignal noch ein sichtbares Zeichen geben, damit die angerufene Person im Falle ihrer Abwesenheit bei der Rückkehr sieht, daß gerufen worden ist. Sind in einem Zimmer mehrere Wecker aufgestellt, so kann diese Form auch dazu dienen, ersichtlich

zu machen, von welcher Seite der Anruf gekommen ist. Die Markierscheibe besteht in der
Regel aus einer weiß angestrichenen Blechscheibe,
die beim An-

Fig. 182.

schlagen des
Weckers hinter
einem im Schutz-
kasten des
Weckers ange-
brachten runden
Glasfensterchen
sichtbar wird. Die
Markierscheibe
ist am Mittelarm
eines dreiarmi-
gen Winkelhe-
bels befestigt.

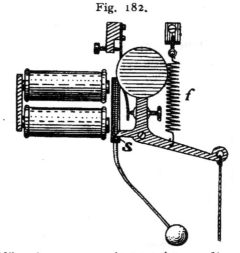

Der kurze keilförmig zugespitzte Arm dieses
Winkelhebels ruht mit seinem äußersten Ende
auf einem in den Anker eingelassenen Stift s.
Wird der Anker durch den Elektromagnet angezogen, so verliert der Winkelhebel seinen Stützpunkt bei s und dreht sich unter der Wirkung
der Spiralfeder f so, daß die Markierscheibe im
Fenster erscheint. Durch einen kurzen Zug an
der am dritten Arme des Winkelhebels angebrachten Schnur wird die Markierscheibe wieder
in die Ruhelage eingestellt.

f) Fortschellwecker. Der Wecker läutet bei
einmaligem Druck des Kontaktknopfes so lange
weiter, bis der Fortschellmechanismus durch einen
Zug an der Schnur eines seitlich am Apparat
befindlichen Hebels abgestellt wird, oder wenn
keine Abstellung erfolgt, bis die Weckbatterie

erschöpft ist. Er eignet sich also vorzugsweise
zur Verwendung in Hotels, zum Wecken von
Haushaltspersonal in entlegenen Räumen, als
Nachtglocke für Apotheker und Ärzte, ferner in
Verbindung mit Kontakten für Diebessicherung.
Die Einrichtung ist die eines gewöhnlichen Rassel-
weckers; hinzu tritt der zweiarmige Kontakthebel *h*

Fig. 183.

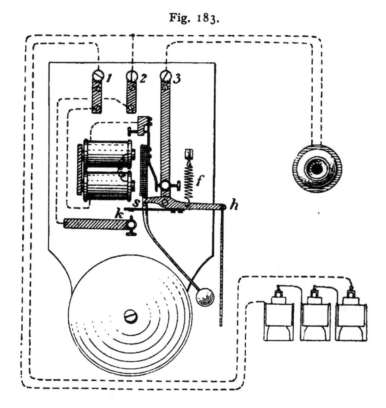

(Fig. 183), der mit seinem kürzeren keilförmigen
Arm auf dem Stifte *s* des Weckerankers ruht.
Wird dieser von den Elektromagnetkernen ange-
gezogen, so verliert der Kontakthebel seinen Stütz-

punkt und schließt unter Einwirkung der Spiralfeder *f* den Kontakt bei *k* und da dieser über die
Klemme *2* mit dem einen Leitungszweig verbunden ist, dauernd die Weckerbatterie. Wird an
der Schnur des Winkelhebels gezogen, so hört
der Wecker auf zu läuten.

g) Fortschellwecker mit Markierscheibe. Der
Fortschellmechanismus besteht aus einem zweiarmigen Hebel. Der eine Hebelarm trägt die
metallene Markierscheibe, die an der nach dem
Weckeranker zugekehrten Seite einen Ausschnitt
besitzt, in welchen ein am Anker befestigtes
Winkelstück eingreift, wenn die Markierscheibe
senkrecht gestellt und der Weckeranker nicht
angezogen ist. Wird der Anker angezogen, so
läßt das Winkelstück die Markierscheibe frei, diese
fällt nach unten und der zweite Arm des Winkelhebels schleift mit einem Platinkontakt gegen ein
Kontaktstück, das mit dem einen Leitungszweig
verbunden ist. Wirkungsweise und Einschaltung ist
die durch Fig. 183 gegebene. Der Wecker kann
natürlich durch Freilassung der dritten Klemme
als gewöhnlicher Markierwecker benutzt werden.

h) Ruhestromwecker. Er findet hauptsächlich
für Sicherheitsanlagen Verwendung, da er nicht
allein bei der Betätigung der Kontaktvorrichtung,
sondern auch dann anspricht, wenn durch einen
Zufall oder auch beabsichtigter Weise einer oder
beide Leitungsdrähte des Linienstromkreises zerstört werden. Der Wecker ist so eingeschaltet, daß
er dauernd von dem Batteriestrome der Leitungsanlage durchflossen wird. Der Unterbrechungskontakt und damit ein Läuten des Weckers tritt
erst dann ein, wenn der Strom durch Nieder-

11*

drücken einer Kontaktvorrichtung besonderer Bauart unterbrochen wird. Diese Kontaktvorrichtung wird „Morseknopf" genannt. Sobald der Strom der Linienbatterie unterbrochen wird, tritt eine dicht beim Wecker aufgestellte Lokalbatterie in Wirksamkeit, die den Wecker in gewöhnlicher Weise so lange ertönen läßt, bis der Linienstromkreis wieder geschlossen ist. Da die Linienbatterie — Ruhestrombatterie — dauernd geschlossen ist, so muß eine Zink-Kupferbatterie zur Verwendung kommen; für die Lokalbatterie genügen Zink-Kohlenelemente. Die Anordnung kann auch so getroffen werden, daß an Stelle der Lokalbatterie die Linienbatterie mitbenutzt wird. Diese Schaltung ist jedoch weniger zu empfehlen. Die Verwendung zweier Batterien gibt für die Anlage eine selbsttätige Kontrolle ihres guten Zustandes. Ist nämlich die Ruhestrombatterie (Linienbatterie) nicht mehr in gutem Zustande, so daß in der Ruhelage der Anker des Weckers nicht mehr angezogen wird, dann fängt der Wecker unter Einwirkung der Lokalbatterie zu läuten an. Diese selbsttätige Anzeige wird bei gleichzeitiger Verwendung der Linienbatterie als Lokalbatterie nicht stattfinden, da dann die Batterie in der Regel schon so geschwächt sein wird, daß sie den auf Selbstunterbrechung geschalteten Wecker nicht mehr betreiben kann. (Näheres über die Schaltung siehe Seite 205.)

Der Ruhestromwecker (Fig. 184) unterscheidet sich von dem gewöhnlichen Rasselwecker durch eine dritte Klemme k_2, die mit dem Eisengestell des Weckers in Verbindung steht. Die Klemmen k_1 und k_3 sind mit der Leitung verbunden; es muß daher bei dauernd in der Leitung fließendem Strome der Weckeranker von den Elektromagnet-kernen angezogen sein.

Fig. 184.

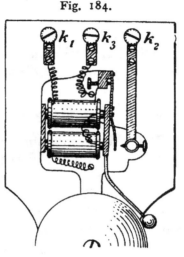

Sobald aber die Leitung durch den Morseknopf unterbrochen wird, wirkt der Wecker wie ein ge-wöhnlicher Rasselwecker unter Einwirkung der zwischen die Klemmen k_1 und k_2 eingeschalten Lo-kalbatterie oder Linien-batterie.

Der Morseknopf (Fig. 185) unterscheidet sich von dem gewöhnlichen Kontaktknopfe dadurch, daß er drei stromleitende Teile besitzt: einen federnden Hebel h mit Druckknopf D, einen

Fig. 185.

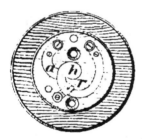 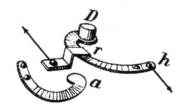

Ruhekontakt r, gegen den sich im Ruhezustande der Hebel h legt, sodann einen Arbeitskontakt a, der beim Niederdrücken des Hebels h mit diesem in Berührung kommt. Hebel und Ruhekontakt r des Morseknopfes werden hier mit der Leitung verbunden; der Kontakt a wird nicht benutzt.

Soll der Morseknopf in Arbeitsstromleitungen zur Verwendung kommen, so wird der Hebel *h* mit der Leitung, der Kontakt *r* mit dem Empfangsapparat und der Kontakt *a* mit der Batterie verbunden.

Die äußere Form des Morseknopfes entspricht derjenigen der gewöhnlichen Druckknöpfe.

b) Polarisierte Wecker.

Polarisiert heißt ein elektromagnetischer Apparat, wenn er einen Dauermagnet enthält; bei den polarisierten Weckern sind die Elektromagnetkerne auf diesem Dauermagnet in verschiedener Weise befestigt. Die polarisierten Wecker eignen sich nur für den Anruf mittels Wechselstroms (Induktoranruf); sie werden deshalb auch Wechselstromwecker genannt. Die gewöhnlichen, nicht polarisierten Wecker (Rasselwecker und Nebenschlußwecker usw.) sprechen sowohl auf Gleichstrom als auch auf Wechselstrom an.

Da die polarisierten Wecker vornehmlich in Telephonanlagen zur Verwendung kommen, so erfolgt ihre nähere Beschreibung unter den Apparaten für die Haustelephonie (vgl. Abschnitt VIII).

c) Einschlagglocken. Universalwecker und andere Systeme.

Die gewöhnlichen Einschlagglocken benutzt man zeitweilig in Verbindung mit einem Rasselwecker, um mehrere in eine Leitung hintereinander geschaltete Wecker gleichzeitig läuten zu lassen.

Die Einschlagglocken werden dann auch rasseln. Zweckmäßiger verwendet man jedoch für diesen Zweck Wecker mit Selbstausschluß der Elektromagnetrollen.

Jeder Rasselwecker läßt sich auf einfache Weise in einen Wecker für Einzelschlag umändern, indem man die Verbindung zwischen der Klemme k_2 (Fig. 174) und dem Unterbrecherkontakt c weg-

Fig. 186.

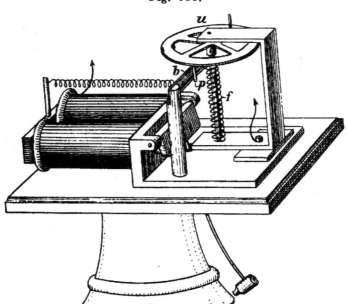

nimmt und dafür diese Klemme mit dem eisernen Gestell des Weckers verbindet.

Eine besondere Form der Einschlagwecker sind die sogenannten langsam schlagenden Glocken, die in kurzen Zeitpausen von 2 oder

mehr Sekunden einen langsam ausklingenden
starken Ton geben. Besonders hervorzuheben sind:

**Das Läutewerk für Einzelschläge von
Theodor Wagner in Wiesbaden** (Fig. 186).
Die Hauptteile dieses Läutewerks sind ein wage-
recht angeordneter Elektromagnet mit einem den
Klöppel tragenden Anker, sowie eine sich auf
einer senkrechten Achse drehende Unruhe u. Die
Unruhe trägt einen Platinstift p, der sich im Ruhezustande unter der Wirkung einer die Achse der
Unruhe umgebenden Spiralfeder f gegen eine in
den Weckerstromkreis eingeschaltete Blattfeder b
legt. Findet Stromschluß statt, so nimmt der
Strom innerhalb des Läutewerks seinen Weg durch
die Elektromagnetspulen über die erwähnte Blattfeder, den Platinstift und die Achse der Unruhe
in den anderen Leitungszweig. Der Anker wird
angezogen und schlägt mit dem Klöppel gegen
die Glocke. Durch die Ankerbewegung wird die
durch einen Stift zurückgehaltene Blattfeder frei;
sie stößt gegen die Unruhe und versetzt sie in
schwingende Bewegung. Der Platinstift entfernt
sich infolgedessen von der Blattfeder; die hierdurch stattfindende Stromunterbrechung dauert so
lange, bis die Unruhe unter Einwirkung ihrer
Achsenfeder wieder in die Ruhelage gelangt ist
Der Platinstift legt sich dann wieder gegen die
Blattfeder; der Strom wird geschlossen und das
Spiel wiederholt sich.

**Die langsam schlagende Glocke oder der
Universalwecker von Mix & Genest.** Der Apparat
läßt sich gleichzeitig als langsam schlagender
Wecker, als Einschläger und auch als Unterbrecherwecker benutzen.

1. Langsam schlagender Wecker. Der Apparat (Fig. 187) wird mit den Klemmen *L* u. *R* in die Leitung des Druckknopfes *2* eingeschaltet. Bei Betätigung des Druckknopfes geht der Strom von

Fig. 187.

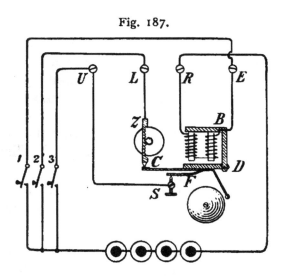

R durch die Elektromagnetumwindungen und das Eisengestell des Weckers bei *B* zum Drehpunkt des Ankers bei *D*, über den Anker und dessen Kontakt *C* zur Zahnstange *Z* und der Klemme *L*. Die Zahnstange wird durch den Ankeranzug in die Höhe geschleudert; sie steht durch einen Trieb mit einem kleinen Schwungrad in Verbindung. Der Strom wird hierdurch am Kontakt *C* unterbrochen und es tritt erst wieder Stromschluß ein, wenn sich die Zahnstange unter Wirkung ihres Eigengewichts und des Schwungrads wieder auf den Kontakt *C* legt.

2. Einschläger. Der Apparat wird mit den Klemmen *E* und *R* in die Druckknopfleitung *1* geschaltet. Bei Betätigung des Druckknopfes *1* wird der Stromweg nur über *E, B,* die Umwindungen und *R* gechlossen. Es findet also keine Stromunterbrechung, sondern nur ein einmaliges Anziehen des Ankers statt.

3. Unterbrecherglocke. Der Apparat wird mit den Klemmen *U* und *R* in die Kontaktleitung *3* geschaltet. Bei dieser Schaltung liegt der Unterbrechungskontakt zwischen der Blattfeder *F* und der Kontaktschraube *S.* Beim Niederdrücken der Kontaktvorrichtung *3* geht jetzt der Strom über *U, S, F, D, B* durch die Umwindungen zu *R.* Der Wecker arbeitet dann wie ein gewöhnlicher Unterbrecherwecker.

Bei einer neueren Ausführung des Universalweckers wird statt der Zahnstange ein Segment eines Zahnrads verwendet.

Summer oder Schnarrwecker. Sie kommen in Bureaus usw. zur Verwendung, wo die Signalvorrichtung nur geringes Geräusch verursachen soll. Zu diesem Zwecke erhalten die Apparate weder eine Glocke noch einen Klöppel. Der Anruf wird ausschließlich in Form eines schnarrenden, aber sehr deutlichen Signals durch die schnellen Schwingungen des Ankers hervorgebracht (Fig. 188). Die Einschaltung und sonstige

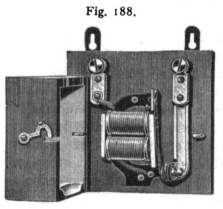

Fig. 188.

Konstruktion ist die der gewöhnlichen Rasselwecker.

Klangfederwecker. Sie finden in Räumen
Verwendung, in denen mehrere verschieden
tönende Wecker aufgestellt werden müssen. Das
Konstruktionsprinzip der Klangfederwecker oder
Klangfedertrommeln ist das der gewöhnlichen
Rasselwecker. An Stelle der Glockenschale tritt
jedoch eine aus Stahldraht gewundene Klangfeder, wie sie bei Zimmeruhren verwendet werden. Der Schutzdeckel des Apparats bedeckt in
der Regel sämtliche Apparatteile einschließlich
der Klangfeder.

Elementglocken. Man versteht hierunter einen
Apparatsatz, bestehend aus einem Holzkasten mit
zwei kleinen Trockenelementen und einem auf
dessen Außenseite aufgeschraubten Rasselwecker.
An dem Holzkasten sind außerdem zwei Auf-
hängeösen und zwei Klemmen befestigt, die
letzteren dienen zum Anschluß eines Seidenkabels
von 15 bis 20 m Länge, mit dessen Ende eine
Kontaktbirne usw. verbunden ist. Die Einrichtung wird als transportabele Haustelegraphenanlage namentlich für Krankenzimmer benutzt.

♣ Wecksystem für Dienstbotenzimmer. Es besteht aus einem Nebenschlußwecker, einem Druckknopf mit Ruhestromkontakt und einer Antwortklappe. Wecker und Druckknopf sind im
Dienstbotenzimmer, die Antwortklappe dagegen
in dem Zimmer aufgestellt, von welchem aus
geweckt werden soll. Die Einrichtung ist so
getroffen, daß beim Aufrichten der Anrufklappe der Weckerstromkeis geschlossen wird
und der Wecker dann so lange ertönt, bis

im Dienstbotenzimmer durch Niederdrücken des Ruhestromkontaktes die Leitung unterbrochen wird, dadurch der Magnetismus in dem Elektromagnet der Antwortklappe verschwindet und die Klappe abfällt. Ist der Druckknopf an einer Stelle angebracht, die der Dienstbote vom Bett aus nicht erreichen kann, so gibt das Abfallen der Klappe Gewißheit, daß er das Bett verlassen hat. Andererseits ist das Festhalten der Klappe durch den Elektromagnet der Beweis, daß der Stromkreis richtig geschlossen ist und der Wecker wirkt.

C. Die Ausschalter und Umschalter.

Die Ausschalter.

Sie dienen dazu, Teile einer Anlage, die für gewöhnlich miteinander verbunden sind, zeitweise

Fig. 189.　　　　　　　Fig. 190.

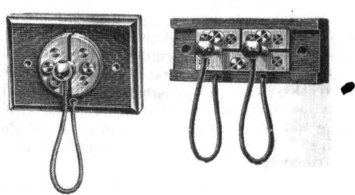

voneinander zu trennen oder umgekehrt, gewöhnlich voneinander getrennte Teile miteinander zu verbinden.

Stöpselausschalter. Der Stöpselausschalter für eine Leitung (Fig. 189) besteht aus 2 Metallstücken, an welchen die Enden der unterbrochenen Leitungszweige mittels Klemmschrauben befestigt sind. An der einander zugekehrten Seite sind diese Metallstücke zur Aufnahme eines Metallstöpsels halbkreisförmig ausgeschnitten. Bei eingestecktem Stöpsel sind die beiden Leitungszweige miteinander verbunden, bei herausgenommenem Stöpsel aber voneinander getrennt. Der Stöpsel ist an einer Schnur befestigt, damit er nicht verloren geht. Fig 190 zeigt einen Stöpselausschalter für zwei Leitungen; die Stöpselausschalter für 3 und mehr Leitungen haben die gleiche Einrichtung.

Kurbelausschalter (Fig. 191). Er besteht aus einer um eine Achse drehbaren Messingkurbel mit Knopf und zwei Messingschienen. Mit der längeren Messingschiene ist die Kurbel leitend verbunden; die kürzere Messingschiene ist von der längeren isoliert. Die Leitungszweige werden an den Schrauben der beiden Schienen befestigt. In der durch die Abbildung gegebenen Stellung sind die beiden Leitungszweige miteinander verbunden, da die Kurbel federnd auf die kürzere Schiene drückt und so eine leitende Verbindung nach der längeren Schiene herstellt. Wird die Kurbel auf die längere Schiene aufgeschoben, so wird die Verbindung beider Schienen d. h. beider Leitungszweige aufgehoben.

Fig. 191.

Die Umschalter.

Sie dienen dazu, eine Leitung einer Haustelegraphenanlage mit dieser oder jener anderen
Leitung derselben Anlage bequem und schnell zu
verbinden. Es kommen hierzu hauptsächlich Kurbelumschalter zur Verwen-
dung, deren Konstruk-
tion derjenigen der He-
belausschalter entspricht
(Fig. 192). Sie bestehen
aus einer Kurbel mit
Knopf, einer mit ihr lei-
tend verbundenen
längeren Messingschiene
und einer Anzahl von
kurzen, isoliert neben-
einander angeordneten
Kontaktstücken. Je nach-
dem die Kurbel auf das
erste, zweite oder dritte Kontaktstück gestellt
ist, wird die an die lange Messingschiene gelegte Leitung mit der an dem ersten, zweiten
oder dritten Kontaktstück befestigten Leitung
verbunden.

Fig. 192.

D. Die Relais.

Der elektrische Strom bringt nach dem Durchlaufen langer Leitungen nicht mehr soviel Magnetismus in den Elektromagnetkernen der Weckvorrichtungen hervor, daß die Anker noch mit der
erforderlichen Kraft angezogen werden, namentlich wenn es sich um große Wecker mit schweren
Ankern und Klöppeln handelt. In derartigen Fällen

läßt man, um nicht unverhältnismäßig große Batterien oder besonders starkdrähtige Leitungen anwenden zu müssen, den durch die Leitung fließenden Strom nicht unmittelbar auf die Wecker wirken, sondern auf einen besonders empfindlich konstruierten Elektromagnet, der einen leichten Anker in Bewegung setzt. Durch das Anschlagen des Ankers bzw. dessen hebelartiger Verlängerung gegen einen metallischen Kontakt wird eine auf der empfangenden Stelle aufgestellte besondere Batterie, die Orts- oder Lokalbatterie geschlossen. Die Elektromagnete der Wekvorrichtungen, die im Schließungskreise dieser Ortsbatterie liegen, werden durch sie betätigt und es entsprechen die Stromwirkungen der Ortsbatterie genau den Wirkungen der in die Leitung selbst eingeschalteten Batterie, die den empfindlichen Elektromagnet in Tätigkeit setzt. Die Bewegungen der Weckeranker erfolgen so in genügend kräftiger Weise, weil der Ortsstrom nur durch die Elektromagnetwindungen der Wecker fließt, seine Kraft also nicht wie beim Linienstrom zum größten Teil in der langen Leitung verzehrt wird. Den zum Schließen und Öffnen des Ortsstromkreises dienenden empfindlichen Elektromagnet mit seinem Anker nennt man ein Relais. Das Relais ist also gewissermaßen eine automatisch wirkende Taste; man kann durch seine Verwendung mit einem schwachen Linienstrom dennoch eine kräftige örtliche Wirkung hervorrufen.

In der Haustelegraphie kommen hauptsächlich neutrale Relais, selten polarisierte Relais zur Anwendung.

1. Neutrale Relais.

Relais für Arbeitsstrom. Auf einer hölzernen Grundplatte ist ein Elektromagnet E (Fig. 193) montiert, dessen Wickelungsenden mit den Leitungsklemmen L_1 und L_2 verbunden sind.

Der Anker A des Elektromagnets ist mittels einer Blattfeder wie bei den Weckern an einem Eisengestell befestigt; seine Bewegung wird durch die Kontaktschrauben c und c_1 begrenzt. Die Regulierung des Relais geschieht durch die Schraube s und die Feder f; letztere ist so zu

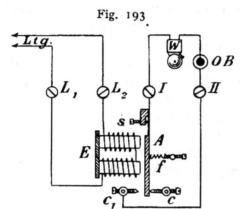

Fig. 193.

spannen, daß sich das Ende des Ankerhebels im Ruhezustande gegen die Kontaktschraube c legt. Die Klemme I ist mit dem Anker und die Klemme II mit dem Kontakte c_1 durch je einen Draht verbunden. Zwischen die Klemmen I und II wird die Weckvorrichtung und die zu ihrem Betrieb erforderliche Ortsbatterie eingeschaltet. Durchfließt ein Strom die Elektromagnetrollen des Relais, so wird der Anker A angezogen und legt sich gegen den Kontakt c_1. Hierdurch wird der Ortsstromkreis I, A, c_1, II, Ortsbatterie OB und Wecker W geschlossen, und der Wecker ertönt. Nach Unterbrechung des Stromes in der Leitung L_1 L_2 legt sich der Ankerhebel unter Wirkung der Feder f wieder gegen die Anschlagschraube c, vorausgesetzt, daß die Feder f genügend stark gespannt ist.

Bei der ersten Einstellung der Abreißfeder f ist in die Leitung nur die halbe Elementenzahl einzuschalten; ferner sind nach längerem Gebrauch die Leitungen an den Klemmen L_1 u. L_2 zu vertauschen, da sonst der mit der Zeit in den Elektromagnetkernen zurückbleibende Magnetismus ein Kleben des Ankers verursacht.

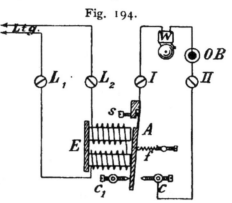

Fig. 194.

Relais für Ruhestrom. (Fig. 194). Es kommt hauptsächlich für Sicherheitsanlagen zur Verwendung. Seine Einrichtung unterscheidet sich von der des Arbeitsstromrelais nur dadurch, daß der Draht von der Klemme *II* nicht an die Kontaktschraube c_1, sondern an die Kontaktschraube c geführt ist. Der Ortsstromkreis wird jetzt geschlossen, wenn der Anker *A* sich gegen die Kontaktschraube c legt. In der Ruhelage muß also der Anker an c_1 liegen, d. h. dauernd von den Elektromagnetkernen des Relais angezogen sein. Das ist der Fall, wenn in der Leitung $L_1 L_2$ ständig Strom vorhanden ist, d. h. wenn die Anlage mit Ruhestrom betrieben wird. Sobald der Strom in der Leitung $L_1 L_2$ unterbrochen wird, verschwindet der Magnetismus in den Elektromagnetkernen des Relais, der Anker

fällt ab und legt sich unter Wirkung der Abreißfeder f gegen
den Kontakt c.
Der Ortsstrom-
kreis wird da-
durch ge-
schlossen und
der Wecker
ertönt.

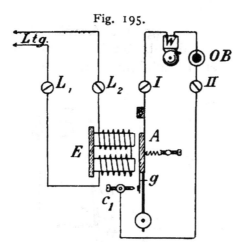

Fig. 195.

**Relais für
Wechselstrom.**
Das vorbeschrie-
bene Relais für
Arbeitsstrom
gibt beim Betrieb mit Wechselströmen, wie
sie die Anrufinduktoren liefern, keinen genügend
sicheren und genügend lang andauernden Schluß
der Lokalbatterie. Man verwendet daher für
solche mit Wechselstrom betriebene Anlagen
ein Relais mit Pendelanker in Verbindung mit
einem gewöhnlichen neutralen Rasselwecker. Der
Anker A dieses Relais (Fig. 195) ist zu
einem Pendel mit verschiebbarer Pendelkugel
ausgebildet; er trägt außerdem noch eine Kontaktfeder g. Die Bewegungen des Ankers verlaufen infolge der ihm durch das Pendel er-
teilten Trägheit langsamer als die Stromstöße des
Induktors aufeinander folgen. Beim Drehen des
Induktors wird der Anker A angezogen und legt
sich so lange gegen die Kontaktschraube c, als
der Induktor gedreht wird, denn ehe das Pendel
mit dem Anker zurückschwingt, ist bereits der
folgende Stromstoß angekommen und zieht den
Anker von neuem an.

2. Polarisierte Relais.

Polarisierte Relais kommen in der Haustelegraphie namentlich zur Verwendung, wenn in einer einzigen Leitung zwei verschiedene Signale nach voneinander unabhängigen Empfangsapparaten gegeben werden sollen. Es ist dies z. B. der Fall, wenn in einer Telephonleitung mit 3 Sprechstellen jede einzeln angerufen werden soll, ohne daß ein Signal zu der nicht gerufenen Stelle kommt. Die Wirkung des polarisierten Relais beruht darauf, daß der in seinem Elektromagnetsystem durch einen Stahlmagnet dauernd erhaltene Magnetismus durch den elektrischen Strom entweder verstärkt oder geschwächt wird. Der Urtypus der in vielfachen Formen in den Handel kommenden polarisierten Relais bildet das Siemenssche polarisierte Dosenrelais.

Das polarisierte Relais von Siemens (Fig. 196). Es besteht im wesentlichen aus einem rechtwinklig gebogenen Dauermagnet, auf dessen wagerechtem Schenkel das aus zwei Drahtrollen mit Kernen und verstellbaren Polschuhen gebildete Elektromagnetsystem aufgesetzt, und in dessen senkrechtem Schenkel die eiserne Relaiszunge horizontal drehbar so angebracht ist, daß sie zwischen den Polschuhen und zwischen den verstellbaren und auf einem Schlitten verschiebbaren Kontaktschrauben schwingt. Das zwischen den Kontaktschrauben schwingende dünne Zungenende besteht aus Neusilber.

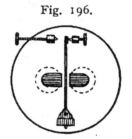

Fig. 196.

Stehen die Elektromagnetkerne auf dem Nordpol des Winkelmagnets, so sind sie an ihren Pol

12*

schuhen ebenfalls nordmagnetisch, während die in dem Südpole des Dauermagnets eingelagerte Relaiszunge südmagnetisch ist. Ein durch die Windungen des Elektromagnetsystems fließender Strom sucht einen Kern nordmagnetisch, den anderen südmagnetisch zu machen. Da beide Kerne aber Nordmagnetismus haben, so wird der eine Kern stärkeren Magnetismus erhalten als der andere, weil in dem einen Kerne der Nordmagnetismus aufgehoben oder gar in Südmagnetismus umgekehrt, im anderen Kerne aber der bereits vorhandene Nordmagnetismus verstärkt wird. Der stärkere nordmagnetische Pol zieht die Relaiszunge an. Hört dann der Strom auf, so erhalten beide Polschuhe wieder gleichen Magnetismus und die Relaiszunge legt sich wieder gegen den Ruhekontakt. Zu diesem Zwecke ist der betreffende Polschuh so eingestellt, daß er der Zunge auch in der abgelenkten Lage etwas näher liegt, als der andere Polschuh. Die Arbeit der Abreißfeder wird also bei diesem Relais durch den Dauermagnetismus der Kerne verrichtet.

Wenn man zwei solcher polarisierten Relais hinter oder nebeneinander in eine Leitung so einschaltet, daß der Strom bei dem einen Relais am Anfang und beim anderen am Ende der Relaisumwicklung eintritt, so wird bei einem Strome bestimmter Richtung nur das eine der Relais und bei einem Strome entgegengesetzter Richtung nur das andere Relais arbeiten.

E. Die Fallscheibenapparate oder Tableaus.

Wenn von mehreren Stellen einer Haustelegraphenanlage nach einer bestimmten Stelle

Signale gegeben werden sollen, so bringt man, sofern es sich nur um wenige Leitungen handelt, in dieser Zentralstelle Wecker von verschiedener Klangfarbe oder Wecker mit Markierscheiben an, um unterscheiden zu können, von welcher Stelle aus gerufen wurde. Bei einer größeren Anzahl von Anrufstellen empfiehlt es sich jedoch, hiervon Abstand zu nehmen und in der Zentralstelle eine besondere Anzeigevorrichtung aufzustellen, die außer einem für alle Leitungen gemeinsamen Wecker noch für jede Leitung eine besondere Fallscheibenklappe enthält. Diese Anzeigevorrichtungen nennt man allgemein Tableaus oder Fallscheibenapparate.

Man unterscheidet:

1. Tableaus mit mechanischer Abstellung;
2. Tableaus mit elektrischer Abstellung;
3. Tableaus mit Pendelklappen ohne Abstellung;
4. Kontrolltableaus.

1. Tableaus mit mechanischer Abstellung.

Tableau mit Fallklappen. Die Fallscheibe dieser für kleinere Anlagen am meisten zur Verwendung kommenden Tableaus besteht aus einem Elektromagnet E (Fig. 197), auf dessen Eisenkern eine Drahtrolle aufgeschoben ist, während der zweite Pol durch das rechtwinkelig umgebogene Stück g des Gestells gebildet wird. Über dem Elektromagnet ist der um D drehbare Anker A angeordnet. Der Anker hat an seinem rechten Ende einen Sperrhaken S, gegen den sich der um D_1 drehbare Hebel H legt. Durchläuft ein Strom die Elektromagnetumwindungen, so wird der Anker A angezogen und der Sperrhaken S gibt den Hebel H frei. Infolge seines Eigengewichts fällt der Hebel *H*, dessen oberer Arm eine Scheibe mit einer Nummer oder irgend einer Bezeichnung trägt, nach vorn. Die Bewegung der Klappe wird zum Anzeigen in der Weise benutzt, daß sie im Ruhezustande durch den undurchsichtigen Teil einer Scheibe verdeckt wird und beim Herabfallen sich hinter eine durchsichtige Stelle der Scheibe stellt und damit sichtbar wird. Jede Leitung erhält eine Fallscheibenklappe; die Klappen werden in einen hölzernen Tableaukasten eingebaut. Die Vorderwand des Kastens besteht aus einer Glasplatte, deren Rückseite mit Ausnahme der Stellen schwarz gedeckt ist, hinter denen die herabfallenden Tableauscheiben sichtbar werden sollen. Sind eine größere Anzahl von Tableauklappen in dem Kasten unterzubringen, so werden sie in Reihen übereinander angeordnet.

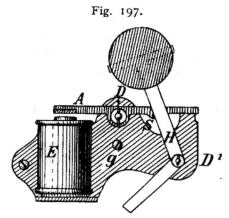

Fig. 197.

Fig. 198 veranschaulicht ein Tableau mit zwei Fallklappen. Die Tableauklappe I ist durch einen Anruf zum Abfallen gebracht, während die Tableauklappe II sich in der Ruhestellung befindet. Die mit den Klemmen *I* und *II* des Tableaukastens zu verbindenden Leitungen führen von diesen Klemmen zu den Klemmen *1*, an die je ein Ende der Elektromagnetwickelung führt; das andere Ende ist an die Klemme *2* gelegt.

Sämtliche Klemmen *2* werden untereinander verbunden; diese Drahtverbindung ist an die Klemme *E* geführt, an welche auch die für sämt-

Fig. 198.

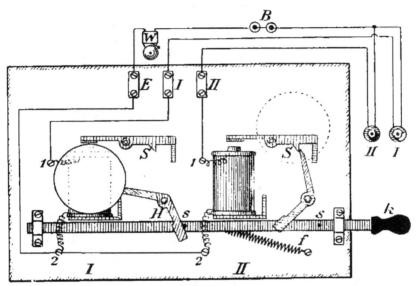

liche Leitungen gemeinsame Rückleitung gelegt ist. In die gemeinsame Rückleitung ist ferner ein für alle Leitungen gemeinsamer Wecker *W* und eine gemeinsame Batterie *B* eingeschaltet.

Eine mechanische Vorrichtung dient dazu, die gefallenen Klappen wieder in die Ruhelage zurückzubringen. Sie besteht aus einer in zwei Führungen verschiebbaren Messingstange mit dem Knopfe *k*, welche durch die Spiralfeder *f* nach rechts gezogen wird. Auf der Messingstange ist für jede Tableauklappe ein Stift *s* gesetzt, der den unteren Arm des Hebels *H* nach vorn drückt, wenn die Messingstange nach links geschoben wird. Der obere Arm des Hebels *H* bewegt sich

dadurch wieder in seine nahezu senkrechte Ruhe-
lage und seine Schneide legt sich hinter den
Sperrhaken S, wodurch die Klappe wieder in der
Ruhelage festgelegt ist.

Unter jeder Reihe von Tableauklappen ist eine
Abstellstange mit Stiften zum Heben der ge-
fallenen Klappen angebracht. Bis zu 5 solcher
Abstellstangen werden durch eine senkrechte
Schiene verbunden, die auf einem aus dem
Tableaukasten heraustretenden Stift den Schieber-
knopf trägt, mit dem das Zurückstellen sämtlicher
gefallenen Klappen in die Ruhelage bewirkt wird.
Bei größeren Tableaus werden die Klappen von
je 3 bis 5 Reihen mittels eines Schiebers abgestellt.

Fig. 199.

Fig. 199
zeigt ein ge-
öffnetes Tab-
leau für acht
Leitungen.

Für manche
Einrich-
tungen wird
verlangt, daß
das Abstellen
des Tableaus
nach einer bestimmten Stelle angezeigt wird. Zu
diesem Zwecke wird innerhalb des Tableaus eine
Vorrichtung angebracht, die bei jedesmaliger Abstellung einen Kontakt schließt. Der Abstellungs-
kontakt (Fig. 200) besteht aus der Feder f, die
auf das Kontaktplättchen c drückt, sobald die
Abstellstange nach links geschoben wird und
deren Ansatz a über die Feder f streicht.

Soll durch das Fallen einer Tableauklappe noch

ein vorübergehendes oder dauerndes Zeichen in einem zweiten Stromkreis erzeugt werden, so erhält die Klappe noch einen Zeitkontakt oder einen Dauerkontakt und wird hierdurch zur Relaisklappe.

Fig. 200.

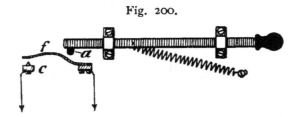

Der Zeitkontakt wird durch einen auf das Eisengestell der Klappe aufgeschraubten Winkel mit Kontaktschraube und einem dieser Kontaktschraube gegenüber auf dem rechten Ende des Ankers der Klappe aufgesetzten Platinkontakt gebildet. Wird der Anker angezogen, so geht sein rechtes Ende in die Höhe und legt seinen Platinkontakt gegen die erwähnte Kontaktschraube. Der Stromschluß dauert so lange, als im Hauptstromkreis der Druckknopf betätigt wird.

Der Dauerkontakt wird durch einen auf dem Eisengestell der Klappe in der Nähe der Elektromagnetrolle aufgesetzten Kontaktstift und ein Platinkontaktplättchen gebildet, das so in den oberen Arm des Klappenhebels eingelassen ist, daß es beim Niederfallen der Klappe sich gegen den Kontaktstift legt. Der Schluß für den zweiten Stromkreis dauert so lange, bis die Fallklappe wieder in die Ruhelage eingestellt wird.

Tableaus mit Drehklappen. Sie kommen hauptsächlich in größeren Hotels zur Anwendung, wo es üblich ist, durch ein-, zwei- oder dreimaliges

Glockenzeichen eine bestimmte Bedienung, z. B.
den Kellner, das Zimmermädchen oder den Haus-
diener herbeizurufen. Bei Benutzung eines gewöhnlichen Tableaus für solche Zwecke würde

Fig. 201.

leicht ein Überhören
der Signalanzahl und
damit ein unliebsamer
Irrtum entstehen
können. Man benutzt
daher hier haupt-
sächlich Tableau-
klappen mit dreh-
barerZeichenscheibe,
wie sie Fig. 201 dar-
stellt.

Auf je einem Win-
kel der Zeichen-
scheibe sind die weis-
sen Zahlen 1, 2 und
3 auf schwarzem
Grunde angebracht;
die vierte Abteilung
der Scheibe trägt
kein Zeichen, in der
Ruhestellung steht sie hinter dem Fensterchen des
Tableaus. An dem hinteren Ende der horizontalen
Drehachse dieser Nummerscheibe befindet sich eine
zweite kleinere Scheibe mit vier Stiften — das
Stiftrad —, ferner ein Zahntrieb, in den eine Zahnstange eingreift, die durch ihr Eigengewicht die
Scheibe dreht, wenn das Gesperre sie freigibt.
Das Gesperre ist so auf der Ankerachse angeordnet, daß seine beiden Zinken abwechselnd
in die Stifte eingreifen und das Stiftrad hemmen.

Wird der Anker angezogen, so wird die Hem-
mung ausgelöst, indem der obere Zahn des Ge-
sperres sich nach rechts bewegt und den Stift
frei gibt. Die in der Ruhelage hochgestellte Zahnstange bewegt sich jetzt nach unten und dreht
mittels des Triebes die Zeichenscheibe um, bis
sie eine Viertelumdrehung vollendet hat und im
Tableaufenster die Zahl 1 zeigt. Inzwischen ist
der Druckkontakt auf der Anrufstelle losgelassen
worden und die Sperrgabel hat sich mit ihrem
oberen Zahn wieder an den nächsten Stift des
Stiftrades angelegt. Wird ein zweites Mal der
Druckkontakt betätigt, so wiederholt sich derselbe Vorgang: es erscheint die Zahl 2 im Tableaufenster, bei nochmaligem Kontaktschluß dann die
Zahl 3. Die Nummern der Tableauleitungen
(Zimmernummer usw.) sind hier mit Goldschrift
auf der Deck-
scheibe des
Tableaus
selbst über
den einzelnen
Fensterchen
angegeben.
Die Rück-
stellung der
Klappe in die
Ruhelage er-

Fig. 202.

folgt wie bei den Tableaus mit Fallklappen durch
eine horizontale Schubstange, die durch Drehung
eines bei der Zahnstange befestigten Winkelhebels sie wieder in die Höhe hebt.

Fig. 202 veranschaulicht ein Tableau mit Drehklappen für 8 Leitungen in geöffnetem Zustande;

die Einschaltung erfolgt wie bei der Tableauanlage mit gewöhnlichen Fallklappen.

2. Tableaus mit elektrischer Abstellung (Stromwechseltableaus).

Tableaus mit mechanischer Abstellung werden
bei häufiger Benutzung des Abstellmechanismus,
namentlich wenn die nötige Vorsicht außer acht
gelassen wird, leicht beschädigt. Für starken
Betrieb empfehlen sich daher Apparate mit
elektrischer Abstellung; bei diesen geschieht die
Abstellung durch den elektrischen Strom langsam

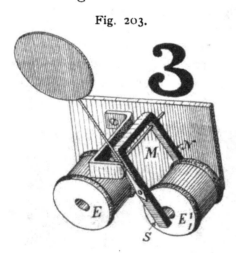

Fig. 203.

und stoßfrei, so daß
solche Tableaus er-
heblich länger be-
triebsfähig bleiben,
als die besten Tab-
leaus mit mecha-
nischer Abstellung.
Da bei diesen An-
zeigevorrichtungen
das Vorfallen und
Abstellen der Fall-
scheiben durch
wechselweise Wir-
kung des elektri-
schen Stromes erzielt wird, so bezeichnet man sie
auch als Stromwechseltableaus und dementsprechend
die Klappen als Stromwechselklappen.

Die Stromwechseltableaus haben ferner den
Vorzug, daß man zur Abstellung nicht selbst bis
zum Tableau zu gehen braucht, sondern den
elektrischen Druckknopf für die Abstellung an
jedem beliebigen Punkte anbringen kann.

Die Stromwechselklappe (Fig. 203) besteht aus
zwei voneinander unabhängigen, jedoch auf gemeinsamer Grundplatte befestigten Elektromagneten E und E_1. Zwischen ihnen ist ein Hufeisenmagnet M in einem auf der Grundplatte ange-
schraubten Winkelstück drehbar so angeordnet,
daß er sich mit seinen Polen gegen E oder E_1
anlegen kann. An dem Hufeisenmagnet ist ein
Arm mit einer schwarzen Scheibe befestigt, die
so schwer ist, daß sie mit dem Magnet in der
ihm durch die Stromwirkung gegebenen Lage
liegen bleibt. In der Ruhelage steht die schwarze
Scheibe vor dem Fensterchen des Tableaus. Wird
jedoch durch die Spule des Elektromagnets E
ein Strom so geschickt, daß der Elektromagnet-
kern den Hufeisenmagnet abstößt, so bewegt
sich letzterer nach rechts und legt sich gegen
den Elektromagnet E_1. Die schwarze Scheibe
bewegt sich infolgedessen nach links und läßt die
hinter ihr befindliche Ziffer oder sonstige Bezeichnung sichtbar werden. In der Zeichnung
hat der Hufeisenmagnet den Südpol s vorn, den
Nordpol also hinten; die Stromrichtung muß also
so sein, daß das vordere Ende des Elektromagnet-
kernes E ebenfalls südpolarisch und das hintere
nordpolarisch wird.

Die Abstellung der Fallklappe geschieht dann
durch die Wirkung eines elektrischen Stromes
auf den Elektromagnet E_1; dieser Strom muß
ebenfalls so gerichtet sein, daß der Elektromagnet E_1
den Hufeisenmagnet abstößt, also es muß wiederum
vorn ein Südpol und hinten ein Nordpol gebildet
werden. Die Signalscheibe wird damit in ihre
Ruhelage zurückgebracht und verdeckt wieder

die Ziffer oder sonstige Bezeichnung, die in der
Regel auf einem besonderen Brette auf der
Grundplatte des Tableaus befestigt ist.

Fig. 204 stellt ein Stromwechseltableau mit
2 Klappen in Verbindung mit einem Läutewerk

Fig. 204.

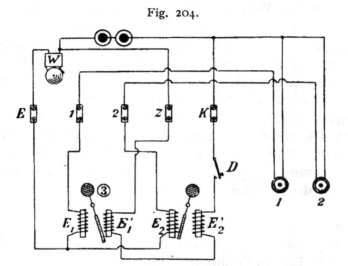

schematisch dar. Der Anrufstrom geht aus der
Leitung über die Leitungsklemme 1 bzw. 2 durch
den links stehenden Elektromagnet E_1 oder E_2
zur Klemme E und zur gemeinsamen Rückleitung,
in die der Wecker und die Batterie eingeschaltet
sind. Die Batterie ist so geschaltet, daß z. B.
beim Niederdrücken des Anrufknopfes 1 der Hufeisenmagnet von dem Elektromagnet E_1 nach
rechts abgestoßen wird; die Fallklappe bewegt
sich nach links hinter die schwarze Tableauscheibe und die Bezeichnung wird hinter dem
Fenster sichtbar.

Zur Herbeiführung der Ruhestellung wird der
am Tableau selbst oder an einer sonst bequem

zugänglichen Stelle angebrachte Druckkontakt D geschlossen, wodurch die rechts stehenden Elektromagnete E_1' und E_2' in gleicher Weise wie E_1 und E_2 betätigt werden.

Fig. 205 stellt ein Stromwechseltableau für 8 Leitungen in geöffnetem Zustande dar.

Fig. 205.

Die Stromwechselklappe kann in ähnlicher Weise wie die Fallklappe mit einem Dauerkontakt für ,den Schluß eines zweiten Stromkreises versehen werden. Es wird zu diesem Zwecke in ein auf der Grundplatte isoliert aufgesetztes Messingstück eine Kontaktschraube eingelassen und dieser gegenüber auf dem einen Arme des Hufeisenmagnet ein Platinkontaktplättchen befestigt.

3. Tableaus mit Pendelklappen ohne Abstellung.

Die Pendelklappen kehren von selbst in die Ruhelage zurück; es ist also bei diesen Tableaus weder eine mechanische noch eine elektrische Abstellung vorhanden; indes sind sie, da die Signalgebung nur kurze Zeit dauert, lediglich für kleinere Anlagen geeignet, wo sich die Bedienung dauernd in der Nähe des Tableaus aufhält. Die in Fig. 206 dargestellte Pendelklappe besteht aus einer Elektromagnetrolle mit einem vor dem etwas abge-

schrägten Polende des Magnetkerns aufgehängten
Anker. An dem Anker ist eine gestreifte Kar-
tenscheibe befestigt. Erfolgt ein Anruf in der
Leitung, in welcher die Pendelklappe eingeschaltet

Fig. 206.

ist, so wird der Anker von dem Elektromagnet
angezogen und die Glocke des Tableaus értönt.
Wird der Strom wieder unterbrochen, so fällt
der Anker ab und schwingt nunmehr mit der
Signalscheibe etwa eine Minute hin und her. An
der Bewegung der Signalscheibe hinter einem
durchsichtigen Felde der Glasscheibe des Tableaus
ersieht man, in welcher Leitung der Anruf erfolgt
ist. Fig. 207 zeigt ein Pendelklappentableau für
8 Leitungen in geöffnetem Zustande; die Schaltung

ist die gleiche wie die des Tableaus mit Fallklappen (Fig. 198).

Die Pendelklappen können als Relaisklappen
auch mit einer besonderen Kontaktvorrichtung
versehen werden, wenn es erforderlich ist, daß
sie den Anruf
noch in einen
zweiten Strom-
kreis übertragen.
Auf den Magnet-
pol der Pendel-
klappe wird zu
diesem Zwecke
ein Messingring
aufgeschraubt, in
den unten eine
Kontaktschraube eingelassen ist. Der Anker des
Elektromagnets ist dieser Kontaktschraube gegenüber mit einem Platinkontakt versehen. Schwingt
der Anker hin und her, so wird auch der Stromkreis der an die beiden erwähnten Kontakte gelegten zweiten Leitung abwechselnd geschlossen
und geöffnet, und der in dieser Leitung eingeschaltete Wecker spricht an.

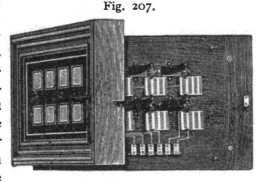

Fig. 207.

4. Kontrolltableaus.

Die Kontrolltableaus ermöglichen bei größeren
Anlagen von einer Stelle aus die Aufsicht darüber,
daß die von den Tableaus angezeigten Anrufe
sofort beachtet werden. Gewöhnlich stellt man
in jeder Etage ein Tableau mit soviel Fallscheiben
auf, als in der Etage Zimmeranschlüsse liegen.
Diese Etagentableaus werden dann in verschiedener
Weise mit einem in der Aufsichtsstelle angebrachten
Kontrolltableau verbunden.

a) Verbindung der Etagentableaus mit dem Kontrolltableau durch Relaisklappen. Jedes Etagentableau erhält außer den Fallscheibenklappen eine Relaisklappe, die so eingeschaltet ist, daß jeder im Etagentableau ankommende Anrufstrom auch durch ihre Umwindungen gehen muß. Die Relaisklappe schließt dann einen Kontakt, wodurch die dem Etagentableau zugehörige Klappe des Kontrolltableaus fällt und ein neben dem Kontrolltableau aufgehängter Wecker ertönt. Das Kontrolltableau ist mit Stromwechselklappen ausgerüstet. Die Etagentableaus haben, wenn sie nicht mit Stromwechselklappen, sondern mit gewöhnlichen Fallklappen ausgerüstet sind, einen besonderen Abstellkontakt, wie er auf Seite 185 veranschaulicht ist. Wird der Abstellkontakt geschlossen, so geht in der Seite 189 erörterten Weise mit der Klappe des Etagentableaus auch die Klappe des Kontrolltableaus in die Ruhelage zurück. (Vgl. auch Abschnitt V, Schaltungen.)

b) Direkte Verbindung der Etagentableaus mit dem Kontrolltableau. Die einzelnen Klappen der Etagentableaus sind mit je einer Stromwechselklappe des Kontrolltableaus in Hintereinanderschaltung verbunden. Fällt eine Klappe im Etagentableau, so fällt auch die korrespondierende Klappe im Kontrolltableau. Die Abstellung erfolgt auf gleiche Weise wie unter a. (Vgl. auch Abschnitt V, Schaltungen.)

c) Kontrolltableaus mit Magnetnadelanzeiger. Diese von der Firma Mix u. Genest, A.-G. Berlin, konstruierten Tableaus (Fig. 208) enthalten als Anzeigevorrichtung einen drehbaren Magnet, der in der Ruhe senkrecht steht und durch die Wirkung des galvanischen Stromes in einer länglichen Drahtspule, deren Windungen mit ihm parallel laufen, bis zu einem Anschlag abgelenkt wird. Ein schwarzer Zeiger, der auf der Drehachse des Magnets befestigt ist, wird in dieser Stellung durch die Öffnung des Tableauglases auf einer weißen Scheibe sichtbar. Der Strom muß hier dauernd wirken; er wird für jedes Etagentableau durch eine Relais-klappe geschlossen, die in der gemeinsamen Rück-leitung der Eta-gentableauklap-pen wie unter a) eingeschaltet ist. Eines besonderen Abstellkontaktes in den Etagentab-leaus bedarf es bei

Fig. 208.

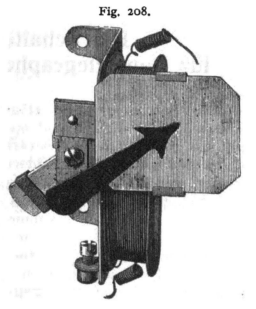

Verwendung solcher Kontrolltableaus nicht, denn sobald die Relaisklappe wieder aufgehoben ist, wird der Stromkreis des Kontrolltableaus ge-öffnet und die Magnetnadel geht selbsttätig in ihre senkrechte Ruhestellung zurück.

Da bei einem durch Relaisklappen mit den Etagentableaus verbundenen Kontrolltableau die Batterie des letzteren oft längere Zeit geschlossen bleibt, so ist sie aus Zink-Kupferelementen zu-sammenzusetzen.

13*

V. Die Schaltungen
für Haustelegraphenanlagen.

Die Schaltung einer Haustelegraphenanlage muß möglichst einfach und übersichtlich sein, damit die Anlage gut und zuverlässig arbeitet, und damit bei auftretenden Fehlern diese leicht gefunden werden können. Die nachstehend aufgeführten Schaltungen enthalten die für die Praxis besonders in Betracht kommenden Fälle. Für ähnliche Fälle einfacher Natur wird hiernach der Telegraphenbauer die Schaltung selbst entwerfen können. Bei ausgedehnten Anlagen mit besonderen Einrichtungen dagegen stellt die Firma, die die Apparate liefert, die notwendigen Schaltungsskizzen und sonstigen Anleitungen gern zur Verfügung.

Es empfiehlt sich bei allen Anlagen, vor Beginn der Ausführungsarbeiten eine der Örtlichkeit entsprechende Skizze anzufertigen und nach dieser zu arbeiten. Eine solche Skizze ist mit der Übergabe der Anlage dem Auftraggeber bez. Hauseigentümer zuzustellen, damit sie bei der Beseitigung etwa später eintretender Betriebsstörungen benutzt werden kann.

Zeichen- und Buchstabenerklärung. In den Schaltungsskizzen bedeutet:

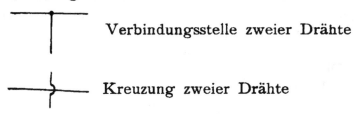

Verbindungsstelle zweier Drähte

Kreuzung zweier Drähte

A Ausschalter

B 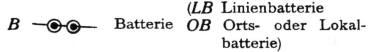 Batterie

(*LB* Linienbatterie
OB Orts- oder Lokal-
batterie)

C Kontakte

D Druckknopf, Morseknopf, Tasten oder sonstige Kontaktvorrichtungen

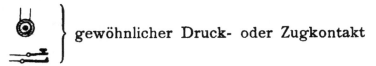 } gewöhnlicher Druck- oder Zugkontakt

Morseknopf,

E Erdleitung, Erdplatte, Wasserleitung

K Kohle- bez. Kupferpol der Batterie (innerer Kreis),

L Leitung,

R Relais,

U Umschalter,

W Wecker,

Z Zinkpol der Batterie (äußerer Kreis).

A. Die einfachen Signalanlagen.

1. Die gewöhnliche elektrische Klingelanlage.

Die einfachste Signalanlage besteht aus einem Wecker, einer Batterie und einem oder mehreren Druckknöpfen oder sonstigen Kontaktvorrichtungen. Die eine Klemme des Weckers wird mit einem Pole der Batterie z. B. dem Zinkpole (Fig. 209) verbunden, während die zweite Klemme nur mittels der Kontaktvorrichtung mit

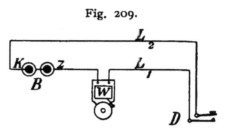

Fig. 209.

1 Wecker und 1 Druckknopf.

dem anderen Batteriepole in Verbindung gebracht werden kann. Man legt infolgedessen durch alle

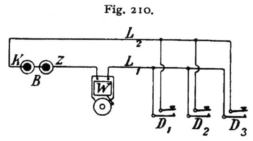

Fig. 210.

1 Wecker und 3 Druckknöpfe.

Räume, in welchen Druckknöpfe pp. angebracht werden sollen, einen Leitungsdraht L_1 und verbindet diesen durch angelötete Abzweigungsdrähte mit einer Kontaktfeder jedes Knopfes. Die zweite Feder jedes Knopfes wird mit der gemeinsamen Rückleitung L_2 und durch diese mit dem zweiten Batteriepole verbunden (Fig. 209 und 210).

Die Batterie wird in der Regel in der Nähe des Weckers aufgestellt; ist dies nicht angängig und wird z. B. wie in Fig. 211 die Anbringung eines Kontaktknopfes D_3 zwischen Batterie und

Wecker erforderlich, so muß der Abzweigungsdraht L_3 bis zum Drahte L_1, d. h. bis zum Kupfer-
pole der Batterie ver-
längert werden.

Fig. 211.

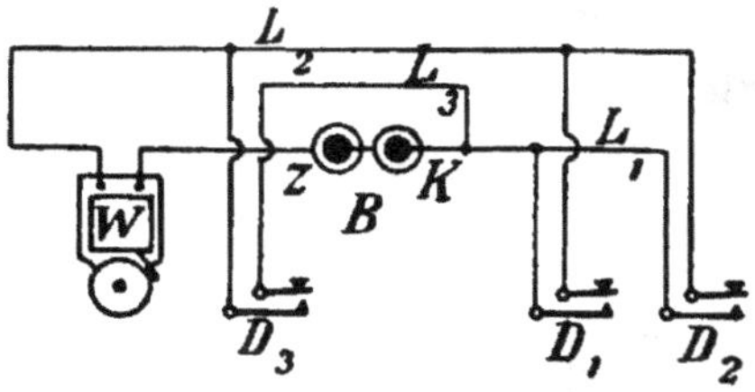

Der Stromlauf in
dem für solche An-
lagen ausschließlich
zur Verwendung kom-
menden Rasselwecker
ist aus Fig. 174 er-
sichtlich.

1 Wecker mit 3 Druckknöpfen,
davon einer zwischen Batterie und
Wecker.

2. Signalanlage mit zwei Weckern und zwei Kontaktvorrichtungen.

Die Anlage kann nach Fig. 212 so geschaltet
werden, daß der Wek-
ker W_1 beim Schluß der
Kontaktvorrichtung
D_1 und der Wecker W_2
beim Schluß der Kon-
taktvorrichtung D_2
anspricht.

Fig. 212.

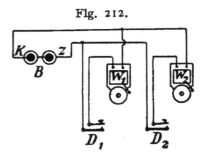

Wird die Schaltung
nach Fig. 213 getroffen,
so läutet bei Schluß
der Kontaktvorrich-
tung D_1 der Wecker
W_1 und bei Schluß
der Kontaktvorrich-
tung D_2 ertönen gleichzeitig beide Wecker.

Fig. 213.

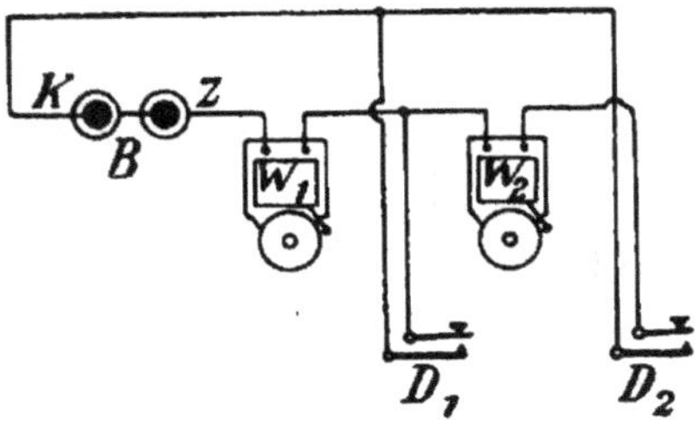

3. Signalanlage mit zwei Weckern und mehreren Kontaktvorrichtungen. (Fig. 214.)

Durch den Schluß der Kontaktvorrichtungen D_1 wird der Wecker W_1 und durch den Schluß

Fig. 214.

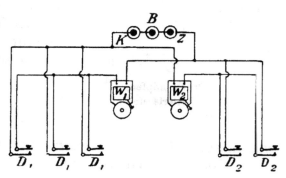

der Kontaktvorrichtungen D_2 der Wecker W_2 zum Läuten gebracht.

4. Signalanlage mit zwei Weckern, einer Kontaktvorrichtung und einem Umschalter. (Fig. 215.)

Eine solche Anlage wird gebraucht, wenn mit einer Kontaktvorrichtung z. B. am Tage der Wecker in der Küche und des Nachts der Wecker in dem Mädchenzimmer in Tätigkeit versetzt werden soll. Steht der Umschalterhebel nach rechts, wie

Fig. 215.

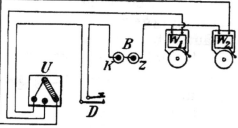

in der Figur angegeben, so spricht der Wecker W_2 an. In der Mittelstellung des Umschalterhebels

wird der Wecker W_1 bei Schluß der Kontaktvorrichtung eingeschaltet. Schiebt man die Umschalterkurbel noch weiter nach links, so wird dadurch die Anlage außer Betrieb gesetzt.

5. Signalanlage mit mehreren Weckern, Kontaktvorrichtungen und einem Ausschalter.

Soll durch den Ausschalter die ganze Signal-
anlage außer Betrieb gesetzt werden, so erfolgt
die Schaltung nach Fig. 216. Steckt der Aus-

Fig. 216.

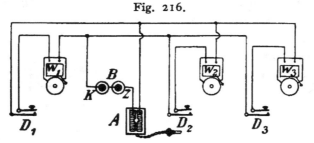

schalterstöpsel in seinem Loch, so werden die
Wecker W_1, W_2, W_3 jeweils durch Schluß der
Kontaktvorrichtungen D_1, D_2 bezw. D_3 zum Er-
tönen gebracht. Wird der Ausschaltestöpsel aus

Fig. 217.

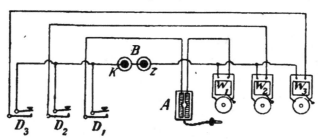

dem Stöpselloch herausgenommen, so ist die ganze
Anlage außer Betrieb.

Soll von der Anlage nur ein Teil z. B. der

Wecker W_1 außer Betrieb gesetzt werden können, so hat die Schaltung nach Fig. 217 stattzufinden.

Durch Herausnahme des Stöpsels A aus dem Stöpselloch des Ausschalters wird der Wecker W_1 von der Anlage abgeschaltet. In gleicher Weise kann durch einen zweiten Ausschalter auch der Wecker W_2 abgeschaltet werden.

6. Signalanlage mit einem grossen und einem kleinen Läutewerk.

Die Anlage ist nach Fig. 218 so zu schalten, daß der kleine Wecker W_1, zu dessen Betrieb nur eine ge- ringe Bat- teriestärke er- forderlich ist, bei Schluß der zugehörigen Kontaktvor- richtung D_1 nur von einem

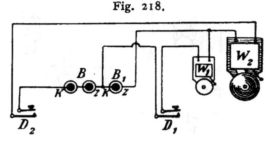

Fig. 218.

Teil B_1 der gemeinsamen Batterie B seinen Strom erhält. Die ganze Batterie tritt bei Schluß der Kontaktvorrichtung D_2 zur Betätigung des Weckers W_2 in Wirksamkeit.

7. Signalanlage mit mehreren Weckern in Nebeneinanderschaltung.

Die Schaltung (Fig. 219) stellt eine Anlage dar, bei welcher drei Wecker in Nebeneinander- schaltung durch den Schluß einer Kontaktvor- richtung gleichzeitig zum Ertönen gebracht werden. Am Endpunkte der Anlage wird der Wecker W_3 zwischen die beiden Leitungen wie bei der ein- fachen Klingelanlage eingeschaltet. Die Wecker W_1

und W_2 werden zwischen der Batterie und dem Wecker W_3 ebenfalls mit denselben Leitungen L_1 und L_2 verbunden.

In die Anlage können auch mehrere Kontaktknöpfe pp. eingeschaltet werden; ihre Einschaltung erfolgt wie die der Wecker in Parallelschaltung zwischen die beiden Leitungen L_1 und L_2 z. B. nach der Anordnung der Fig. 220.

Fig. 219.

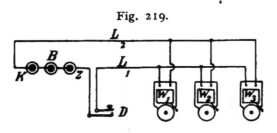

Es ist hier wiederum zu beachten, daß bei der Lage der Kontaktvorrichtung D_3 der Abzweigungsdraht L_3 bis zum Zinkpole der Batterie geführt werden muß. Bei dieser Schaltung werden diejenigen Wecker, die weit von der Batterie ent-

Fig. 220.

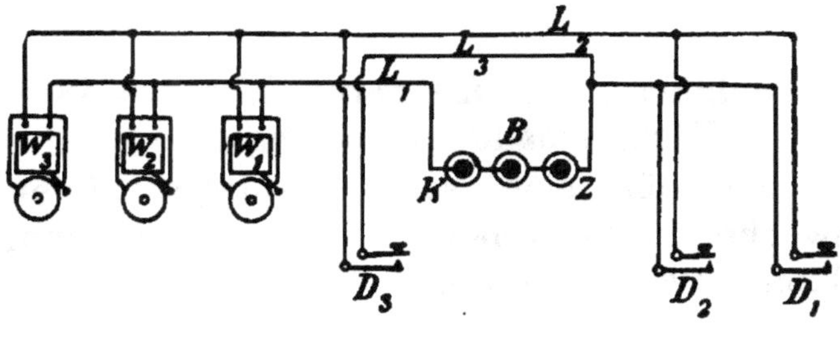

fernt sind, schwächer läuten, weil der Strom bis zu ihnen einen größeren Leitungswiderstand zu überwinden hat. Man muß deshalb, um die Unterschiede in den Leitungswiderständen wirkungslos zu machen, Wecker mit so hohen Widerständen verwenden, daß der Widerstand der Leitungen nicht mehr in Betracht kommt.

Will man jedoch Wecker mit gewöhnlichen Widerstandswerten benutzen, so müßte man die Anlage nach Fig. 221 schalten, wobei allerdings mehr Leitungsmaterial gebraucht wird. Bei dieser

Fig. 221.

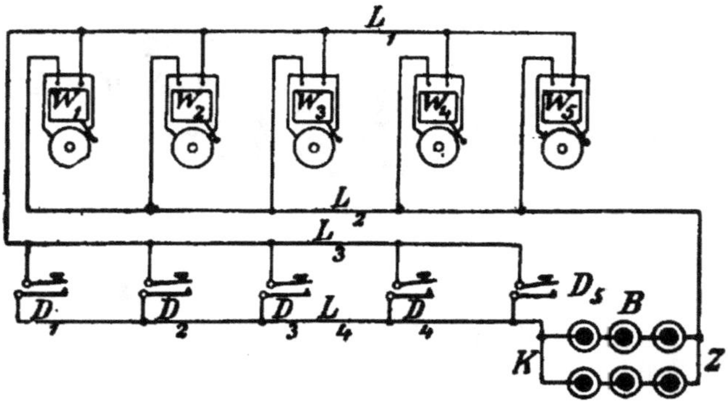

Schaltung wird der Weckstrom bei Schluß jeder Kontaktvorrichtung immer annähernd die gleiche Drahtlänge zu durchlaufen haben und es werden daher auch die Läutewerke sämtlich gleichmäßig wirken.

8. Signalanlage mit mehreren Weckern in Hintereinanderschaltung.

Es sind für eine solche Anlage Nebenschlußwecker zu verwenden, die bei Anwendung einer Kontaktvorrichtung nach Fig. 222 zu schalten sind.

An Stelle der Nebenschlußwecker können auch ein Rasselwecker und die erforderliche Anzahl Einschlagglocken Verwendung finden. Die Einschaltung erfolgt ebenfalls nach Fig. 222. Der Rasselwecker W_8 z. B. unterbricht dann die ganze

Weckerreihe, sodaß auch die Einschlagglocken zu
rasseln anfangen. Bedingung für gute Wirksamkeit ist hierbei, daß sämtliche Wecker von gleicher
Größe sind und gleiche Klöppellänge haben.

Fig. 222.

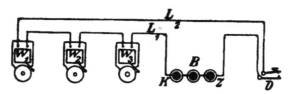

Mehrere Rasselwecker dürfen in eine Signal-
anlage nicht hintereinander geschaltet werden.

Soll die Anlage mit mehreren Kontaktvor-
vorrichtungen versehen werden, so sind diese wie

Fig. 223.

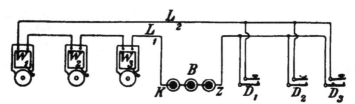

aus Fig. 223 ersichtlich, so einzuschalten, daß sie
auf dieselbe Seite von Wecker und Batterie zu
liegen kommen.

9. Signalanlage für Ruhestrom mit einem Wecker.

Schaltung mit einer Batterie. Die gewöhnliche
Schaltung (Fig. 224) sieht eine Batterie B (Zink-
Kupferelemente) vor, als Kontaktvorrichtung ist
ein Morseknopf D und als Signalapparat ein
Wecker für Ruhestrom (Seite 164) zu verwenden.
Im Ruhezustande fließt der Strom der Batterie B
dauernd durch die im Morseknopf geschlossene

Leitung; der Anker des Weckers *W* ist also angezogen. Wird die Leitung durch Niederdrücken
des Morseknopfes geöffnet, so hört der Strom
zunächst auf und der Anker des Weckers fällt
vom Elektromagnet ab. Nunmehr aber wird der

Fig. 224.

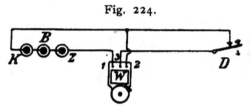

Wecker über die Klemmen 1 und 2 mit der
Batterie *B* verbunden und wirkt jetzt solange als
gewöhnlicher Rasselwecker, bis der Morseknopf
wieder losgelassen worden ist.

Schaltung mit 2 Batterien. Genügt bei Ver-
wendung nur einer Batterie die Lautwirkung des
Weckers nicht, so schaltet man für den Betrieb des
Weckers eine besondere Batterie B_1 ein (Fig. 225).
Diese kann aus Zink-Kohlenelementen bestehen,

Fig. 225.

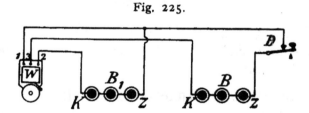

während man für die Ruhestrombatterie *B* wieder
Zink-Kupferelemente nehmen muß. Sobald durch
Drücken des Morseknopfes *D* der Strom der
Batterie *B* unterbrochen wird, ertönt der Wecker
unter der Einwirkung der durch den Unterbrecher-
kontakt geschlossenen Batterie B_1.

10. Signalanlage mit einem durch Relais betriebenen Wecker.

Man verwendet die Relaisschaltung für alle Anlagen, bei denen Wecker auf größere Entfernungen hin Signale geben sollen, wo also längere Außenleitungen in Frage kommen.

Am häufigsten kommt die Arbeitsstromschaltung, seltener die Ruhestromschaltung zur Anwendung.

Arbeitsstromschaltung (Fig. 226). Bei Stromschluß der Linienbatterie *LB* in der Kontaktvor-

Fig. 226.

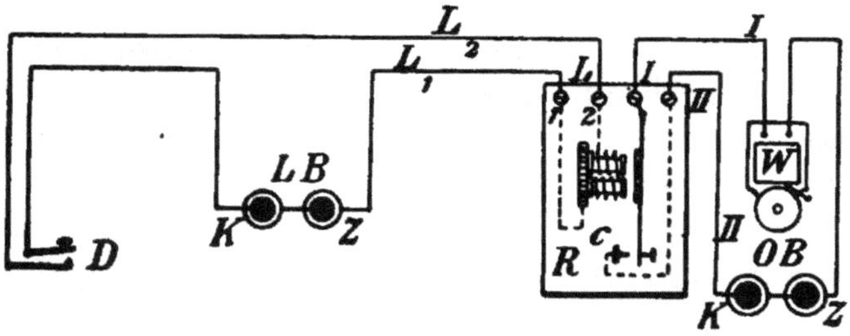

richtung *D* wird der Anker des empfindlichen Relais *R* angezogen. Der Anker schließt hierbei den Arbeitskontakt *c* und damit den Lokalstromkreis für den Wecker *W*, der unter der Einwirkung der kräftigen Ortsbatterie *OB* laut ertönt.

Ruhestromschaltung (Fig. 227). Der Anker des Relais *R* wird infolge des dauernd in der Leitung fließenden Stromes der Linienbatterie *LB* (Zink-Kupfer-Elemente) durch das Elektromagnetsystem angezogen. Die Klemme *II* des Relais ist jetzt mit dem Ruhekontakt c_1 verbunden. An Stelle des gewöhnlichen Druckknopfes bei der Arbeitsstromschaltung wird hier ein Morseknopf als

Kontaktvorrichtung benutzt. Drückt man auf den
Morseknopf, so wird der Strom der Linienbatterie
unterbrochen und der Relaiswecker fällt ab; er

Fig. 227.

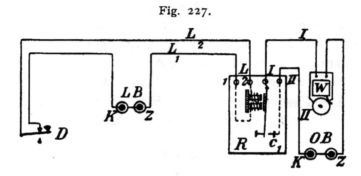

legt sich der Einwirkung der Ankerfeder folgend
gegen den Kontakt c_1 und schließt damit den
Ortsstromkreis für den Wecker W, der jetzt durch
die Ortsbatterie OB betätigt wird.

11. Einfache Signalanlage für ein Wohnhaus.

a. Es wird verlangt, daß das Haus in jeder
seiner 4 Etagen eine elektrische Klingel erhalten
soll, die sowohl durch einen Druckkontakt oder
Zugkontakt an der Korridortür, als auch durch
einen solchen an der Haustür in Tätigkeit versetzt
werden kann. Die Schaltung (Fig. 228) ist so getroffen,
daß die Batterie B gemeinsam für das ganze
Haus verwendet werden kann, sie ist zweckmäßig
im Keller unterzubringen. Für die Haustür kommt
eine Kontaktplatte mit 4 Druckknöpfen oder
Zugkontakten zur Verwendung.

b. Es wird verlangt, daß außer dem Läutewerk bei der Anlage unter a. noch in jeder Etage
ein zweites Läutewerk angebracht wird, das durch
die in den einzelnen Zimmern befindlichen Kontakt-

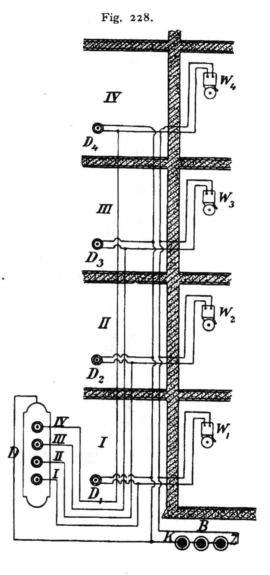

Fig. 228.

vorrichtungen in Tätigkeit gesetzt werden kann (Fig. 229). Zweckmäßig nimmt man für den einen Wecker jeder Etage einen Apparat mit Schalmeiglocke und für den andern einen Apparat mit einer gewöhnlichen anders klingenden Glockenschale, damit man an dem Ton scharf erkennen kann, ob der Ruf vom Zimmer aus oder von außerhalb der Wohnung erfolgt ist.

B. Die Korrespondenzanlagen

Die Korrespondenzanlagen, auch Anlagen mit Antwortsignal genannt, dienen zur gegenseitigen

Verständigung zwischen den einzelnen Signalstellen der Anlage unter Anwendung der gewöhnlichen Weckvorrichtungen.

Fig. 229.

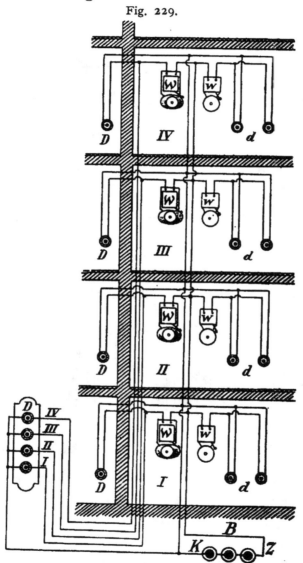

1. Korrespondenzanlage mit 2 Stellen und gemeinsamer Batterie.

Beim Niederdrücken des Kontaktknopfes D_1 (Fig. 230) arbeitet das Läutewerk W_2, beim Niederdrücken des Knopfes D_2 als Antwortsignal das. Läutewerk W_1.

Fig. 230.

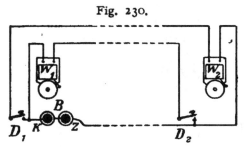

Man braucht für eine solche Anlage 3 Leitungsdrähte, sie eignet sich also nur für kürzere Entfernungen.

Soll von jeder Stelle aus noch ein zweiter Wecker W_3 bzw. W_4 betätigt werden, sodaß also bei Kontaktschluß in D_1 die Wecker W_2 und W_4 und bei Kontaktschluß in D_2 die Wecker W_1 und W_3 ertönen, so sind die beiden Wecker W_3 und W_4

Fig. 231.

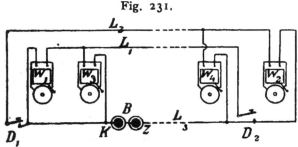

parallel zu den Weckern W_1 und W_2 zwischen die Leitungen L_1, L_3 bzw. L_2 und L_3 einzuschalten. (Fig. 231).

14*

2. Korrespondenzanlage mit 2 Stellen und besonderen Batterien.

Man wendet diese Korrespondenzschaltung dann an, wenn die Entfernung zwischen den beiden Stellen so groß ist, daß die Herstellung der unter 1 bezeichneten drei Leitungen mehr kosten würde als eine Leitung mit 2 Erdverbindungen und eine zweite Batterie. An Stelle der gewöhnlichen Zweifederdruckknöpfe sind Morseknöpfe zu verwenden.

Die Leitung L (Fig. 232) wird mit den Hebeln h der Morseknöpfe D_1 und D_2 verbunden und die

Fig. 232.

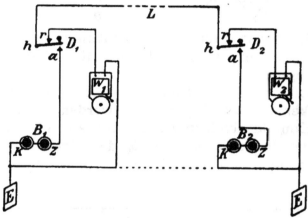

Wecker einerseits mit den Ruhekontakten r und andererseits mit der Erde. Die Zinkpole der Batterien B_1 und B_2 werden mit den Arbeitskontakten a der Morseknöpfe verbunden und die Kohlenpole an die für Wecker und Batterie gemeinschaftliche Erde gelegt. Wenn der Morseknopf D_1 gedrückt wird, so spricht der Wecker W_2 unter Einwirkung der Batterie B_1 an; der Wecker W_1 der Anrufstelle selbst wird hierbei

ausgeschaltet und bleibt unbeeinflußt. Als Erdleitung kann e. F. die Wasserleitung benutzt
werden. Lassen sich gute Erdleitungen nicht anlegen, so sind sie durch eine zweite Leitung zu
ersetzen, die in der Zeichnung punktiert angegeben ist.

C. Die Notsignalanlagen für Fabriken.

Diese Anlagen dienen beim Eintreten von
Gefahr entweder dazu, von jeder Stelle des Gebäudes oder der Fabrik aus z. B. dem Maschinen-
wärter das Notsignal zur sofortigen Abstellung
der Maschinen zu geben, oder von irgend einer
Stelle aus gleichzeitig das Notsignal nach allen
Arbeitsräumen zum Verlassen derselben und nach
dem Maschinenhaus zur Abstellung der Maschinen
zu geben.

1. Einfache Notsignalanlage nach dem Maschinen-
raum mit Sicherheitskontrolle.

Die Schaltung wird nach Fig. 233 so eingerichtet, daß man nicht nur ein Signal von den
einzelnen Arbeitssälen nach der Maschine geben

Fig. 233.

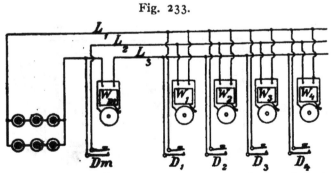

kann, sondern es sind auch in den einzelnen
Arbeitssälen Wecker angebracht, die durch einen

Druckknopf bei der Maschine in Tätigkeit gesetzt werden können. Durch die tägliche Benutzung des letzteren Signals ist eine Kontrolle darüber gegeben, daß die Anlage stets in Ordnung ist. Für die Anlage sind drei durchgehende Leitungen L_1, L_2 und L_3, ein oder mehrere Wecker W und Kontaktknöpfe D für jeden Arbeitssaal, ferner ein Wecker Wm und ein Druckknopf Dm für den Maschinenraum erforderlich. Die Betriebsbatterie muß bei einer größeren Anzahl Wecker aus mehreren nebeneinander geschalteten Elementgruppen bestehen. Beim Drücken des Knopfes Dm im Maschinenhause arbeiten die Wecker W_1 bis W_4 in Nebeneinanderschaltung; beim Drücken eines der Knöpfe D_1 bis D_4 werden dagegen die Leitungen L_1 und L_3 geschlossen und es ertönt nur der Wecker Wm im Maschinenhause.

2. Notsignalanlage nach dem Maschinenraum mit gleichzeitiger Betätigung sämtlicher Alarmwecker.

Die Anlage wird nach der Schaltung Fig. 234 ausgeführt. Hier sind die Druckknöpfe D sämtlich zwischen die Leitungen L_2 und L_3 und die

Fig. 234.

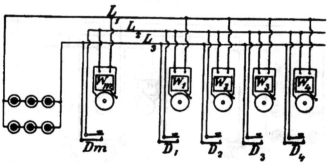

Wecker W sämtlich zwischen die Leitungen L_1 und L_2 eingeschaltet. Beim Niederdrücken irgend eines Knopfes ertönen stets sämtliche Wecker. Die Konstruktion der Druckknöpfe für die Notsignalanlagen entspricht derjenigen der gewöhnlichen Druckkontakte. Um jedoch mißbräuchliche Benutzung zu verhüten und sofort feststellen zu können, welcher Kontakt betätigt worden ist, wird der Druckknopf meist durch eine Papierscheibe mit der Aufschrift „Notsignal" abgedeckt, die bei der Benutzung durchstoßen werden muß. (Vgl. auch Seite 146).

Eine Kontrolle, woher das Signal gekommen ist, läßt sich auch ohne besondere Notsignaldruckknöpfe mit Papierscheibe durch Verbindung der Notsignalanlage mit einer der im folgenden Abschnitt beschriebenen Tableauanlagen erzielen.

D. Die Tableauanlagen.
1. Die einfache elektrische Klingelanlage mit Tableau.

Von der oberen Feder der Kontaktvorrichtung *D* (Fig. 235) jeder einzelnen Anrufstelle wird eine

Fig. 235.

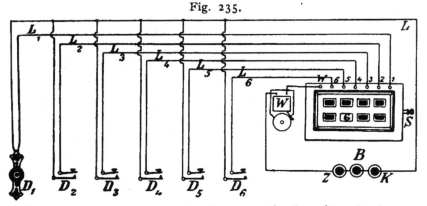

Leitung L_1, L_2, L_3, L_4 usw. nach der für sie bestimmten Nummer 1, 2, 3, 4 usw. des Tableaus gezogen. Der Wecker W wird einerseits mit der Weckerklemme des Tableaus und andererseits mit dem einen Batteriepol verbunden. Der andere Batteriepol ist mit der gemeinsamen Rückleitung L verbunden, an die die zweiten (unteren) Federn der Kontaktvorrichtungen anzuschließen sind. Wird z. B. der Druckknopf D_6 gedrückt, so findet die Batterie Stromschluß durch die Leitung L, die Kontaktvorrichtung D_6, die Leitung L_6, die Tableauklappe 6 und den Wecker W. Der Wecker spricht an und die Tableauscheibe 6 fällt; sie wird durch die Abstellvorrichtung S wieder aufgerichtet.

Soll beim Schließen des Haustürkontaktes D_1 außer der Tableauklingel noch eine Haustürklingel ertönen, so muß man als Haustürkontakt einen Morseknopf oder einen Zugkontakt mit 3 Federn nehmen. Der Haustürwecker wird zum Tableauwecker parallel geschaltet, indem man seine eine Klemme mit der dritten Kontaktfeder und seine andere mit dem Batteriepol verbindet, an dem der Tableauwecker liegt.

Wenn an kleinere Tableauanlagen noch einige Kontaktvorrichtungen mehr angeschlossen, d. h. also, die einzelnen Klappen von mehreren Stellen aus betätigt werden sollen, so können diese Kontaktvorrichtungen in Parallelschaltung zu den vorhandenen in die Anlage eingefügt werden. Es kann auch noch eine Kontaktvorrichtung eingebaut werden, die nur den Tableauwecker betätigt.

2. Die Stromwechseltableau-Anlage.

Die oberen Kontaktfedern der Druckknöpfe D (Fig. 236) sind wie bei der einfachen Tableauanlage mit den Leitungsklemmen 1, 2, 3, 4 usw. des Tableaus durch die Leitungen L_1, L_2, L_3, L_4 usw. verbunden. Von den unteren Kontakten führen Anschlüsse nach der gemeinsamen Rückleitung L, die mit dem einen Batteriepole, z. B. dem Zinkpole und der entsprechenden Klemme Z des Tableaus verbunden ist. Der Tableauwecker ist zwischen die Weckerklemme des Tableaus und den zweiten Batteriepol K (Kohlenpol) eingeschaltet; von diesem Pol führt ferner eine Leitung über die zur Abstellung der Klappen dienende Kontaktvorrichtung Da zur zweiten

Fig. 236.

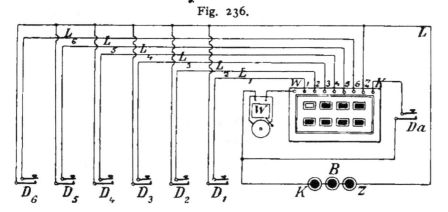

Batterieklemme K des Tableaus. Wird z. B. der Druckknopf D_1 gedrückt, so findet Stromschluß in der Leitung L_1 L statt, die Tableauklappe 1 bewegt sich nach links und läßt die hinter der Öffnung des Tableaufensters befindliche Bezeichnung sichtbar werden. Durch Niederdrücken des Abstellknopfes Da wird die Klappe auf die Seite 189 beschriebene Weise in die Ruhelage zurückgeführt.

Die Abstellvorrichtung Da kann an einer beliebigen Stelle der Anlage eingebaut werden; ist sie mit dem Tableau selbst vereinigt, so wird der Pol *K* der Batterie unmittelbar mit der Tableauklemme *K* verbunden.

3. Die Tableauanlagen mit Kontrolltableau.

Sie kommen für Hotels, Krankenhäuser u. dergl. zur Anwendung. Das Kontrolltableau zeigt an ob die Anrufe in den einzelnen Leitungen vernommen und beachtet werden. Als Kontroll-tableau ist in jedem Falle die Anwendung eines Stromwechseltableaus zu empfehlen. Als Etagentableaus können zwar auch Tableaus mit mechanischer Abstellung verwendet werden, indes sind auch hierfür Stromwechseltableaus vorzuziehen.

a. Etagentableaus mit mechanischer Abstellung und einem Stromwechseltableau als Kontrolltableau.

Die Etagentableaus erhalten soviel Klappen, als Anrufstellen vorhanden sind und das Kontrolltableau soviel Stromwechselklappen, als Etagentableaus zur Aufstellung kommen. Außer den Anrufklappen werden die Etagentableaus gewöhnlich noch mit je einer Relaisklappe *R* (Fig. 237) versehen. Die Relaisklappe fällt beim Anruf gleichzeitig mit der betreffenden Anrufklappe und schließt hierbei einen Kontakt bei *c* für den Stromkreis der linksseitigen Rolle *r* der zugehörigen Stromwechselklappe des Kontrolltableaus. Der Magnetanker der Stromwechselklappe wird von der Rolle *r* abgestoßen, die Signalscheibe geht nach links und läßt z. B. die Etagenbezeichnung II erscheinen, wenn ein Anruf am Etagentableau II angekommen war.

Der miteingeschaltete Wecker *Wc,* dessen Elektromagnetrollen, um die Batterie nicht zu

Fig. 237.

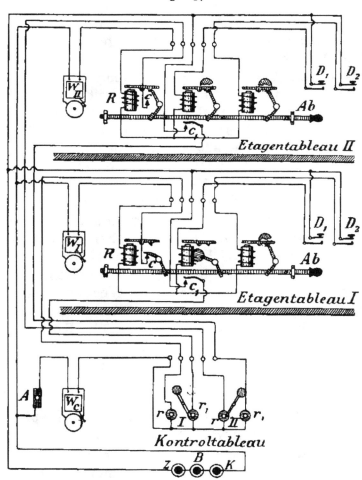

stark zu beanspruchen, großen Widerstand haben müssen, ertönt so lange, bis im Etagentableau *II* die Klappe abgestellt wird. Es geschieht dies durch die Abstellstange Ab; diese schließt bei der Abstellung gleichzeitig mit Aufhebung des Kontaktes c einen Kontakt c_1 für den Stromkreis der rechtsseitigen Rolle r_1, der Stromwechselklappe, wodurch letztere in die Ruhestellung zurückgeführt wird. Mittels des Ausschalters A kann das Kontrolltableau außer Wirksamkeit gesetzt werden; der Ausschalterstöpsel wird zu diesem Zwecke aus seinem Loch herausgenommen.

Man kann die Anlage auch mit mechanisch abstellbaren Etagentableaus ohne Relaisklappen ausführen. In diesem Falle würden die Rollen r unmittelbar in die allgemeine Rückleitung einzuschalten sein; diese führt dann durch das Kontrolltableau, den Wecker Wc und den Ausschalter A zur Batterie. Der Wecker Wc ertönt nur so lange, als der betreffende Druckknopf gedrückt wird. Zu beachten ist, daß bei dieser Anordnung der Ausschalter A nicht wie in Fig. 237, sondern wie in Fig. 238 zwischen die beiden Zuführungsdrähte des Weckers Wc zu schalten ist. Durch Einsetzen des Ausschalterstöpsels in das Stöpselloch werden die Rollen des Weckers Wc kurz geschlossen; er spricht also nicht an; das Kontrolltableau selbst bleibt hierbei eingeschaltet.

b) Etagentableaus mit Stromwechselklappen und einem Stromwechseltableau als Kontrolle.

Die Einrichtung wird nach Fig. 238 meist so getroffen, daß bei Betätigung einer Fallscheibe im Etagentableau durch den Anruf von einer Stelle aus, gleichzeitig mit dem Etagentableau-

wecker *W* auch der Kontrolltableauwecker *Wc* so
lange läutet, als der Druckknopf *D* niedergedrückt

Fig. 238.

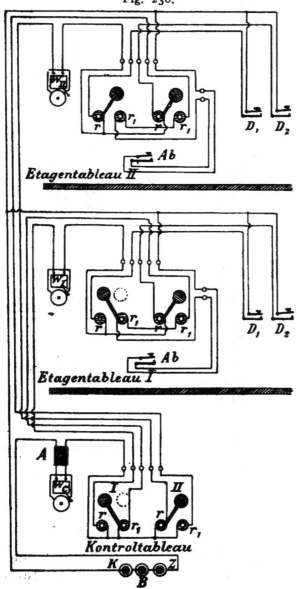

ist. Bei der Abstellung ertönt nur der Kontrolltableauwecker, und zwar so lange, als der Abstell-

Fig. 239.

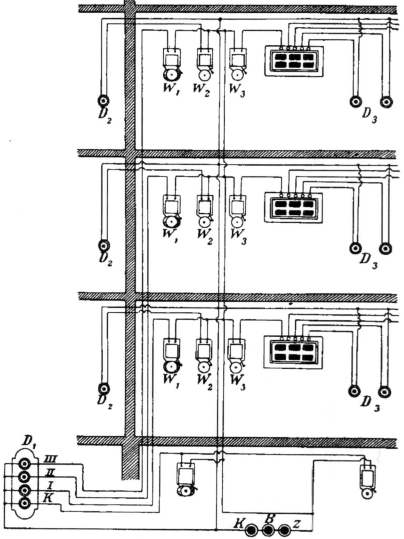

taster *Ab* geschlossen wird. Durch den Ausschalter *A* werden bei eingesetztem Stöpsel die

Rollen des Weckers *Wc* kurz geschlossen, der Wecker wird also dadurch außer Betrieb gesetzt.

4. Einfache Tableauanlage für ein ganzes Haus mit drei Weckvorrichtungen in jeder Etage.

Es wird angenommen, daß der Wecker W_1 von der Kontaktplatte am Haustor aus, der Wecker W_2 von dem Druckknopf an der Vorsaaltür und der Wecker W_3 von den Druckknöpfen in den Zimmern betätigt werden soll. Die Wecker müssen mit verschieden tönenden Glockenschalen ausgerüstet werden, damit man an. dem Ton erkennen kann, woher der Anruf gekommen ist. Die für die gesamte Anlage gemeinschaftliche Batterie *B* ist zweckmäßig im Kellergeschoß unterzubringen.

Bei ausgedehnteren Anlagen in Häusern mit vielen Stockwerken empfiehlt sich die Aufstellung besonderer Batterien in jeder Etage, damit nicht der gesamte Betrieb von dem guten Zustande einer einzigen Batterie abhängig ist. Die besonderen Batterien werden an denjenigen Stellen in die einzelnen Etagenstromkreise eingeschaltet, wo in Fig. 239 die Zuführungen zu den Weckern und Druckknöpfen von den gemeinschaftlichen Batteriedrähten abzweigen; letztere kommen bei dieser Schaltung in Wegfall.

5. Tableauanlage für Kegelbahnen.

Hierzu eignen sich besonders die Stromwechseltableaus mit 14 Fallscheiben, hinter denen die Zahlen 1—9 und z. B. die Bezeichnungen „Kranz (8 um den König), Hamburger Wappen, Herz, Kalte und Ratte" angebracht sind. Bei den Kegelbuben ist ein Kontaktbrett mit 14 Druckknöpfen

aufgehängt, die mit den gleichen Bezeichnungen
wie die Stromwechselklappen des Tableaus versehen sind. Sind z. B. „5 Kalte" geschoben, so
drückt der Kegelbube den Knopf „5" und den
Knopf „Kalte", wodurch beide Bezeichnungen im
Tableau sichtbar werden. Die Tableaus sind in
möglichster Nähe des Schreibpultes anzubringen;
als Abstellkontakt ist zweckmäßig ein Fußboden-

Fig. 240.

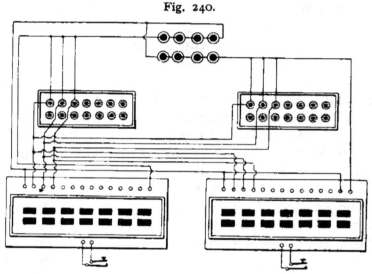

kontakt unter oder ein Tischkontakt auf dem
Schreibpulte zu verwenden. Fig. 240 gibt das
Stromlaufschema für die Tableauanlagen von zwei
nebeneinander liegenden Kegelbahnen. Es müssen
für eine solche Doppelanlage zwar zwei Batterien
aufgestellt werden, dagegen können die Leitungen
von den Kontaktknöpfen nach den Tableaus gemeinsam benutzt werden; es bedarf also für jede
Klappe nur einer Zuleitung. In der Figur sind zur
Wahrung besserer Übersicht nur 3 Leitungen angegeben.

E. Die Signalanlagen für Fahrstühle.

1. Einfache Signalanlage für Fahrstühle im gewerblichen Betriebe.

Sie soll dazu dienen, einen laut tönenden Wecker in Tätigkeit zu setzen, wenn der Fahrstuhl im Betrieb ist, d. h. wenn er weder auf seinem tiefsten noch auf seinem höchsten Punkte steht. Für eine solche Anlage sind zwei Kontaktvorrichtungen D (Fig. 241), zwei Wecker W mit hohem Widerstande und eine Zinkkupferbatterie erforderlich. Ruht der Fahrstuhl unten, so öffnet er den Kontakt D, steht er oben, so öffnet er den Kontakt D_1; in beiden Fällen können die parallel geschalteten Wecker W und W_1 mangels Stromschlusses nicht ertönen. Verläßt der Fahrstuhl die Kontakte D oder D_1, bewegt er sich also nach oben oder unten, so

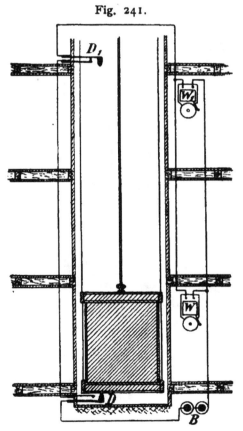

Fig. 241.

tritt in diesen Stromschluß ein und es klingeln
beide Wecker.

2. Signalanlage für Fahrstühle zur Personen-
beförderung.

Für solche Signalanlagen (Fig. 242) wird zweck-

Fig. 242.

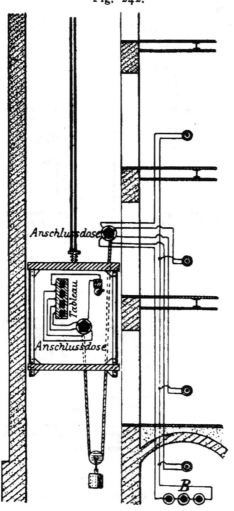

mäßig im Fahr-
stuhl ein Tableau
mit Etagen-
nummern auf-
gehängt. Die
Verbindung der
Etagendruck-
knöpfe mit dem
Tableau erfolgt
durch ein bieg-
sames Leitungs-
kabel, das durch
eine Laufrolle
mit Gewicht
straff gespannt
wird. Das Kabel
ist durch
Anschlußdosen
einerseits mit
dem Fahrstuhl
und andererseits
mit den festen
Leitungen nach
den Etagen-
druckknöpfen
verbunden.
Die Anschluß-
dose im Fahr-
stuhlschacht ist

etwa in der Mitte des Weges zu befestigen; das Verbindungskabel muß also etwas länger sein als die halbe Höhe des Fahrstuhlschachtes beträgt.

F. Signalanlagen mit Induktoranruf.

In Signalanlagen mit längeren Freileitungen werden an Stelle der galvanischen Batterien oft

Fig. 243.

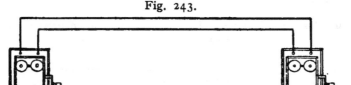

Signal-Anlage mit zwei Signal-Induktoren mit Weckern, für gegenseitigen Anruf.

auch kleine, Wechselstrom erzeugende Maschinen, sogenannte Magnetinduktoren, verwendet, wie

Fig. 244.

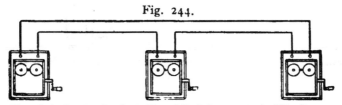

Signal-Anlage mit drei Signal-Induktoren mit Weckern, zum gegenseitigen Anruf.

sie bei den Telephonstationen zur Anwendung kommen. Gewöhnlich wird ein solcher Induktor

Fig. 245.

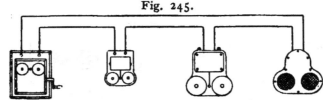

Signal-Anlage mit einem Magnet-Induktor und mehreren hintereinander geschalteten Wechselstrom-Weckern.

15*

mit einem Wechselstromwecker zu einem Apparatsatz vereinigt. Einige Schaltungen für Signal-

Fig. 246.

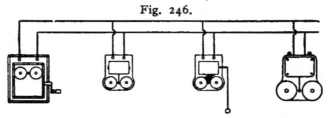

Signal-Anlage mit einem Magnet-Induktor und mehreren parallel
geschalteten Wechselstrom-Weckern.

Fig. 247.

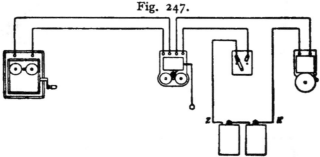

Signal-Anlage mit einem Magnet-Induktor und einem Wechselstrom-
Wecker mit Fallscheibe und Relaiskontakt, welcher einen Batterie-
stromkreis mit Wecker schließt.

Fig. 248.

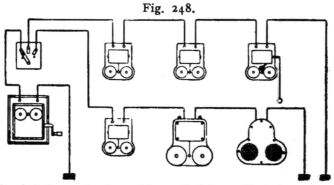

Signal-Anlage mit einem Magnet-Induktor, Kurbelumschalter
und einer größeren Anzahl in mehrere Stromkreise geschalteter
Wechselstrom-Wecker.

anlagen mit Induktorbetrieb geben die neben-
stehenden Figuren 243 bis 248; sie sind so einfach,
daß eine besondere Beschreibung nicht erforderlich erscheint.

VI. Die Einschaltung von Telephonen in elektrische Klingelanlagen.

Die Verbindung von Telephonen mit elektrischen Klingelanlagen findet neuerdings vielfach Anwendung. Man benutzt hierzu einen leichten Handapparat (Fig. 249), der aus einem empfindlichen Telephon und Mikrophon besteht und den man in den Räumen, von welchen aus gesprochen werden soll, an den Druckknöpfen in die Klingelleitungen einschaltet. Man kann die gewöhnlichen Druckknöpfe benutzen, wenn es sich um eine bleibende Einschaltung des Sprechapparates in dem betreffenden Zimmer handelt; dagegen verwendet man Druckknöpfe oder Kontaktbirnen mit Ösen, bezw. Steckkontakten, wenn ein solcher tragbarer Sprechapparat fär mehrere Zimmer benutzt werden soll.

Dem kombinierten Sprechapparat hat man die Bezeichnungen Mikrotelephon, Pherophon und ähnliche beigelegt. Er ermöglicht einen Haustelephonbetrieb in kleinem Maßstabe unter Benutzung der Wecker, Tableaus, Batterien und

Leitungen der Haustelegraphenanlagen. Gewöhnlich handelt es sich bei solchen Anlagen darum, von dem Wohnzimmer aus Befehle durch das Telephon nach dem Dienerzimmer oder nach der Küche zu geben; hier bringt man einen gleichartigen Sprechapparat oder auch eine feste Wand-Telephonstation mit Mikrophon und Telephon, aber ohne Wecker an. (Fig. 250).

Die Einschaltung eines Mikrotelephons und einer festen Wandstation in eine gewöhnliche elektrische Klingelanlage veranschaulicht Figur 251. Das Mikrotelephon ist über die Anschlußvorrichtung der Kontaktbirne mit der Klingelanlage verbunden. Der Anruf erfolgt durch

Fig. 249.

Druck auf den Knopf der Kontaktbirne; sobald
der Wecker **W** ertönt, wird in dem Diener-

Fig. 250.

zimmer usw. das Dosen-
telephon vom Haken
der Wandstation ab-
genommen. Der Haken-
hebel *h* schließt infolgedessen die beiden rechts-
seitigen Kontakte unter
Öffnung des links-
seitigen; der Wecker
W wird hierdurch kurz
geschlossen, Telephon
und Mikrophon dagegen
in den Batteriestrom-
kreis eingeschaltet. Ist
das Mikrotelephon durch

Niederdrücken seines Einschaltehebels in den
Stromkreis eingeschaltet, so kann die telephonische
Unterredung beginnen.

Fig. 251.

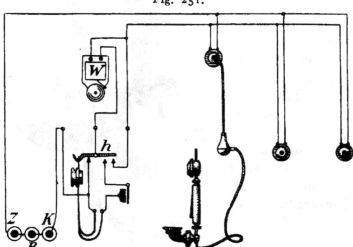

Mikrotelephone usw. zur Einschaltung in Haustelegraphenanlagen werden von sämtlichen größeren elektrotechnischen Firmen, die sich mit der Fabrikation von Telephonapparaten befassen, zu mäßigen Preisen und in mustergültiger Ausführung geliefert.

Eine ausgedehnte Spezialfabrikation solcher Apparate betreiben die Pherophonwerke von C. Lorenz, Berlin SW. 61. Das von ihnen unter dem Namen Pherophon in den Handel gebrachte Mikrotelephon besteht aus einem Telephon mit doppelpoligem aus mehreren Lamellen zusammengesetzten Magnetsystem und einem so empfindlichen Kohlenkörnermikrophon, daß der sonst übliche Schalltrichter des Mikrophons entbehrt werden kann. An Stelle des bei den Mikrotelephonen gebräuchlichen Handschalthebels bewirkt bei dem Pherophon der Aufhänger selbsttätig die Ein- und Ausschaltung.

In den Wohnzimmern usw. erfolgt die Einschaltung des Pherophons in die bereits vorhandene Klingelanlage auf einfache Weise dadurch, daß man das Oberteil des gewöhnlichen Druckkontaktes abschraubt und das Unterteil nach Lösung der Befestigungsschrauben von der Wand abnimmt. Sodann wird die Leitungsschnur des Pherophons von der Rückseite durch die Durchbohrung des Unterteils geführt und an den

Fig. 252.

Schrauben des Druckknopfes festgelegt. Das Unterteil des Druckknopfes wird dann wieder an der Wand festgeschraubt,

Fig. 253.

der Aufhängehaken des Pherophons nach Fig. 252 angeklemmt und hierauf das Oberteil des Druckknopfes wieder aufgeschraubt. Damit ist das Pherophon, wie Abb. 253 darstellt, dauernd an die Klingelanlage angeschlossen. Es wird durch einen automatisch wirkenden Schalter in die Leitung eingeschaltet, sobald es von dem Aufhängehaken abgenommen wird und ausgeschaltet, sobald es wieder im Haken hängt. Nach beendetem Gespräch muß also dafür gesorgt werden, daß das Pherophon wieder an den Haken gehängt wird.

Will man nicht für jedes Zimmer ein besonderes Pherophon verwenden, so werden an Stelle der gewöhnlichen Druckknöpfe in der Regel solche mit Steckkontakten (vgl. Abb. 254) angebracht.

In dem Dienerzimmer

Fig. 254.

Fig. 255.

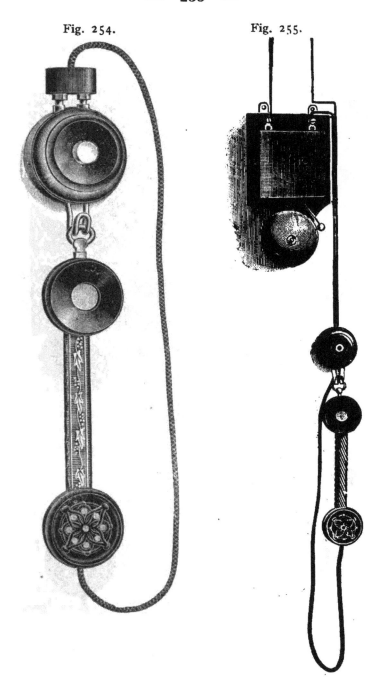

oder in der Küche usw. erfolgt die Einschaltung des Pherophons derart, daß man einen der beiden

Fig. 256.

Fig. 257.

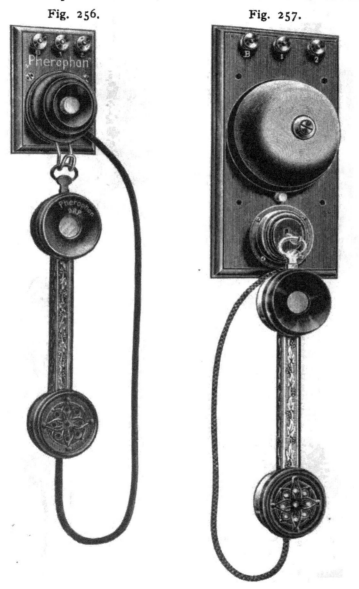

Leitungsdrähte von der Weckerklemme losnimmt und diese durch einen isolierten Draht mit der einen Klemmschraube einer Anschlußrosette verbindet. Die zweite Klemmschraube der Anschlußrosette wird durch isolierten Draht mit dem vorher von dem Wecker abgenommenen Leitungsende verbunden. Nach Befestigung der Pherophonleitungsschnur an den betreffenden Klemmschrauben der Anschlußrosette und der Anschlußrosette an der Wand (Fig. 255) ist die Pherophonanlage für den Sprechbetrieb fertig. Will man vom Zimmerpherophon aus sprechen, so gibt man mittels des Druckknopfes ein verabredetes z. B. zweimaliges Klingelsignal, nimmt hierauf sowohl in der anrufenden als auch in der angerufenen Stelle das Telephon des Pherophons an das Ohr und spricht gegen das Mikrophon.

Sollen die Sprechstellen derart miteinander verbunden werden, daß von beiden Seiten aus der Anruf erfolgen kann, so kommen Pherophonapparate in Verbindung mit Druckknöpfen (Fig. 256), sowie Druckknöpfen und Weckern (Fig. 257) zur Anwendung.

Im Nachfolgenden werden einige der gebräuchlichsten Schaltungen für Pherophonanlagen gegeben:

1. Klingelleitung mit einem Zimmer- und einem Küchen-Pherophon.

Das Zimmer-Pherophon wird an dem Druckknopf eingeschaltet, indem die beiden Leitungen des Pherophons unter die Neusilberfedern des

Druckknopfes geschraubt werden. (Fig. 258).
Eine der zur Glocke führenden Leitungen wird

Fig. 258.

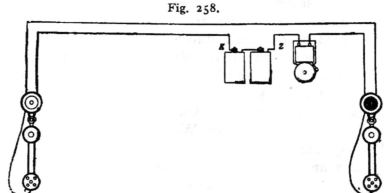

unterbrochen und das Küchen-Pherophon da-
zwischen geschaltet.

2. Klingelleitung mit mehreren hintereinander geschalteten Klingeln.

Sind mehrere Klingeln in Serien-Schaltung
(hintereinander) geschaltet, so können ein oder

Fig. 259.

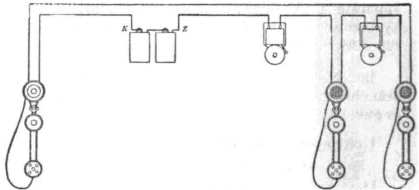

mehrere Pherophone an jeder dieser Glocken in der
angegebenen Weise angebracht werden (Fig. 259).

3. Klingelleitung mit mehreren parallel geschalteten Klingeln.

Sind mehrere Klingeln parallel geschaltet, so ist das Küchen-Pherophon nicht an einer der

Fig. 260.

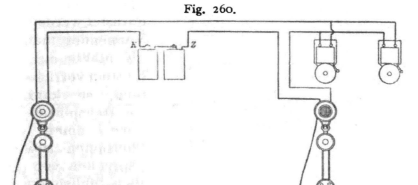

Glocken, sondern in eine der gemeinsamen Leitungen **vor der ersten Glocke** einzuschalten (Fig. 260).

4. Klingelleitung mit mehreren Sprechstellen.

In einer gewöhnlichen Klingelleitung können

Fig. 261.

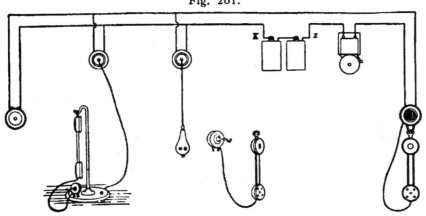

an vielen Punkten Anruf-Vorrichtungen (Druckknöpfe, Birnen) angebracht werden. Sämtliche
Kontakte werden von der gemeinsamen Leitung
abgezweigt und können mit einem Zimmer-
Pherophon aus-
gerüstet werden.
Verwendet man
Kontakte mit
Einsteckvorrich-
tung, so kann
ein transportab-
les Zimmer-
Pherophon zum
Sprechen von
allen Stellen aus
benutzt werden.
(Fig. 261).

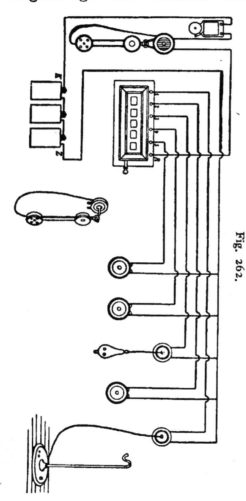

Fig. 262.

5. Tableau-An-
lage mit mehre-
ren Sprech-
stellen.

Bei einer vor-
handenen Tab-
leau-Anlage
werden gewöhn-
lich entweder an
allen Kontakten
Zimmer-Phero-
phone fest an-
gebracht, oder
sämtliche Kon-
takte werden durch solche mit Einsteck-Vorrich-
tung ersetzt. In diesem Falle werden transportable

Zimmer-Pherophone angewandt, welche an jeder beliebigen Stelle eingeschaltet werden· können. (Fig. 262).

6. Klingel-Anlage zum gegenseitigen Anruf mit zwei Pherophonen.

Bei einer Klingelleitung mit gegenseitigem Anruf wird an einem Druckknopf ein Zimmer-

Fig. 263.

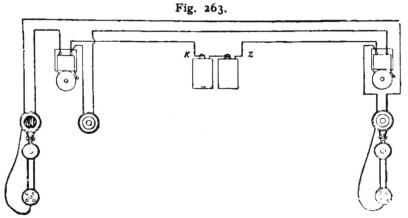

Pherophon befestigt und bei der dazugehörigen Glocke auf der andern Seite ein Küchen-Pherophon eingeschaltet. (Fig. 263).

VII. Betriebstörungen in Haustelegraphenanlagen.

Betriebstörungen in Haustelegraphenanlagen können durch Fehler in der Batterie, in den Apparaten oder in den Leitungen verursacht werden. Jede Untersuchung einer Haustelegraphenanlage hat an der Hand einer Schaltungsskizze zu erfolgen; ist eine solche nicht vorhanden, so muß sie angefertigt werden. Andernfalls erfordert die Untersuchung u. U. einen erheblichen Zeitaufwand, ehe sie zum Ziel führt.

A. Die Untersuchung der Batterie.

Fehler in der Batterie machen sich dadurch bemerkbar, daß der Betrieb der ganzen Anlage versagt oder die einzelnen Apparate nur noch schwach und zeitweise gar nicht ansprechen. Es liegt dann entweder eine vollständige Erschöpfung der Batterie oder einzelner Elemente oder eine Unterbrechung in den Klemmen bzw. Verbindungsdrähten, seltener ein Nebenschluß, d. h. eine Ableitung zur Erde vor.

Eine genaue Besichtigung der gesamten Batterie, Reinigen und Anziehen der Klemmschrauben, sowie Nachfüllen von Kupfervitriol bzw. Salmiak und Wasser werden bei nassen Batterien im allgemeinen die Fehler erkennen und beseitigen lassen. Bei Batterien aus Trockenelementen dagegen wird zunächst eine elektrische Prüfung stattfinden müssen; eine solche wird sich auch bei nassen Elementen nicht vermeiden lassen, wenn durch die Besichtigung usw. die Fehlerquelle nicht ermittelt und beseitigt werden konnte.

Zur elektrischen Untersuchung der Batterie dient ein Batterieprüfer in Gestalt eines Galvanometers mit Gradeinteilung und wenigen Windungen. Man verbindet das eine Ende der Galvanometerumwindungen mit dem einen Batteriepol z. B. dem Kupferpol und das andere Ende mit einem Hilfsdrahte. Berührt man mit dem freien blanken Ende dieses Hilfsdrahts den Batteriepol (Zinkpol), so wird bei fehlerhafter Batterie die Galvanometernadel entweder gar keinen oder nur einen geringen Ausschlag anzeigen. Hierauf berührt man mit dem Hilfsdrahte nacheinander den Zinkpol des ersten, zweiten, dritten usw. Elements der Batterie; es wird sich dann ein starker Ausschlag der Nadel ergeben, so lange betriebsfähige Elemente in den Prüfungskreis eingeschaltet sind. Sobald aber z. B. beim Berühren des Zinkpols des 4. Elements mit dem Hilfsdrahte der Ausschlag erheblich geringer wird, liegt der Fehler in diesem 4. Element. Dieses wird ausgeschaltet und die Prüfung der übrigen Elemente der Batterie in gleicher Weise zu Ende geführt.

16*

Steht eine Batterie schon längere Zeit im Betriebe, so empfiehlt es sich, den Ausschlag, den jedes Element für sich am Batterieprüfer gibt, mit dem Ausschlag eines guten Elementes gleicher Zusammensetzung zu vergleichen. Bleibt der Ausschlag des untersuchten Elements um mehr als $^1/_8$ hinter dem Normalausschlag eines Elements gleicher Gattung zurück, so muß eine Umsetzung und Reinigung bzw. bei Trockenelementen eine Auswechselung gegen neue Elemente erfolgen.

Bei den Messungen der Elemente ist zu beachten, daß sie für die Kohlen- und Trockenelemente tunlichst schnell vorzunehmen sind. Es darf also ein solches Element nur kurze Zeit, d. h. einige Sekunden durch den Batterieprüfer geschlossen werden, weil sich bei dem geringen Widerstande eines solchen Batterieprüfers schon nach einer Viertelminute eine Abnahme der Stromstärke ergeben würde. Das Meßergebnis würde also um so ungünstiger werden, je länger man den Strom des Elements auf das Galvanometer würde wirken lassen. Bei den Messungen konstanter Elemente, z. B. der Zink-Kupferelemente, braucht diese Vorsicht nicht gebraucht zu werden.

Es hat sich vielfach die Übung eingebürgert, die Güte einer Batterie dadurch festzustellen, daß man sie bzw. ihre einzelnen Elemente durch eine Weckerglocke kurzschließt. Eine solche Prüfung ist unzuverlässig. Zum mindesten müßte aber bei derartigen Prüfungen stets derselbe Wecker verwendet werden. Sicherer und daher auch zu empfehlen ist die Prüfung der Batterie mittels des Galvanometers.

B. Die Untersuchung der Apparate.

In den meisten Fällen werden die Fehler in den Apparaten schon durch bloße Besichtigung gefunden werden; wo eine solche nicht zum Ziele führt, muß eine Prüfung mittels einer kleinen Batterie und eines Galvanometers erfolgen.

1. Fehler in den Kontaktvorrichtungen. Die hauptsächlichsten Fehler sind Verstaubung oder Oxydation der Kontakte, wodurch der Stromschluß erschwert oder ganz gehindert wird. Solche Fehler werden nach Abschrauben der Oberteile der Druckknöpfe bzw. der sonstigen Kontakthüllen und e. F. auch der Kontaktfedern leicht gefunden und durch Reinigung der Kontakte mit feinem Schmirgelpapier beseitigt.

Ein häufig auftretender Fehler ist mangelhafter Schluß der Kontaktfedern; die Federn müssen dann so gebogen werden, daß bei Betätigung der Kontaktvorrichtung durch Druck oder Zug sicherer Schluß eintritt.

Andererseits kommt es auch vor, daß die Kontaktfedern ihre Lage so verändert haben, daß sie dauernden Stromschluß herbeiführen; dies macht sich sofort durch stetes Klingeln des betreffenden Weckers bemerkbar. Der Fehler läßt sich durch Zurückbiegen einer oder beider Federn beseitigen.

2. Fehler in den Weckern. Die häufigsten Weckerstörungen sind auf Defekte an den Platinkontakten dieser Apparate zurückzuführen. Die Platinkontakte brennen nämlich bei längerem Betriebe der Läutewerke infolge der beim Öffnen des Stromkreises auftretenden elektrischen Funken durch. Sie sind dann durch neue zu ersetzen. Oft sind die Kontakte auch nur verstaubt; es genügt dann die Reinigung mittels feinen Schmirgelpapiers. Meist nicht durch bloße Besichtigung zu finden sind die Weckerfehler, die in einer Unterbrechung oder Kurzschließung der Rollenwickelung bestehen. Hier muß eine elektrische Untersuchung mittels Galvanometers und Prüfbatterie ·stattfinden. Zeigt das Galvanometer bei Einschaltung der Weckerrollen und der Prüfbatterie keinen Strom an, so liegt eine Unterbrechung vor, zeigt es starken Ausschlag an, ohne daß der Wecker ertönt, so ist ein Kurzschluß der Umwindungen vorhanden. Die magnetisierende Kraft der noch in dem Stromkreis eingeschalteten Windungen ist zur Bewegung des Weckerankers nicht mehr stark genug. In beiden Fällen muß der Wecker ausgeschaltet und durch einen betriebsfähigen ersetzt werden. Die Reparatur erfolgt zweckmäßig vom Lieferanten. Bei den polarisierten Weckern tritt nicht selten ein Kleben des Ankers ein. Die Ursache davon ist entweder die Ablagerung einer Schmutzschicht zwischen Anker und Polschuhen oder eine Rückwärtsverschiebung der zumeist in den Anker zur Verhütung des Klebens eingelassenen Messingschrauben.

Wenn bei den polarisierten Weckern der Anker zwar regelmäßige Bewegungen macht, der Klöppel aber die Glockenschalen nicht gleichmäßig oder zu hart trifft, so muß man die Schalen so einstellen, daß die Kugel des Klöppels in der Ruhelage etwa $^1/_4$ mm von jeder Schale absteht. Ein Verbiegen der Klöppelstange ist zu unterlassen, es führt nicht zum Ziel.

3. Fehler in den Relais. Es kommen am häufigsten vor: Kontaktfehler, Unterbrechungen und Kurzschluß der Elektromagnetrollen. Die Kontaktfehler werden bei der bloßen Besichtigung gefunden und durch Reinigen der Kontaktflächen, u. U. Erneuerung der Platinplättchen, sowie durch Regulierung der Abreißfedern oder der Schwächungsanker beseitigt. Die Feststellung der Fehler in den Elektromagnetrollen geschieht in gleicher Weise wie bei den Weckern.

4. Fehler in den Tableaus. Fehler mechanischer Natur, wie Verbiegungen der Fallscheiben und Anker, Verstaubung der Kontakte usw. werden bei der Öffnung des Tableaus durch die bloße Besichtigung erkannt und können in der Regel ohne weiteres beseitigt werden. Fehler elektrischer Natur sind die gleichen wie bei den Weckern und den Relais. Ihre Feststellung geschieht ebenfalls mittels Galvanometers und Prüfbatterie. Zur Einschaltung der Elektromagnetrollen in den Prüfstromkreis benutzt man die Leitungsklemmen der betreffenden Tableauklappen und die gemeinsame Weckerklemme, bei Stromwechseltableaus für die Untersuchung der zweiten Rollen auch die Klemmen für den Anschluß des Abstellkontaktes.

C. Die Untersuchung der Leitungen.

Störungen in den Leitungen werden durch Stromunterbrechung infolge Drahtbruches oder mangelhafter Befestigung der Drähte an den Klemmschrauben der Apparate, ferner durch Neben- oder Erdschluß infolge von Isolationsfehlern und endlich durch metallische Berührung einzelner Leitungszweige verursacht.

Unterbrechungen kennzeichnen sich dadurch, daß entweder die ganze Anlage oder einzelne Teile derselben versagen; ersteres ist der Fall, wenn der Fehler in einer Zuführungsleitung zur gemeinschaftlichen Batterie liegt, letzteres, wenn der Fehler diesseits oder jenseits der Batterie so liegt, daß in den dazwischenliegenden Stromkreisen noch Stromschluß für die Batterie eintreten kann.

Nebenschließungen und Erdschlüsse bedingen meist eine dauernde Ableitung des Batteriestroms auf einem nicht beabsichtigten Wege; die Batterie wird hierdurch bald erschöpft, was sich durch immer leiser werdendes Ansprechen der Wecker und der Elektromagnetanker der Relais oder Fallscheibenklappen bemerkbar macht. Schließlich wird die Batterie so schwach, daß sie keinen Apparat mehr in Tätigkeit setzen kann. Da die Haustelegraphenanlagen in der Regel mit metallischer Rückleitung, also ohne Erde betrieben werden, so werden Nebenschlüsse und Erdschlüsse nur dann störend in Erscheinung treten, wenn sie gleichzeitig Hin- und Rückleitung beeinflussen. Metallische Berührungen von Leitungsdrähten zeigen die gleichen Erscheinungen wie die Nebenschließungen; sie haben entweder einen dauernden Schluß der Batterie und damit eine stete Betätigung der Anzeigevorrichtungen zur Folge, oder sie schließen einen Teil der Anlage kurz und schalten ihn damit vom Betriebe ab.

Jede Untersuchung der Leitung hat an der Hand des Schaltungsschemas für die Anlage zu erfolgen.

Ist durch einen Drahtbruch der Betrieb der ganzen Anlage unterbrochen, so kann, wie vorausgeschickt, der Drahtbruch sich nur in einem der beiden an die Batterie angeschlossenen Drähte des Leitungsnetzes befinden. Man ersetzt deshalb zunächst den einen Draht durch eine provisorische Hilfsleitung und wenn dies nicht hilft, auch den anderen Draht. Funktioniert jetzt die Anlage, so besichtigt man den zweiten Batteriedraht und wird in ihm die Unterbrechung leicht finden. Nach Beseitigung des Fehlers wird der zweite Hilfsdraht ausgeschaltet. Die Anlage wird dann betriebsfähig sein. Hierauf wird auch der erste Hilfsdraht weggenommen; tritt dann die Störung wieder auf, so ist auch im ersten Batteriedraht ein Unterbrechungsfehler vorhanden.

In gleicher Weise wird verfahren, wenn nur ein Teil der Anlage versagt und daher der Drahtbruch nur in diesem Teile zu suchen ist. Man überlegt, wo nach der Schaltungsskizze der Fehler voraussichtlich liegen wird, und ersetzt dann, möglichst unter Benutzung der Apparatklemmen planmäßig aneinanderschließend die Leitungszweige des gestörten Teils der Anlage durch Hilfsdrähte, bis die Anlage wieder betriebsfähig ist. Nicht immer werden Apparatklemmen zum Anlegen der Hilfsdrähte benutzt werden können; die Leitung ist dann an der betreffenden Stelle von ihrer Isolation zu befreien und der Hilfsdraht an der blanken Stelle zu befestigen. Die Wegnahme der Hilfsdrähte nach Beseitigung der Störungsursache hat in umgekehrter Reihenfolge ihrer Anbringung ebenfalls wieder schrittweise zu erfolgen, da nicht ausgeschlossen ist, daß die von ihnen überbrückte Stelle auch noch einen Unterbrechungsfehler enthält, also mehrere Fehlerstellen vorhanden waren. Die Ermittelung des Fehlers kann man sich auch dadurch erleichtern, daß man an einigen Stellen des gestörten Leitungskreises die beiden Leitungszweige in metallische Berührung bringt; tritt dann Stromschluß ein, so liegt der Unterbrechungsfehler jenseits der Verbindungsstelle.

Das Vorhandensein von Nebenschließungen, Berührungen und Erdschlüssen wird zunächst durch ein Galvanometer festgestellt, das in der Nähe der Batterie in eine der Hauptleitungen eingeschaltet wird. Da die Haustelegraphenanlagen in der Regel mit Arbeitsstrom betrieben werden, so darf das Galvanometer bei ordnungsmäßigem Zustande der Anlage und Nichtbetätigung der Druckknöpfe keinen Strom anzeigen. Zeigt jedoch das Galvanometer einen Nadelausschlag, so liegt ein Nebenschluß, eine Berührung oder ein Erdschluß vor. Kommt eine mit Ruhestrom betriebene Anlage in Frage, so muß man vorher den Kontaktschluß in den Morseknöpfen durch Lösung eines Zuführungsdrahtes öffnen. Zur weiteren elektrischen Eingrenzung der Fehlerstelle kann man zwei Wege einschlagen:

1. Man schaltet das Galvanometer nacheinander an den Abzweigungspunkten zu den Druckknöpfen in eine Hauptleitung der Anlage ein, z. B. in den Punkten P_1, P_2 und P_3 der durch das Stromlaufschema Fig. 264 veranschaulichten Anlage. Liegt der Fehler, z. B. ein Nebenschluß bzw. eine Berührung der beiden Hauptleitungsdrähte infolge ihrer

Führung an einer feuchten Wand bei *F*, so
wird das Galvanometer bei der Einschaltung
in P_1 und P_2 Strom anzeigen, da diese

Fig. 264.

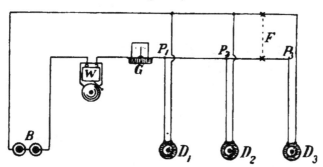

Punkte mit Bezug auf die Lage der Batterie
diesseits der Fehlerstelle liegen. Bei der
Einschaltung in Punkt P_8 dagegen wird das
Galvanometer keinen Strom mehr anzeigen,
da die Batterie über die Fehlerstelle *F* geschlossen ist. Die Fehlerstelle liegt also
zwischen P_2 und P_8; ihre weitere Ermittelung
erfolgt durch Ersatz der einzelnen Leitungs-
strecken durch Hilfsdrähte in bereits be-
schriebener Weise. An der Fehlerstelle
müssen die nun zu ziehenden Drähte unter
Umständen an Porzellanisolierrollen geführt
werden. Bei dieser Prüfung ist zu beachten,
daß die Leitungen in den Punkten P_1, P_2
und P_8 sofort nach Wiederausschaltung
des Galvanometers wieder ordnungsmäßig
verbunden werden.

2. Man schaltet das Galvanometer dauernd
   dicht bei der Batterie in eine Hauptleitung
   ein (Fig. 265), schneidet dann beide Leitungen

des Stromkreises nacheinander in P_1, P_2
oder P_3 durch und isoliert hiermit die betreffenden Leitungen. Bei derartiger Isolation

Fig. 265.

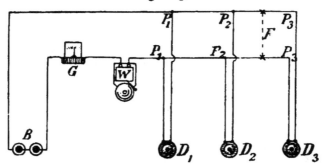

der beiden Leitungszweige in P_1 und P_2
wird das Galvanometer keinen Strom anzeigen, dagegen wird seine Nadel bei der
Isolation in P_3 ausschlagen, da Stromschluß
über die vor P_3 nach der Batterie zu
liegende Fehlerstelle F stattfindet. Bedingung ist zur Erzielung richtiger Prüf-
ergebnisse auch hier, daß die Leitungen
an den Schnittstellen sofort nach erfolgter
Beobachtung wieder ordnungsmäßig hergestellt werden.

Die elektrische Untersuchung kann natürlich
auch mit einem der üblichen Untersuchungs-
apparate für Haustelegraphen, die aus einer kleinen
Batterie, einem Galvanometer mit Taste usw. bestehen, ausgeführt werden. Der Gang der Untersuchung bleibt derselbe; nur sind noch die dem
Untersuchungsapparat beigegebenen Gebrauchs-
bestimmungen zu beachten.

Bei der Feststellung von Fehlern in größeren
Anlagen mit Tableaus und vielen Leitungen ver-

fährt man nach gleichen Grundsätzen. Bei Durchsicht des Stromlaufschemas wird man immer finden, daß die Anlage aus einzelnen Leitungskreisen mit je 2 Leitungen besteht, von denen die eine meist eine gemeinsame Rückleitung für sämtliche Stromkreise ist. Jeden gestörten Stromkreis prüft man in der vorbeschriebenen Weise nacheinander durch.

VIII. Apparate für Telephonie.

Vorbemerkungen. Eine Hausfernsprechanlage in ihrer einfachsten Gestalt besteht aus zwei durch Hin- und Rückleitung verbundenen Telephonen. Zum Anruf benutzte man früher eine Pfeife aus Hartgummi; wird diese auf die Schallöffnung des einen Telephons aufgesetzt und kräftig angeblasen, so gibt das zweite Telephon einen noch in einiger Entfernung hörbaren Ton von sich. Bequemer zu betätigen und besser vernehmlich sind jedoch elektrische Klingelwecker, die man jetzt für den telephonischen Anruf allgemein verwendet. Steht bei jeder Sprechstelle nur ein Telephon zur Verfügung, so muß der Sprechende den Schluß einer Mitteilung oder Frage jedesmal durch ein verabredetes Wort (z. B. „Antwort") kenntlich machen und darauf das Telephon sofort vom Munde zum Ohr führen, um die Antwort entgegenzunehmen; der Hörende bei der zweiten Sprechstelle darf dagegen erst auf das Stichwort hin das Telephon vor den Mund bringen, kann also den Sprechenden niemals unterbrechen. Um dieser Unbequemlichkeit zu begegnen, verwendet man zweckmäßig bei jeder Sprechstelle zwei Telephone, von denen eins in Mundhöhe befestigt ist und nur zum Hineinsprechen dient, während das andere dauernd gegen das Ohr gehalten wird.

Eine Hausfernsprechanlage dieser Art ist zwar technisch sehr einfach und von großer Betriebssicherheit, aber nur dann am Platze, wenn sie nur zwei oder wenige nahe beieinander liegende Stellen verbinden soll. Kommen längere Leitungen und eine Reihe von Sprechstellen in Betracht, oder legt man, wie es wohl die Regel bildet, Wert darauf, daß mit nicht erhobener Stimme gesprochen und jede Mitteilung trotzdem gut verstanden werden kann, so dient das Telephon nur als Hörapparat, als Senderapparate jedoch, zum Sprechen, finden Mikrophone Verwendung. Jede Sprechstelle erhält dann zur Ausrüstung ein Mikrophon, ein oder zwei Telephone, einen Klingelwecker und einen Apparat zum Geben des Anrufstroms. Dies ist gewöhnlich ein Magnetinduktor, der beim Drehen seiner Kurbel den Rufstrom erzeugt und in die Leitung sendet. Der Rufstrom kann jedoch auch einer galvanischen Batterie entnommen und mittels einer Morsetaste entsandt werden. Als Hilfsapparat braucht jede Sprechstelle ferner einen Umschalter, der die im Ruhezustande mit dem Wecker verbundene Leitung selbsttätig auf die Sprech- und Hörapparate umlegt, sobald gesprochen werden soll. Ist die Leitung außerhalb des Gebäudes durch die Luft geführt, oder kann sie mit oberirdischen Leitungen zeitweilig verbunden werden, so müssen die Apparate durch vorgeschaltete Blitzableiter gegen Entladungen atmosphärischer Elektrizität, die sie leicht beschädigen können, geschützt werden. Sofern die Fernsprechleitung die Starkstrom führenden Leitungen elektrischer Licht- oder Kraftübertragungsanlagen kreuzt oder sich ihnen bis zur Berührungsgefahr seitlich nähert, sind ferner Schmelzsicherungen zum Schutz der Apparate gegen Übertritt von Starkstrom erforderlich.

Zur Aufnahme der zu einer Fernsprechstelle gehörigen Apparate dienen Gehäuse von Holz oder Metall in verschiedenartigen Formen, die entweder an der Wand aufgehängt werden oder zum Aufstellen auf dem Schreibtisch usw. eingerichtet sind.

Nachstehend wird zunächst die Bauart der einzelnen Apparate beschrieben und dann ihre Zusammenstellung zu Apparatsystemen und deren Schaltung besprochen.

A. Telephone.

Als wesentliche Bestandteile enthält das Telephon einen polarisierten Elektromagnet und eine diesem vorgelagerte gespannte Eisenblechscheibe (vgl. Seite 26). Bei den ersten Telephonen nach Bell war der verwendete Dauermagnet stabförmig und wirkte nur mit einem Pole auf die Eisenscheibe. Von kräftigerer Wirkung sind die zweipoligen Telephone, in welchen der Magnet die Form eines Hufeisens, Halbringes oder Bügels hat und daher mit beiden Polen die Eisenplatte beeinflußt.

1. Das Telephon mit Ringmagnet.

Die· bei der deutschen Reichs-Telegraphie verwendete neueste Form des Telephons ist in Fig. 266 und 267 dargestellt. Das Magnetsystem befindet sich in einer Kapsel von vernickeltem Messing,

Fig. 266.

Fig. 267.

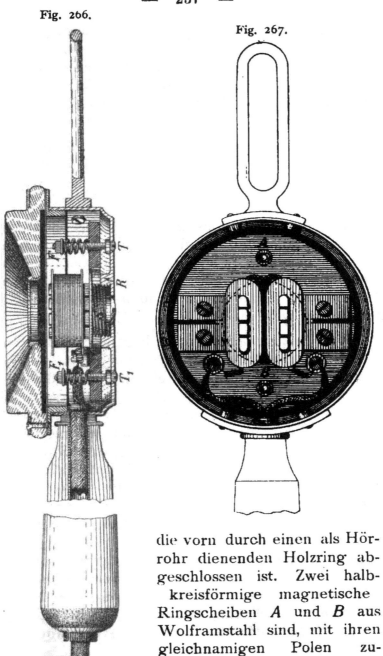

die vorn durch einen als Hör-
rohr dienenden Holzring abgeschlossen ist. Zwei halb-
kreisförmige magnetische
Ringscheiben *A* und *B* aus
Wolframstahl sind, mit ihren
gleichnamigen Polen zu-

sammenstoßend, zu einem Ringe zusammengelegt und durch die Unterlegeplatten der Eisenkerne des Elektromagnets verbunden. Die Kerne haben eine elliptische Form und sind zur Verhütung von Wirbelströmen, d. s. Induktionsströme im Eisen, in vier Teile gespalten.

Die beiden Drahtspulen bestehen aus 0,1 mm starkem isolierten Kupferdrahte mit einem Gesamtwiderstande von etwa 200 Ohm und sind durch einen grünen Seidenüberzug geschützt.

Die einzelnen Teile des Magnetsystems sind derart miteinander verschraubt, daß das ganze System in einem Stücke aus der Kapsel herausgenommen werden kann, sobald nur die beiden die Druckfedern F und F_1 spannenden Schraubenmuttern gelöst werden.

Vor den Elektromagnetkernen liegt die $^1/_4$ mm dicke Scheibe (Membran) aus Eisenblech; sie ist zugleich mit der Hörmuschel mittels eines Gewinderinges auf die Kapsel aufgeschraubt. Der Abstand zwischen Scheibe und Magnet läßt sich verändern. Auf den Boden der Kapsel ist nämlich der mit einem Muttergewinde versehene Messingring R aufgelötet, in dem die Regulierschraube S läuft. Das innere Ende dieser Schraube ist zu einer Platte ausgebildet und dient als Auflager für das Magnetsystem, welches durch die auf die festen Stifte T und T_1 gesetzten Druckfedern F und F_1 gegen die Schraubenplatte gepreßt wird. Dreht man daher die Regulierschraube von außen nach rechts, so wird das Magnetsystem gegen die Eisenmembran hin verschoben, bei Linksdrehung dagegen von dieser entfernt. Durch Anschläge wird die Schraubendrehung in beiden Richtungen auf den erforderlichen Spielraum begrenzt.

Auf der einen Seite ist an der Kapsel ein Aufhängebügel festgeschraubt, auf der gegenüberliegenden Seite ein hölzerner Griff, der zugleich zur Führung der Leitungsschnur dient. Die biegsame Leitungsschnur von rd. 1 m Länge enthält zwei Stromleiter aus sog. Lahnlitzenschnüren.

Jede Litzenschnur ist aus 3 Strähnen von 7 Baumwollfäden zusammengedreht; die Fäden sind vorher jeder mit einem schmalen vergoldeten Kupferbändchen spiralig umwickelt und dadurch leitend gemacht. Die Litzenschnur ist mit Baumwolle umsponnen und darüber zweifach mit grüner Baumwolle umklöppelt; durch die Umklöppelung sind beide Schnüre zusammengewirkt. Die Schnüre endigen in der Telephonkapsel an zwei in den Magnet *B* isoliert eingelassenen Schraubenklemmen, an welchen sie mit den Enden der Elektromagnetwickelung verbunden sind.

2. Das Telephon mit Hufeisenmagnet. Eine früher gebräuchliche und noch jetzt häufig vorkommende Form des Telephons zeigt Figur 268. Der kräftige, schwere Hufeisenmagnet ist an seinen Polen bei *o* abgeschrägt und hat zwischen seinen Schenkeln ein Holzklötzchen, auf welches die Messingkapsel *b* aufgeschraubt ist. Letztere trägt die Eisenkerne mit den beiden Drahtspulen; jeder der beiden Eisenkerne ist mittels zweier durch den Kapselboden hindurchgehenden Stahlschrauben an einen Magnetpol seitlich angeschraubt. Die $1/2$ mm dicke Eisenblechscheibe ist zugleich mit der hölzernen Hörmuschel durch Schrauben auf der Messinghülse *g* befestigt. Da letztere auf den

17*

Fig. 268.

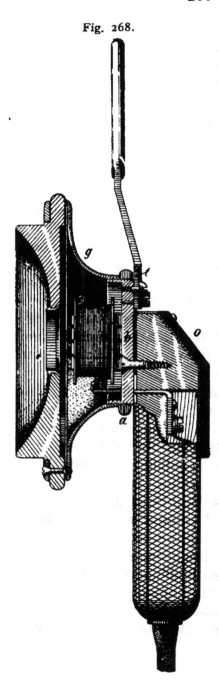

Mantel der Kapsel *b* aufgeschraubt ist, so läßt sich durch bloßes Drehen der Hülse *g* der richtige Abstand zwischen Magnet und Membran herbeiführen. Hat man die richtige Stellung gefunden, so wird die Hülse durch den als Gegenmutter dienenden Ring *a* festgelegt und dieser selbst wiederum durch Anziehen der durch das Stahlstück *t* greifenden Schraube. Will man den Apparat regulieren, so muß zunächst die Schraube von *t* gelüftet werden.

Die Enden der 200 Ohm Widerstand habenden Drahtspulen sind an zwei Messingklemmen geführt, welche durch Abschrauben des Ebonitstücks *o* zugänglich werden. An denselben Klemmen enden die beiden Litzenschnüre, nachdem sie durch eine

Öffnung im Bug des Magnets und die Längs-
bohrung im Holzklötzchen herangeführt sind. Der
mit Leder überzogene Magnet dient zugleich als
Handhabe; der Aufhängebügel ist an die Kapsel *b*
angeschraubt.

Weitere Ausführungsformen des Telephons
werden wir weiter unten kennen lernen.

3. Einstellung des Telephons. Um das Telephon richtig einzustellen, nähert man Membran
und Magnet einander mit Hilfe der Reguliervorrichtung soweit, bis die Membran plötzlich mit
hörbarem Geräusch durchgebogen wird. Hierauf
vergrößert man den Abstand allmählich so lange,
bis ein hörbares Zurückschnellen der Membran
eintritt. Nach Erfordernis kann der so gefundene
Abstand noch um eine Kleinigkeit größer gemacht
werden.

B. Mikrophone.

Das Mikrophon hat, wie auf Seite 31 näher
erläutert ist, die Aufgabe, die beim Sprechen erzeugten Schallwellen in genau entsprechende elektrische Stromwellen umzusetzen. Dies geschieht
durch mehrere mit der Sprechplatte verbundene
Kohlenkontakte, indem deren elektrischer Widerstand bei den Schallschwingungen der Sprechplatte abwechselnd zu- und abnimmt. Die Kohlenkontakte stellte man früher meist in der Weise
her, daß in zwei oder mehr auf der Sprechplatte
befestigten Kohlenklötzchen einige sie verbindende
Kohlenstäbchen leicht drehbar gelagert wurden.
Eine derartige Einrichtung hat z. B. das Kohlenwalzenmikrophon (mit 2 Klötzen und 3 Stäbchen

oder Walzen), das sich noch in vielen älteren Apparaten der Reichspost findet (vgl. Fig. 330). Gegenwärtig baut man vorzugsweise Kohlenkörnermikrophone; diese enthalten eine größere Anzahl wirksamer Kohlenkontakte und geben deshalb eine kräftigere Lautwirkung.

1. Das Kohlenkörnermikrophon von J. Berliner in Hannover (Fig. 269 u. 270) enthält in der vernickelten Messingkapsel K den mittels eines Schraubenbolzens befestigten Kohlenzylinder k, dessen untere Fläche mit mehreren kreisförmigen Reifelungen versehen ist. Dicht unter ihr liegt eine die Kapsel nach unten abschließende und zugleich als Sprechplatte dienende dünne Kohlenscheibe, welche zusammen mit dem Metalldeckel K_1 auf den umgebogenen Kapselrand festgeschraubt ist. In die Schallöffnung des Deckels ist ein gebogener Sprechtrichter von Hartgummi eingesetzt und wird mittels der Schelle s festgehalten. Um den Rand des Kohlenzylinders k liegt ein nach unten bis zur Sprechplatte reichender Filzring f; der von ihm abgeschlossene Raum zwischen Kohlenzylinder und Kohlenplatte ist mit Kohlenkörnern gefüllt. Eine am Deckel befestigte schwache Feder h drückt mit der Filzscheibe p gegen die auf der Unterseite mit Glimmer beklebte Kohlenplatte und dämpft deren Eigenschwingungen. Die Metallschienen S_1 und S_2 dienen zur Befestigung des

Fig. 269.

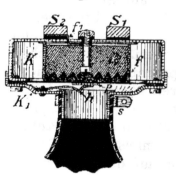

Mikrophons am Gehäuse oder an einem Wandbrett und zugleich zum Anlegen der beiden Zuführungsdrähte. Der Stromweg geht von S_1 über

Fig. 270.

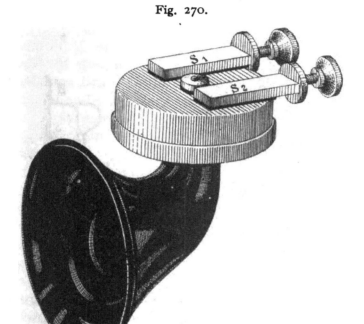

die Metallkapsel K nach der Kohlenmembran,
weiter durch die Kohlenkörner zum Kohlenzylinder k und von da über die Feder f_1 zur
Schiene S_2; gegen die Kapsel K ist die Kohle k
durch eine Zwischenlage von Papier, der Schrauben-
bolzen durch ein Hartgummifutter isoliert.

Dieses Mikrophon gibt eine so kräftige Lautwirkung, daß es im Nahverkehr oft zu empfindlich
ist und nur leises Sprechen verträgt.

2. Das Mikrophon von Vielhaben - Lewert in

Berlin (Fig. 271) zeichnet sich ebenfalls durch starke
Lautwirkung auch auf weite Entfernungen aus.

a.   Fig. 271.   b.

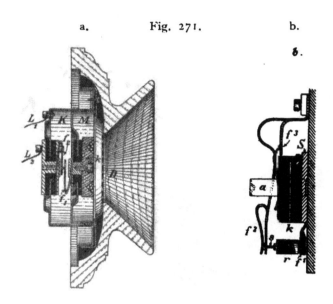

Es besteht aus zwei Metallkapseln: der eigentlichen Mikrophonkapsel M und der Trägerkapsel K.
Auf den Boden von M ist, durch einen Hartgummiring dagegen isoliert, der Kohlenzylinder k aufgeschraubt, dessen obere Fläche in 6 mulden-
förmigen Vertiefungen kleine Kohlenkugeln enthält. Den Abschluß von M bildet eine auf der
Außenseite lackierte, mittels Halbringes befestigte
Kohlenmembran. Auf der Rückseite trägt die
Kapsel M eine mit der Befestigungsschraube des
Kohlenzylinders in Verbindung stehende Ringfeder f_1. Ihr gegenüber ist auf dem Boden der
Trägerkapsel K, gleichfalls dagegen isoliert, eine
zweite Ringfeder f_2 festgeschraubt. Vorn wird

K durch einen aufgeschraubten Deckel *D* abge-schlossen, dessen in der Mitte befindliche Schall-öffnung von einem durchbrochenen vernickelten Schutzblech ausgefüllt ist. Die geschlossene Mi-krophonkapsel wird von vorn in die Trägerkapsel eingesetzt und dann auf letztere der Deckel auf-geschraubt, so daß die Federn f_1 und f_2 die Kapsel *M* gegen den Deckel pressen. Der Strom-weg führt vom Drahte L_1 über die Kapsel zur Kohlenmembran, weiter durch die Kohlenkugeln zum Kohlenzylinder und durch dessen Befesti-gungsschraube über die Federn f_1 und f_2 zum Drahte L_2.

3. Das Mikrophon von Mix & Genest in Berlin (Fig. 272) ist mit einer Reguliervorrichtung versehen. Die Mikrophonkapsel *M* umfaßt mit ihrem umgeboge-nen Rande die dünne Kohlenmembran *m*, welche außen in der Mitte mit Nickelpapier beklebt und durch ein im Schalltrichter *T* angebrachtes feines Drahtnetz gegen Beschädigung geschützt ist. Auf dem Boden der Kapsel ist isoliert die Blattfeder *n* befestigt und auf diese der Kohlenzylinder *k* aufgeschraubt. Ein auf letzterem in der Mitte befestigter Pfropfen *p* aus Wollstoff berührt leicht die Membran und dämpft deren Eigenschwingungen. Der Raum *g* zwischen den Rillen des Kohlen-zylinders, dem ihn umschließenden Stoffring *f* und der Membran ist mit Kohlenkörnern gefüllt. Mit Hilfe der Schraube *s* kann der Druck zwischen den Kohlenkörnern und der Dämpfungsgrad ver-ändert werden; Lockerung dieser Schraube erhöht die Empfindlichkeit. Die Kapsel *M* wird in die Trägerkapsel *K* eingesetzt, so daß sich die auf der Rückseite von *M* sitzende isolierte Blattfeder *n*[1]

gegen den Metallbolzen *o* legt; dann wird der
Deckel mit dem Schalltrichter mittels Bajonett-
verschlusses auf der äußeren Kapsel befestigt,

Fig. 272.

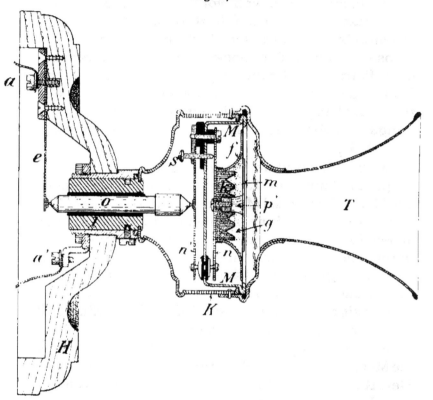

wodurch die Mikrophonkapsel festgelegt ist. Der
Behälter *K* ist in die Holzrosette *H* drehbar eingelagert; läßt das Mikrophon beim Gebrauch in
seiner Wirkung nach, so kann durch mehrmaliges
Drehen von *K* infolge der dadurch verursachten
Umlagerung der Kohlenkörner eine gute Lautübertragung wieder hergestellt werden. Der

Stromweg führt von der Klemme *a* über die
Feder *e* und den isoliert in den Drehzapfen *l* ein-
gelagerten Bolzen *o* zu den von der Kapsel *M*
isolierten Federn n^1 und *n*, weiter durch die
Kohlenkörper zu den Kapselwänden und schließlich zur Klemme a^1.

Ein neueres Mikrophon von Mix & Genest
ähnelt dem Vielhaben-Lewert'schen Mikrophon,
die Kohlenkörner haben jedoch Prismenform und
ruhen in bienenwabenförmigen Vertiefungen des
Kohlenzylinders.

4. Das Mikrophon von Siemens & Halske

(Beutelmikrophon, Fig. 273)
.hat eine Sprechplatte von
Aluminium, die mit ihrem
übergreifenden Rande tlen
Holzring des Mikrophon-
gehäuses umschließt. Auf
die Membran ist in der
Mitte eine kleine Kohlen-
platte *a* aufgeschraubt, an
welcher der zur Aufnahme
der Kohlenkörner dienende
kleine Seidenbeutel *b* befestigt ist. Den hinteren
Abschluß des Beutels bildet
die gereifte Kohlenscheibe
c, deren kleine Öffnung *d*
zunächst zum Einfüllen der
Kohlenkörner benutzt und
dann durch eine zur Be-
festigung eines Zuführungs-
drahts dienende Schraube verschlossen wird. Der
zweite Zuführungsdraht liegt an einer Befestigungs-

Fig. 273.

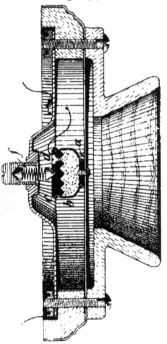

schraube des Messingdeckels, welcher die Rückwand des Mikrophongehäuses bildet. Dieser Deckel
ist mit der Aluminiummembran durch ein Stanniol-
band leitend verbunden, welches durch den Holzring des Gehäuses einerseits gegen die Membran
und andererseits gegen den Messingdeckel gepreßt
wird. Die mit einem Wattestückchen gefüllte
Spiralfeder f ist mit jedem Ende an einen kleinen
Ebonitkonus gelegt. Der eine Konus greift in
eine Vertiefung der hinteren Kohlenscheibe, der
andere in eine Vertiefung einer in den Messingdeckel eingesetzten Schraube. Durch Drehen der
aus dem Deckel nach rückwärts herausragenden
Schnittschraube kann der Druck der Schrauben-
vorrichtung auf die Spiralfeder verstärkt oder
verringert werden. Hierdurch wird auch der
Druck zwischen den Kohlenscheiben und den
Kohlenkörnern geregelt. Die Reguliervorrichtung
wirkt zugleich dämpfend auf die Schwingungen der
Sprechplatte.

Eine neuere Form ähnelt in der Ausführung
dem Mix & Genest'schen Kohlenkörnermikrophon
(Fig. 272).

5. Die **Mikrophon-Induktionsrolle** dient zur
Verbindung des Mikrophonstromkreises mit dem
Leitungskreise (vgl. Seite 33). Sie besteht
aus dem Eisenkern, der primären und der sekundären Wickelung. Der Eisenkern ist ein Bündel
dünner, ausgeglühter Drähte von weichstem Eisen
von etwa 8 cm Länge und 1 cm Durchmesser.
Auf eine diesen Kern umschließende Holzspule
sind zwei bis drei Lagen $1/2$ mm starken, mit
Seide umsponnenen Kupferdrahts gewickelt
(Widerstand 0,8 bis 1 Ohm). Darüber ist die

sekundäre Wickelung von etwa 200 Ohm Widerstand gelegt, die aus vielen Lagen eines 0,2 mm
starken isolierten Kupferdrahts besteht. Ein
schützender Lacklederüberzug umkleidet die Rolle.

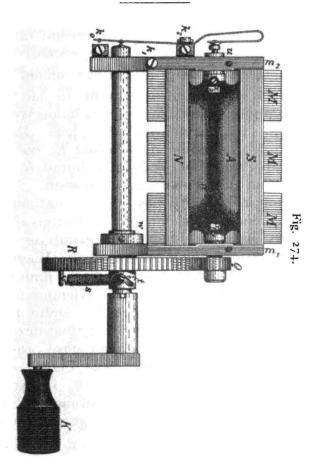

Fig. 274.

C. Der Magnetinduktor.

Die jetzt gebräuchliche Form zeigt Fig. 274.
Die gleichnamigen Pole der drei Hufeisenmagnete

M sind durch die beiden Eisenstücke *N* und *S* zu einem magnetischen Magazin verbunden. An den nach innen gekehrten Seiten sind die Eisenstücke oder Polschuhe *N* und *S* der Länge nach etwas ausgehöhlt. Auf ihre Stirnflächen sind die Messingplatten m_1 und m_2 geschraubt, welche als Lager für die Zapfen des Ankers und die Kurbelachse dienen. Der eiserne Anker *A* hat ⌒-förmigen Querschnitt und ist an seinen beiden Seitenteilen zylindrisch abgedreht, so daß er sich mit nur wenig Spielraum in der Höhlung zwischen den Eisenplatten *N* und *S* drehen läßt. Die Drehung erfolgt mit Hilfe der Kurbel *K*, indem das auf der Kurbelachse sitzende Zahnrad *R* in den Trieb *Q* auf der Ankerachse eingreift. Die rinnenartigen Ausschnitte des Ankers enthalten die Längswickelung von dünnem isolierten Kupferdraht mit etwa 200 Ohm Widerstand; sie ist mit Paraffin getränkt und durch einen Wachstuchüberzug geschützt. Die beiden Enden des Wickelungsdrahtes führen an die Klemmschrauben x_1 und x_2. Erstere verbindet den Draht mit der Ankerachse, letztere dagegen mit dem durch eine Ebonithülse gegen die Ankerachse isolierten Dorne *u*. Eine starke, gebogene Feder, die auf der messingenen Klemmschiene k_2 befestigt ist, legt sich mit ihrem scheibenförmigen Schleifkontakt gegen *u* und mit ihrer geraden Verlängerung gegen die Kurbelachse.

Der Stromweg führt aus der Leitung zur Klemme k_1, auf der Messingwange m_2 und von k_2 weiter nach Wecker und Fernhörer, während die Klemmschiene k_0 unmittelbar mit der Rückleitung ver-

verbunden ist; die Schienen k_0 und k_2 sind durch
Ebonitzwischenlagen gegen m_2 isoliert. Im Ruhezustande besteht demnach eine kurze leitende Verbindung von k_1 über die Messingwange m_2, die
Kurbelachse und die gerade Feder nach k_2, wobei die Ankerwickelung kurz geschlossen ist.
Wird aber die Kurbel gedreht, so verschiebt sich
ihre Achse selbsttätig ein wenig nach rechts, so
daß sie sich von der geraden Feder entfernt und
diese sich auf die Schiene k_0 legt. Dann führt
der Stromweg aus der Leitung über k_1 und den
Körper des Induktors nach x_1, durch die Ankerwickelung nach x_2 und über u, die Feder und k_0
in die Rückleitung; auf diesem Wege fließen die
bei dem Drehen erzeugten Induktionsströme in die
Leitung.

Um die Verschiebung der Kurbelachse zu ermöglichen, ist auf diese das Zahnrad R mittels
einer stählernen Buchse leicht drehbar aufgesetzt.
Die Buchse greift mit ihrem linksseitigen Ende
durch die Messingwange m_1 hindurch und wird
durch den aufgeschraubten Stellring w an einer
Verschiebung gehindert. Rechts vom Zahnrad
hat sie einen winkelförmigen Ausschnitt, in den
der in der Achse eingeschraubte Stahlstift t
gleiten kann. Für gewönlich wird der Stift durch
die am Zahnrad befestigte Spiralfeder s im
Scheitel des Winkels festgehalten. Dreht man
aber die Kurbel, so muß der Stift an der schiefen
Ebene des Ausschnitts bis zu dessen Ende hin-
gleiten, ehe er die Buchse mitnimmt; dabei muß
sich die Kurbelachse nach rechts verschieben,
da die Buchse nicht ausweichen kann.

D. Fernsprechwecker.

Da die mit Batteriestrom zu betreibenden Klingeln, die Gleichstromwecker, bereits in dem Abschnitt IV. B. behandelt worden sind, so beschränken wir uns hier auf die polarisierten Wecker, die in Fernsprechanlagen jetzt fast allgemein in Verbindung mit Magnetinduktoren zur Wiedergabe des Anrufs dienen. Ein auf Selbstunterbrechung geschalteter Gleichstromwecker spricht zwar auch auf den Wechselstrom des Magnetinduktors an, doch ist ein polarisierter oder Wechselstromwecker wegen seiner höheren Empfindlichkeit und größeren Betriebssicherheit bei weitem vorzuziehen.

1. Wechselstromwecker mit zwei Glocken. Auf den unteren Schenkel — den Südpol — des hufeisenförmigen Magnets NS (Fig. 275) ist ein kleiner Elektromagnet e_1 e_2 mit Drahtrollen von zusammen 300 Ohm Widerstand aufgesetzt. Zwischen seinen Polen und dem darüber befindlichen Nordpol des Dauermagnets spielt der Anker a; er ist drehbar in zwei senkrecht zur Ebene der Zeichnung stehende Spitzenschrauben eingelagert.

Der Anker ist mit zwei den Polflächen des Elektromagnets gegenüberstehenden Messingschräubchen ausgerüstet. Diese stehen aus der unteren Ankerfläche etwas hervor und verhindern so das Kleben des Ankers an den Kernen. Der Anker trägt an einer langen Stahlzunge den zwischen den beiden Glocken spielenden Klöppel.

Ein die Rollen durchlaufender Strom wirkt auf den Südmagnetismus der Kerne in dem einen

Schenkel schwächend und in dem anderen verstärkend. Wenn daher die Wechselströme eines Kurbelinduktors den Wecker durchfließen, so wird der Magnetismus abwechselnd im linken und im rechten Schenkel verstärkt, und es ist der durch den Nordpol des Dauermagnets ebenfalls polarisierte Anker bald auf der linken, bald auf der rechten Seite einer stärkeren Anziehung ausgesetzt. Er gerät hierdurch in schwingende Bewegung, an der auch der Klöppel teilnehmen

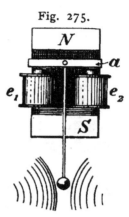

Fig. 275.

muß, dieser schlägt deshalb in rascher Folge abwechselnd gegen die eine und die andere Glocke.

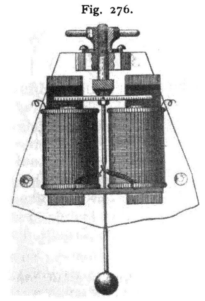

Fig. 276.

Durch Hineindrehen oder Zurücknehmen der Messingschräubchen kann die Empfindlichkeit des Weckers in geringem Umfange erhöht oder vermindert werden.

Die in Fig. 276—278 abgebildeten Wecker sind ähnlich gebaut, haben aber zwei Dauermagnete aus Winkeleisen, deren Südpole durch eine den Elektromagnet tragende eiserne Grundplatte verbunden sind. Ferner sind sie mit einer Regulier-

vorrichtung versehen, durch welche der Anker
den Elektromagnetkernen genähert oder von
ihnen entfernt werden kann. Zu diesem Zweck

Fig. 277.   Fig. 278.

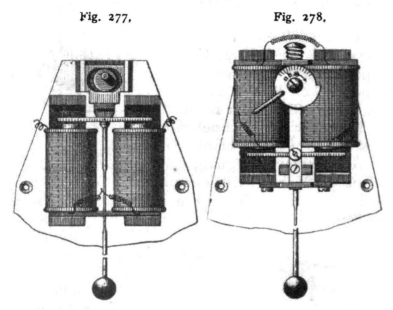

ist der Ankerträger, in welchen der Anker drehbar eingelagert ist, von oben nach unten ver-
schiebbar angeordnet. Die Verschiebung erfolgt
bei der Konstruktion nach Fig. 276 mittels einer
auf den Gewindebolzen des Ankerträgers aufgesetzten Schraubenmutter, in Fig. 277 durch eine
Excenterschraube und in Fig. 278 durch Drehen
einer mit Griff versehenen Excenterscheibe. Ein
Annähern des Ankers an die Kerne erhöht die
Empfindlichkeit.

2. **Laut ansprechende Wecker.** Laut ansprechende Wecker mit zwei Kelchglocken von
der in Fig. 279 und 280 dargestellten Art

kommen in geräuschvollen oder weit ausgedehnten Betrieben, Fabriken, Bauhöfen usw. zur
Anwendung, wo die Tonwirkung der gewöhn-

Fig. 279.

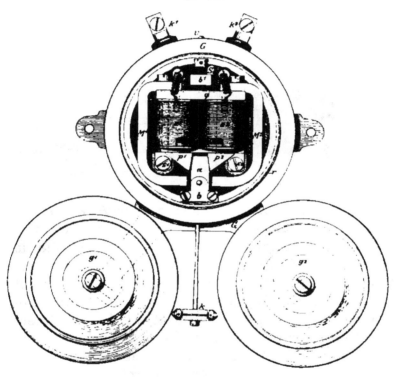

lichen Wecker nicht ausreicht oder der Wecker
im Freien aufgehängt werden muß. Das Magnetsystem eines solchen Weckers ist nebst den
Glocken auf einer Messingplatte G montiert und
zum Schutz gegen Feuchtigkeit durch eine
Messingkappe D geschützt, die unter Zwischenlage eines Gummirings r auf die Grundplatte geschraubt ist.

Die Südpole der starken Dauermagnete M^1 und M^2 sind durch die Eisenplatte q verbunden, welche den Elektromagnet e^1 e^2 trägt. Dessen Eisenkerne laufen in die Polschuhe p^1 und p^2 aus,

Fig. 280.

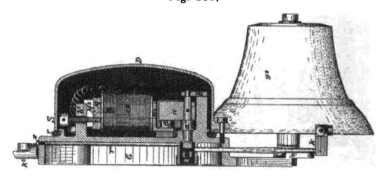

und zwischen diesen schwingt der Anker a mit dem hammerartigen Klöppel k um die in dem Winkel b gelagerte Drehachse. Durch die in q eingreifende Schraube S ist das Magnetsystem mit dem Ansatz b^1 der Grundplatte verschraubt und kann zu Regulierzwecken dem Anker genähert oder von ihm entfernt werden, nachdem die Befestigungsschrauben s^1 und s^2, welche durch die Ansätze der die Elektromagnetkerne verbindenden Messingplatte m hindurch in die Grundplatte eingreifen, gelockert sind. Nach Herausnahme der Schraube v kann durch die Röhre r^1 dem Lager der Ankerachse etwas Öl zugeführt werden.

3. Wechselstromwecker mit einer Glocke. Die Glocke überdeckt den Elektromagnet nebst Anker und Klöppel und schützt ihn zugleich gegen Verstaubung.

In der Ausführungsform von Mix & Genest (Fig. 281) ist der Dauermagnet M unter Zwischenlage eines Messingstücks mit der Eisenschiene q verschraubt, in welche die Kerne der Elektromagnetrollen e_1 und e_2 eingesetzt sind. Der Anker a ist in den mittels der Schraube s und der Schraubenmuttern m und m_1 an dem Magnet M befestigten Lagerbocke b leicht drehbar gelagert. Der vom Anker getragene Klöppel k

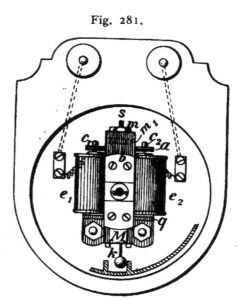

Fig. 281.

schlägt, wenn der Anker durch den Strom betätigt wird, abwechselnd gegen die an der innern Wand der Glocke angebrachten beiden Metallansätze. Soll der Wecker reguliert werden, was nur selten erforderlich ist, so schraubt man die Glocke ab und verändert Ankerabstand und Ankerhub mittels der Anschlagschrauben c_1 und c_2 oder durch Verschieben der Muttern m und m_1 auf der Schraubenspindel s.

Ohne Abnehmen der Glocke läßt sich der von Siemens & Halske konstruierte Wecker (Fig. 282) regulieren. Das Elektromagnetsystem kann durch Drehen eines Gewindebolzens dem Anker genähert oder von ihm entfernt werden. Zu diesem Zwecke ist der Bolzen an seinem nicht von der Glocke bedeckten Ende mit einem Ein-

Fig. 282.

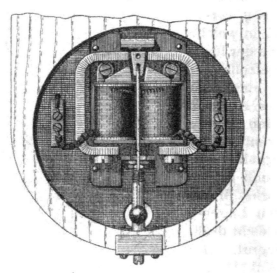

schnitt zum Einsetzen eines Schraubenziehers versehen.

Fig. 283.　　　　　　　　Fig. 284.

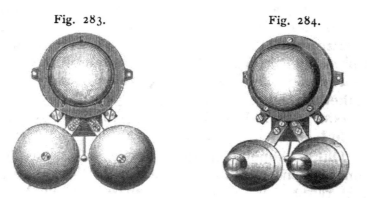

4. Polarisierte Wecker zur Aufstellung im Freien und in feuchten Räumen. Die Abb. 283

stellt einen solchen Wecker der Firma Siemens
& Halske mit Schalenglocken, die Abb. 284 einen
mit Schalmeiglocken dar. Bei ihnen wird das
Werk durch eine darüber gestülpte und mit
dem Rande auf die Grundplatte des Weckers
aufgepreßte Kappe wasser- und gasdicht abgeschlossen. Der einzige nach außen führende Teil
ist die Ankerachse, die aber an ihrer Durch-
führungsstelle in der Grundplatte durch eine Stopf-
buchse mit Scharniervorrichtung vollkommen ab-
gedichtet wird, so daß ein Eindringen von Feuchtigkeit oder Luft ausgeschlossen ist. Mit dem durch
die Platte hervorstehenden Ende der Ankerachse
ist der Klöppel fest verbunden.

5. Polarisierte Wecker mit Markierscheiben. Das
Konstruktionsprinzip ist das gleiche wie bei den
neutralen Weckern mit Fallscheibe (vgl. S. 160). Gewöhnlich ist der eine Arm eines zweiarmigen Hebels
zu einer kleinen runden Scheibe, der Markierscheibe, ausgearbeitet, während der andere Arm
in der Ruhelage durch einen Stift oder nasen-
förmigen Ansatz der Klöppelstange festgehalten
wird. Wird der Wecker in Tätigkeit versetzt, so
gibt die Klöppelstange den Hebelarm frei und
der andere Hebelarm läßt, der Wirkung einer
Spiralfeder folgend, die Fallscheibe sichtbar hervor-
treten. Hierdurch kann gleichzeitig ein zweiter
Stromkreis geschlossen werden, dessen eine Zuführung an der Hebelachse und dessen andere
Zuführung an einem die Bewegung des Fall-
scheibenarms begrenzenden Messingstücke festgelegt ist. Der in diesen Stromkreis eingeschaltete
Wecker ertönt dann solange, bis die Markierscheibe wieder in die Ruhelage zurückgestellt ist.

E. Hakenumschalter.

Der zum Aufhängen des Fernhörers dienende Haken wird zugleich dazu benutzt, bei Beginn eines Gesprächs die Leitung vom Wecker selbsttätig auf die Sprechapparate umzuschalten und nach Gesprächsschluß die Verbindung mit dem Wecker wiederherzustellen. Zu diesem Zweck ist der Haken mit der Leitung verbunden und zu einem zweiarmigen Hebel ausgebildet, dessen hinteres Ende sich bei angehängtem Fernhörer an einen Kontakt legt, von welchem ein Draht zum Wecker führt; sobald aber das Telephon abgenommen wird, zieht eine Spiralfeder das hintere Hebelende auf den unteren Kontakt herab, der mit den Sprechapparaten in Verbindung steht. Hierbei schließt der Hebel zugleich den Mikrophonstromkreis, der im Ruhezustande zur Schonung der Mikrophonbatterie geöffnet sein muß. Einen Hakenumschalter dieser Form zeigt Fig. 330.

Eine andere Form des Hakenumschalters ist in Fig. 285 abgebildet. Sie besteht aus einem knieförmig gebogenen Stahlhebel H, der um seinen Endpunkt drehbar an dem nach rückwärts abgebogenen Ende des Messingwinkels w festgeschraubt ist (vgl. auch Fig. 332). In das Knie des Hebels ist seitlich ein Stift t eingesetzt, der zwei (in Fig. 285 links sichtbare) Messingzylinder trägt. Wird der Kniehebel infolge Wirkung der starken Spiralfeder s nach oben gezogen, so legen sich die Schleifkontaktfedern f_1 und f_2 gegen die beiden Messingzylinder, während sich die Feder f_3 von dem vorderen Messingzylinder entfernt. Der hintere Messingzylinder (unter f_2) ist gegen den vorderen und den Stift isoliert und mit einem flachen Ansatze versehen, welcher durch eine feine Spiralfeder mit der Klemme k_1 verbunden ist. An f_2 und k_1 liegen die beiden Zuführungen des Mikrophonstromkreises, an f_1 der Fernhörer, an f_3 der Wecker und an dem Winkel w, der direkt und durch eine kleine Spiralfeder mit dem Hebel und dadurch mit dem vorderen Zylinder verbunden ist, die Leitung.

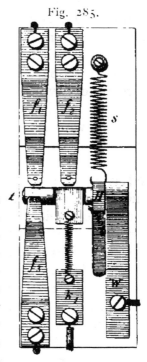

Fig. 285.

Wird der Hebel durch das Gewicht des angehängten Fernhörers nach unten gezogen, so entfernen sich die Messingzylinder von den oberen Kontaktfedern, und der vordere Messingzylinder kommt mit der unteren Feder f_3, an welcher der Wecker liegt, in leitende Verbindung. Mikrophonstromkreis und Hörstromkreis sind an den beiden Federn f_1 und f_2 unterbrochen. Bei abgehängtem Fernhörer wird der Mikrophonstromkreis über f_2—k_1 geschlossen und die Leitung über f_1 auf den Fernhörer gelegt.

F. Die Schutzvorrichtungen gegen Blitz und Starkstrom.

1. Allgemeines. Sobald eine Drahtleitung außerhalb von Gebäuden durch die Luft hindurch verläuft, ist sie den Einwirkungen der atmosphärischen Elektrizität ausgesetzt. Während eines Gewitters ruft dann jeder in der Nähe sich entladende Blitz einen Strom von sehr hoher Spannung in der Leitung hervor, der die feinen Wickelungsdrähte der Apparate zerstören und die an den Apparaten beschäftigten Personen unter Umständen verletzen würde. Die Apparate müssen deshalb durch vorgeschaltete Blitzableiter geschützt werden. Ein solcher Blitzableiter besteht in seiner einfachsten Form aus zwei einander in geringem Abstande gegenüberstehenden Spitzen oder Platten von Metall oder Kohle, von denen die eine mit der Leitung, die andere mit dem Erdboden leitend verbunden ist. Der vom Blitz erzeugte Strom hat abweichend von den Fernsprech- und Weckströmen die besondere Eigenschaft, daß er stets auf dem kürzesten Wege dem Erdboden zustrebt und vermöge seiner hohen Spannung die dünne Luftschicht zwischen den Platten des Blitzableiters zu durchbrechen vermag; er fließt daher im Blitzableiter unter Funkenbildung zur Erde ab, ohne bis zu den Apparaten zu gelangen.

Wenn Fernsprechleitungen in der Nähe von Starkstromanlagen für elektrische Beleuchtung und Kraftübertragung verlaufen, so daß beim Reißen eines Drahtes oder Brechen eines Stützpunktes Berührung zwischen beiden Arten von Leitungen zu befürchten ist, so muß die Fernsprechleitung durch Schmelzsicherungen gegen den etwa übertretenden Starkstrom geschützt werden. Der Starkstrom würde die Fernsprechapparate und Wecker durch starke Erhitzung der feinen Wickelungsdrähte zerstören und u. U. in Brand setzen, auch die an den Apparaten beschäftigten Personen gefährden. In der vorgeschalteten Schmelzsicherung aber bringt er einen äußerst feinen Draht oder ein leicht schmelzbares Metall zum Schmelzen und schneidet sich dadurch selbst den Weg nach den Apparaten ab, ehe er Schaden anrichten kann. Bei den Fernsprechanlagen der Reichstelegraphie sind gewöhnlich Blitzableiter und Sicherung in einem Apparat vereinigt.

2. Der Spindelblitzableiter (Fig. 286 a, b, c). Auf einer hölzernen Grundplatte sind drei winkelförmige Messingstücke aufgeschraubt, von denen zwei auf

Fig. 286.

_a._

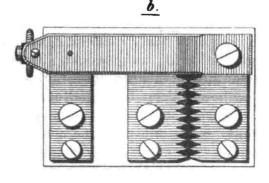

_b._

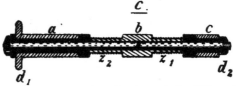

_c._

ihren wagerechten Schenkeln Messingplatten tragen, deren in geringem Abstand einander gegenüberstehende Seiten mit spitzen Zähnen versehen sind. Diese Platten wirken wie ein Spitzenblitzableiter; die äußere Schiene s_1 ist zu dem Zwecke mit der Leitung, die mittlere s_2 mit der Erde und die dritte s_3 ohne gezahnten Aufsatz mit den Apparaten verbunden. Die lotrecht stehenden Schenkel der Messingwinkel sind in der Längsrichtung der Grundplatte zur Aufnahme der Blitzableiterspindel durchbohrt. Letztere (Fig. 286c) besteht aus den drei oben abgeflachten Messingzylindern a, b, c und dem diese tragenden Stahlstifte x. Der mittlere Zylinder b ist auf den Stahlstift aufgelötet, während die anderen beiden Zylinder durch Ebonithülsen gegen den Stift und den mittleren Zylinder isoliert sind. Neben den Zylinder a ist auf dessen Ebonithülse die als Knopf dienende Unterlegescheibe d_1 und auf die Ebonithülse des Zylinders c die kleinere Unterlegescheibe d_2 aufgesteckt. Durch zwei auf die Enden des Stahlstifts geschraubte Muttern werden die Ebonithülsen festgehalten.

Umwickelt ist die Spindel mit feinem, mit grüner Seide umsponnenem Kupferdrahte, dessen Enden zwischen den Messingzylindern und den Unterlegescheiben festgeklemmt sind. Die äußeren Messingzylinder a und c sind demnach durch den Umwickelungsdraht leitend verbunden, von dem mittleren Zylinder bleibt der Draht durch seine Seidenumspinnung isoliert. Zum Schutze der Drahtwickelung auf den Zapfen z_1 und z_2 des Messingzylinders b sind an das mittlere Messingstück s_2 die Hülsen h_1 und h_2 angeschraubt.

Die eingesetzte Spindel (Fig. 286a) wird durch die Federn f_1 f_2 f_3 gegen die Messingstücke s_1 s_2 s_3 gedrückt; ihr Draht verbindet s_1 mit s_3. Ein vom Blitz erzeugter Strom geht teils von s_1 über die Spitzen durch die trennende Luftschicht nach s_2, teils von dem Drahte durch die Seidenumspinnung nach b und somit ebenfalls nach s_2 und zur Erde. Dabei wird der Draht nicht selten abgeschmolzen oder wenigstens in leitende Verbindung mit b und s_2 gebracht, also die Leitung gestört. Man hat in solchen Fällen die Spindel aus dem Blitzableiter herauszuziehen und sie durch eine unbeschädigte zu ersetzen. Solange keine Spindel eingesetzt ist, wird die leitende Verbindung zwischen s_1 und s_3 durch die Blattfeder m hergestellt, die sich beim Herausziehen der Spindel auf s_3 legt.

3. Der Blitzableiter mit Abschmelzröllchen (Fig. 286d) ist ähnlich gebaut, hat aber statt der Spindel ein Messingrohr mit Ebonitgriff, auf welches der umsponnene Kupferdraht aufgewickelt ist. Das Rohr wird auf einen in die Erdschiene s_2 geschraubten, geschlitzten und daher federnden Messingstift aufgeschoben. Die beiden Enden des Drahtes führen zu zwei auf die Stirnseiten des Griffes geschraubten Messingblechen und stehen über die Federn f_1 und f_2 mit den Schienen s_1 und s_3

Fig. 286.

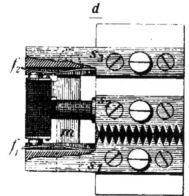

geschraubten Messingblechen und stehen über die Federn f_1 und f_2 mit den Schienen s_1 und s_3

in Verbindung. Wird das Röllchen herausgezogen, so legt sich die an s_1 befestigte Blattfeder *m* gegen s_3.

4. Das Sicherungskästchen (Fig. 287) schützt gegen Blitz und Starkstrom und enthält auf der Grundplatte aus lackiertem Schiefer zwei Kohlen-

Fig. 287.

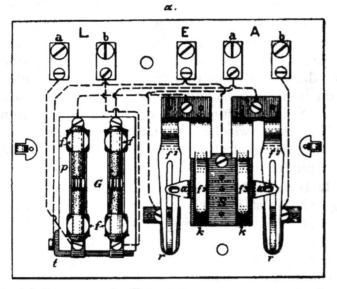

blitzableiter, zwei Feinsicherungen, zwei Grobsicherungen und einen Schneidenblitzableiter. Der Stromweg führt aus der Leitung zur Klemme *L a*, über den Schneidenblitzableiter *t*, die Grobsicherung *p*, den Kohlenblitzableiter *k* und die Feinsicherung *r* zur Klemme *A a*, von da nach den Apparaten und zurück zur Klemme *A b*, sodann in umgekehrter Richtung über die zweite Feinsicherung, Kohlenblitzableiter, Grobsicherung und Schneidenblitzableiter zur Klemme *L b* und in die Rückleitung.

Die Grobsicherung besteht aus einer Porzellangrundplatte G, auf welcher an dem einen Ende
zwei mit Schrauben ausgerüstete und rechtwinklig
nach unten gebogene Messingstreifen und an dem
anderen Ende ebenfalls zwei mit Schrauben versehene gerade Messingstreifen festgeschraubt
sind. An den Messingstreifen sind die zum Fest-
klemmen der Schmelzpatrone dienenden Bronze-
federn f befestigt. An der Porzellangrundplatte
ist ein Messingstreifen als Erdplatte angebracht;
er bildet mit den von ihm 1,35 mm abstehenden
Unterkanten der rechtwinklig gebogenen Streifen
den Schneidenblitzableiter. Der Schmelzdraht der
Schmelzpatrone p besteht aus 0,3 mm starkem
Rheotandraht; er ist zentrisch und gerade durch
das Glasrohr der Patrone geführt und in der
Mitte auf 5 mm durch ein dünnes Glasröhrchen
geschützt, das auf beiden Seiten mit Scheibchen
von Asbestpapier abgeschlossen ist. Der übrige
Raum der Schmelzpatrone ist mit Schmirgel-
pulver angefüllt. Zum luftdichten Abschluß der
Patrone dienen Kupferkappen, die mit den
Schmelzdrahtenden verlötet und mit Kitt auf der
Glasröhre befestigt sind.

Als Kohlenblitzableiter dienen je zwei aufeinander gelegte Kohlenplatten k, die durch da-
zwischen gelegte Streifen von 0,15 mm dickem
Papier gegeneinander isoliert sind. Beide Plattenpaare werden durch die Blattfedern f_3 gegen die
mit Erde verbundene Messingplatte S gedrückt;
die untere Kohlenplatte steht daher mit Erde,
die obere mit f_3 in leitender Verbindung. Beide
Federn, f_3 und f_2 sind aus einem Stück gefertigt.
Zwischen f_2 und eine dritte Feder f_1 ist, wie

Fig. 287 zeigt, die Feinsicherungspatrone r ein-
geklemmt. Diese besteht aus einer zylindrischen
Metallkapsel, in deren Längsachse ein gegen sie
durch Ebonitscheiben isolierter Metallzylinder liegt.
Auf letzterem ist ein mit Seide umsponnener
Nickelindraht aufgewickelt, dessen eines Ende mit
dem Metallzylinder verlötet ist, während das
andere Ende durch ein Loch der Ebonitscheibe
hindurch geführt ist und die Metallkapsel leitend
berührt. Der innerhalb der Spule befindliche
Metallzylinder ist an dem einen Ende ausgebohrt;
in dem hierdurch gebildeten Hohlraum ist der
Stift durch Woodsches Metall festgelötet. Wenn
der die Spule durchfließende Strom eine Stärke
von ungefähr $0,_{22}$ Ampere erreicht hat, so erwärmt er die Spule derart, daß das Woodsche
Metall zum Schmelzen kommt. Die Feder f_2 reißt
alsdann den Stift s aus der Patrone heraus, so
daß die Leitung nach den Apparaten unterbrochen
wird, nach dem Kohlenblitzableiter indessen noch
frei ist. Bei der großen Empfindlichkeit desselben
ist die Bildung eines Lichtbogens zwischen den
Kohlenplatten nicht ausgeschlossen. Um dem
vorzubeugen, legt sich die hochgehende Feder f_2
gegen den wagerechten Arm der mit der Erdplatte S verschraubten Feder a und erdet dadurch den Kohlenblitzableiter. Der Fremdstrom
wächst hierdurch so an, daß er nun die Grobsicherung zum Schmelzen bringt, und die Außenleitung jetzt nur noch am Schneidenblitzableiter
liegt, dessen weite Funkenstrecke die Bildung
eines Lichtbogens bei Berührung einer Telegraphen-
mit einer Starkstromleitung ohne Hinzutreten einer
atmosphärischen Entladung ausschließt.

G. Die Fernsprechgehäuse.

Die zu einer Fernsprechstelle gehörigen Einzel-
apparate: Mikrophon, Wecker, Induktor, Hakenumschalter und Blitzableiter werden in einem
meist aus Holz gefertigten Gehäuse untergebracht,
an welchem auch das Telephon oder der Fernhörer seinen Platz findet. Die Fernsprechgehäuse
sind entweder zum Aufhängen an der Zimmer-
wand oder zum Aufstellen auf einem Tische eingerichtet. Sie werden in sehr verschiedenartigen
Ausführungsformen hergestellt, da jede der großen
elektrotechnischen Firmen ihre eigenen Muster
hat. Aus der Fülle der auf den Markt kommenden
Apparatformen können wir nachstehend nur wenige charakteristische Typen dem Leser vor Augen
führen; im Bedarfsfalle empfiehlt es sich, auf
Grund der Preisverzeichnisse der Firmen die Auswahl zu treffen. Bei Fernsprechanlagen, die auf
das Innere eines Hauses beschränkt bleiben, genügen wohlfeile Apparate mit Fernhörern und
Weckern von geringem Widerstande. Wenn dagegen über längere Leitungen gesprochen werden
soll, und insbesondere wenn es sich um Neben-
sprechstellen handelt, die mit den Leitungen der
Reichspost zu verbinden sind, so müssen auch die
von dieser eingeführten Apparattypen oder wenigstens gleichwertige Apparate Verwendung finden.

Der Weckstrom wird bei den Apparaten der
letzteren Art durchweg mittels Kurbelinduktors
erzeugt. Man braucht dann nur für das Mikrophon ein oder zwei Trockenelemente aufzustellen
und erspart die Unterhaltung einer Weckbatterie
von 6, 8 oder mehr Elementen.

Für Hausfernsprechanlagen mit kurzen Leitungen, die nur wenige Ohm Widerstand haben,
verwendet man zweckmäßig Fernhörer und Wecker
von ebenfalls geringem Widerstande. Zum Betrieb
eines solchen Weckers reicht die Mikrophonbatterie aus, deren Strom man beim Anruf mittels
einer Taste in die Leitung sendet. Eines Induktors bedarf es dann nicht.

1. **Wandapparate für Batterieanruf** (Hausanlagen für direkte Schaltung, ohne Induktionsrolle).

Fig. 288.

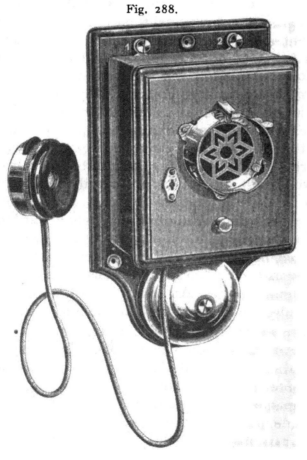

Der von **Mix & Genest** gebaute Fernsprechapparat (Fig. 288) enthält in der Tür des hölzernen Kästchens das Mikrophon, den Hakenumschalter und die Wecktaste, ferner im Innern
des Kästchens zwei Trockenelemente und unterhalb desselben den Wecker mit Selbstunterbrechung. Links ist das doppelpolige Dosentelephon mit vernickelter Metallkapsel abgebildet,
welches im Ruhezustande in die den Sprechtrichter des Mikrophons bildende Metallkapsel
eingesetzt ist; in dieser Lage drückt es den oberhalb des Mikrophons sichtbaren Hakenumschalter
nach oben. An die Klemmschrauben 1 und 2
werden Hin- und Rückleitung gelegt; der von
Klemme 1 kommende Draht ist bei der zweiten
Sprechstelle an Klemme 2 zu legen und umgekehrt. Eine Mikrophon-Induktionsrolle fehlt,
der Apparat ist für „direkte Schaltung" eingerichtet, d. h. Mikrophon, Fernhörer und Batterie
sind hintereinander unmittelbar in die Leitung
geschaltet, sobald das Hörtelephon aus dem
Sprechtrichter herausgenommen wird und der
Hakenumschalter nach unten geht. Ein Druck
auf den Tastenknopf schaltet die Mikrophonbatterie unmittelbar zwischen Hin- und Rückleitung, so daß der Strom zum Wecker der
zweiten Sprechstelle fließt. — Durch Herabziehen
und Loslassen des kleinen Hebels, welcher rechts
aus dem Metallrand heraussteht, kann man die
Kohlenkörner des Mikrophons durcheinander
schütteln, wenn dieses in seiner Wirkung nachläßt.

Gefällig ausgestattet ist der in Fig. 289 abgebildete Apparat derselben Firma, bei dem auf

einem verzierten Grundbrett oben der Wecker und darunter das Mikrophon mit Hakenumschalter

Fig. 289.

und eingesetztem Dosentelephon montiert ist. Unterhalb des Mikrophons befindet sich der Tastenknopf. Die zum Betrieb erforderlichen beiden Elemente müssen in einem besonderen Schränkchen untergebracht werden. Oberhalb des Weckers sitzen 3 Klemmschrauben zum Anlegen der Leitungs- und Batteriedrähte: an Klemme 1 der beiden zu verbindenden Apparate wird die Leitung, an Klemme 2 die Rückleitung gelegt, zwischen die Klemmen 2 und 3 aber die Batterie geschaltet. Dabei ist zu beachten, daß wenn bei der ersten Sprechstelle der Kohlenpol mit Klemme 2 und der Zinkpol mit Klemme 3 verbunden wird, bei der zweiten Sprechstelle umgekehrt der Zinkpol an Klemme 2 und der Kohlenpol an Klemme 3 gelegt werden muß; beide Batterien müssen während des Sprechens in Reihe geschaltet sein.

Die Figuren 290—293 zeigen Apparatformen aus der Telephonfabrik A.-G. vorm. **J. Berliner** in Hannover. Die Mikrophonbatterie muß auch hier in einem besonderen Schränkchen untergebracht werden. Das Gehäuse aus poliertem Nußbaumholz

(Fig. 290) enthält Mikrophon, Wecker-Elektromagnet, Taste und Hakenumschalter. Der Dosenfernhörer hängt bei ruhendem Gespräch an dem links heraustretenden Haken des Umschalters.

Fig. 290.

Bei dem Apparat Fig. 291, in welchem das Kästchen durch eine polierte Nußholz-Rosette ersetzt ist, fehlt der Wecker; die Sprechstelle kann daher nicht angerufen werden. Schaltet man diesen wohlfeilen Apparat an Stelle des gewöhnlichen Kontaktknopfes in eine Klingelleitung, so kann man dem Dienstpersonal etc. nicht nur Glockenzeichen geben, sondern sich auch telephonisch mit ihm verständigen (vgl. auch Abschn. VI).

Dagegen stellt der Apparat Fig. 292 wieder eine vollständige Station dar. Auf der Holzrosette befindet sich außer den drei Anschlußklemmen und dem Tastenknopf der Wecker, und an dem herausragenden Haken des Umschalters hängt ein „Mikro-Telephon", bestehend aus Mikrophon und Fernhörer nebst dem sie verbindenden Handgriff. Beim Sprechen hält man das Mikro-Telephon

so, daß die Hörmuschel des Telephons am Ohr
liegt und die Mikrophonöffnung vor dem Munde
steht.

Fig. 291.   Fig. 292.

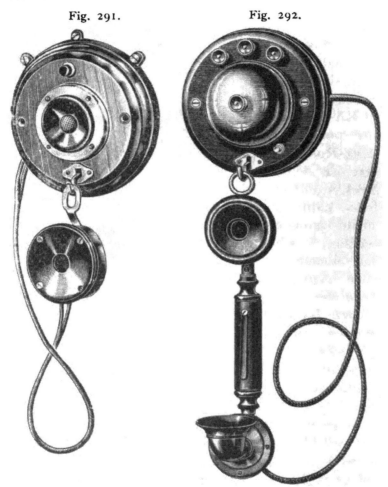

Bei dem Apparat Fig. 293 ruht das Mikro-
Telephon auf einem Gabelträger, zu dem der
selbsttätige Umschalter ausgestaltet ist. Der mit
4 Schrauben an der Wand zu befestigende Nuß-

baumholzsockel zeigt oben über dem Tastenknopf
4 Anschlußklemmen. An die Klemmen 1 und 2
legt man Hin- und Rückleitung, an die Klemmen
2 und 3 die Mikrophonbatterie; dient letztere auch

Fig. 293.

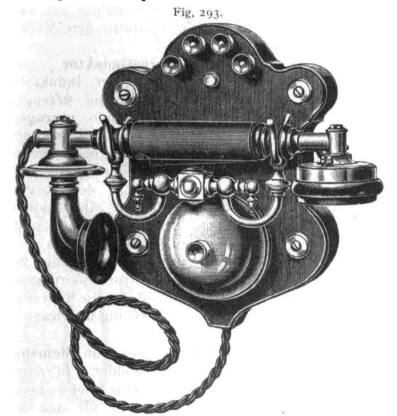

zum Wecken, so werden die Klemmen 3 und 4
durch einen kurzen Draht miteinander verbunden.
Bei längeren Leitungen sind aber oft mehr als
zwei Elemente für die Weckbatterie erforderlich;
in diesem Falle schaltet man die mehr erforderlichen Elemente hinter die beiden Mikrophonelemente und verbindet den freien Pol des letzten

Elements mit Klemme 4. Es liegt dann z. B. der Kohlenpol des 1. Elements an Klemme 2, der Zinkpol des 2. Elements an Klemme 3 und der Zinkpol des letzten Elements an Klemme 4. Hierbei wirken die ersten beiden Elemente auf das Mikrophon, während die ganze Batterie den Weckstrom liefert.

2. Wandapparate mit Magnetinduktor (und Induktionsrolle). Durch Drehen der Induktorkurbel wird ein kräftiger Weckstrom erzeugt. Diese Apparate eignen sich deshalb vorzugsweise für längere Leitungen. Da bei solchen der Widerstand im Sprechstromkreise meist erheblich größer ist als bei Hausanlagen, so wendet man für das Mikrophon in der Regel die sog. „Normalschaltung" mit Induktionsspule an, d. h. Mikrophon, Mikrophonbatterie und primäre Wickelung der Spule sind zu einem geschlossenen Stromkreise verbunden, und die in diesem beim Sprechen erzeugten Stromänderungen werden durch Induktion auf die in die Leitung geschaltete sekundäre Spulenwickelung übertragen (vergl. Seite 33).

Ein Wandapparat mit Induktor von **Siemens & Halske** ist in Fig. 294 abgebildet. In dem lackierten Kasten aus Nußbaumholz sieht man unten ein Hellesen-Trockenelement für das in die Tür eingesetzte Mikrophon und auf dem Element die Mikrophon-Induktionsrolle. Darüber ist an der Decke befestigt ein Induktor mit 2 Hufeisenmagneten, dessen Kurbel sich außen an der rechten Seitenwand befindet. Links ist der Hakenumschalter mit angehängtem Dosenfernhörer sichtbar; bei der gezeichneten Hebelstellung liegt

über die erste Kontaktfeder links die Leitung
auf Wecker; geht nach Abnahme des Fernhörers
der Haken aufwärts, so treten die beiden Federn-

Fig. 294.

paare in Berührung und es wird über die erste
und zweite Feder die Leitung auf den Fernhörer
geschaltet, gleichzeitig aber durch die dritte und
vierte Feder der Mikrophonstromkreis geschlossen.
Hinter dem Trockenelement hat der polarisierte
Weckerelektromagnet seinen Platz, dessen Anker-
klöppel nebst den beiden Glockenschalen unter-

halb des Kastens sichtbar ist. Die über dem Kasten angebrachten 3 Messingschienen bilden einen Spitzenblitzableiter; an die beiden oberen Schienen werden Leitung und Rückleitung, an die untere Schiene die Erdleitung gelegt. Durch

Fig. 295.

Einsetzen eines Messingstöpsels in das Loch zwischen den Schienen können bei starkem Gewitter die Leitungsdrähte unmittelbar mit der Erde verbunden werden.

· Die **Wandgehäuse der deutschen Reichs-Telegraphenverwaltung** zeigen Fig. 295 und 296, jene das schrankförmige, diese das pultförmige .Gehäuse.

Das Schränkchen aus poliertem Nußbaumholz (Fig. 295) ist ausgerüstet mit Mikrophon nebst Induktionsrolle, einem Fernhörer am Hakenumschalter, Kurbelinduktor mit 3 Hufeisenmagneten und einem Wechsel-

stromwecker von 300 Ohm Rollenwiderstand.
Auf Wunsch wird gegen besondere Gebühr
ein zweiter Fernhörer beigegeben, der hinter
den ersten geschaltet und für den an der
rechten Seitenwand des Gehäuses ein Anhänge-
haken angebracht wird. Das zu diesem wie zu
den anderen Apparaten der Reichstelegraphie gehörige Sicherungskästchen zum Schutz gegen
Blitz und Starkstrom erhält seinen Platz in unmittelbarer Nähe der Stelle, wo die Leitung in
das Zimmer oder das Gebäude eintritt. Auf der
Deckplatte des Gehäuses sind 4 Klemmen angebracht: die beiden ersten, L_1 und L_2, dienen für
Hin- und Rückleitung, oder L_1 für die Leitung
und L_2 für die Erdleitung,
zwischen die beiden an-
deren Klemmen W_1 und W_2
kann ein besonderer, in
einem getrennten Raum auf-
zuhängender Wecker ge-
schaltet werden. Ist ein
solcher nicht vorhanden,
so sind W_1 und W_2 durch
eine vernickelte Messing-
spange verbunden. Die
Mikrophonbatterie wird
zwischen zwei unter dem
Gehäuseboden sitzende
Klemmen *MZ* und *MK* ge-
schaltet.

Das Pultgehäuse (Fig.
296) enthält in dem pult-
förmigen Kasten den In-
duktor, Hakenumschalter,

Fig. 296.

Weckerelektromagnet

und die Induktionsrolle. Oben ist auf einer Holzrosette das Mikrophon angeordnet, und zwar bei den
neuesten Apparaten an einem verstellbaren Arm
(Konstruktion von E. Zwietusch & Co. in Charlotten-
burg), bestehend aus zwei vernickelten, in der
Längsrichtung keilförmig ausgestanzten Messingschienen, die zwischen der Grundplatte an der
Rosette und der Rückseite des Mikrophons parallel
und drehbar gelagert sind. Zwischen diesen Schienen
ist als Zugglied zur Erzielung der erforderlichen
Reibung eine starke Spiralfeder angebracht. Mit
Hilfe dieses Armes läßt sich das Mikrophon je nach
der Größe des Sprechenden in Mundhöhe einstellen und bewahrt in jeder Stellung die senkrechte Lage. Die zum Aufklappen eingerichtete
Pultplatte ist mit einer marmornen Schreibtafel
belegt oder mit zwei Schienen zum Einschieben
eines Papierblocks versehen. Die Zuführungsklemmen für Leitung, Wecker und Mikrophonbatterie sitzen an der linken Seitenwand des Pultes.

In dem Apparat (Fig. 297) von **J. Berliner** in Hannover ist der Deckel des Batterieschränkchens zu
einem Schreibpult ausgestaltet, während für die
Apparate auf demselben Grundbrett ein Schränkchen angebracht ist. Die Anordnung der einzelnen
Teile läßt sich in der Figur ohne weiteres erkennen. Abweichend von den bisher betrachteten
Schrankgehäusen ist an der Tür außer dem Mikrophon auch der Wecker montiert. Über dem
Schränkchen befindet sich ein Blitzableiter.

Ähnlich eingerichtet, jedoch mit Mikro-Telephon
auf einem Gabelträger ausgerüstet, ist der Apparat
Fig. 298 von **C. Lorenz** in Berlin SO. 26. Als Blitzschutz befindet sich in dem Gehäuse ein Platten-

blitzableiter. Die Verwendung eines Mikro-Tele-
phons hat den Vorteil, daß der Sprechende nicht
unmittelbar vor dem Gehäuse zu stehen braucht,

Fig. 297.

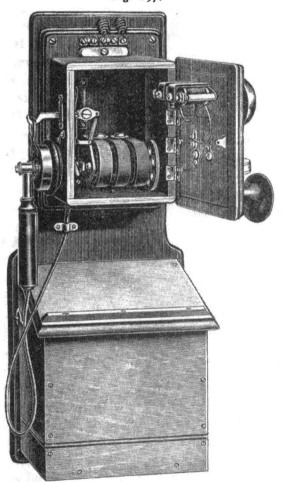

sondern sich auch hinsetzen oder in einiger Entfernung aufhalten kann.

Für besondere Fälle, wenn eine reichere, gefällige Ausstattung der Apparate erwünscht ist, stehen Gehäuseformen nach Art der in Fig. 299 und 300 abgebildeten zur Verfügung. Das Gehäuse Fig. 299 (von **J. Berliner** in Hannover) aus Nußbaumholz ist durch reiche Schnitzerei verziert; die Metallteile sind lackiert oder vernickelt. Das Gehäuse wird auch aus Ebenholz mit versilberten oder vergoldeten Metallteilen geliefert.

Fig. 298.

Der Apparat Fig. 300 (von **Mix & Genest**) mit Rückwand und Pult aus Nußbaumholz hat unten einen flachen lackierten Blechkasten für die Mikrophonbatterie und auf dem Pult eine weiße Schreibtafel. Über dem Wecker befindet sich ein Spitzenblitzableiter mit Umschaltestöpsel.

3. Tischapparate für Batterieanruf. Tischapparate sind transportabel und werden mittels einer Leitungsschnur an die an der Wand endigenden Leitungsdrähte angeschlossen. Sie ermöglichen das Sprechen in jeder beliebigen Stellung und von einem beliebigen Platze des Zimmers aus, z. B. vom Schreibtisch, vom Sofa oder Bett aus und sind wegen dieser Bequemlichkeit in vielen Fällen den Wandapparaten vorzuziehen.

Eine ganz einfache Form des Tischapparats zeigt Fig. 301. Dieser Apparat von **Keiser & Schmidt** in Berlin N. 24 enthält in dem nußbaumpolierten Gehäuse ein Mikrophon, einen Wecker und einen Tastenknopf. An der geneigten Fläche liegt bei ruhendem Gespräch, an dem Hakenumschalter hängend, das Dosentelephon auf dem Mikrophontrichter.

Fig. 299.

Fig. 300.

Uhrständerform hat der Apparat (Fig. 302) von
Mix & Genest. Abweichend von dem vorigen ist
der Wecker auf der

Fig. 301.

Rückseite angebracht
und das Mikrophon
in Normalschaltung
mit einer Induktions-
rolle verbunden. In
der an der Wand
befestigten Ver-
bindungskapsel en-
digen die Leitungs-
und Batteriedrähte;
eine 2 m lange vier-

aderige Leitungsschnur bildet die Fortsetzung der

Fig. 302.

Drähte nach
dem Tischge-
häuse.

Nach Art
eines Lampen-
fußes ist das
Tischgehäuse
(Fig. 303) von
**Siemens &
Halske** gebaut.
Der Aufsatz in
Form eines
Schiffsventila-
tors stellt den
Mikrophon-
trichter dar.
Das Gehäuse
wird entweder

in patiniertem Kunstguß oder in ziselierter

Goldbronze auf Serpentinsockel geliefert. Statt
des gewöhnlichen Klingelweckers enthält es
einen Mikrophonsummer mit Relais (Elektromagnet mit Anker), dessen Einrichtung und Wir-

Fig. 303.

kungsweise später in dem Abschnitt über Schaltungen erläutert werden wird. Der Anschluß des
Apparats an Leitung und Batterie erfolgt mittels
einer 1,5 m langen dreiaderigen Leitungsschnur
mit Anschlußstöpsel, so daß der Apparat, wenn

mehrere Anschlußdosen vorhanden sind, in ein-
fachster Weise an beliebiger Anschlußstelle eingeschaltet werden kann.

Fig. 304.

Für Tischapparate verwendet man der be-
quemeren Benutzung wegen vorzugsweise Mikrotelephone.

In diesem Falle braucht das eigentliche Tischgehäuse, wie der Apparat Fig. 304 von **C. Lorenz** in
Berlin S.O. 26 zeigt, nur aus einem Ständer zum Aufhängen oder aus einem Untersatz zum Niederlegen
des Mikrotelephons zu bestehen. Der abgebildete
Ständer ist aus Eisen-Kunstguß und vernickelt. Am
Griff des Mikrotelephons befindet sich der Tastenknopf und ein den Hakenumschalter ersetzender

Fig. 305.

Schalthebel, welcher beim Umschließen des Griffes
mit der Hand niedergedrückt wird und dadurch die

Umschaltung von Wecker auf Sprechapparat bewirkt. Die an der Wand befestigte Anschlußrosette
trägt den Dosenwecker und die Induktionsrolle für
das Mikrophon.

Bei dem Apparat Fig. 305 von **Mix & Genest**
ruht das Mikrotelephon auf einem vernickelten
Bronzestativ, das von einem schwarzpolierten
Sockel getragen wird. Auf und in letzterem sind
der Wecker, die Taste, die Induktionsrolle und
ein Spitzenblitzableiter montiert. Eine sechsaderige
Leitungsschnur stellt die Verbindung mit der

Fig. 306.

Kapsel an der Wand her. Die selbsttätige Umschaltung bewirkt der aus dem Griff des Mikrotelephons herausragende Schalthebel.

4. Tischapparate mit Magnetinduktor. Das
Tischgehäuse der Reichs-Telegraphenverwaltung
(Deutsche Telephonwerke, R. Stock & Co. Berlin
S.O. 33) (Fig. 306) enthält in einem schwarz-
lackierten Blechkasten mit hölzerner Grund- und
Deckelplatte den Magnetinduktor, den Wecker
und die Induktionsrolle; auf der Deckelplatte ist
ein vernickelter Metallträger für das Mikrotelephon
festgeschraubt. Der Griff des letzteren läßt sich
auseinanderziehen, so daß der Abstand des Mikrophons vom Munde reguliert werden kann. Zum
Drehen des Induktors sind zwei Kurbeln vorhanden. Der Wechselstromwecker hat nur eine
Glocke, aber zwei Hämmer, die abwechselnd gegen
die Glocke schlagen. Die Umschaltung von
Wecker auf Sprechapparat geschieht bei den
älteren Apparaten durch einen Schalthebel am
Griff des Mikrotelephons, bei den neueren durch
den Metallträger, dessen Gabel beim Abnehmen
des Mikrotelephons in die Höhe geht. Der auf
der Deckplatte sichtbare Druckknopf kann beim
Hören (nicht beim Sprechen) niedergedrückt
werden, damit die Induktionsrolle ausgeschaltet
und die Lautwirkung dadurch verbessert wird.
Unter dem Grundbrett sitzen 10 Klemmschrauben,
geschützt durch ein darunter befindliches Eisenblech; von ihnen führt eine fünfadrige Leitungsschnur zum Mikrotelephon und eine zweite zu
dem an der Wand befestigten Anschlußkästchen,
wo die Leitungs- und Batteriedrähte endigen.

Die Bronze-Tischstation (Fig. 307) von **Mix
& Genest** enthält den Magnetinduktor unverkleidet
oberhalb des Sockels und darunter den Wecker
nebst Mikrophon-Induktionsrolle. Das Anschlußkabel ist ebenfalls fünfadrig.

Bei dem Tischapparat Fig. 308 von **Siemens & Halske** ist der Induktor auf dem Untersatz-

Fig. 307.

kästchen von poliertem Holz angebracht und mit verzierten Kunstgußbeschlägen umkleidet. Das

Kästchen wird in Nußbaum-, Mahagoni- oder
Eichenholz ausgeführt und mit vernickelten oder

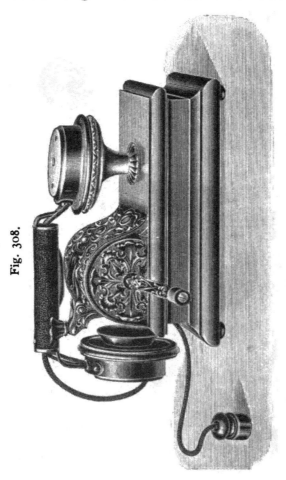

Fig. 308.

mit Antik- oder Goldbronze-Beschlägen geliefert.
Der Umschalter befindet sich auch hier im Handgriff des Mikrotelephons. Die vieraderige An-
schlußschnur ist mit Anschlußstöpsel versehen.

H. Umschalter.

Zu den im Fernsprechgehäuse vereinigten Apparaten, welche für jede Fernsprechstelle erforderlich sind, kommen für besondere Zwecke noch Umschalter hinzu. Die Umschalter dienen zur Vornahme der im Betrieb erforderlich werdenden Änderungen in den Stromwegen; sie sollen insbesondere, falls mehr als zwei Leitungen in die Sprechstelle einmünden, nach Belieben eine Verbindung und Trennung dieser Leitungen ermöglichen. Es kommen für diesen Zweck außer dem bereits bekannten Hakenumschalter vier Arten von Umschaltern in Betracht: Kurbelumschalter, Knebelumschalter, Linienwähler und Klappenschränke.

1. Kurbelumschalter. Ein Kurbelumschalter nach Figur 309 ist erforderlich, wenn im Fern-

Fig. 309.

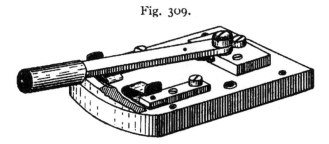

sprechzimmer nicht ständig jemand anwesend ist und deshalb in einem zweiten Raume ein besonderer Wecker angebracht werden muß. Der Umschalter hat auf einem hölzernen Grundbrett zwei Messingschienen, die an den Enden einander zugekehrt zwei umgebogene, etwas ansteigende Blattfedern tragen; auf einer dritten Schiene ist drehbar die messingene Kurbel mit Holz- oder

Ebonitgriff befestigt. An die Klemmschrauben
der drei Schienen sind die drei zu verbindenden
Drähte gelegt. Je nachdem man die Kurbel auf
die linke oder die rechte Feder schiebt, verbindet
man den an der Kurbelschiene endigenden Draht
mit dem an der linken oder dem an der rechten
Schiene liegenden Drahte.

Figur 310 zeigt einen ähnlich gebauten Doppel-
Kurbelumschalter. Die beiden Messingkurbeln
sind durch einen den Griff tragenden Steg aus
Vulkanfiber verbunden und können daher gleich-
zeitig rechts oder links gestellt werden. Die vier
Kontaktschienen ha-

Fig. 310.

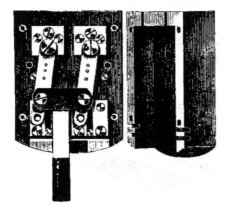

ben keine Federn,
dafür ist unter jeder
Kurbel eine starke
Blattfeder festge-
schraubt, die mit
ihrem nach unten
halbkugelig ausge-
wölbten Ende auf die
Kontaktschienen
drückt. Die Zwischen-
räume zwischen den
Schienen sind mit
Vulkanfiber ausge-
füllt, damit die Kurbeln leichter darüber hinweg-
gleiten. Anschlagstifte zu beiden Seiten begrenzen
die Bewegung der Kurbeln, welche in der Mittel-
lage isoliert stehen (wie auch bei dem vorigen
Umschalter). Über die Einfach- und Doppelkurbel-
umschalter ist ein Schutzdeckel gestülpt, in dem
Einschnitte für den Griff und die Zuleitungsdrähte
angebracht sind.

Nach demselben Prinzip werden auch Umschalter mit drei und mehr Kurbeln gebaut.

Etwas verwickelter ist der Umschalter (Fig. 311)
von **Siemens & Halske** eingerichtet. Er soll bei
einer Zwischenstelle in einer Lei-
tung ermöglichen, entweder nach Fig. 311.
der einen oder der anderen Endstelle zu sprechen oder auch beide
Endstellen mit einander zu verbinden. Die beiden Leitungen
sind an die beiden unteren Kontaktschienen geführt, zwischen die

beiden mittleren ist das Fernsprechgehäuse geschaltet, die beiden oberen stehen mit Erde, die
Kurbel mit einem besonderen Wecker in Verbindung. Bei Mittelstellung der Kurbel besteht
demnach, da die Klinken der mittleren Schienen
sich gegen die unteren legen, Durchsprechstellung:
der Stromweg führt aus der Leitung links über
das Fernsprechgehäuse zur Leitung rechts. Stellt
man die Kurbel links, so wird die Verbindung
der mittleren linken Schiene mit der unteren aufgehoben und dafür die mittlere Schiene durch
ihre Kontaktfeder mit der oberen Schiene links
verbunden. Die Leitung an der unteren Schiene
links ist dann über die Kurbel auf Wecker geschaltet, die andere Leitung hat über das Fernsprechgehäuse hinweg Erdverbindung erhalten.
Bei Rechtsstellung der Kurbel ist das Verhältnis
umgekehrt.

2. Knebelumschalter. Demselben Zweck wie
der vorige dient in Reichsfernsprechanlagen der
Zwischenstellenumschalter (Fig. 312). Auf der
Grundplatte einer Holz- oder Ebonitdose sind

kreisförmig 8 messingene Kontaktstücke c_1 bis c_8 angeordnet, an welche 2 Doppelleitungen und die Hin- und Rückleitungen zu einem Fernsprechgehäuse sowie zu einem besonderen Wecker gelegt werden. Eine um die senkrechte Achse a drehbare Hartgummischeibe (in der Figur nicht sichtbar) hat an der unteren Fläche 4 Kontaktfedern, die auf den Messingstücken schleifen. Mittels des aus dem Dosendeckel herausragenden Knebels kann die Scheibe gedreht und in drei Stellungen gebracht werden; letztere werden durch Einschnappen der am Grundbrett befestigten Feder f_5 in einen der drei Einschnitte des auf der Achse sitzenden Messingstücks a_1 festgelegt. Nach den Seiten hin wird die Drehung durch den im Grundbrett steckenden Stift s begrenzt. Bei der Mittel- oder Durchsprechstellung des Knebels sind die Kontaktstücke c_1 c_2 c_7, ferner c_4 c_5 c_8 je mit einander verbunden und dadurch zugleich die beiden Doppelleitungen, an welche der besondere Wecker für Signale angeschaltet ist. Bei Knebelstellung links ist die eine Leitung auf Sprechapparat, die andere auf Wecker geschaltet, bei Knebelstellung rechts umgekehrt.

Fig. 312.

3. Linienwähler. Soll bei Haustelephonanlagen mit mehreren Sprechstellen jede von diesen nach Belieben mit einer andern Sprechstelle in Verbindung treten können, ohne die übrigen zu stören, so verwendet man vorteilhaft Linienwähler, d. s. Umschalter, bei denen der eigene Sprechapparat mit Hilfe eines Stöpsels, einer Kurbel oder eines Hebels auf die gewünschte Leitung geschaltet wird.

Der Linienwähler mit Stöpsel (Fig. 313) enthält auf der hölzernen Grundplatte die Kontaktvorrichtungen und in dem aufklappbaren Deckel die Stöpselbuchsen. Die Stöpselschnur ist mit dem eigenen Sprechapparat, die Kontaktvorrichtungen sind mit den Leitungen verbunden, welche nach den auf dem Deckel bezeichneten Sprechstellen führen. Der Kontaktkörper besteht aus einer zusammengebogenen Messingfeder (Fig. 314), deren eines Ende rund gebogen ist. Der in die Buchse gesteckte Stöpsel greift

Fig. 313.

Fig. 314.

mit seiner Spitze zwischen die Federenden und wird von ihnen festgeklemmt, so daß eine gut leitende Verbindung gesichert ist. Nach Schluß des Gesprächs muß der Stöpsel wieder herausgezogen werden. Bei Wandapparaten wird der Linienwähler oft auf dem verbreiterten Grundbrett des Fernsprechgehäuses mit angebracht.

Mit einem Kurbel-Linienwähler ist der Wandapparat Fig. 315 von **J. Berliner** in Hannover ausgestattet. Die Kurbel ist mit dem Sprechapparat, die Kontaktstücke 1—10 sind mit den Leitungen verbunden. Durch Drehen der Kurbel auf einen bestimmten Kontakt wird der Sprechapparat auf die betr. Leitung geschaltet. Nach Beendigung des Gesprächs muß man die Kurbel auf den ersten

Kontakt *R* stellen, damit die Stelle von den anderen Sprechstellen angerufen werden kann.

Das Zurückführen der Kurbel wird erfahrungsmäßig leicht vergessen.

Fig. 315.

Der in Figur 316 abgebildete Tischapparat von **J. Berliner** hat einen Hebel-Linienwähler, der mit 24 Sprechstellen verbunden werden kann. Will man eine dieser Stellen anrufen, so hat man nur den entsprechenden Hebel umzulegen, um den Sprechapparat mit der gewünschten Leitung in Verbindung zu bringen. Durch das Auflegen des Mikrotelephons auf seinen Träger nach Schluß des Gesprächs wird der Hebel selbsttätig in die Ruhelage zurückgeführt; dasselbe geschieht, sobald ein zweiter Hebel zwecks Anrufs einer andern Stelle umgelegt wird.

4. Klappenschränke. Bei der Verwendung von Linienwählern müssen mindestens eben-

soviel Leitungen, als Sprechapparate vorhanden
sind, durch sämtliche Sprechstellen von der
ersten bis zur letzten hindurchgeführt werden. Steigt

Fig. 316.

daher in großen Betrieben die Zahl der Sprechstellen über ein gewisses Maß, oder liegen auch
bei nur wenigen Sprechstellen diese in größerer
Entfernung voneinander, so wird es vorteilhafter,
die einzelnen Sprechstellen sämtlich an eine Zentralstelle anzuschließen. Diese muß ständig unter

Aufsicht stehen und hat die Aufgabe, die gewünschten Verbindungen zwischen den einmün-
denden Leitungen herzustellen und nach Schluß
eines Gesprächs jedesmal wieder aufzuheben. Zu
dem Zwecke wird die Zentral- oder Vermittelungsstelle mit einem Klappenschrank oder Zentral-
umschalter ausgerüstet.

Ein Klappenschrank für 6 Einzelleitungen von
J. Berliner in Hannover ist in Figur 317 abgebildet.

Fig. 317.

Er enthält 6 Elektromagnete von der in Fig. 318 und
319 dargestellten Bauart. Auf den Elektromagnet-
kern *a* von weichem Eisen ist eine Papierhülse
geschoben und darauf feiner, mit Seide umsponnener Kupferdraht gewickelt. Die Drahtrolle ist beiderseits durch eine kreisförmige Hartgummischeibe begrenzt. Der andere Schenkel

des Elektromagnets ist zu einem die Drahtwickelung umhüllenden Mantel *m* ausgebildet. Der
Mantel besteht aus einem schmiedeeisernen Rohre,
das an dem einen
Ende geschlossen
ist und den in
seinem Boden ein-
geschraubten
Eisenkern trägt.
Der scheiben-
förmige, zwischen
Schraubenspitzen
gelagerte Anker
trägt an seiner
oberen Kante
einen Messing-
hebel *h*, der über
den Eisenmantel
hinweggeführt ist
und vorn in einem
Haken endet.
Durch das Ge-
wicht des Hebels
wird der Anker

Fig. 318.

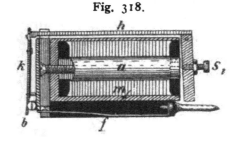

Fig. 319.

vom Elektromagnet weggehoben. Mit dem Haken
hält der Ankerhebel in der Ruhelage die Klappe
hoch. Wird der Anker angezogen und damit der
Haken des Hebels nach oben geführt, so verliert
die Klappe den Halt und fällt vermöge ihrer
Schwere. Die aus Messing gestanzte Fallklappe
k bewegt sich in einem Scharniergelenk und wird
durch die Fortsätze *b* beim Fallen in wagerechter
Stellung aufgehalten. Die Hubhöhe des Ankers
kann mittels der Schraube *s*, welche bei Strom-

Noebels, Haustelegraphie.   21

durchgang gegen den Kontakt *p* schlägt, reguliert werden. Durch Einschaltung eines Weckers nebst Batterie zwischen die Schraube *s* und den Kontakt *p* läßt sich jede einzelne Ankeranziehung zu Gehör bringen. Bei manchen Klappenschränken ist die Einrichtung so getroffen, daß der Wecker beim Klappenfall so lange läutet, bis die Klappe wieder aufgerichtet wird. Eine derartige Vorrichtung hat der Klappenelektromagnet Fig. 318 in der Feder *f*, welche beim Abfallen der Klappe durch deren Ansatz *b* gegen den Kontakt des Klappenkörpers gedrückt wird und dadurch den Weckerstromkreis schließt.

Unterhalb jeder Klappe befindet sich im Klappenschrank die zugehörige Stöpselklinke,

Fig. 320.

bestehend aus Klinkenkörper mit Stöpselbuchse und den auf diesen isoliert aufgeschraubten Kontaktfedern. Die Zahl der Federn ist je nach dem Schranksystem verschieden. Figur 320 zeigt z. B. eine vierteilige Klinke, an deren Ansätze rechts 4 Zuführungsdrähte gelegt werden können. Ein Ansatz gehört zum Klinkenkörper, zwei zu den am linken Ende gebogenen Federn und der vierte zu der geraden Blattfeder, mit welcher die kürzere gebogene Feder in der Ruhelage Kontakt macht.

Wird der Stöpsel Figur 321 in die Buchse eingeführt, so greift seine Spitze unter die Nase der
kürzeren Feder und hebt sie vom Ruhehontakt

Fig. 321.

ab, während gegen den Stöpselhals sich die Nase
der längeren Feder legt und der hintere Metallteil des Stöpsels mit der Klinkenbuchse in Berührung tritt. Die drei Metallteile sind gegeneinander durch Ebonitzwischenlagen isoliert und
stehen mit den drei Leitern der durch den Stöpsel-
griff herangeführten Stöpselschnur in Verbindung.
Enthält die Stöpselschnur nur einen oder zwei
Leiter, so braucht auch der Stöpsel nur einen
bz. zwei Kontaktteile zu haben.

Der Klappenschrank Fig. 317 wird mittels 4
Ösen an einem Wandbrett aufgehängt. Die Zu-
leitungen endigen an den Klemmen auf dem
Deckbrett. Von da führt jede Leitung zu ihrem
Klappen - Elektromagnet und gleichzeitig zum
Körper der dreiteiligen Klinke, von der Klappe
geht der Stromweg zur Klinkenfeder und von
deren Auflager zur Erde. Zur Verbindung zweier
Leitungen hat man lediglich die beiden Stöpsel
einer einadrigen Stöpselschnur in die betreffenden Klinken zu stecken. Jede Stöpselspitze tritt
dann mit der Klinkenfeder in Berührung und
hebt sie zugleich von dem geerdeten Auflager

21*

ab. Der Kontaktteil ist bei dem einen Stöpsel hinten mit einem Ebonitfutter umkleidet, so daß

Fig. 322.

er die Klinkenbuchse nicht metallisch berührt, dagegen bei dem zweiten Stöpsel ganz blank. Der letztere schließt die Klappenwickelung kurz, während die andere Klappe in die Verbindung eingeschaltet bleibt. An die untere Klinke ist der eigene Sprechapparat angeschlossen, er kann daher ebenfalls durch Stöpselschnur mit jeder eingeführten Leitung verbunden werden. Der rechts sichtbare Kurbelumschalter dient zum Ein- und Ausschalten des Weckers.

Der Klappenschrank (Fig. 322) von C. **Lorenz** in Berlin S.O. 26 ist für 25 Leitungen eingerichtet und enthält im oberen Teile die Klappen, getrennt davon im unteren Teile die Klinken. Beigegeben sind 8

Verbindungsschnüre mit je zwei Stöpseln. Jede Schnur bildet unterhalb des wagerechten Stöpselbretts zwei Schleifen; diese werden durch eingehängte Rollgewichte gespannt gehalten, so daß die Stöpsel auf dem Stöpselbrett senkrecht stehen. Fällt eine Klappe, so wird ein vorderer Stöpsel in die zugehörige Klinke gesteckt und mit dem links sichtbaren Mikrotelephon abgefragt, nachdem es durch Umlegen des zu dem Stöpselpaar gehörigen Hebelumschalters an die Schnur angeschaltet worden ist. Darauf steckt man den hinteren Stöpsel in die Klinke der gewünschten Leitung und schaltet den Abfrageapparat durch Zurücklegen des Umschalthebels wieder aus. Die eine Klappe bleibt in die Verbindung eingeschaltet, um nach Beendigung des Gesprächs das Schlußzeichen anzugeben. Werden darauf die Stöpsel aus den Klinken herausgezogen, so gleiten sie infolge des Zuges der Rollgewichte von selbst in die Ruhelage zurück. Ein in den Schrank eingebauter Induktor, dessen Kurbel rechts sichtbar ist, dient zum Anrufen der Sprechstelle.

Die Bauart der Leitungsschnüre ist darauf berechnet, diese recht biegsam zu machen; ihre Haltbarkeit läßt dagegen zu wünschen übrig. Nach längerem Gebrauche werden die Schnüre leicht schadhaft und stören die Verständigung, wenn sie nicht rechtzeitig erneuert werden.

Frei von diesem Übelstande sind die schnurlosen Klappenschränke, an welchen die Verbindung zweier Leitungen entweder mit Hilfe von Stöpseln, oder von Drehschaltern oder Hebelumschaltern ausgeführt wird.

System Mix & Genest (Pyramidenschrank).

Der Klappenschrank Figur 323 ist mit Klinken
und Stöpseln versehen. Die 5 Stöpsel, deren
Kontaktteil aus zwei voneinander isolierten Metall-

Fig. 323.

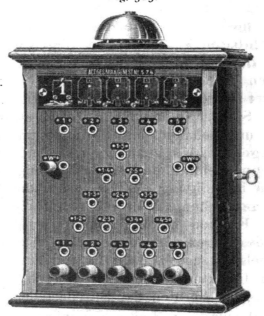

stücken besteht, stecken bei ruhendem Verkehr
in den Buchsen am unteren Rande. Fällt eine
Klappe, z. B. No. 1, so wird der erste Stöpsel in
die über ihm befindliche Klinke 1 gesteckt und
die Leitung 1 dadurch auf den Abfrageapparat
geschaltet. Die Sprechstelle 1 wünsche mit No. 4
verbunden zu werden; dies wird ausgeführt, indem man den Stöpsel 4 in die mit 1—4 bezeichnete Klinke einsteckt und darauf den Stöpsel
1 in seine Buchse zurücksetzt. In die Verbindung
bleibt die Klappe 1 zur Empfangnahme des

Schlußzeichens eingeschaltet. Auf das Schlußzeichen wird die Verbindung durch Zurücksetzen
des Stöpsels 4 in seine Buchse getrennt. Wie
man sieht, ist an dem Schranke für jede überhaupt mögliche Verbindung eine besondere, leicht
auffindbare Klinke vorhanden. In der Klinke
sind die zu verbindenden Hin- und Rückleitungen
an je eine Feder gelegt; die 4 Federn sind paarweise so angeordnet, daß der eingeführte Stöpsel
sich zwischen sie schiebt und mit seinen beiden
Metallteilen je eine Verbindung zwischen den
beiden a-Federn und den beiden b-Federn herstellt. An den Seiten befinden sich zwei Klinken
W_1 und W_2 nebst je einer Stöpselbuchse; durch
Stöpselung von W_1 wird der auf dem Schranke
angebrachte Wecker von 5 Ohm Rollenwiderstand eingeschaltet, dagegen durch Stöpselung
von W_2 ein zweiter, u. U. in einem andern Raum
befindlicher Wecker. Die 5 Klinken unter den
Klappen ermöglichen es, beim Vorhandensein
eines zweiten Klappenschrankes Verbindungen
zwischen Leitungen beider Schränke mittels gewöhnlicher loser Stöpselschnüre herzustellen.
Außer dem Klappenschrank für 5 Leitungen
kommen auch Schränke gleicher Bauart für 10
Leitungen zur Verwendung.

System Siemens & Halske. Sehr zweckmäßig eingerichtet und auch von ungeschultem
Personal leicht zu bedienen sind die Klappenschränke mit Drehschaltern von der in Fig. 324
skizzierten Art.

Der Klappenschrank enthält, wie die Abbildung
zeigt, 6 Anrufklappen, 6 Drehschalter und einen
Wecker, welcher ertönt, sobald eine Klappe ge-

Fig. 324.

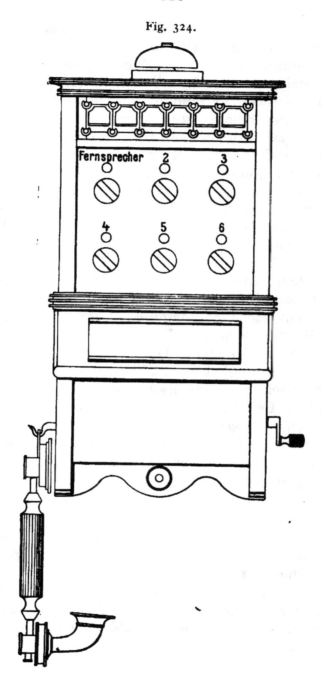

fallen ist. Die Klappen sind Mantelklappen von 400 Ohm Widerstand. Der erste Drehschalter dient zum Abfragen, Mithören, Anrufen, während die anderen 5 zum Herstellen der Verbindungen benutzt werden. Eine Verbindung wird hergestellt, indem man den Drehschalter der einen Sprechstelle auf die Nummer der andern stellt. Die Klappe der letzteren bleibt für das Schlußzeichen eingeschaltet. Ebenso schaltet man eine Leitung auf Abfrageapparat, indem man den Knebel des ersten Schalters („Fernsprecher") auf die betr. Nummer dreht. Die Leitungsnummern sind am Rande jedes Schalters angegeben (in der Figur nicht sichtbar).

Die Klappenschränke gleichen Systems für 10, 15 und 20 Leitungen enthalten am untern Rande 5 besondere Schlußklappen und daneben einen besonderen Mithörschalter. Zu jeder Klappe gehört ein Schalter, aber diese Schalter können auch nur 6 Stellungen einnehmen. Durch sämtliche Schalter sind die Leitung des Abfrageapparats und 5 Verbindungsleitungen geführt. Soll eine Verbindung hergestellt werden, so hat man die Schalter der zu verbindenden Leitungen beide auf eine gerade unbenutzte Verbindungsleitung einzustellen; dadurch wird zugleich die zu der Verbindungsleitung gehörige Schlußklappe eingeschaltet. Um mitzuhören, stellt man den Mithörschalter ebenfalls auf die Nummer der benutzten Verbindungsleitung.

System E. Zwietusch & Co. Alle Verbindungen werden durch Umlegung von leicht zu handhabenden Kniehebeln aus der Ruhe- in die Arbeitsstellung ausgeführt; die Bedienung ist

daher ebenso einfach und bequem wie bei dem
vorigen System. Es werden Schränke für 3, 5,
10 und 20 Leitungen gebaut.

Figur 325 stellt einen Klappenschrank für 10
Doppelleitungen mit 10 Anruf- und 4 darüber-

Fig. 325.

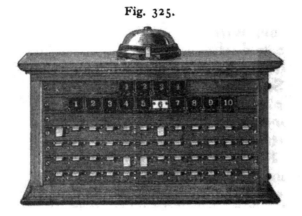

liegenden Schlußklappen dar. Den letzteren entsprechend sind 4 Verbindungsleitungen durch den
Schrank geführt, und mit jeder ist eine wagerechte Reihe von 12 Kniehebeln (unterhalb der
Klappen sichtbar) verbunden. Die senkrechten
Reihen von je 4 Kniehebeln sind mit den Anschlußleitungen verbunden, die an den darüber
liegenden Anrufklappen endigen. Durch Umlegen
eines Kniehebels kann daher seine Verbindungsleitung mit seiner Anschlußleitung verbunden
werden. Die Bauart der Kniehebel läßt Figur 326
erkennen. Die Metallstreifen, an denen die Hebel
sitzen, bestehen im wesentlichen aus zwei hintereinander gelagerten Schienen; die vordere trägt
die Kniehebel und dient zugleich als Abschluß-
leiste; die hintere hält die Umschaltefedern fest,

welche senkrecht zur Länge der Streifen angeordnet sind. Beide Schienen werden durch Stützen
verbunden. Die Kniehebel sind vorn derart angeordnet, daß sie
sich um einen
Drehpunkt bewe-
gen, der in der
vorderen Trage-
schiene liegt. An
dem einen Schen-
kel befindet sich
ein Isolierknopf,
der beim Nieder-
drücken des He-
bels zwischen die
Federn gedrückt
wird und die ge-
wünschte Um-
schaltung der
Kontakte bewirkt.
Der vordere Teil
des Hebels ist in
Form und Winkel-
stellung so aus-
gebildet, daß die
beiden Stellungen
desselben, Ruhe-
oder Arbeitslage,
leicht kenntlich in

Fig. 326.

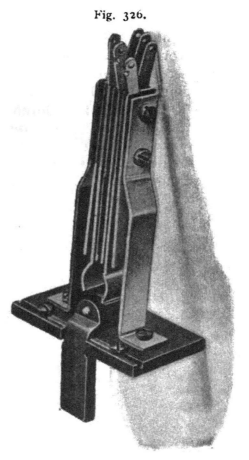

die Augen fallen. Von den 6 Kontaktfedern
sind die beiden mit gebogenem vorderen Ende an
die von außen kommende Hin- und Rückleitung
angeschlossen, dagegen die beiden äußeren an die
Verbindungsleitung, während von den beiden

inneren Federn der Stromweg weiter zur Anrufklappe führt. Durch Umlegen des Hebels werden
die gebogenen Federn von den inneren abgehoben
und an die äußeren Federn gelegt.

In Fig. 325 sind in der dritten Hebelreihe die
Hebel 4 und 5 umgelegt, mithin die Leitungen
4 mit 5 verbunden, wobei die 3. Schlußklappe eingeschaltet ist. Ferner sieht man in der ersten
Reihe den ersten Hebel links und den Hebel zu
Klappe 6 umgelegt: dadurch ist Leitung 6 auf
den Abfrageapparat geschaltet, welcher an die
erste senkrechte Hebelreihe angeschlossen ist.
Mit Hilfe der 12. senkrechten Hebelreihe können
Verbindungen nach einem zweiten Klappenschrank
hergestellt werden.

IX. Die Fernsprechschaltungen.

Die festen Drahtverbindungen in den Fernsprechgehäusen und Umschaltern werden zwar in der Apparatfabrik hergestellt, für den Installateur ist jedoch ihre genaue Kenntnis unerläßlich, um überhaupt die Installation vornehmen und störende Fehler, die beim Betriebe jeder Anlage vorkommen, auffinden zu können. In welcher Weise die fertigen Apparate mit Leitung und Batterie zu verbinden sind, hängt mit ihrer inneren Einrichtung eng zusammen. Beim Bezuge von Apparaten, deren Stromlauf nicht genau bekannt ist, muß man sich deshalb vom Fabrikanten ein Stromlaufschema mitgeben lassen. Bei der großen Mannigfaltigkeit der vorkommenden Schaltungen können nachstehend nur die wichtigsten erläutert werden; dabei wird in erster Linie auf die Stromläufe der im vorigen Abschnitt behandelten Apparate einzugehen sein, insbesondere auch auf die Schaltungen der Reichspost, da diese bei den mit Ortsfernsprechnetzen zu verbindenden Privat-Nebenanschlüssen anzuwenden sind. Von welchen Apparaten und welcher Schaltung im übrigen bei

einer Privat-Fernsprechanlage zweckmäßig Gebrauch zu machen ist, muß in jedem einzelnen
Falle unter Berücksichtigung aller in Betracht
kommenden Verhältnisse sorgfältig erwogen
werden.

A. Anlagen für Batterieanruf.

1. Direkte Schaltung. Die Schaltung, bei
welcher die Mikrophon-Induktionsrolle fehlt, ist
nur für Hausanlagen von geringer Ausdehnung
verwendbar.

Fig. 327.

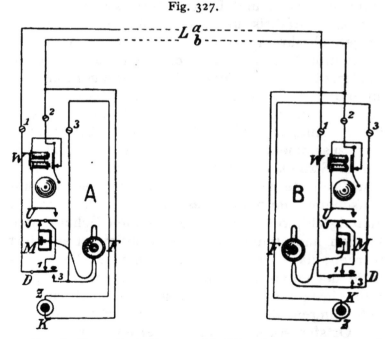

**Zwei Sprechstellen mit Wandapparaten und
eigenen Batterien** (Fig. 327). Die Hinleitung *L a*

verbindet die Klemmen *1*, die Rückleitung *Lb*
die Klemmen *2* der Gehäuse; zwischen die Klemmen *2* und *3* wird bei jeder Sprechstelle die
Batterie von 1 oder 2 Elementen geschaltet, jedoch so, daß bei Stelle *A* der Zinkpol, bei Stelle
B der Kohlenpol an Klemme *3* liegt. Der Stromweg führt aus Leitung *La* zum Druckknopf *D*
und weiter zum Hakenumschalter *U*, von diesem
entweder durch den Wecker *W* nach Leitung *Lb*,
oder durch Mikrophon *M*, Fernhörer *F* und
Batterie nach Leitung *Lb*. Daraus ergeben sich
für den Betrieb die Stromwege wie folgt:

Stelle *A* drückt Knopf, um nach *B* zu wecken;
der Batteriestrom fließt vom Zinkpol über Klemme *3*,
unteren Kontakt *3* der Taste *D* und Klemme *1*
in die Leitung *La*, geht bei Stelle *B* über Klemme *1*,
Taste *D* und deren oberen Kontakt *1* zum Hebel
des Umschalters *U* und, da dieser von dem eingesetzten Fernhörer an den Weckerkontakt gepreßt wird, weiter zum Wecker *W* und über
Klemme *2* in die Rückleitung *Lb*, sodann bei
Stelle *A* von Klemme *2* zum Kohlenpol. Der
Wecker bei *B* läutet mit Selbstunterbrechung.

Nunmehr wird bei beiden Stellen der Fernhörer abgenommen und dadurch der Hebel *U*
umgelegt, wodurch die Sprechschaltung hergestellt
ist. Stromweg: Stelle *A* Klemme *1*, Taste *D*,
Umschalter *U*, Mikrophon *M*, Fernhörer *F*, Klemme *3*,
Batterie, Klemme *2*, Leitung *Lb*, Stelle *B* Klemme *2*,
Batterie, Klemme *3*, Fernhörer *F*, Mikrophon *M*,
Umschalter *U*, Taste *D*, Klemme *1*, Leitung *La*
und zurück zur Klemme *1* der Stelle *A*.

Die Rückleitung *Lb* kann wegfallen, wenn die
Klemme *2* auf beiden Stellen mit Erde verbunden wird.

Für diese Schaltung sind die Apparate Fig. 290, 291 und 292 eingerichtet. Den gleichen Stromlauf haben die Apparate Fig. 289, jedoch fehlt wegen des eingebauten Trockenelements die Klemme *3*, auch ist aus demselben Grunde Klemme *1* von *A* mit Klemme *2* von *B* zu verbinden.

Zwei Sprechstellen mit Wandapparaten und gemeinsamer Batterie (Fig. 328). Die Batterie aus nassen Zink-Kohlenelementen kann an be-

Fig. 328.

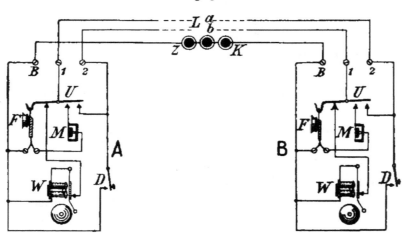

liebiger Stelle Platz finden, es ist aber von ihr nach jeder Sprechstelle ein besonderer Draht erforderlich. Die Leitung *La* führt von Stelle *A* Klemme *1* nach *B* Klemme *2*, die Rückleitung verbindet die Klemmen *A2* und *B1*, während die Batterie zwischen die *B*-Klemmen beider Stationen geschaltet ist. Der Hebel des Umschalters *U* schließt beim Abnehmen des Fernhörers zwei Kontakte. Der Weg für den Weckstrom ist an der Hand der Figur leicht zu verfolgen. Der Sprechstromkreis ist folgender: Zinkpol der Batterie, Stelle *A* Klemme *B*, Fernhörer *F*, Mikrophon *M*, Umschalter *U* und von da gleichzeitig durch beide Leitungsdrähte *La* und *Lb* nach Stelle *B* Umschalter *U*, Mikrophon *M*, Fernhörer *F*, Klemme *B*, Kohlenpol der Batterie.

Tischapparate mit direkter Schaltung. Die Verbindungen im Gehäuse sind dieselben wie in Figur 327 oder 328. Von den drei Klemmen des Tischgehäuses führt jedoch eine dreiaderige Leitungsschnur nach einer an der Wand befestigten Anschlußdose mit entsprechenden Klemmen, an welchen die Schnuradern mit den Leitungs- und Batteriedrähten verbunden werden. Es ist natürlich zulässig, die eine Sprechstelle mit einem Tischapparat, die andere mit einem Wandapparat auszurüsten.

Einseitige Linienwähleranlage mit gemeinsamer Batterie (Fig. 329). Diese Schaltung eignet sich für eine Anlage mit mehr als zwei Sprechstellen dann, wenn nur von der Hauptstelle, z. B. dem Chef des Hauses, angerufen werden soll, in umgekehrter Richtung jedoch und zwischen den übrigen Sprechstellen ein Anruf nicht erfolgt. Die Hauptstelle *C* erhält neben dem Apparat (ohne Wecker) einen Linienwähler.

Der Zinkpol einer gemeinsamen Batterie von 2—3 Elementen ist mit allen Klemmen *1* der Seitenstationen, der Kohlenpol mit Klemme *1* der Zentralstelle verbunden; von den Klemmen *2* der Seitenstationen führen Leitungen zum Linienwähler, dessen Stöpselschnur mit der Klemme *3* des Zentralapparats verbunden ist. Im Ruhezustande sind am Linienwähler alle Leitungen isoliert, beim Einstecken des Stöpsels ist die Zentralstelle mit der betreffenden Seitenstelle

Fig. 329.

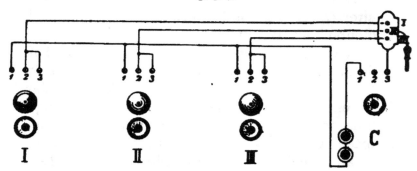

durch zwei Leitungen verbunden. Beim Drücken des Knopfes wird die Batterie geschlossen, der Strom geht bei der Hauptstelle über Klemme *1*, Taste, Klemme *3*, Linienwähler zur gerufenen Stelle, dort über Klemme *2* zum Wecker, Umschalter, Taste, zur Klemme *1* und zum Zinkpol der Batterie zurück. Nach dem Abheben der Telephone geht der Stromweg über die beiderseitigen Sprechapparate.

2. Normalschaltung. Der Mikrophonstromkreis ist durch eine Induktionsrolle mit dem Hörstromkreise verbunden. Diese (indirekte) Schaltung ist anzuwenden, wenn eine Anlage über den Bereich des Hauses hinausgeht, ferner im allgemeinen bei solchen Hausanlagen, die mehr als zwei Sprechstellen verbinden.

Stromlauf der Reichspost für ein Wandgehäuse mit Batterieanruf (Fig. 330). Das Gehäuse ist für Erdrückleitung eingerichtet und mit

Spindelblitzableiter *S*, Kohlenwalzenmikrophon *M*, Induktionsrolle *J* und zwei Fernhörern versehen.

Fig. 330.

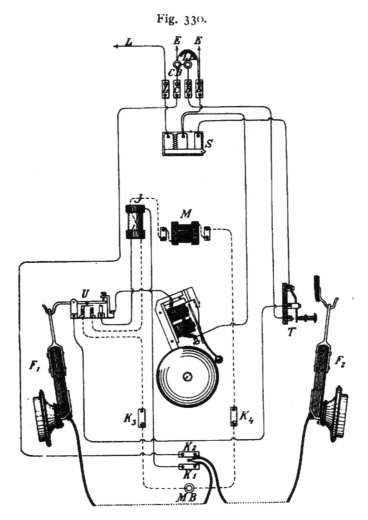

Weckstromkreis. Wird die Taste *T* gedrückt, so fließt aus der mit einem Pol an Erde liegenden Weckbatterie *LB* Strom über Klemme *B*, Taste

22*

(unterer Kontakt, Hebel), Spindelblitzableiter *S* und Klemme *L* in die Leitung. Bei der zweiten Sprechstelle liegt die Leitung ebenfalls an Klemme *L*. Der ankommende Weckstrom fließt also über Klemme *L*, Blitzableiter, Taste (Hebel, oberer Kontakt), Hakenumschalter *U* (Hebel, oberer Kontakt), Wecker (der mit Rollenausschluß arbeitet), Blitzableiter zur Erde.

Durch Abnehmen des Fernhörers F_1 wird im Hakenumschalter sowohl der punktiert gezeichnete Mikrophonstromkreis, als auch der Hörstromkreis geschlossen.

Mikrophonstromkreis: Klemme K_3 — Mikrophonbatterie *MB* — Klemme K_4 — Mikrophon — primäre Induktionsrolle — Blattfederkontakt des Hakenumschalters — Klemme K_3.

Hörstromkreis: Leitung *L* — Spindelblitzableiter — Taste (Hebel, mittlere Schiene) — Hakenumschalter (Hebel und Säulchenkontakt) — sekundäre Induktionsspule — Klemme K_1 — Fernhörer F_1 und F_2 — Klemme K_2 — Klemme *C* — Erde.

Bei den an Ortsfernsprechnetze angeschlossenen Sprechstellen wird Klemme *C* nicht direkt, sondern über ein Element mit Erde verbunden. Über den Zweck dieses Kontrollelements siehe unter „Fernsprech-Nebenstellen". Statt eine besondere Mikrophonbatterie aufzustellen, kann man auch das erste oder die beiden ersten Elemente der Weckbatterie für das Mikrophon mitbenutzen.

Tischapparat mit Summer für den Anruf (Fig. 331, vgl. Fig. 303). Wird die Taste *T* gedrückt, so fließt der Strom aus der mit einem Pole geerdeten Batterie durch die Leitungsschnur zur Gehäuseklemme *B* und über die Taste nach Klemme

L in die Leitung. Der aus Leitung *L* ankommende Weckstrom nimmt folgenden Weg: Klemme *L*, Taste *T* (oberer Kontakt), Umschalter *U*, Relais *R*, Klemme *E*, Erde. Infolge dieses Stromes zieht der Elektromagnet *R* seinen Anker an, und dadurch wird der Strom der eigenen Batterie wie folgt geschlossen: Erde, Batterie, Klemmen *B*, Mikrophon *M*, primäre Wickelung der Induktionsspule *J*, Anker des Relais *R*, Kontakt *a* desselben, Klemmen *E*, Erde. Dieser Stromschluß erzeugt in der sekundären Wickelung von *J* einen

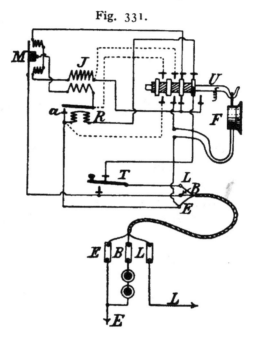

Fig. 331.

Induktionsstrom, der den Summer-Elektromagnet vor der Mikrophonplatte durchfließt, so daß diese Platte, die aus Eisen besteht, angezogen wird; dadurch entsteht eine Schwankung des Batteriestroms, ein neuer Induktionsstrom und so fort, kurz, die Mikrophonplatte wird in schwingende Bewegung versetzt, so daß sie einen summenden Ton von sich gibt.

Beim Abheben des Fernhörers wird der Hakenumschalter von links nach rechts verschoben. Der

Mikrophonstromkreis ist dann folgender: Erde, Batterie, Klemmen *B*, Mikrophon *M*, Rolle *J* (primäre Wickelung), Anker von *R*, Umschalter *U*, zurück zum Kontakt *a* von *R*, Erde. Hörstromkreis: Leitung, Klemmen *L*, Taste (oberer Kontakt), Umschalter *U*, Rolle *J* (sekundäre Wickelung), gestrichelte Linie zum Umschalter *U*, Fernhörer *F*, Erde.

B. Anlagen für Induktoranruf.

An die Stelle der Wecktaste tritt der Magnetinduktor. Da dieser Wechselstrom erzeugt, so werden polarisierte Wecker verwendet. Der Stromweg führt allgemein aus Leitung *a* über den Induktor zum Hakenumschalter, von da entweder durch den Wecker oder durch die Induktionsrolle und den Fernhörer zur Rückleitung. In den Figuren 332—334 sind die Stromläufe der Reichpost dargestellt.

Wandgehäuse in Schrankform mit Blitzableiter (Fig. 332). Im Gehäuse befindet sich ein Doppelkohlenblitzableiter *S* mit Feinsicherungen und auf der Deckplatte eine Klemme *E* für die Erdleitung des Blitzableiters. Die beiden Klemmen W_1 und W_2 dienen zum Anschluß eines zweiten Weckers W_1; fehlt dieser, so werden die Klemmen durch eine Messingschiene unmittelbar miteinander verbunden.

Zum Anruf wird die Kurbel des Induktors *Y* gedreht. Stromkreis für den abgehenden Weckstrom: Leitung *La* — Kohlenblitzableiter (rechte Kohlenplatte und Schmelzpatrone) — Induktor Klemme k_1, Umwindungen, Klemme k_0) — Kohlen-

blitzableiter (linke Schmelzpatrone und Kohlenplatte) — Leitung *Lb* oder bei Einzelleitungsbetrieb
Erde.

Stromkreis für den ankommenden Weckstrom:
Leitung *La* — Kohlenblitzableiter — Klemmen k_1

Fig. 332.

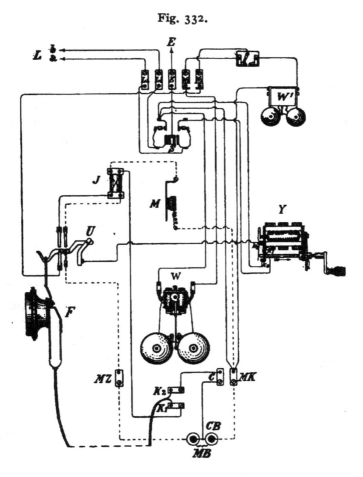

und k_2 des Induktors — Hebel des Hakenumschalters *U* — unterer Schleifkontakt — Weckerklemme

W_2 — Kurbelumschalter — Klemme W_t — Gehäuse-
wecker — Kohlenblitzableiter — Leitung Lb.

Mikrophonstromkreis (gestrichelt): Klemme MZ
— Mikrophonbatterie MB — Klemme MK — Mikrophon M — primäre Induktionsspule J — rechter
oberer Schleifkontakt des Hakenumschalters U —
isoliertes Stück des Hakenhebels — Klemme MZ.

Hörstromkreis: Leitung La — Kohlenblitzableiter — Klemmen k_1 und k_2 des Induktors —
Hebel des Hakenumschalters U — linker oberer
Schleifkontakt — sekundäre Spule der Induktionsrolle J — Klemme K_1 — Fernhörer — Klemmen
K_2 und C — Kontrollelement CB — Klemme MK
— Kohlenblitzableiter — Leitung Lb oder Erde
bei Einzelleitungsbetrieb.

Wird bei der Sprechstelle ein Kontrollelement
nicht verwendet, so ist der vom Blitzableiter der
Leitung Lb zur Klemme MK führende Draht von
dieser Klemme zu lösen und an Klemme C zu
legen, während der Draht von Klemme C zur
Batterie wegfällt.

Bei der zweiten Sprechstelle sind die Stromläufe genau dieselben. Es ist bei der Installation
lediglich dafür zu sorgen, daß der Leitungsdraht
a stets an Klemme La gelegt und die Klemme Lb
mit der Rückleitung b bzw. mit Erde verbunden
wird.

Soll an Stelle des Gehäuseweckers der in einem
getrennten Raume angebrachte Wecker W_1 eingeschaltet werden, so dreht man die Kurbel des
Umschalters nach rechts. Der aus Leitung La
kommende Weckstrom fließt dann vom Hakenumschalter U über Klemme W_2 und den Kurbelumschalter zu dem Wecker W_1, weiter zur Klemme

MK und über den Blitzableiter in die Leitung *Lb* zurück.

Die neueren Wandgehäuse enthalten keinen Blitzableiter; dafür wird nahe der Stelle, wo die Leitung in das Gebäude eintritt, ein Sicherungskästchen angebracht. Auf dem Gehäuse fehlt die Erdklemme. Sonst ist der Stromlauf derselbe.

Pultförmiges Wandgehäuse Mod. 1903 (Fig. 333). Sämtliche Klemmen für die Leitungs- und

Fig. 333.

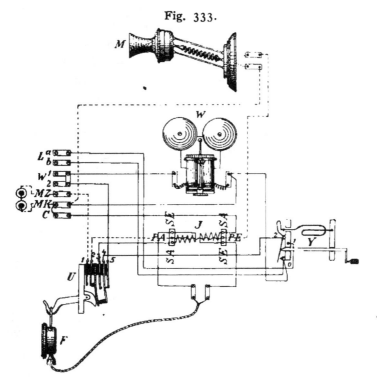

Batteriedrähte sitzen an der linken Seitenwand des Pultes. Der Hakenumschalter *U* bringt die bekannten Umschaltungen durch 5 Kontaktfedern hervor. In der gezeichneten Stellung berühren sich die beiden äußersten Federn rechts: Leitung *a* liegt auf Wecker; bei abgenommenem Fernhörer treten die Federn *1* und *2* (Mikrophon) sowie *3* und *4* in Berührung. Die Wege für den abgehenden und ankommenden Weckstrom sowie der Mikrophonstromkreis lassen sich leicht verfolgen. Der Hörstromkreis ist folgender: Leitung *La* — Induktor *Y* (Klemmen *1* und *2*) — Umschalter *U* (*4.* und *3.* Feder) — Induktionsrolle *J* (Hälfte der sekundären Wickelung von *SA* bis *SE*) — Fernhörer *F* — Induktionsrolle *J* (2. Hälfte von *SE* bis *SA*) — Klemmen *C* und *MK* — Weckerklemme — Induktorklemme *O* — Leitung *Lb*. Der Fernhörer ist hierbei zwischen die beiden Hälften der sekundären Spule der Induktionsrolle geschaltet.

Tischgehäuse Modell 1900 (Fig. 334). Das Umschalten vom Wecker auf Sprechapparat besorgt der Träger des Mikrotelephons, welcher nach Abnahme des letzteren in der hohlen Säule *S* durch eine Spiralfeder in die Höhe getrieben wird, so daß auch die am Querbalken *L* befestigten Messingstücke s_1 und *q* folgen und sich gegen die Federn s_2 bzw. *p* legen. Außer diesem Umschalter sitzt an der Deckplatte die Taste *T*, durch deren Niederdrücken die Induktionsrolle beim Hören kurz geschlossen werden kann. Damit sich die Gehäusedeckplatte leicht abnehmen läßt, sind in die 6 Drahtverbindungen von Umschalter und Taste nach den im unteren Teile des Gehäuses befindlichen Apparaten die 6 Druckfedern *f* eingefügt; beim Aufsetzen des Deckels legen sich diese Federn lose auf ihre Kontakte. Zweck und Einrichtung der beiden Leitungsschnüre, die von den unteren Klemmen nach der Klemmleiste

Fig. 334.

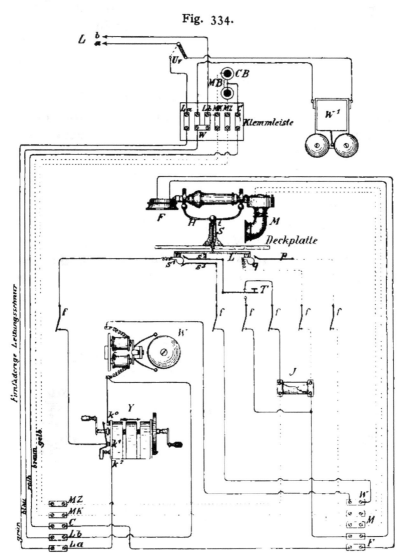

an der Wand bzw. dem Mikrotelephon gehen, ist ohne weiteres ersichtlich.

Durch den Kurbelumschalter Uv ist in der Figur ein besonderer Wecker eingeschaltet; bei der gezeichneten Kurbelstellung geht der ankommende Weckstrom aus Leitung La lediglich zum Wecker W_1 und zurück über die Klemme Lb, W nach Leitung Lb. Bei Kurbelstellung links fließt der ankommende Weckstrom: Klemmen La an der Wand und am Gehäuse — Induktor Y (Klemmen k_1, k_2) — Feder f — Umschalter (s_1, s_3) — Feder f — Klemme W — Wecker W — Klemmen Lb — Rückleitung.

Die übrigen Stromwege lassen sich hiernach leicht auffinden.

Bei den neuesten Tischapparaten ist die Taste T in den Griff des Mikrotelephons verlegt.

Fernsprechanlage mit zwei Endstellen und einer Zwischenstelle. a) Gehäuse mit Magnetinduktor (Fig. 335). Sollen die drei Stellen nach Belieben

Fig. 335.

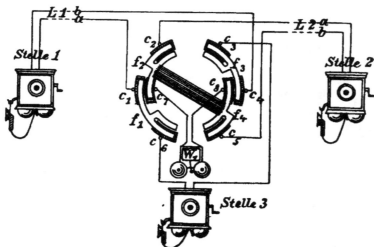

miteinander zu verkehren imstande sein, so erhält

die in der Mitte belegene oder die Hauptstation
Stelle *3* Zwischenstellenschaltung, d. h. die Leitungen
von den Stellen *1* und *2* werden an einen Knebelumschalter (vgl. Fig. 312) gelegt, mit dem auch
das eigene Fernsprechgehäuse und ein zweiter
Wecker zu verbinden sind. Bei der gezeichneten
Knebelstellung sind durch die beweglichen Federn
f_1—f_4 folgende Verbindungen hergestellt:

1. Leitung *L1a* liegt über $c_1 f_1 c_6$ auf Fernsprechgehäuse, von wo der Stromweg über $c_3 f_3 c_4$
nach Leitung *L1b* zurückführt.

2. Leitung *L2a* liegt über $c_2 f_2 c_7$ auf dem
Wecker W_1, von wo der Stromweg über $c_8 f_4 c_5$
nach *L2b* führt.

Die Stellen *1* und *3* sprechen also miteinander,
während die Leitung nach Stelle *2* auf Wecker liegt.

Bei Knebelstellung „rechts" sprechen Stellen
2 und *3* zusammen, die Leitung von Stelle *1* liegt
auf Wecker. Steht der Knebel in der Mitte, so
ist verbunden: Leitung *L1a* mit Leitung *L2a* über
$c_1 f_1 c_2$, Leitung *L1b* mit Leitung *L2b* über $c_4 f_3 c_5$;
zwischen *a*-Draht und *b*-Draht ist der Wecker W_1
als Brücke geschaltet. Stelle *1* spricht also mit
Stelle *2*, der Wecker W_1 bringt die Rufsignale
bei der Zwischenstelle zu Gehör.

b) Gehäuse mit Weckbatterie (Fig. 336). (Für
Hausanlagen). Von der Weckbatterie ist bei jeder
der drei Sprechstellen ein Element für den Mi-
krophonbetrieb abgezweigt. Die Zwischenstelle
hat zwei besondere Wecker und einen Doppel-
kurbelumschalter, der 3 Stellungen einnehmen
kann. Bei der Kurbelstellung „links" spricht
die Zwischenstelle mit Stelle *I*, die Leitung von
Stelle *II* ist auf den mit Selbstunterbrechung

arbeitenden Wecker *UW* geschaltet. Die Kurbelstellung „rechts" bewirkt das Umgekehrte. Bei
Mittelstellung der Kurbeln sind die Stellen *I* und
II verbunden, wobei der Einschlagwecker *EW* in
die Hinleitung geschaltet ist.

Die Zwischenstellenschaltung hat den Vorteil,
daß Gespräche zwischen zwei Stellen von der

Fig. 336.

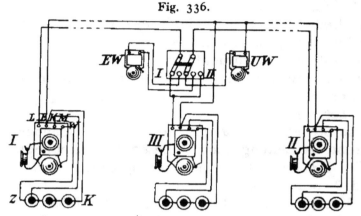

dritten nicht belauscht werden können, dagegen
den Nachteil, daß der Verkehr zwischen den
beiden Endstellen von der richtigen und pünkt-
lichen Umschaltung bei der Zwischenstelle abhängt.

Soll diese Abhängigkeit vermieden werden,
oder sind mehr als 3 Stellen zu verbinden, so
kann man die Hintereinander- oder die Nebeneinanderschaltung anwenden.

**Anlage mit hintereinander geschalteten
Sprechstellen** (Fig. 337). Die Gehäuse müssen
mit Induktor ausgerüstet sein. Bei den 4 Zwischenstellen ist im Gehäuse der vom Wecker und Fernhörer kommende Draht nicht an Erde, sondern
an die Klemme L_2 gelegt, von wo die Leitung
nach der Klemme L_1 der nächsten Sprechstelle

weitergeht. Die bei den Zwischenstellen gezeichneten Erdleitungen gehören zu den Blitzableitern.

Der bei einer Stelle erzeugte Weckstrom durchläuft sämtliche anderen Stationen; es muß daher für jede Sprechstelle ein bestimmtes Rufzeichen verabredet sein, z. B. „kurz lang", „lang kurz", „lang lang kurz" usw.

Die Zwischenstellengehäuse erhalten zweckmäßig zwei Richtungstasten; ein Druck auf die rechte oder linke Taste während des Kurbeldrehens bewirkt, daß der Weckstrom nur nach der betr. Richtung fließt und die anderen Stationen nicht gestört werden.

Sprechen zwei Stellen miteinander, so müssen die Sprechströme stets auch die Wecker der übrigen Stellen durchlaufen, wodurch sie nutzlos und in erheblichem Grade geschwächt werden. Die Wecker dürfen deshalb nur geringen Widerstand haben, und die Zahl der Sprech-

Fig. 337.

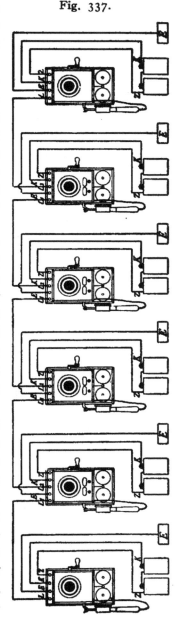

stellen muß möglichst beschränkt bleiben, damit eine bequeme Verständigung erzielt wird.

Anlage mit nebeneinander geschalteten Sprechstellen (Fig. 338). Die Zwischenstellen werden

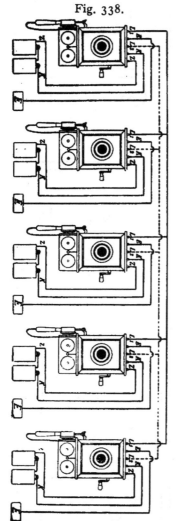

Fig. 338.

durch einfache Drähte an die vorbeigeführte Hin- und Rückleitung angeschlossen und liegen also als Brücke zwischen beiden Leitungsdrähten. Die punktiert gezeichnete Rückleitung kann fortfallen; dann wird die Gehäuseklemme L_2 mit der Klemme E verbunden. In diesem Falle liegen die Apparate sämtlich zwischen Leitung und Erde.

Ein in die Leitung gesandter Weckstrom verteilt sich ziemlich gleichmäßig auf die einzelnen Stationen, bei jeder geht ein Teil von der Leitung durch den Wecker zur Rückleitung oder zur Erde.

In gleicher Weise verteilen sich, wenn zwei Stationen miteinander sprechen, auch die Sprechströme. Um deren Verteilung aber günstiger zu gestalten, gibt man den Weckern recht hohen Widerstand (in der Reichstelegraphie 1500 Ohm); dann geht der von

einer Stelle entsandte Sprechstrom zum weitaus
größten Teile zu der angerufenen Sprechstelle,
deren Sprechapparate nur etwa 400 Ohm Widerstand haben, und der Stromverlust in den Weckern
der übrigen Stationen ist gering. Auf diese
Weise kann man 10 und mehr Sprechstellen an
eine Leitung anschalten.

Bei dieser und der vorigen Schaltung wird
durch jeden Anruf eine Reihe unbeteiligter Stellen
belästigt. Um dies zu vermeiden, bedient man
sich in Hausanlagen mit Vorteil des Linienwählers.

**Linienwähleranlage mit Gehäusen für Induktor-
anruf** (Fig. 339). Das Schema stellt sechs miteinander verbundene Sprechstellen dar, deren jede
neben dem Fernsprechgehäuse mit Normalschaltung des Mikrophons einen Linienwähler besitzt.
6 Leitungen und eine gemeinsame Rückleitung
führen an sämtlichen Stellen vorbei. Bei jeder
Sprechstelle ist das Fernsprechgehäuse zwischen
die eigene Leitung und die Rückleitung geschaltet,
während die übrigen 5 Leitungen durch abge-
zweigte Drähte an den Linienwähler herangeführt sind. Im Ruhezustand ist kein einziger
geschlossener Stromkreis vorhanden, alle Leitungen
sind unterbrochen. Steckt aber eine Sprechstelle,
z. B. Nr. 1 (Kasse), den Stöpsel in eine Buchse
des Linienwählers, z. B. in Nr. 3 (Werkstatt), so
ist das Fernsprechgehäuse von Stelle 1 ebenso
zwischen Leitung 3 und Rückleitung geschaltet,
wie der Apparat von Nr. 3; zwischen diesen
beiden Apparaten ist dann also ein geschlossener
Stromkreis hergestellt, die beiden Stellen können
sich anrufen und miteinander sprechen. Wenn
zufällig während dieses Gesprächs eine andere

Stelle Leitung 1 oder 3 stöpselt, so vernimmt sie das Gesprochene ebenfalls und muß sich, um nicht zu stören, wieder ausschalten. Dagegen

Fig. 339.

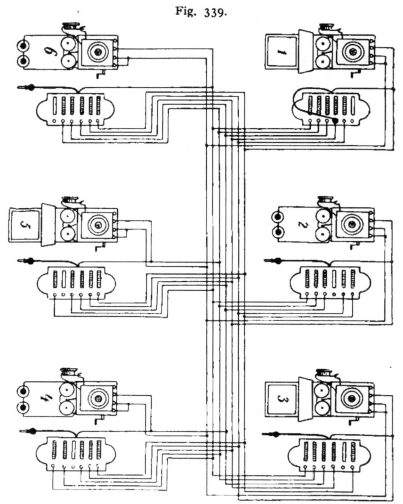

sind, während Nr. 1 mit Nr. 3 spricht, zwischen den anderen Stellen Gespräche zulässig, beispielsweise zwischen Nr. 2 und 5 sowie zwischen Nr. 4

und 6, ohne daß sie sich gegenseitig stören. Nach Schluß des Gesprächs muß der Stöpsel aus der Buchse wieder herausgenommen und dadurch der Strom-kreis unterbrochen werden. Da dies erfahrungs-gemäß leicht vergessen wird, empfiehlt sich die Verwendung automatischer Linienwähler (vgl. Fig. 316), welche den Ruhezustand beim Anhängen oder Auflegen des Telephons selbsttätig wieder-herstellen.

Linienwähleranlage mit Gehäusen für Batterie-anruf und direkte Mikrophonschaltung (Fig. 340). An den 5 Sprechstellen sind 5 Leitungen und die beiden Poldrähte K und Z der gemeinsamen Weck-und Mikrophonbatterie vorbeigeführt. Bei jeder Stelle ist der Fernsprechapparat zwischen die eigene Leitung und den Poldraht K geschaltet. Der an die übrigen 4 Leitungen angeschlossene Linienwähler besitzt noch eine Umschalteklinke, deren Feder mit der 3. Gehäuseklemme in Ver-bindung steht, während ihr oberer Kontakt mit dem Poldraht K, ihr unterer Kontakt mit dem Poldraht Z verbunden ist. Im Ruhezustande steckt der Stöpsel in dieser Klinke und drückt die Feder gegen den oberen Kontakt; der Zink-poldraht ist daher überall isoliert, der Batterie-kreis geöffnet.

Steckt Stelle 1 den Stöpsel z. B. in die Buchse Nr. 5, so legt sich in der Klinke die Feder auf den unteren Kontakt und verbindet den Zinkpol mit Klemme 3 des Gehäuses. Für letzteres be-steht dann die Schaltung Figur 327. Sendet nun Stelle 1 durch Tastendruck Strom in die Leitung, so fließt dieser vom Zinkpol über die Klinke des Linienwählers nach Klemme 3 des Gehäuses,

23*

über die Taste
nach Klemme 1,
über die Stöpsel-
schnur nach
Buchse 5 und in
die Leitung 5,
aus dieser bei
Stelle 5 zur
Klemme 1 des
Gehäuses und in
bekannter Weise
über Taste und
Umschalter zum
Wecker und
zurück zum
Kohlenpoldraht.
Werden nun bei
beiden Stellen
die Mikro-
telephone abge-
nommen, so
bildet sich fol-
gender Sprech-
stromkreis:
Zinkpol — Zink-
poldraht — Stelle
1 (Klinke —
Klemme 3 —
Fernhörer — Mi-
krophon — Um-
schalter — Taste
— Klemme 1 —
Stöpselschnur —
Buchse 5) — Lei-
tung 5 — Stelle 5

Fig. 340.

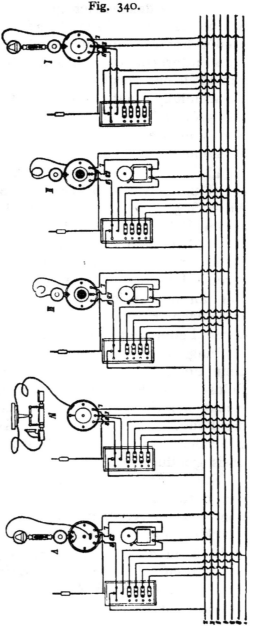

(Klemme 1 — Taste — Umschalter — Mikrophon — Fernhörer — Klemme 3 — Klinkenfeder — oberer Klinkenkontakt) — Kohlenpoldraht — Kohlenpol. Auch hier darf nicht vergessen werden, nach Schluß des Gesprächs den Stöpsel wieder in die Umschalteklinke zu setzen. Während zwei Stellen sprechen, können die übrigen Stellen nicht miteinander in Verkehr treten, weil die bei einer Stelle erzeugten Sprechströme über die gemeinsame Batterie zu allen anderen sich einschaltenden Sprechstellen gelangen.

Fernsprechanlage mit Vermittlungsstelle (Zentrale). Figur 341 gibt das Schema für den Anschluß mehrerer Sprechstellen an eine gemeinsame Zentralstelle. Die von den Sprechstellen kommenden Leitungen endigen an einem Klappen-

Fig. 341.

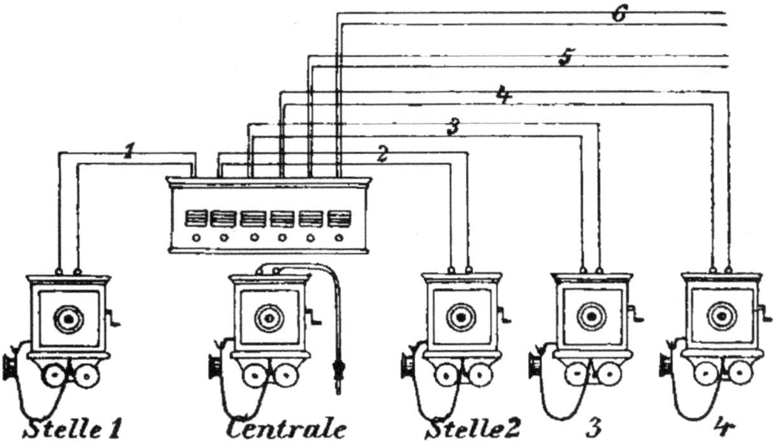

Stelle 1   Centrale   Stelle 2   3   4

schranke, dem u. U. ein Blitzableiter vorzuschalten ist. Die Vermittlungsstelle kann sich mit Hilfe der an ihrem Fernsprechgehäuse (Abfrageapparat) angebrachten Stöpselschnur mit jeder Leitung ver-

binden, sei es um einen Anruf zu beantworten
oder um selbst anzurufen und ein Gespräch zu
führen. Der Abfrageapparat kann auch durch
Drähte mit der ersten Klinke des Klappenschrankes
fest verbunden werden; die Einschaltung erfolgt
dann mittels der gewöhnlichen Stöpselschnüre,
indem ein Stöpsel in Klinke *1*, der andere in die
Klinke der betreffenden Leitung gesteckt wird.

Fig. 342.

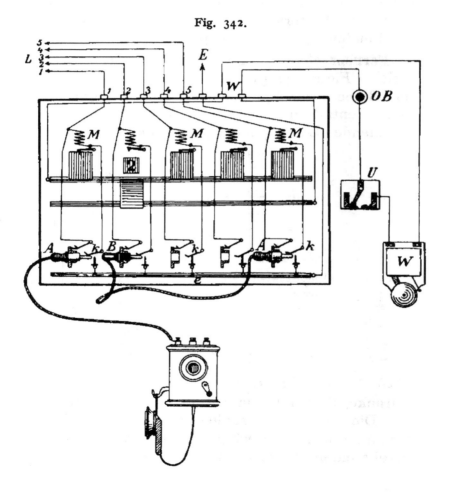

Stromlauf eines Klappenschrankes mit Stöpsel-schnüren. Figur 342 zeigt die Drahtverbindungen in einem Klappenschranke für 5 Einzelleitungen. Von der Klemme auf dem Schranke, an welche die Leitung gelegt ist, führt der Stromweg zum Klappen-Elektromagnet *M* und weiter zur Klinken-feder *k*, die für gewöhnlich auf dem mit der Erd-schiene *e* verbundenen Kontakt aufliegt. Der in die Klinke *1* eingesteckte Stöpsel *A* des Abfrage-apparats hebt die Feder *k* vom Erdkontakt ab und bringt sie dafür in Verbindung mit dem Fern-sprechgehäuse. Die Leitungen *2* und *5* sind durch eine Stöpselschnur verbunden, indem beide Stöpsel mit den Klinkenfedern *k* Kontakt machen; von Klinke *5* führt jedoch der Stromweg nicht durch die Drahtwickelung des Magnets *M*, sondern von der mit dem leitenden Stöpselteil in Berührung stehenden Klinkenhülse aus unmittelbar nach Leitung *5*. Der Teil des Stöpsels *B*, welcher die Hülse der Klinke *2* berührt, besteht aus Ebonit; deshalb führt hier der Stromweg durch dén Elektro-magnet *M* hindurch. Zwischen die Klemmen *WW* ist ein Wecker geschaltet, der bei entsprechen-der Stellung des Umschalters *U* auf den Strom der Batterie *OB* anspricht, sobald eine Klappe fällt.

Die Klappen werden sowohl durch Batterie-strom als auch durch den Wechselstrom eines Induktors zum Abfallen gebracht.

Der Betrieb wickelt sich wie folgt ab. Auf den Ruf einer Sprechstelle, z. B. Nr. 2, fällt die Klappe 2. Der Bedienende führt den Abfrage-stöpsel in die Klinke *2* ein und meldet sich. An-genommen, Sprechstelle 2 will mit Nr. *5* verbun-den sein; dann hat man lediglich den Stöpsel *B* einer Schnur in Klinke 2 und den Stöpsel A in Klinke 5 einzusetzen. Stelle 2 ruft Nr. 5 selbt an und gibt nach Schluß des Gesprächs zwei oder drei kurze Rufströme als Schlußzeichen, worauf die Verbindung getrennt wird. Will der Bedienende prüfen, ob noch gesprochen wird, so berührt er, den Fernhörer am Ohr, mit der Spitze des Abfragestöpsels die Klinkenhülse einer der verbundenen Leitungen.

Klappenschrank mit Stöpselschnüren für Doppelleitungen. Die Klinken müssen zwei Kontaktfedern, die Stöpsel zwei getrennte Kontaktteile und die Schnüre zwei Leiter besitzen. Der Stromlauf eines sehr zweckmäßigen Klappenschrankes für 50 Doppelleitungen, dessen Schnüre über Rollgewichte laufen, ist in Fig. 343 dargestellt. Sprechstelle 19 ist mit Doppelleitung, Stelle 20 mit Einzelleitung angeschlossen. Für jede Leitung sind zwei Klinken, A und B, vorhanden. Stöpselung der Klinke B bewirkt Ausschaltung des Klappen-Elektromagnets, bei Stöpselung der Klinke A bleibt der Magnet eingeschaltet. Man hat deshalb stets die A-Klinke der einen Leitung mit der B-Klinke der anderen Leitung zu verbinden. Das Abfragesystem wird mittels des Doppelstöpsels S eingeschaltet; der dazugehörige Induktor Y ist in den Schrank eingebaut, das Mikrophon M hängt vor dem Schranke und seine Batterie MB wird durch Niederdrücken des Hebels h am Fernhörer F geschlossen.

Der Betrieb geschieht wie folgt.

Klappe 19 fällt; Abfragestöpsel S in Klinke B_{19}; Abfragen durch Mikrophon M und Fernhörer F bei niedergedrücktem Hebel h.

Stromlauf beim Abfragen. — Leitung a — obere
Feder der Klinke B_{19} — Stöpsel S Spitze — sekun-

Fig. 343.

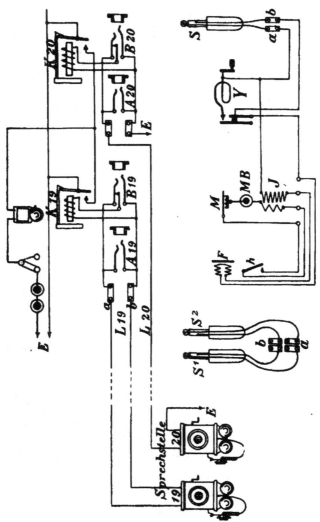

däre Mikrophonspule J — Fernhörer — (Mikrophonstromkreis durch Hebel h über M und MB ge-

schlossen) — Induktor — Stöpsel S Hals — untere
Feder der Klinke B_{19} — Leitung b.

Es wird der Teilnehmer 20 verlangt: Stöpsel
S^1 wird in Klinke A_{19} und Stöpsel S^2 in Klinke
B_{20} gesteckt; Aufforderung zum Rufen. Klappe
19 bleibt nach Herausnahme des Abfragestöpsels
aus Klinke B_{19} als Brücke bei Doppelleitungen und
als Nebenschluß bei Einzelleitungen zum Empfange
des Schlußzeichens eingeschaltet.

Stromlauf für den Sprechverkehr: Leitung 19a
— obere Feder der Klinke A_{19} — Stöpsel S^1 und
S^2 Spitze — obere Feder der Klinke B_{20} — Leitung
20a — Teilnehmerstelle 20 — Erde bei Einzelleitung oder Leitung 20b bei Doppelleitung —
untere Feder der Klinke B_{20} — Stöpsel S^2 und
S^1 Hals — untere Klinkenfeder A_{19} — Leitung 19b
— Teilnehmerstelle 19.

**Klappenschrank mit schnurlosen Stöpseln
System Mix & Genest** (Fig. 344). Die am oberen
Rande befindliche Klappenreihe K^1—K^6 ist der
größeren Deutlichkeit wegen in der Stromlauf-
zeichnung an den unteren Rand verlegt worden.
Der Stromweg für jede der 6 (Einfach- oder
Doppel-) Leitungen führt von der Klemme zunächst zur Aushilfsklinke (k^1—k^6), dann zu ihren
Verbindungsklinken, die nebeneinander geschaltet
und offen sind, darauf zur Abfrageklinke und
schließlich zur Klappe (K^1—K^6). Der Abfrageapparat wird an die Klemmen Aa/b angeschlossen
und steht mit zwei Federn jeder Abfrageklinke
in Verbindung. Fällt eine Klappe, z. B. Nr. 1, so
nimmt man den Stöpsel 1 aus seiner Buchse und
steckt ihn in die Abfrageklinke 1; seine Spitze
stellt dann eine Verbindung her zwischen den

Fig. 344.

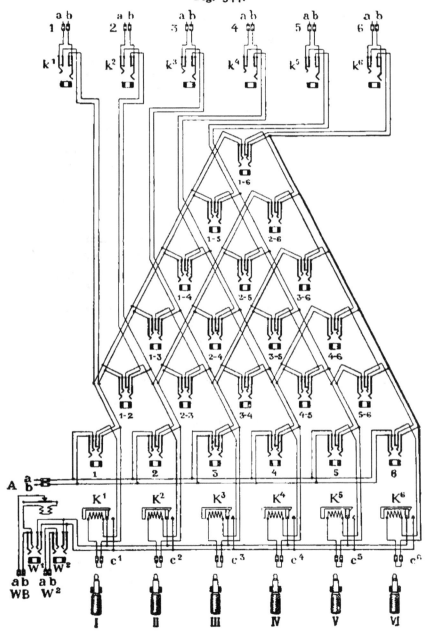

beiden Vorderfedern, sein Hals eine solche zwischen den beiden Hinterfedern, während die Fortsetzung des Stromwegs nach der Klappe K^1 an der fünften Feder unterbrochen wird. Um Leitung *1* beispielsweise mit Leitung *5* zu verbinden, setzt man den Stöpsel aus Klinke *1* in die Verbindungsklinke *1—5* um; die *a*-Drähte der Leitungen *1* und *5* haben dann über die Stöpselspitze, die *b*-Drähte über den Stöpselhals Verbindung, während die Klappe K^1 als Brücke zwischen *a*- und *b*-Draht geschaltet, der Stromweg nach Klappe K^5 aber an der fünften Feder der Klinke *1—5* unterbrochen ist. Aushilfsweise kann man die Verbindung auch in der Weise herstellen, daß man mittels einer Schnur mit zwei Stöpseln die Klinken k^1 und k^5 verbindet; dann sind jedoch beide Klappen ausgeschaltet.

Die Klinke W^1 steht mit einem Wecker und über die Klemmen *WB* mit einer Weckbatterie in Verbindung. Wird diese Klinke gestöpselt, so spricht der Wecker an, sobald eine Klappe fällt. Mit den Klemmen W^2 *a/b* kann ein zweiter Wecker in einem entfernten Raume verbunden werden; dieser spricht gleichzeitig mit dem Schrankwecker an, wenn auch Klinke W^2 gestöpselt wird.

Klappenschrank mit Drehschaltern von Siemens & Halske (Fig. 345). Die Kurbel des ersten Drehschalters ist mit dem Abfrageapparat verbunden, an der Kurbel der Schalter *2—6* liegt je die gleichbezifferte Anschlußleitung, während die Ruhekontakte dieser Kurbeln mit den Klappen verbunden sind. Fällt eine Klappe, z. B. Nr. *3*, so wird entweder der Schalter *3* auf Kontakt *1*, oder der Schalter *1* auf *3* gestellt. In beiden Fällen ist die Anschlußleitung *3* auf Abfrageapparat geschaltet, nur bleibt im zweiten Falle die Klappe 3 mit der Leitung verbunden. Will Sprechstelle

Fig. 345.

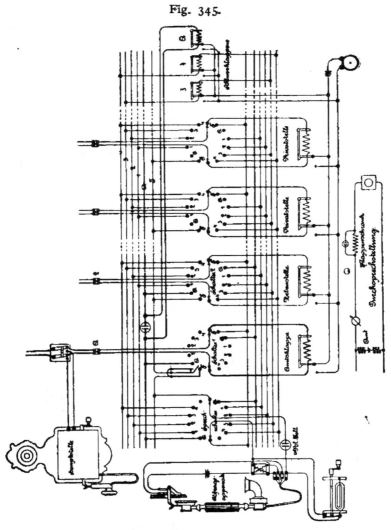

3 mit 6 verbunden sein, so stellt man entweder den Drehschalter 3 auf 6, oder den Drehschalter

6 auf *3*; dabei wird eine Klappe abgeschaltet, die andere bleibt für das Schlußzeichen im Stromkreise.

Klappenschrank mit Kniehebelschaltern von E. Zwietusch & Co. (Fig. 346). Die Anschlußleitungen endigen an den unteren Klemmen *1 a/b*, *2 a/b* usw., der Abfrageapparat liegt zwischen *AA*.

Fig. 346.

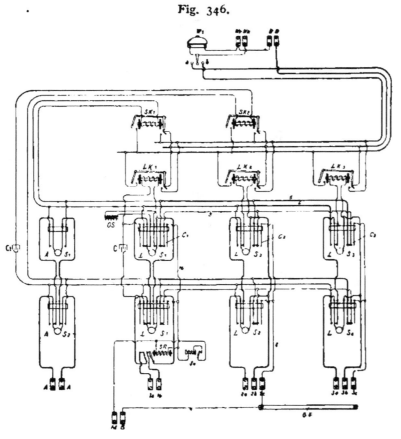

In der Ruhe ist jede Leitung über ihre Umschalter *LS* auf Klappe *LK* geschaltet. Leitung *1* wird, wie leicht zu verfolgen, mit dem Abfrageapparat verbunden, indem z. B. die Schalter LS^1 und AS_1 umgelegt werden. Zur Vermittlung dienen die wagerechten Drähte. Um Leitung 1 mit 2 zu verbinden, hat man in einer freien wagerechten Reihe die Schalter LS_1 und LS_2 umzulegen. Dabei wird statt der Leitungsklappen LK eine Schlußklappe SK eingeschaltet, welche über den betr. Schalter AS an die wagerechten Verbindungsdrähte angeschlossen ist.

Nach ähnlichem Prinzip werden auch Klappenschränke mit schnurlosen Stöpseln gebaut. Denkt man sich die Schalter AS und LS durch offene Klinken mit je 6 Federn (ähnlich wie in Fig. 344) ersetzt, so ist ohne weiteres ersichtlich, daß die gleichen Umschaltungen auch durch Einsetzen von Stöpseln vorgenommen werden können.

X. Fernsprechnebenanschlüsse.

A. Allgemeine Vorschriften.

Die bei den Teilnehmern der Ortsfernsprechnetze von der Reichs-Telegraphenverwaltung eingerichteten Fernsprechstellen nebst ihren Anschlußleitungen werden als Fernsprechanschlüsse bezeichnet. Mit einer solchen Fernsprechstelle, der
Hauptstelle, können bis zu 5 Nebenstellen oder
Fernsprechnebenanschlüsse verbunden werden.
Die Verbindung erfolgt so, daß die Nebenstellen
sowohl mit der Hauptstelle als auch nach Umschaltung bei dieser untereinander und über die
Vermittlungsstelle der Post hinweg mit anderen
Teilnehmern in Verkehr zu treten vermögen. Zu
dem Zweck erhält die Hauptstelle einen einfachen Zwischenstellenumschalter, wenn nur ein
Nebenanschluß in Betracht kommt, dagegen einen
Klappenschrank, wenn zwei oder mehr Nebenanschlüsse zu verbinden sind. Fernsprechnebenstellen werden nicht nur auf demselben Grundstück, auf dem sich die Hauptstelle befindet,
sondern auch auf anderen Grundstücken eingerichtet, und zwar nicht nur für den Inhaber des
Hauptanschlusses, sondern auch zum Gebrauche
anderer Personen. Diese Einrichtung ist für viele

Teilnehmer von erheblichem Vorteil, denn sie ermöglicht eine bessere Ausnutzung der Anschlußleitungen und eine bedeutende Verbilligung des Ortssprechverkehrs. Ein Teilnehmer kann seine Wohnung und verschiedene Geschäfsträume mit Sprechstellen ausrüsten und diese durch eine gemeinsame Leitung an die Vermittelungsanstalt der Post anschließen lassen. Wer aber nur eines Apparats bedarf und geringen Sprechverkehr hat, kann anderen in gleicher Lage befindlichen Personen die Heranführung von Nebenanschlüssen an seinen Hauptanschluß gestatten.

Die Bestimmungen über Fernsprechnebenanschlüsse sind in Abschnitt XII abgedruckt. Wie daraus hervorgeht, ist die Herstellung solcher Nebenanschlüsse, die sich auf dem Grundstück des Hauptanschlusses befinden, der Privatindustrie gestattet. Als einheitliches Grundstück gilt hierbei jede in sich zusammenhängende Fläche desselben Eigentümers, die nicht durch fremden Grund und Boden, öffentliche Wege, Plätze oder öffentliche Gewässer getrennt ist, selbst wenn sie auf verschiedenen Grundbuchblättern eingetragen sein sollte. Dagegen dürfen Nebenanschlüsse, die nicht mit dem Hauptanschluß auf demselben Grundstück liegen, nur von der Reichs-Telegraphenverwaltung hergestellt werden. Wo demnach in größeren Geschäften, Fabriken u. dgl. eine Hausfernsprechanlage besteht oder durch einen Privatunternehmer gebaut werden soll, kann diese unter Umständen zugleich für den Verkehr mit dem Ortssprechnetz der Reichspost und für den Fernverkehr nutzbar gemacht werden. Soll dies geschehen, so ist folgendes zu beachten:

1. Für je 5 Nebenstellen, welche an die Haus-
zentralstelle (die Hauptstelle) angeschlossen werden,
ist ein Hauptanschluß an die Vermittlungsanstalt
der Reichspost anzumelden.

2. Die Zahlung von Grundgebühren und Gesprächsgebühren für die Hauptanschlüsse (vgl.
Fernsprech-Gebührenordnung im Abschnitt XII)
ist zulässig, wenn die Nebenanschlüsse sämtlich
auf dem Grundstück des Hauptanschlusses liegen
und vom Inhaber des letzteren benutzt werden.
Andernfalls ist für jeden Hauptanschluß die Bauschgebühr zu entrichten.

3. Die jährliche Gebühr für jeden von einem
Privatunternehmer hergestellten Nebenanschluß
beträgt 10 Mk., sofern die Sprechstelle sich in
den Wohn- oder Geschäftsräumen des Inhabers
des Hauptanschlusses befindet, dagegen 15 Mk.,
wenn die Sprechstelle für den Gebrauch anderer
Personen bestimmt ist.

4. Vor der Inbetriebnahme müssen die Nebenanschlüsse dem der Vermittlungsanstalt vorgesetzten
Postamt, Telegraphenamt oder Fernsprechamt angemeldet werden. Das Amt ist jederzeit zur
Prüfung befugt, ob die Nebenanschlüsse den von
der Reichs-Telegraphenverwaltung festgesetzten
technischen Anforderungen genügen.

5. In technischer Hinsicht gelten
folgende Vorschriften:

a) In der Wahl der Apparate, des Leitungsmaterials usw. soll möglichst Spielraum gelassen
werden; jedoch dürfen die Sprech- und Hörapparate der Nebenstellen den von der Reichspost für den Ortsverkehr verwendeten Apparaten
an Güte nicht nachstehen. Es sollen daher nur

beste Apparate und zur Zeit nur Trockenelemente nach Dr. Gassner oder Hellesen, Type 2, verwendet werden.

b) Die Schaltung der Fernsprechgehäuse muß im wesentlichen mit den Schaltungen der Telegraphenverwaltung übereinstimmen. Ausgeschlossen sind daher Gehäuse für Batterieanruf und solche ohne Mikrophon-Induktionsrolle.

c) Zum Anruf muß Wechselstrom von 30 bis 40 Volt Spannung benutzt werden. Die Wecker sollen polarisiert sein und mindestens 300 Ohm Widerstand besitzen.

d) In Städten von mehr als 20000 Einwohnern ist im Ortsfernsprechnetz meist das selbsttätige Schlußzeichen eingeführt; dies bedingt bei jeder Sprechstelle die Einschaltung eines Satzes Polarisationszellen. Statt dieser Einrichtung sind an vielen Orten zur Ermöglichung der Schlußkontrolle bei den Sprechstellen Kontrollelemente eingeschaltet. Die Nebenstellen müssen dann in gleicher Weise mit Polarisationszellen oder Kontrollelementen ausgestattet werden.

e) Bei der Hauptsprechstelle muß die Verbindung der Apparate und Leitungen der Nebenanschlüsse mit der Hauptanschlußleitung in der Weise hergestellt werden, daß sich jederzeit leicht feststellen läßt, ob bei Betriebsschwierigkeiten der Fehler in der Anlage der Reichspost oder in der Privatanlage zu suchen ist. Die Hauptanschlußleitung wird daher zweckmäßig an einen Kurbelumschalter gelegt, dessen Stellung „links" sie auf das von der Postverwaltung gelieferte Fernsprechgehäuse schaltet, während die Kurbelstellung „rechts" die Verbindung mit der Privatanlage herstellt. Dieser Umschalter und der bei mehr als einem Nebenanschluß erforderliche Klappenschrank gehören zu der Privatanlage.

f) Sollen von den an die Hauptsprechstelle angeschlossenen Nebenstellen einer Privat-Fernsprechanlage nicht alle mit dem Ortsfernsprechnetz der Post in Verkehr treten, so muß die technische Einrichtung bei der Hauptstelle so gestaltet sein, daß jede Nebenstelle, für welche die Gebühr nicht gezahlt wird, nur mit anderen Nebenstellen, aber nicht mit der Hauptanschlußleitung nach der Post verbunden werden kann.

B. Verbindung von Fernsprechnebenanschlüssen mit Hauptanschlüssen.

1. Anschluss einer Nebenstelle durch Kurbelumschalter (Fig. 347). Die Schaltung wird angewendet, wenn die Nebenstelle nur zu gewissen Tageszeiten statt der Hauptstelle mit dem Ortsfernsprechnetz in Verbindung treten soll, ein Sprechverkehr zwischen Haupt- und Nebenstelle aber nicht beabsichtigt ist. Sie kann also z. B. dann zweckdienlich sein, wenn ein Fernsprechteilnehmer nach Schluß seiner Geschäfsräume, in denen sich die Hauptsprechstelle befindet, von den Wohnräumen aus den Fernsprecher benutzen will. Seitens der Telegraphenverwaltung wird die Hauptanschlußleitung an ein Sicherungskästchen S gelegt und dieses mit dem Fernsprechgehäuse sowie mit Erde verbunden. Zum Anschluß der Nebenanlage ist von dem Privatunternehmer in die Verbindung zwischen Sicherungskästchen und Fernsprech-

gehäuse ein Kurbelumschalter *U* einzufügen, der
die Hauptleitung entweder auf den Hauptstellen-
apparat oder auf die Nebenstelle schaltet. Bei
eindrähtigen Leitungen genügt ein Umschalter
mit einer Kurbel; ist die Hauptleitung zwei-
drähtig, so muß die Nebenleitung ebenso aus-

Fig. 347.

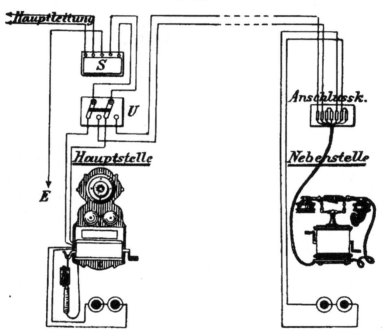

geführt und ein doppelter Kurbelumschalter verwendet werden. In Fig. 347 ist die Nebenstelle
mit einem Tischapparat ausgestattet; die Nebenleitung endigt daher nebst den Poldrähten der
Mikrophonbatterie an dem an der Wand befestigten Anschlußkästchen, von wo eine sieben-
aderige Leitungsschnur nach dem Tischgehäuse
weiterführt. Das Tischgehäuse muß den, von der

Post gelieferten Apparaten im wesentlichen ent-
sprechen, also einen Fernhörer von 150 bis 200
Ohm Widerstand, ein Kohlenkörnermikrophon mit
Induktionsrolle, einen Magnetinduktor, der bei 3
Umdrehungen in der Minute Wechselstrom von
30 bis 40 Volt Spannung erzeugt, und einen
polarisierten oder Wechselstromwecker enthalten.
Dagegen bedarf es keines Blitzableiters oder
Sicherungskästchens und demgemäß auch keiner
Erdleitung, wenn die Nebenleitung das Haus nicht
verläßt. Für gewöhnlich steht bei der Hauptstelle die Umschalterkurbel links; soll die Nebenstelle mit der Vermittlungsanstalt verbunden werden,
so dreht man die Kurbel nach rechts.

**2. Anschluss einer Nebenstelle durch Zwischen-
stellenumschalter** (Fig. 348). Die Schaltung ist
dieselbe wie bei einer Fernsprechanlage mit drei
Sprechstellen. Die Nebenstelle wird Endstelle,
die Hauptsprechstelle erhält Zwischenstellenschaltung, die Vermittelungsanstalt der Post ersetzt
die zweite Endstelle. Die Nebensprechstelle kann
jederzeit sowohl mit der Hauptstelle als mit der
Vermittelungsanstalt in Verkehr treten. Zu der
Nebenanlage gehört bei der Hauptstelle ein
Zwischenstellenumschalter nebst Wechselstromwecker; es wird zweckmäßig ein Knebelumschalter
der früher beschriebenen Art verwendet, zulässig
sind jedoch auch Umschalter von anderer Bauart,
wenn sie nur die erforderlichen Verbindungen
herzustellen ermöglichen, nämlich:

1. Stellung „links": Hauptleitung auf Sprechapparat, Nebenleitung auf Wecker
geschaltet;

2. Stellung „Mitte": Hauptleitung mit Nebenleitung
verbunden, Wecker einge-
schaltet;

3. Stellung „rechts"; Hauptleitung auf Wecker,
Nebenleitung auf Sprech-
apparat geschaltet.

In Fig. 348 sind Umschalter und Wecker zu
einem Apparatsatz vereinigt. Bei der gezeichneten

Fig. 348.

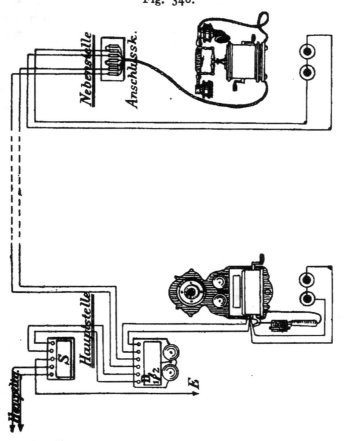

Knebelstellung spricht die Hauptstelle mit der
Nebenstelle.

Muß zur Sicherung des Anrufs bei einer Nebenstelle ein zweiter Wecker in einem besonderen
Raum angebracht werden, so ist dieser in bekannter Weise durch einen Kurbelumschalter mit
der Leitung zu verbinden.

**3. Anschluss von zwei und mehr Nebenstellen
durch Klappenschrank** (Fig. 349). Sind die Leitungen von mehr als einer Nebenstelle an die
Hauptstelle heranzuführen, so muß diese einen
Klappenschrank erhalten. Die Telegraphenverwaltung liefert bei der Hauptstelle nur das Fernsprechgehäuse nebst Sicherungskästchen für den
Hauptanschluß. Zur Nebenanlage gehören bei der
Hauptstelle der Kurbelumschalter *U*, der Klappenschrank nebst besonderem Wecker und Batterie
und für den Verkehr mit den Nebenstellen ein
zweites Fernsprechgehäuse mit Stöpselschnur.

Die Hauptanschlußleitung ist für gewöhnlich
durch den links gestellten Umschalter *U* auf das

Fig. 349.

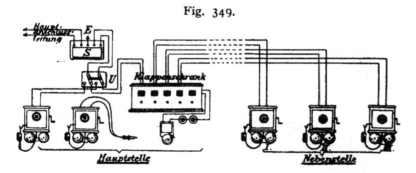

Postgehäuse geschaltet; soll sie mit einer Nebenleitung verbunden werden, so wird sie durch Rechts-
drehen der Kurbeln auf die Klappe und Klinke *1*
des Klappenschranks gelegt. Mit den übrigen

Klappen und Klinken sind die von den Nebenstellen *I, II, III* usw. kommenden Leitungen verbunden. Zur Ausführung von Gesprächsverbindungen zwischen der Hauptleitung und einer Nebenleitung oder zwischen zwei Nebenleitungen dienen
Leitungsschnüre mit zwei Stöpseln; die eine Klappe
bleibt stets zur Angabe des Schlußzeichens eingeschaltet. Zum Sprechen in den Nebenleitungen
wird das mit Stöpselschnur versehene Privatgehäuse benutzt. Letzteres kann übrigens, falls
eine freie Klappe vorhanden ist, auch durch Drähte
fest mit dieser verbunden werden; die Anschaltung
des Gehäuses an eine Leitung erfolgt dann mittels
der gewöhnlichen Verbindungsschnüre.

Bei mangelhafter Verständigung zwischen einer
Nebenstelle und der Vermittelungsanstalt hat man
den Umschalter *U* links zu stellen und dann von
dem Postgehäuse aus nach der Vermittelungsanstalt, von dem Privatgehäuse aus nach der
Nebenstelle hin zu prüfen, auf welcher Seite hin
der Fehler liegt.

**4. Anschluss von Nebenstellen an eine Neben-
stelle.** Die einzelnen Sprechstellen einer Nebenanlage werden in der Regel unmittelbar an die
Hauptstelle angeschlossen. In gewissen Fällen
kann es jedoch vorteilhaft sein, eine oder auch
mehrere Nebenstellen mit einer anderen Nebenstelle zu verbinden und von dieser eine gemeinsame Leitung nach der Hauptstelle zu führen.
Je nach der Lage der einzelnen Sprechstellen kann
so unter Umständen erheblich an Leitungsmaterial
gespart werden; auch läßt sich auf diese Weise
eine Verminderung der Umschaltearbeit bei der
Hauptstelle erzielen, wenn die Nebenstelle vorzugs-

weise mit den an sie angeschlossenen Nebenstellen zu sprechen hat.

Soll mit der ersten Nebenstelle nur eine andere verbunden werden, so erhält jene die vorstehend unter 1. oder 2. für Hauptstellen vorgesehene Schaltung, ist also je nach den Verhältnissen entweder mit einem Kurbelumschalter oder
mit Zwischenstellenumschalter und besonderem
Wecker auszustatten. Sind aber zwei oder mehr
Nebenstellen an die erste Nebenstelle anzuschließen,
so ist bei dieser ein Klappenschrank aufzustellen,
an dessen Klemmen sowohl die Leitung nach der
Hauptstelle als die Leitungen nach den anderen
Nebenstellen zu legen sind. Das außerdem erforderliche Fernsprechgehäuse wird entweder mit
einer freien Klappe und Klinke durch Drähte fest
verbunden oder mit einer Stöpselschnur ausgestattet.

Die Hauptstelle erhält, wenn außer der Hauptleitung nur die gemeinsame Nebenleitung einzuführen ist, Zwischenstellenschaltung, dagegen
einen Klappenschrank (vgl. unter 3.), wenn außerdem noch Nebenstellen unmittelbar anzuschließen
sind.

5. Kontrollelemente bei Nebenstellen. In
mittleren oder großen Ortsfernsprechnetzen ist
die rechtzeitige Trennung einer Verbindung bei
der Vermittelungsanstalt nach Schluß des Gesprächs
durch das von den Teilnehmern zu gebende Schlußzeichen nicht genügend sichergestellt. Die drei-
malige Stromsendung wird von den Teilnehmern
erfahrungsmäßig oft unterlassen und auch, wenn sie
richtig erfolgt, von den Beamten im Drange der
Geschäfte leicht übersehen. Um den Beamten

der Vermittelungsanstalt ein leichtes und schnelles Prüfen der hergestellten Verbindungen in bezug auf Gesprächsschluß zu ermöglichen, ist die Einrichtung getroffen, daß bei jeder Sprechstelle ein Element der Mikrophonbatterie für die Dauer des Gesprächs außer in den Mikrophonstromkreis auch in den Hörstromkreis eingeschaltet wird. Wenn nun der Beamte mit der Spitze seines Abfragestöpsels die Hülse einer der beiden durch eine Schnur verbundenen Klinken berührt, so fließt der Strom des Kontrollelements durch seinen Fernhörer und er vernimmt ein kurzes Knacken der Membran, solange gesprochen wird. Sind aber bei beiden Sprechstellen die Fernhörer bereits wieder angehängt, so ist auch das Element ausgeschaltet und es tritt kein Knacken auf, die Verbindung kann also getrennt werden.

In welcher Weise das Kontrollelement, welches bei Nebenstellen ebensogut wie bei den Hauptsprechstellen erforderlich ist, geschaltet wird, geht aus den Stromläufen Fig. 360 u. 364 hervor. Bei eindrähtigen Leitungen führt der Hörstromweg vom Fernhörer nicht direkt zur Erde, sondern zur Klemme C des Gehäuses, und von da weiter zum Zinkpol des Kontrollelements und von dessen Kohlenpol zur Erde. Bei Doppelleitungen ist der Kohlenpol des Kontrollelements mit der Rückleitung verbunden (Fig. 332).

6. Nebenstellen mit Polarisationszellen in Sprechnetzen mit selbsttätigem Schlusszeichen. In sehr vielen großen und mittleren Ortsfernsprechnetzen ist das selbsttätige Schlußzeichen eingeführt, wobei auf dem Amte ein leicht erkennbares und nicht zu mißdeutendes Zeichen erscheint, sobald die Teilnehmer den Fernhörer anhängen. Das Zeichen wird durch Einwirkung eines Batteriestroms auf ein Galvanoskop hervorgebracht. Die Einrichtung ist meist so getroffen, daß die Schlußzeichenbatterie während des Gesprächs keinen Strom in die Leitung senden kann, weil der Weg hinter dem Fernhörer der Sprechstelle verriegelt ist. Mit dem Anhängen des Fernhörers wird dieser und damit zugleich das Hindernis ausgeschaltet, so daß der Batteriestrom nunmehr fließen und den Magnet des Schlußzeichengalvanoskops ablenken kann. Zur Verriegelung des Stromwegs dienen Polarisationszellen: das sind kleine, mit verdünnter Schwefelsäure oder Natronlösung gefüllte und oben zugeschmolzene Glasbehälter, in deren Kopf zwei in die Flüssigkeit eintauchende Platindrähte eingeschmolzen sind. Der Stromweg führt von dem einen Platindraht durch die Flüssigkeit zum andern. Fließt ein Batteriestrom durch die Zelle, so bilden sich an den Drähten sofort Bläschen von Wasserstoff und Sauerstoff; dadurch entsteht eine so kräftige Gegenspannung, daß der Stromdurchgang alsbald aufhört. Wechselströme dagegen, wie sie vom Magnetinduktor oder beim Sprechen erzeugt werden, bewirken keine Gasentwickelung (Polarisation) in der Zelle und werden daher ungeschwächt durchgelassen. Eine Zelle vermag eine Gegenspannung von 1;8 oder 2,7 Volt zu entwickeln. Die Betätigung des Schlußzeichens kann außer durch Schließen des Batteriestroms auch durch Unterbrechen eines während des Gesprächs fließenden Stromes erfolgen. Die Einschaltung eines Kontrollelements fällt natürlich weg.

a) Schlusszeichen durch Stromschliessung. In der Regel wird das Schlußzeichen durch

Schließen des Batteriestroms hervorgebracht, so
z. B. bei allen Vermittlungsanstalten, die mit
Vielfachumschaltern Mod. 1902 ausgerüstet sind.
Die Polarisationszellen bei den Sprechstellen müssen
hierbei nach Fig. 350 in den Hörstromkreis geschaltet sein, damit die Umschaltung auf Wecker
beim Anhängen des Hörers das Hindernis beseitigt.
In dem Schaltungsschema Fig. 350 führt der
Stromweg für die Sprechströme aus Leitung *La*
über den Hakenumschalter *H*, dessen untern Kontakt, die Sekundär-
spule der Induk-
tionsrolle *J*, den
Fernhörer *F* und
durch die Polari-
sationszellen *PZ*
nach der Rück-
leitung *Lb*. Für den
Strom der Schluß-
zeichenbatterie des
Amtes ist dieser
Weg durch die
Zellen *PZ* ver-
riegelt. Wird aber der Fernhörer an den Haken
gehängt, so führt der Stromweg aus *La* über *H*
und dessen oberen Kontakt durch den Wechselstromwecker *W* nach *Lb*, die Schlußzeichenbatterie
des Amtes kann daher Strom senden und das
Schlußzeichengalvanoskop betätigen.

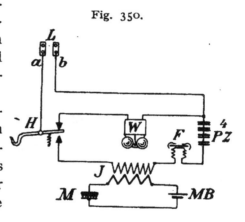

Fig. 350.

α) **Schaltung bei den Nebenstellen.** Bei jeder
Nebenstelle muß ebenso wie bei den Hauptstellen ein Satz von 4 hintereinander geschalteten
Polarisationszellen in den Stromlauf eingefügt
werden. Der Behälter mit dem Zellensatz findet

im Batterieschränkchen Platz und wird, wieFigur 3 5 1
veranschaulicht, zwischen die Klemmen *C* und **MK**
des Fernsprechgehäuses geschaltet; er tritt also
an die Stelle des Kontrollelements. Falls in einem

Fig. 351.

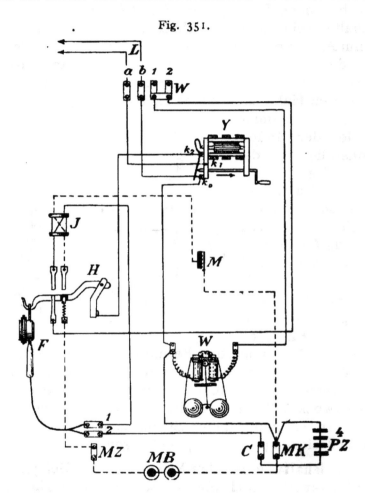

Gehäuse der von Klemme *Lb* kommende Draht
an Klemme *C* liegt, ist er an Klemme **MK** umzulegen. Bei älteren Gehäusen für Einzelleitung,

deren C-Klemme sich oben auf der Deckplatte befindet, erfolgt die Einschaltung der Zellen zwischen C-Klemme und Erdklemme. Bei Tischgehäusen werden die Zellen zwischen die Klemmen C und Lb des an der Wand befestigten Anschlußkästchens geschaltet (unter Wegfall der Verbindungen dieser Klemmen nach dem Kontrollelement).

Es ist darauf zu achten, daß die Spitzen der Glaszellen stets abwärts gerichtet sind und die Platindrähte demnach von oben eintreten, damit durch Abblätterungen von den Drähten kein Kurzschluß in den Zellen hervorgerufen werden kann.

β) **Schaltung bei der Hauptstelle.** Bei der Hauptsprechstelle liegt, wenn eine Nebenstelle mit der Hauptanschluß-leitung verbunden ist, als Brücke zwischen Hin- und Rückleitung entweder ein Wecker oder ein Klappenelektromagnet. Diese Brücke muß für den Schlußzeichenstrom ebenfalls verriegelt werden.

Bei Verwendung eines Zwischenstellenumschalters wird daher auch zwischen diesen und den besonderen Wecker ein Satz Polarisationszellen geschaltet. Zweckmäßig benutzt man einen nach Figur 352 gebauten Umschalter, der

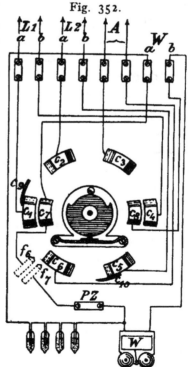

Fig. 352.

außer den sonst erforderlichen 8 Klemmen noch eine PZ-Klemme enthält; der besondere Wecker ist dann zwischen die Klemmen Wb und PZ, der Zellensatz zwischen die Klemmen Wa und PZ zu legen. Bei der gezeichneten Knebelstellung ist Leitung $L1$ mit $L2$ verbunden; der Brückenweg geht von c_7 über Wa, den Zellensatz, den Wecker W und die Klemme Wb nach c_8. Nach Schluß des Gesprächs muß die Nebenstelle ein nur für die Hauptstelle bestimmtes Schlußzeichen mit dem Induktor geben. — Der Zellensatz neben dem Wecker W soll nur bei Durchsprechstellung wirken, nicht aber bei den anderen Stellungen. Er würde sonst das Erscheinen des Schlußzeichens auf dem Amte verhindern, wenn die Hauptstelle nach Beendigung eines Gesprächs über das Amt hinweg sich sogleich mit der Nebenstelle verbindet. Der Umschalter hat deshalb noch zwei besondere Kontaktstücke f_6 und f_7, die bei den Knebelstellungen „links“ und „rechts“ durch die beweglichen Federn c_9 oder c_{10} miteinander verbunden werden und so die Zellen durch Kurzschluß ausschalten. Der Stromweg von c_7 führt dann über f_6, c_9 (bzw. c_{10}), f_7 und PZ zum Wecker W und weiter über W_6 nach c_8.

Der in Figur 348 abgebildete Apparatsatz für Zwischenstellen enthält außer dem Umschalter und Wecker auch einen Satz Polarisationszellen. Die Achse des Umschalters ist zu einer Walze ausgebildet und deren Mantel mit 4 eigenartig geformten Messingblechen belegt. Auf der Walze schleifen 9 Kontaktfedern, entsprechend den Kontaktstücken c_1 bis c_8 und der Klemme PZ in Figur 352. Durch die 4 Kontaktbleche werden

bei den 3 Stellungen der Walze die bekannten
Verbindungen zwischen den 9 Federn hergestellt.

Ist bei der Hauptstelle ein Klappenschrank
aufgestellt, so bedarf es der Vorschaltung eines
Satzes Polarisationszellen vor alle diejenigen
Klappen, welche bei Verbindung der Hauptleitung
mit einer Nebenstelle u. U. als Brücke eingeschaltet bleiben können. Um an Zellensätzen zu
sparen, benutzt man zweckmäßig schnurlose
Klappenschränke mit pyramidenförmiger Anordnung der Verbindungsklinken (vgl. Fig. 344). Es
braucht dann, wenn die Hauptleitung auf Klappe 1
liegt, nur dieser ein Zellensatz vorgeschaltet zu
werden, weil bei allen Verbindungen mit Nr. 1
stets die Klappe 1 eingeschaltet bleibt. Zu dem
Zweck erhalten diese Klappenschränk von vorn
herein besondere Klemmenpaare *pz*, die in die Zuführungsdrähte der ersten zwei (bei Schränken zu
10 Leitungen in die Drähte der ersten 4) Klappen
eingeschaltet und für gewöhnlich je durch einen
Draht miteinander verbunden sind. Wird an
an einem solchen Klappenschranke eine Verbindung mit der Hauptleitung früher getrennt als
bei der Vermittelungsanstalt, so verschwindet hier
das selbsttätige Schlußzeichen wieder, weil die
P-Zellen der Klappe 1 dann den Strom unterbrechen. Deshalb darf man entweder die Verbindung am Klappenschranke erst etwa $^1/_2$ Minute
nach Gesprächschluß aufheben, oder man schaltet,
was besser ist, beim Trennen der Verbindung
die Hauptleitung stets mittels des Kurbelumschalters
auf das zugehörige Fernsprechgehäuse.

Sollen bei Haupstellen Klappenschränke mit
Stöpselschnüren Verwendung finden, so sind

solche mit besonderen Schlußklappen zu wählen; Zellen sind dann nur erforderlich für die Schluß-klappen. Ein Trennen der Verbindung an solchen Schränken stört das Schlußzeichen nicht.

Besonders geeignet für diesen Zweck ist der in Fig. 353 veranschaulichte Klappenschrank Mod. 1904, der für 3, 5, 10 oder 20 Leitungen gebaut wird. Zu dem Schranke für 5 Leitungen gehören 3 Paar Stöpselschnüre AS, VS, die am unteren Schrankrande mit den Stöpseln nach unten

Fig. 353.

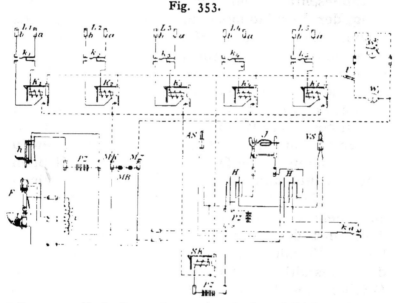

hängen. Zwischen den *a*- und den *b*-Leiter jedes Schnurpaars ist eine Schlußklappe SK (600 Ohm) nebst 4 Polarisationszellen PZ als Brücke geschaltet. Mittels des Umschalters H, dessen Hebel durch e i n e n Griff bewegt werden, kann man zwischen den *a*- und *b*-Leiter bei Rechtsstellung den Magnet-induktor J, bei Linksstellung den Abfrageapparat

F nebst Induktionsrolle *i* schalten. Der Induktor und die zum Abfrageapparat gehörigen Teile sind in den Schrank eingebaut. Die Mikrophonbatterie *MB* wird durch Niederdrücken des Hebels am Mikrotelephon *F* geschlossen; sie liefert zugleich den Strom für den Wecker W_1 bzw. W_2, von denen einer je nach der Stellung des Umschalters *U* bei jeder Anziehung eines Klappenelektromagnetankers anspricht. Auf die Klappe K_1 wird über einen Kurbelumschalter hinweg die Hauptanschlußleitung geschaltet, auf die Klappen K_2 bis K_5 die Neben-leitungen.

Beispiele für die Bedienung: Klappe K_5 fällt: Stöpsel *AS* in Klinke k^5, Stöpsel *VS* in die Abfrageklinke *ka*. Abfragen mittels des Hand-apparats *F*. Umsetzen des Stöpsels *VS* aus *ka* in die Klinke der verlangten Leitung.

Die Hauptstelle will selbst mit Nr. 5 sprechen: Stöpsel *VS* in k^5, *AS* in *ka*. Anrufen durch Drehen der Kurbel des Induktors *J* und Umlegen des Umschalters *H* nach rechts (der Rufstrom gelangt nur zum Stöpsel *VS*, nicht nach *AS*).

Zum Mithören in einer bestehenden Verbin-dung ist der Umschalter *H* nach links zu legen. Der Weg durch den alsdann in Brücke geschal-teten Abfrageapparat ist für den Schlußzeichen-strom durch zwei Sätze Polarisationszellen verriegelt.

Der zweite Satz *PZ* neben dem Haken-umschalter *h* ist für den Fall vorgesehen, daß mittels des Apparats *F* ein Gespräch auf der Haupt-leitung geführt wird (*VS* in k^1, *AS* in *ka* oder um-gekehrt). Beim Anhängen von *F* nach Schluß des Gesprächs wird dann der Schlußzeichenstrom durch den Hakenumschalter *h* geschlossen, falls

25*

das Herausziehen des Stöpsels aus der Klinke k^1 vergessen werden sollte.

b) Schlusszeichen durch Stromunterbrechung. Das Schlußzeichen kann auch in der Weise hervorgebracht werden, daß während des Gesprächs Strom in der Leitung fließt und den Magnet des Schlußzeichengalvanoskops abgelenkt hält, und daß der Strom beim Anhängen des Fernhörers unterbrochen wird, worauf der Magnet in die Ruhelage zurückgeht. Diese Betriebsart findet nur in einigen großen Ortsfernsprechnetzen Anwendung, in welchen den Sprechstellen der Mikrophonstrom aus einer beim Vermittelungsamt aufgestellten Zentralbatterie zugeführt wird. Da man die Spannung der zentralen Mikrophonbatterie erheblich höher als die einer bloßen Schlußzeichenbatterie wählt, so sind zur Stromverriegelung mehr Polarisationszellen erforderlich. Es kommen Sätze von mindestens 9 Zellen zur Verwendung, die eine Gegenspannung von über 15 Volt (statt 7 Volt) entwickeln.

Die Einschaltung dieser Zellensätze erfolgt im Gegensatz zu dem Verfahren unter a in den Weckerstromkreis, so daß sie nur bei angehängtem Fernhörer in Wirksamkeit treten. Demgemäß wird der Zellensatz geschaltet:

1. bei Wandgehäusen mit zwei Weckerklemmen (W_1 und W_2) zwischen diese nach Wegnahme der Verbindungsschiene, dagegen zwischen W_2 und den Kurbelumschalter, falls ein zweiter Wecker vorhanden ist;

2. bei Tischgehäusen zwischen die Klemmen W und Lb des Anschlußkästchens nach Wegnahme der Verbindungsschiene.

Außer den Fernsprechgehäusen der Haupt- und Nebenstellen müssen auch hier die in Brücke zu legenden Wecker und Klappen der Hauptstelle Zellensätze erhalten. Die Einschaltung der Zellen zwischen Wecker und Zwischenstellenumschalter sowie vor die Klappenelektromagnete von Klappenschränken geschieht in der unter a erörterten Weise. Ein Kurzschließen der Zellen bei den Stellungen „links" und „rechts" des Zwischenstellenumschalters darf nicht stattfinden; die am Umschalter etwa vorhandene PZ-Klemme bleibt daher unbenutzt. An schnurlosen Klappenschränken mit pyramidenförmig angeordneten Verbindungsklinken stört ein sofortiges Trennen der Verbindung das Schlußzeichen nicht; dagegen muß an Klappenschränken mit Stöpselschnüren, um eine solche Störung zu verhüten, nicht nur den Schlußklappen, sondern auch der Anrufklappe der Hauptleitung ein Zellensatz vorgeschaltet sein, oder die Hauptleitung muß beim Trennen einer Verbindung stets sogleich auf ihr Fernsprechgehäuse umgelegt werden. Bei Benutzung des Klappenschranks Figur 353 wäre der Hakenumschalter h so zu ändern, daß sein Kontakt bei abgenommenem Handapparat geschlossen, bei angehängtem Apparat geöffnet wäre; der PZ-Satz würde wegfallen.

7. **Nebenstellen in Ortsfernsprechnetzen mit zentraler Mikrophon- und Anrufbatterie.** In manchen großen Ortsfernsprechnetzen wird der Mikrophonstrom den Sprechstellen aus der Zentralbatterie des Vermittelungsamtes zugeführt. Besondere Mikrophonbatterien bei den Sprechstellen fallen dann weg. Die Einrichtung kann so getroffen

werden, daß der Strom in der Anschlußleitung durch das Abnehmen des Fernhörers vom Haken geschlossen wird und zugleich die Anrufklappe des Amtes zum Fallen bringt. Es wird dann zugleich der Magnetinduktor bei der Sprechstelle entbehrlich; das Anrufen der verlangten Sprechstelle besorgt das Amt.

Der Strom aus der Zentralbatterie gelangt zwar auch zu den Nebenstellen, jedoch nur bei deren Verbindung mit der Hauptleitung. Für den Verkehr untereinander und mit der Hauptstelle müssen die Nebenstellen und das zum Sprechen mit diesen bestimmte Fernsprechgehäuse der Hauptstelle ihre Mikrophonbatterien und Kurbelinduktoren behalten. In der Einrichtung und Schaltung dieser Apparate tritt daher keine Änderung ein. Beim Verkehr der Nebenstellen über das Amt hinweg hat der Strom der Zentralbatterie nur die Aufgabe, nach Beendigung des Gesprächs das Schlußzeichen zu betätigen. Mit den Fernsprechgehäusen der Nebenstellen und den Apparaten der Hauptstelle müssen daher Polarisationszellen nach den Angaben unter 6b verbunden werden.

C. Die Verbindung von Fernsprechnebenanschlüssen mit Privatanschlüssen.

Münden in eine Hauszentrale (Fernsprechhauptstelle) außer den Nebenanschlüssen und den für sie erforderlichen Hauptleitungen noch Privatanschlüsse ein, für welche eine jährliche Gebühr an die Telegraphenverwaltung nicht gezahlt wird (wegen der Zulässigkeit solcher Privatanschlüsse vgl. Abschnitt XII, Gesetz über das Telegraphenwesen v. 6. April 1892 § 3), so ist der Sprechverkehr zwischen den Privat- und den Nebenanschlüssen gestattet, dagegen dürfen Verbindungen zwischen den Privatanschlüssen und der Vermittelungsanstalt nicht hergestellt werden. Um dies zu verhindern, müssen die technischen Einrichtungen, insbesondere der Klappenschrank, so gestaltet sein, daß unzulässige Verbindungen überhaupt nicht ausführbar sind. An dem Klappenschrank und etwaigen sonstigen Schaltapparaten müssen sämtliche Kontakte und die mit ihnen in Verbindung stehenden Metallteile, möglichst auch die Zuführungsklemmen, im Innern angebracht sein, so daß unerlaubte Verbindungen ohne bauliche Veränderung der Schaltapparate, die bei Nachprüfungen leicht bemerkt werden würde, nicht vorgenommen werden können. Es sind verschiedene Umschaltsysteme im Gebrauch, welche diesen Anforderungen genügen.

1. Das Janus-Nebenstellensystem der A.-G. Mix & Genest. Der Name Janus soll die doppelte Benutzungsweise eines und desselben Privatfernsprechers sowohl als Post- wie als Haustelephon kennzeichnen. Der kontrollsichere Janusbetrieb wird dadurch erreicht, daß die Umschaltung der Janustelephone vom Hausnetz auf das Ortsfernsprechnetz nicht durch lose Stöpsel oder Stöpselschnüre, sondern durch fest in die Anlage eingebaute Umschalter, genannt „Janusknöpfe" oder „Janusschalter", geschieht.

a) Janus-Klappenschränke. In Figur 354 ist ein Janus-Klappenschrank für ein Privatnetz von 11 Sprechstellen abgebildet, von denen 5 als Janusstellen mit einer Hauptanschlußleitung verbunden werden können. Die Hauptleitung liegt auf Klappe *1,* die 5 Nebenstellen sind auf die Klappen *2—6* geschaltet. Unter diesen Klappen sind 6 Janusknöpfe angebracht;

Fig. 354.

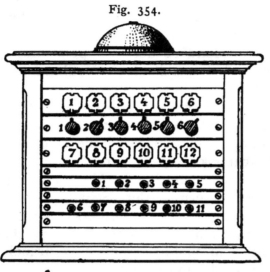

Knopf *1* schaltet die Hauptleitung auf Abfrageapparat, die Knöpfe *2—6* verbinden die betreffende Nebenleitung mit der Hauptleitung. Der Knopf ist dabei einzudrücken und durch eine kleine Drehung festzustellen. Auf den Klappen *7—12* liegen Privatanschlüsse. Die in den beiden unteren Reihen vorhandenen 11 Klinken gestatten mit Hilfe von Stöpselschnüren beliebige Verbindungen zwischen den 5 Neben- und 6 Privatanschlüssen herzustellen; dagegen sind Verbindungen der Privatanschlüsse mit der Hauptleitung, für welche eine Klinke fehlt, nicht möglich. Zum Abfragen auf den Neben- und Privatleitungen dient eine vom 1. Janusknopf ausgehende Leitungsschnur mit einem Stöpsel.

Die innere Einrichtung und das Schaltungsschema des Janusschrankes werden durch Figur 355 veranschaulicht. Die Hauptleitung *La/b* endigt

an einem vierfachen Kurbelumschalter X und liegt
bei Rechtsstellung der Kurbeln auf dem von der
Post gelieferten Fernsprechgehäuse A, dagegen
bei Linksstellung auf dem Janusschranke. In diesem

Fig. 355.

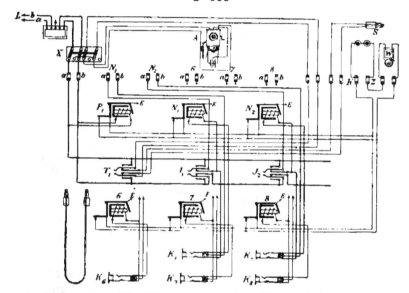

sind mit der Verlängerung der Hauptleitung verbunden die Klappe P_1 und die Janusknöpfe T_1, J_1
und J_2. Der Janusknopf entspricht einer doppelten
Morsetaste; die 2. und 5. Feder, welche die Tasten-
hebel vertreten, werden durch Eindrücken des
Knopfes von den Ruhekontakten abgehoben und
an die mit der Hauptleitung verbundenen äußeren
Kontakte gelegt. Mit den beweglichen Federn
des Janusknopfes T_1 steht bei Linksstellung des
Umschalters X über dessen Kurbeln 3 und 4 das
Fernsprechgehäuse A in Verbindung, mit den Ruhekontakten der Abfragestöpsel S; letzterer ist daher
abgeschaltet, sobald die Hauptleitung durch Ein-

drücken von T_1 auf den Apparat A gelegt wird.
— Die Nebenleitung N_1 führt über den Janus-
knopf J_1 zur Klinke K_1 und darauf zur Klappe N_1.
Stromweg: a-Draht, bewegliche Feder von J_1,
Ruhekontakt derselben, Klappe N_1, lange Feder
von K_1, Klinkenhülse, b-Draht.

Beim Eindrücken von J_1 wird der an der beweglichen Feder liegende a-Draht von N_1 mit dem
a-Draht der Hauptleitung, ferner der b-Draht von
N_1 mit dem an der beweglichen Feder liegenden
b-Draht der Hauptleitung verbunden; die Fort-
setzungen der Nebenleitung nach der Klappe N_1
und der Klinke K_1 sind abgeschaltet, Klappe P_1
liegt als Brücke zwischen a- und b-Draht.

Die Privatleitungen 6, 7, 8 liegen nur auf den
gleichbezifferten Klappen und Klinken. Stromweg: a-Draht, Klappe 6, Klinke (lange Feder,
Hülse), b-Draht. Beim Einsetzen des Abfragestöpsels in die Klinke tritt die Stöpselspitze mit
der kurzen Feder, der Stöpselhals mit der langen
Feder und der Klinkenhülse in Berührung; Stromweg: a-Leitung, kurze Klinkenfeder, Stöpselspitze,
Abfrageapparat A, zurück zum Stöpselhals, Klinkenkörper, b-Leitung; die Klappe bleibt als Brücke
zwischen a- und b-Draht eingeschaltet.

Ähnlich ist der Stromweg, wenn der Abfrage-
stöpsel in die Klinke K_1 oder K_2 einer Nebenleitung
eingesetzt wird, nur laufen die Drähte der Nebenleitung über den Janusschalter J_1 oder J_2.

Durch Leitungsschnüre mit 2 Stöpseln können
je zwei Klinken und die daranliegenden Leitungen
verbunden werden. Sind z. B. die Klinken K_2 und
K_6 gestöpselt, so ist die Nebenleitung N_2 mit der
Privatleitung 6 verbunden und folgender Strom-

weg hergestellt: a-Draht von N_2, Janusschalter J_2 (Feder und Ruhekontakt), Klinke K_2 (kurze Feder), Stöpselspitze, a-Leiter der Schnur, Spitze des zweiten Stöpsels, Klinke K_6 (kurze Feder), a-Draht der Leitung 6, Privatsprechstelle 6, b-Draht der Leitung 6, Klinke K_6 (Hülse und lange Feder), Stöpselhals, b-Leiter der Schnur und Hals des ersten Stöpsels, Klinke K_2 (Hülse und lange Feder), b-Draht von N_2, Nebenstelle N_2, a-Draht von N_2. Die Klappen N_2 und 6 sind als Brücken eingeschaltet.

Wenn zwei Hauptleitungen auf einen Schrank gelegt werden sollen, so muß für jede eine besondere Reihe Janusschalter vorhanden sein, damit jede Nebenleitung nach Belieben mit der einen oder der anderen Hauptleitung verbunden werden kann. Es sind also für 2 Haupt- und 10 Nebenleitungen 22 Janusknöpfe erforderlich.

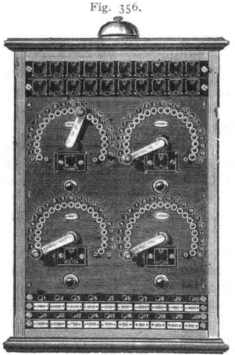

Fig. 356.

Janusschränke für 3 und mehr Hauptleitungen gelangen der leichteren Bedienung wegen nach dem Kurbelsystem zur Ausführung. Einen derartigen

Schrank für 4 Haupt- und 20 Nebenleitungen stellt Figur 356 dar. Die Schaltungsweise ist dieselbe wie in Figur 355, nur sind den 4 Hauptleitungen entsprechend 4 Reihen Janusschalter vorhanden, und die einzelne Nebenleitung hat in jeder Reihe ihren Schalter. Die 21 Janusknöpfe einer Reihe sind kreisförmig angeordnet und werden von einer Kurbel bestrichen. Um eine Verbindung auszuführen, dreht man die Kurbel der betreffenden Hauptleitung auf den Knopf der gewünschten Nebenleitung, drückt den federnden Kurbelgriff nieder und stellt ihn fest. Durch eine kurze Rückdrehung des Griffes wird die Verbindung später wieder gelöst. Zur Aufnahme von Privatleitungen ist der abgebildete Schrank nicht eingerichtet; für diese wird ein gewöhnlicher Klappenschrank neben dem Janusschrank aufgestellt, so daß Verbindungen zwischen den Klinken beider Schränke durch Stöpselschnüre hergestellt werden können. — Fig. 357 stellt einen Janusschrank für 6 Haupt-(Post-)Leitungen, 150 Privat- u. 30 Nebenleitungen dar.

b) Nebenstellen mit Linienwähler und Janusschalter. Wenn eine Nebenstelle, außer durch die Nebenleitung mit der Hauptstelle, noch durch eine Linienwähleranlage mit Privatsprechstellen verbunden ist, so muß sie einen Janusschalter besonderer Art erhalten, durch den ihr Sprechapparat bei Verbindungen mit der Post von der Linienwähleranlage kontrollsicher abgeschaltet wird. Der im Deckel eines Kästchens befindliche Knopf dieses Janusschalters läßt sich in zwei Stellungen „Post" und „Haustelephon" drehen und bringt dabei durch Verstellung mehrerer Kontaktfedern die erforderlichen Verbindungen hervor.

Fig. 357.

Janusschrank von Mix & Genest mit 6 Postleitungen.

Figur 358 gibt das Schema des Schalters und seine Verbindung mit der Nebenstelle an. Zeigt der Schalter auf „Haustelephon", so gelten die durch einfache Linien bezeichneten Verbindungen zwischen den Schalterkontakten und es steht die Klemme *La* des Fernsprechgehäuses über *Aa* und *S* mit dem Stöpsel des Linienwählers und die

Fig. 358.

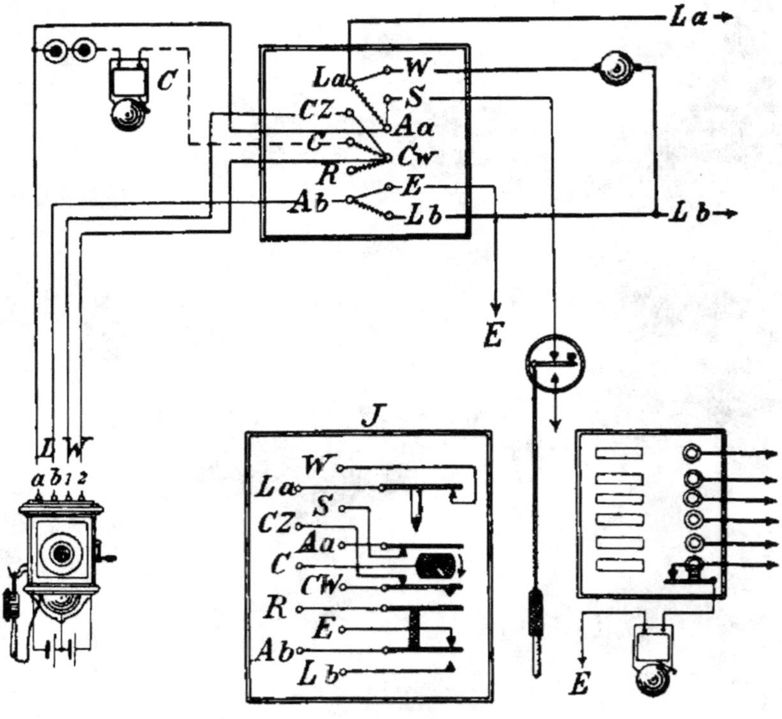

Klemme *Lb* über *Ab* und *E* mit der gemeinschaftlichen Rückleitung des Linienwählerkabels in Verbindung. Die von der Hauptstelle kommende Leitung *La/Lb* liegt über die Schalterpunkte *La* und *W* auf Wecker.

Stellt man den Janusschalter auf „Post", so
bestehen die quergestrichelten Verbindungen im
Schalter, mithin ist der Sprechapparat vom Stöpsel
und von der Rückleitung des·Linienwählers ab-
getrennt und gleichzeitig die Klemme La des Gehäuses über Aa und La mit dem a-Draht, die
Klemme Lb über Ab mit dem b-Draht der Nebenleitung verbunden, der Wecker jedoch ausgeschaltet.

Um das Stehenlassen des Janusschalters auf
„Post" nach beendetem Postgespräch auszuschließen,
ist mit dem Schalter ein Kontrollwecker C verbunden, der so lange ertönt, bis die Rückstellung erfolgt ist. Die Einrichtung bedingt die Verwendung
von Fernsprechgehäusen mit Klemmen W_1 W_2 für
einen zweiten Wecker. Diese Klemmen werden
mit dem Janusschalter verbunden, und zwar W_1
mit CZ und W_2 mit CW. Die Klemme W_2 steht
außerdem mit dem Ruhekontakt des Umschalthebels im Apparat in Verbindung. Bei Stellung
des Schalters auf „Haustelephon" hat die Feder
CW mit CZ Berührung, bei Stellung auf „Post"
dagegen erfolgt eine Trennung zwischen CW und
CZ und es kommt Klemme C, an welche der
Kontrollwecker C angeschlossen ist, mit CW in
Verbindung. Hierdurch ist ein Stromkreis für
den Kontrollwecker über dessen Batterie,
Klemme La des Telephonapparats, Umschalthebel,
Weckerkontakt, Klemme W_2, CW und C im
Janusschalter geschlossen. Sobald das Telephon
vom Haken genommen wird, erfolgt die Trennung zwischen der a-Klemme des Apparates
und W_2, so daß der Wecker während der Dauer
des Gesprächs ausgeschaltet bleibt. Nach Ein-

hängen des Telephons ertönt der Wecker wieder bis nach Zurückdrehen des Janusschalters in seine normale Lage.

Als Kontrollwecker verwendet man am besten Zwergwecker oder Summer.

c) Linienwähleranlagen mit Janusbetrieb, Janusreihenschaltung. Diese Betriebsart kommt meist da in Frage, wo nur eine einzige Postleitung und dementsprechend höchstens 5 Nebenstellen vorhanden sind, die sich selbst in die Amtsleitung einzuschalten wünschen. Der Grundgedanke der Janusreihenschaltung ist der, daß die Postleitung nacheinander über die Janusschalter der Nebenstellen, z. B. in der Reihenfolge Direktor, Prokurist, Buchhalter, Portier geleitet wird, so daß sich jede Nebenstelle direkt ohne Vermittelung einer Zentrale mit dem Amt verbinden kann, wobei der hinter der sprechenden Stelle liegende Teil der Leitung abgeschaltet wird. Damit die Gespräche des Direktors von den übrigen Nebenstellen aus nicht unterbrochen werden können, erhält dieser die erste Nebenstelle (Fig. 359), während bei dem Portier die Hauptstelle angebracht wird. Das Einschalten in die Postleitung erfolgt durch Janusschalter von der Bauart der Figur 358.

Schaltet sich eine Janusstelle auf Postleitung, so erscheinen an den übrigen Nebenstellen Sperrsignale *T*, als Zeichen, daß auf der Leitung gesprochen wird. Während der Anruf nach dem Amt bei der Janusreihenschaltung ohne Vermittelung einer Person geschehen kann, ist der Anruf der Nebenstelle vom Amt aus nur durch

Vermittelung des Portiers mit Hilfe eines Signalsystems möglich.

Die Janusreihenschaltung gestaltet also den Verkehr auf den Postleitungen halbautomatisch und findet daher auch nur für Geschäftsnetze von verhältnismäßig geringem Außenverkehr Anwendung.

Die Hauptstellen und die Nebenstellen sind so miteinander verbunden, daß die vom Amt kommende *b*-Leitung zunächst an die Klemme *La* des letzten Janusschalters geht und von der Klemme *W* dieses Schalters nach *La* des vorletzten Janusschalters usw. bis zur Hauptstelle. Die vom Amt kommende *a*-Leitung wird nach sämtlichen

Fig. 359.

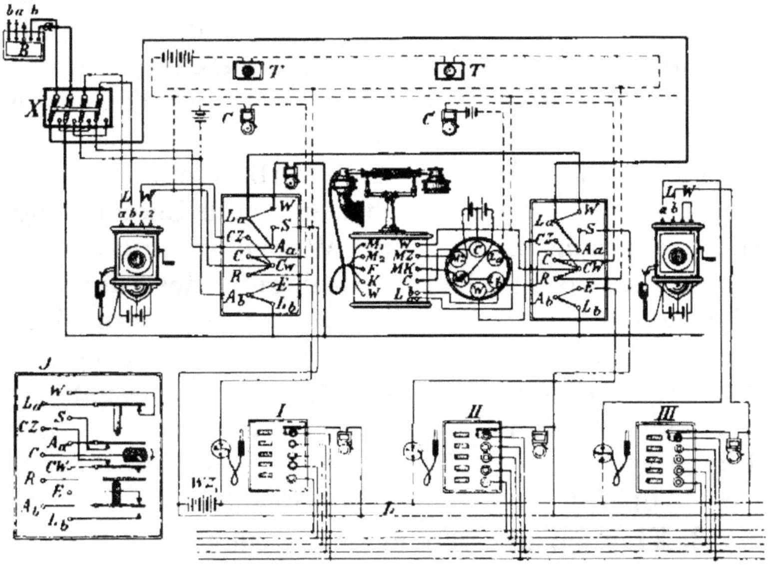

Janusschaltern abgezweigt und an die Klemme *Lb* derselben geführt. An der Hauptstelle endigt die *b*-Leitung in einem Wecker, der mit der Klemme *Lb* verbunden ist und für das Anrufsignal vom Amt dient.

Der Betrieb der Janusreihenschaltung gestaltet sich wie folgt:

1. Anruf vom Amt: Der Strom geht über die Janusschalter sämtlicher Linienwähler und den Wecker der Hauptstelle. Der Wecker ertönt. Die Hauptstelle, Portier, schaltet sich in die Postleitung ein und nimmt die Meldung entgegen. Falls eine der Nebenstellen gewünscht wird, gibt die Hauptstelle mittels des Linienwählers oder durch eine besondere Signalanlage der betreffenden Nebenstelle ein verabredetes Zeichen, worauf sich die Nebenstelle mit der Postleitung verbindet. Die Nebenstelle kann nun ohne weiteres sprechen.

2. Das Amt wird gerufen: Zeigt das Kontrolltableau an, daß keine der Nebenstellen gegenwärtig auf der Amtsleitung spricht, so dreht die rufende Stelle ihren Janusschalter auf „Post" und ist hierdurch mit dem Amt verbunden. An die Rückstellung des Janusschalters nach Beendigung des Gesprächs mahnt eine Weckeinrichtung.

3. Kontrolle: Durch Umlegen des auf der Hauptstelle befindlichen Kontrollschalters läßt sich feststellen, ob eine etwaige Störung in der Privatanlage oder in der Postleitung vorhanden ist. Durch den Kontrollschalter wird, wie aus Figur 359 ersichtlich, die Postleitung direkt auf den Apparat der Hauptstelle geschaltet.

2. Klappenschränke der A.-G. Siemens & Halske für Haupt-, Neben- und Privatanschlüsse. Die im Abschnitt IX beschriebenen Klappenschränke mit Drehschaltern des Systems Siemens & Halske lassen sich in einfacher Weise dazu herrichten, daß an ihnen nur die Nebenanschlüsse mit der Hauptleitung verbunden werden können, nicht aber die etwa auf sie geschalteten Privatanschlüsse,

Fig. 360.

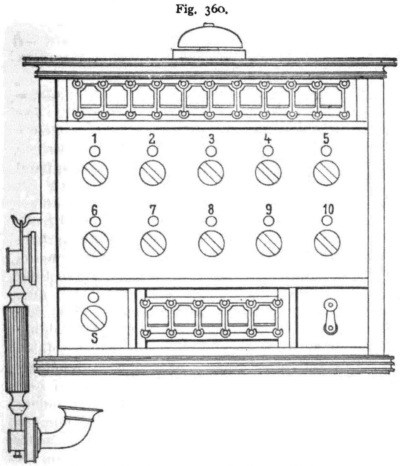

während Verbindungen zwischen Neben- und Privatanschlüssen unbeschränkt ausführbar sind.

Figur 360 gibt die Ansicht eines solchen Klappenschrankes für 1 Hauptanschluß, 5 Neben-

und 4 Privatanschlüsse. Die 10 Anrufklappen liegen oben in einer Reihe, darunter die Drehschalter der 10 Leitungen, unten links der Drehschalter *S* für den Sprechapparat, daneben 5 Schlußklappen und rechts die Kurbel des Induktors. Der Sprechapparat, ein Mikrotelephon, hängt an der linken Seitenwand im Umschalthaken, und auf dem Schrank ist der mit den Klappen verbundene Wecker sichtbar.

Die innere Einrichtung nebst der Schaltungsweise läßt sich aus Figur 361 erkennen. Die Hauptanschlußleitung endigt an einem doppelten Kurbelumschalter und ist bei Linksstellung desselben mit dem von der Post gelieferten Sprechapparat „Hauptstelle" verbunden, bei Rechtsstellung dagegen mit der Zwillingskurbel des Drehschalters *1* im Klappenschranke. Die Neben- und Privatleitungen sind unmittelbar an die Zwillingskurbeln ihrer Drehschalter geführt. In der gezeichneten Ruhestellung verbindet jeder Schalter seine Leitung mit der zugehörigen Anrufklappe. Damit man eine Leitung mit einer andern oder mit dem Abfrageapparat verbinden kann, sind 6 doppeldrähtige Verbindungsleitungen durch den Schrank geführt und an die kreisförmig angeordneten Kontaktstücke jedes Schalters angeschlossen. Zwei Leitungen werden also miteinander verbunden, indem man die Kurbeln ihrer Schalter auf die Kontakte einer freien Verbindungsleitung, z. B. auf *3*, stellt; die rechts gezeichnete Schlußklappe *3* ist dann als Brücke eingeschaltet.

Mit der Hauptleitung können Verbindungen nur auf der mit *A* bezeichneten Verbindungsleitung hergestellt werden, da der Schalter *1* nur

an diese angeschlossen ist (außer an die Verbindungsleitung des Sprechschalters). Es wird also
z. B. die Nebenstelle *2* mit dem Vermittelungs-

Fig. 361.

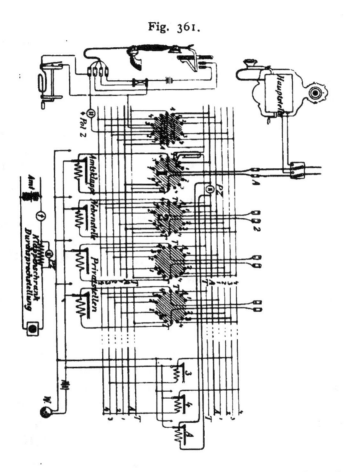

amt der Post verbunden, indem man die Schalter
1 und *2* auf *A* stellt. Die alsdann bestehende Durchsprechstellung ist am unteren Rande der Fig. 361
besonders veranschaulicht; bei der Hauptstelle
liegt die Schlußklappe *A* im *a*-Drahte und neben

sie ist ein Satz von 4 Polarisationszellen geschaltet, damit die Sprechströme durch die Selbstinduktion des Klappenelektromagnets nicht geschwächt werden.

An die Verbindungsleitung *A* sind nun die Schalter der Privatleitungen nicht angeschlossen. Es können daher die Privatanschlüsse *3* und *4*, selbst wenn man ihre Schalter auf *A* stellt, mit der Hauptleitung keine Verbindung erhalten. Auch die Benutzung der Verbindungsleitung *T* des Sprechschalters führt nicht zum Ziele, weil die Kurbel des Schalters *1* bei der Einstellung auf *T* die neben diesem Kontakt angebrachte besondere Feder von ihrem Auflager abhebt und dadurch die Leitung *T* nach dem Schalter *2* hin unterbricht.

3. Klappenschränke mit Sperr-Relais, System E. Zwietusch & Co. Die Benutzung der Klappenschränke dieser Firma gleichzeitig für Neben- und Privatanschlüsse wird durch ein eingebautes Sperr-Relais ermöglicht, welches selbsttätig die Hauptleitung abschaltet, sobald man mit deren Klinke eine Privatstelle verbindet.

Der in Figur 362 abgebildete Schrank mit Stöpselschnüren kann eine Hauptleitung, 5 Neben- und 5 Privatanschlüsse aufnehmen; durch eine sehr einfache Änderung läßt sich ein Teil der für Nebenstellen bestimmten Klinken noch zur Aufnahme von Privatanschlüssen herrichten. Die Klinke *A* und die unterste Klappe gehören zur Hauptleitung. Die erste Stöpselschnur links dient zum Einschalten des Abfrageapparats, mittels der 4 Schnurpaare werden die Verbindungen hergestellt. Unterhalb der Hauptklappe befindet sich für jedes Schnurpaar ein Umschalter zum Mithören. Wie aus der Schaltungsskizze Figur 363 hervorgeht, bewirkt das Umlegen dieses Schalters *AS*, daß der an die Klemmen *AA* angelegte Abfrageapparat zwischen den *a*- und *b*-Draht der Schnur als Brücke geschaltet wird. Die Hauptanschlußleitung

Fig. 362.

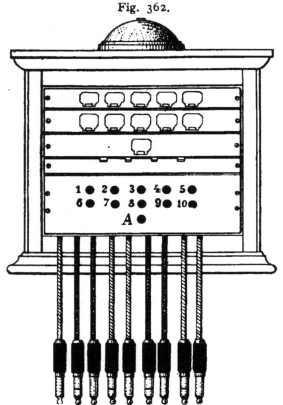

wird an die Klemmen *1a*, *1b* gelegt; von da geht ihr Stromweg über die beiden Anker des Sperr-Relais *SR* zur Klinke *KL₁* und weiter zur Klappe *K₁*. Stromlauf: Klemme *1a*, erster Anker des Relais *SR*, Klinke *KL₁* (lange Feder und Auflager), Elektromagnet der Klappe *K₁*, Klinke *KL₁* (kurze Feder), zweiter Anker von *SR*, Klemme *1b*.

Neben- und Privatleitungen werden an die Klemmen *2a*, *2b*, ferner *3a*, *3b* usw. gelegt, von wo der Stromweg in gleicher Weise weiterführt, abgesehen vom Fehlen des Relais *SR*. Für diejenigen Leitungen, welche nicht mit der Haupt-

Fig. 363.

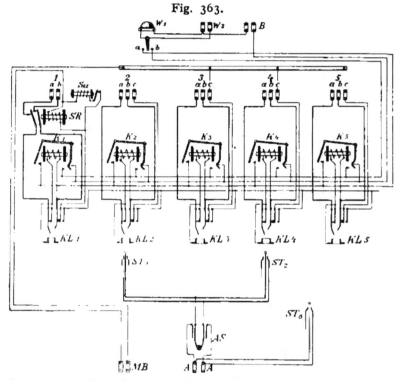

leitung verbunden werden sollen, ist die zu dem Klemmenpaar *a*, *b* gehörige *c*-Klemme mit der oberhalb der Klemmen gezeichneten Batterieschiene zu verbinden. An dieser liegt der eine Pol der mit den Klemmen *MB* verbundenen Mikrophonbatterie, während der andere Pol mit dem Elektromagnet des Sperr-Relais in Verbindung steht. Wird nun eine solche Leitung, z. B. Nr. *3* oder *4*, auf die Klinke KL_1 gestöpselt, so ist der Stromkreis der Batterie *MB* über die Hilfsfedern der Klinken KL_1 und KL_3, welche durch die eingesetzten Stöpsel zur Berührung gebracht werden, geschlossen. Stromweg: Batterie *MB*, Batterieschiene, Klemme *3c*, Klinke KL_3 (4. und 5. Feder), Verbindungsdraht der 5. Klinkenfedern, Klinke KL_1 (5. und 4. Feder), Elektromagnet des Relais *SR*, Batterie *MB*. — Der Elektromagnet von *SR* zieht daher seine beiden Anker an und unterbricht so die über die Anker geführten Hauptleitungszweige. Zugleich geht ein Zweigstrom durch den neben das Relais *SR* geschalteten Summer *Su*; dessen mit Selbstunterbrechung arbeitender Elektromagnet gibt einen summenden Ton von sich zum Zeichen, daß eine nicht gestattete Verbindung hergestellt ist.

Die *c*-Klemmen der Nebenleitungen *2* und *5* sind nicht an die Batterieschiene angeschlossen. Wird demnach Klinke KL_2 mit KL_1 verbunden, so findet ein Schließen der Batterie *MB* und ein Ansprechen des Relais *SR* nicht statt, das Gespräch kann also stattfinden.

Die beiden Stöpsel eines Schnurpaars sind verschieden gebaut. Der Stöpsel ST_1 schaltet beim Einsetzen in eine Klinke die Klappe aus; dagegen verbindet Stöpsel ST_2 die Klinkenhülse mit der langen Feder und bewirkt so, daß die Klappe eingeschaltet bleibt. Die Klemmen *c* sind innerhalb des Klappenschranks so angebracht, daß sie dem Fernsprechteilnehmer nicht zugänglich sind.

Auch die von der Firma E. Zwietusch & Co. gebauten Klappenschränke mit Kniehebelschaltern

werden in gleicher Weise durch den Einbau eines
Sperr-Relais mit Summer und durch Anbringung
von zwei Hilfsfedern an den Schaltern für vereinigten Betrieb von Neben- und Privatanschlüssen
hergerichtet.

XI. Betriebstörungen in Fernsprechanlagen.

Der Betrieb in einer Fernsprechanlage ist gestört, wenn der Weckruf und die Sprache entweder gar nicht oder nicht sicher und zu schwach zu der Empfangstelle gelangt. Es kommt auch vor, daß nur die Weckrufe ausbleiben, eine Sprechverständigung dagegen möglich ist, und umgekehrt. Solche Störungen können durch Fehler in der Batterie, den Apparaten oder in den sie verbindenden Leitungsdrähten verursacht werden. Weck- und Sprechströme kommen nicht zustande, wenn die Batterie erschöpft, der Induktor und das Mikrophon in Unordnung oder der Stromkreis an irgendeiner Stelle unterbrochen ist; sie gelangen nicht zur Empfangstelle, wenn die Leitung irgendwo Erdschluß oder Berührung mit der Rückleitung hat; sie können am Empfangsorte nicht die beabsichtigte Wirkung ausüben, wenn daselbst Wecker und Fernhörer verstellt oder sonst mit Mängeln behaftet sind.

A. Aufsuchen des Fehlers durch Besichtigung.

Beim Auftreten einer Störung hat man zunächst festzustellen, welcher Art sie ist und in welchem Teile der Anlage vermutlich der Fehler liegt. Diese Feststellung wird erleichtert, wenn beide Sprechstellen einander durch Boten ihre Beobachtungen mitteilen, was ja bei Hausfernsprechanlagen nur wenig Zeit erfordert. Ergibt sich dabei z. B., daß nur die Sprache von Stelle I bei II nicht ankommt, so liegt der Fehler wahrscheinlich im Mikrophonstromkreis von I. Wird die Sprache beiderseits gut verstanden, ein Weckruf aber bei I nicht wahrgenommen, so ist entweder die Weckbatterie bzw. der Induktor bei II nicht in Ordnung oder der Wecker bei I verstellt. Vollständige Verkehrsunterbrechung läßt auf das Vorhandensein einer Unterbrechung, einer Berührung oder eines Erdschlusses in der Leitung schließen, wobei aber der Fehlerort nicht nur auf dem Wege zwischen den beiden Sprechstellen, sondern auch in einem Apparat oder selbst in der Erdleitung, u. U. auch in der Batterie liegen kann.

Nach diesen Feststellungen empfiehlt es sich, Batterie, Apparate und Leitung, soweit sie in Betracht kommen, einer Besichtigung und Prüfung zu unterziehen. In vielen Fällen wird schon hierbei der Fehler mit geringer Mühe gefunden und beseitigt werden können. Die gewöhnlich vorkommenden Fehler sind nachstehend aufgeführt.

1. Fehler in den Batterien. Die Klemmschrauben können gelockert, die Drähte abgebrochen, die Elemente erschöpft sein. Bei

nassen Elementen kann die Flüssigkeit infolge
Verdunstens zu tief gesunken oder infolge Zer-
springens des Glases ausgelaufen oder wegen
Zersetzung und Salzbildung der Erneuerung be-
dürftig sein (vgl. im übrigen Abschnitt VII). Bei
Trockenelementen ist nur zu prüfen, ob die Klemmschrauben fest angezogen und mit den Drähten
verbunden sind; die weitere Untersuchung muß
durch Messung erfolgen.

2. Fehler in den Fernhörern. Am häufigsten
treten Unterbrechungen in den Leitungsschnüren
oder Kurzschließungen und Unterbrechungen in
der Drahtwickelung des Elektromagnets auf;
weniger häufig sind Verbiegungen der Membran.
Bei Sprechstellen in feuchten Räumen können auch
verrostete Membranen die Ursache mangelhafter
Verständigung sein.

Die Fernhörer werden auf Betriebsfähigkeit
geprüft, indem man die Schnurenden an die Pole
eines guten Elements legt und beobachtet, ob
hierbei ein scharfes Knacken entsteht. Das Knacken
zeigt an, daß der Fernhörer samt Leitungsschnur
in Ordnung ist. Ist der Fernhörer zeitweise stromlos und darauf wieder betriebsfähig, so liegt der
Fehler in der Regel in der Leitungsschnur. Man
muß dann bei Prüfung der Leitungsschnur durch
Einschaltung eines Elements die Schnur an allen
Stellen hin und her biegen; die Unterbrechung
macht sich beim Biegen der fehlerhaften Stelle
durch ein Knacken der Membran bemerkbar.

Vielfach ist auch eine fehlerhafte Einstellung
die Ursache der mangelhaften Verständigung. Um
den Fernhörer richtig einzustellen, werden Membran und Elektromagnet mit Hilfe der Regulier-

vorrichtung einander so genähert, daß eine hörbare Anziehung der Membran erfolgt. Hierauf werden die Polschuhe soweit zurückgenommen, daß ein hörbares Zurückschnellen der Membran eintritt. Nach Erfordernis wird der hierdurch zwischen Membran und Polschuhen erzielte Abstand noch um eine Kleinigkeit vergrößert.

3. Fehler in den Mikrophonen. Sie sind auf mangelhafte Mikrophonkontakte, verbogene oder gesprungene Membranen, abgebrochene oder locker gewordene Verbindungsdrähte, beschädigte Wickelungen der Induktionsrolle oder mangelhafte Batteriekontakte zurückzuführen.

Ein zu großer Übergangswiderstand zwischen den Mikrophonkontakten schwächt die Lautwirkung. Sind die Kontakte infolge loser Einstellung zu beweglich, so tritt bei der Lautübertragung ein schnarrendes Nebengeräusch auf, welches die Verständigung beeinträchtigt. Sind dagegen infolge zu fester Einstellung oder nach längerem Gebrauche die Kontakte nicht mehr beweglich genug, so daß z. B. bei den Körnermikrophonen die Kohlenkörner zusammenkleben, so überträgt das Mikrophon die Sprache nur noch unvollkommen oder es versagt gänzlich. Dies ist auch der Fall, wenn metallische Kontaktstellen des Mikrophonstromkreises oxydiert sind, und wenn vollständige oder unvollständige Unterbrechungen in den Kohlenkontakten, den Verbindungsdrähten, der primären Wickelung der Induktionsrolle oder an den Batteriekontakten des Hakenumschalters vorliegen.

Bei den Körnermikrophonen kann man durch Klopfen auf das Mikrophon oder durch mehrfaches Drehen desselben die bei längerem Gebrauch an den Körnern gebildeten Aschenteilchen beseitigen. Durch die Erschütterung treten neue Kohlenteilchen in Berührung, auch fallen die zusammengebackenen Kohlenkörner auseinander.

Sind aus einem Kohlenkörnermikrophon Körner in größerer Menge herausgefallen, so kann nur noch eine mühsame Verständigung erzielt werden, wobei ein eigentümliches Geräusch wie beim Klopfen auf ein zersprungenes Gefäß auftritt.

Membranen, die verbogen oder gesprungen sind, vermögen die Schallschwingungen nicht mehr genügend stark, genau und gleichmäßig auf die Kontakte zu übertragen; die Folge ist eine mangelhafte Lautwirkung.

4. Fehler in den Kurbelinduktoren. Sie sind in der Regel auf Unterbrechung oder Kurzschließung der Ankerwickelung und auf mangelhaften Schluß der Kontaktfedern infolge Verbiegung der Federn oder Ablagerung von Schmutz an den Kontaktstellen zurückzuführen. Bei Unterbrechungen kommt kein Strom zustande, bei Kurzschließung einer größeren Anzahl von Ankerumwindungen entsteht durch die Kurbeldrehung nur ein Strom von so geringer Stärke, daß er die Wecker nicht mehr in Tätigkeit setzen kann.

Bei mangelhaftem Schlusse der Kontaktfedern treten ähnliche Erscheinungen auf. Mangelhafte Ölung der Achsen erschwert die Handhabung des Induktors.

Nicht selten kommt es vor, daß die in der Gehäusewand befindliche Öffnung für die Kurbelachse zu eng ist, so daß letztere sich klemmt und nicht von selbst in die Ruhelage zurückgeht. Der

Weg für ankommende Sprech- und Weckströme ist dann an der Induktorfeder unterbrochen oder kurz geschlossen.

5. Fehler in den Tasten. Die beiden Kontakte können verschmutzt sein, wodurch die Sprech- und Weckströme geschwächt oder ganz unterbrochen werden. Hat die Federkraft des Tastenhebels nachgelassen, so liegt dieser oft nicht mehr fest genug am Ruhekontakt, besonders wenn der Dorn des Tastenknopfes in seinem Lager in der Gehäusewand eine größere Reibung zu überwinden hat; es kann dann leicht eine Unterbrechung am Ruhekontakt entstehen.

6. Fehler in den Weckern (vgl. S. 245).

7. Fehler in den Hakenumschaltern. Bei den Hakenumschaltern mit Schleiffedern treten Fehler, welche ihre Ursache in einer Verbiegung oder mangelhaften Kontaktwirkung der Schleiffedern haben könnten, wegen der starken Konstruktion der Federn und der bei jedem Auf- und Niedergange des Hebels durch die Reibung der Kontaktflächen bewirkten Reinigung derselben selten auf. Immerhin sind Unterbrechungen des Stromkreises an den Kontaktstellen infolge mangelhaften Anliegens der Federn nicht ausgeschlossen. Bei den Hakenumschaltern mit Amboßkontakten tritt leicht eine Ablagerung von Staub auf den Kontaktstellen ein; selbst die vielfach zum Schutze gegen Staub verwendete Abschlußplatte an der Austrittstelle des Hakens wirkt nicht unbedingt sicher.

8. Fehler in den Blitzableitern und Schmelzsicherungen. Die gewöhnlich auftretenden Fehler bestehen in Erdschlüssen oder in Unterbrechungen. Die Ursache ist in der Regel in Blitzbeschädigungen zu suchen. Entweder werden durch den Blitz die Umwindungsdrähte der Blitzableiterspindeln oder der Abschmelzröllchen durchgebrannt, ohne daß eine leitende Verbindung mit der Erde hergestellt wird, so daß also eine Unterbrechung entsteht, oder es werden die Umwindungsdrähte mit dem Erdkörper des Blitzableiters und bei den Kohlenblitzableitern die beiden Kohlenplatten zusammengeschmolzen, so daß ein Erdschluß entsteht. Ein Erdschluß tritt auch dann auf, wenn die Spitzen der beiden Messingschienen eines Spitzenblitzableiters oder die entprechenden Teile eines Schneidenblitzableiters durch Blitzwirkung zusammengeschmolzen oder durch Drahtreste in leitende Verbindung gekommen sind.

Bei den Kohlenblitzableitern kommen besonders leicht Erdschlüsse vor. Bloße Erschütterungen der Kohlenblitzableiter können schon zur Folge haben, daß feine Kohlenteilchen von den Kohlenplatten losgelöst werden und, indem sie in den isolierenden Zwischenraum zwischen den letzteren geraten, Erdschluß hervorrufen. Es ist deshalb vor Ingebrauchnahme eines Kohlenblitzableiters jedesmal mittels eines Trockenelements und eines Galvanoskops zu prüfen, ob die sich gegenüberliegenden Kohlenplatten gut voneinander isoliert sind. Bei der Prüfung wird der eine Pol des Elements mit der Erdplatte verbunden, worauf mit dem freien Ende eines am Pole befestigten Drahtes, in den auch das Galvanoskop eingeschaltet ist, die Leitungsplatte des eingesetzten Plattenpaars berührt wird. Plattenpaare, bei deren Prüfung das Galvanoskop Strom anzeigt, sind zu reinigen. Das Herausnehmen der Kohlenplatten ist so vorsichtig auszuführen, daß kein Kohlenstaub gebildet wird. Zum Herausnehmen der Kohlenplatten werden besondere Zangen benutzt.

Schmelzsicherungen werden oft beim Gewitter durchgeschmolzen und verursachen dann eine Unterbrechung des Stromwegs. Die oft mit bloßem Auge nicht erkennbare Beschädigung kann zuverlässig mit Hilfe eines Galvanoskops und Trockenelements festgestellt werden. Steht kein Galvanoskop zur Verfügung, so ersetzt man die vorhandene Sicherungspatrone probeweise durch eine neue oder schaltet an ihrer Stelle einen Draht ein. Ist dann der Fehler verschwunden, so lag er in der Sicherungspatrone.

9. Fehler in den Klappenschränken. Die Elektromagnete der Klappen sprechen oft auf den Rufstrom nicht an, weil der die Klappe haltende Anker nicht fein genug eingestellt ist oder klebt, oder weil in der Drahtwickelung eine Unterbrechung oder ein Kurzschluß besteht. Es gilt alsdann das im Abschnitt VII bezüglich der Elektromagnete von Weckern, Relais und Tableaus Gesagte.

Fehler in den Klinken sind auf verschmutzte oder oxydierte Kontakte, eingedrungene leitende Fremdkörper oder verbogene Klinkenfedern zurückzuführen. Zur Beseitigung des Fehlers muß die Klinke meist aus dem Schranke herausgenommen werden.

Die meisten Störungen an den Klappenschränken werden durch schadhafte Stöpselschnüre hervorgerufen. Ob die Ursache einer Störung in der Verbindungsschnur liegt, erkennt man sofort, wenn man die benutzte Schnur mit einer neuen vertauscht. Es empfiehlt sich, viel benutzte Stöpselschnüre täglich, andere wöchentlich ein- oder zweimal in der oben für Fernhörerschnüre angegebenen Weise elektrisch zu untersuchen und solche mit schadhaften Stellen unverzüglich durch neue Schnüre zu ersetzen. Manche unangenehme Betriebsstörung kann dadurch verhütet werden.

10. Fehler in den Leitungsdrähten. Sie bestehen entweder in Unterbrechungen des leitenden Zusammenhangs oder in Mängeln der Isolation. Bei blankgeführten Leitungen lassen sich derartige Fehler durch bloße Besichtigung meist leicht erkennen, sei es daß der Draht gerissen ist, sei es daß er benachbarte Drähte berührt oder durch andere Leiter, wie feuchte Baumzweige, Peitschenschnüre, Drachenschwänze usw. mit jenen oder mit der Erde in leitender Verbindung steht. Bei Leitungen in Kabeln oder solchen aus isolierten Drähten, wie sie in Hausfernsprechanlagen die Regel bilden, bereitet das Aufsuchen der Fehler gewöhnlich mehr Schwierigkeit, zumal wenn die Drähte ganz oder streckenweise verdeckt geführt sind. Bei der vorläufigen Besichtigung wird sich hier nur feststellen lassen, ob nicht etwa grobe mechanische Beschädigungen vorgekommen sind, welche den Draht zerrissen oder seine Isolierhülle verletzt haben, ferner ob etwa die Isolierhülle im Laufe der Zeit von selbst brüchig und schlecht geworden ist; auch hat man darauf zu achten, ob die Verbindung der Drahtenden mit den Klemmen nicht gelockert oder unterbrochen ist.

B. Eingrenzen des Fehlers durch elektrische Prüfung.

Wird bei der Besichtigung kein Fehler gefunden, so muß zur elektrischen Prüfung der Anlage geschritten werden. Dabei ist es notwendig, eine genaue Schaltungsskizze der Anlage zu grunde zu legen und an deren Hand diejenigen Stromwege, in denen der Fehler nach den gemachten Beobachtungen liegen kann, in ihren einzelnen Teilen auf Stromfähigkeit bzw. Isolation zu untersuchen.

Bei der großen Anzahl und der Verschiedenheit der vorkommenden Schaltungen würde es zu weit führen, hier eine umfassende Übersicht über das Prüfungsverfahren zu geben. Wir müssen uns auf die gebräuchlichste Schaltung mit Induktoranruf und Mikrophoninduktionsrolle beschränken und dürfen dies unbedenklich; denn wer den Gang der Untersuchung in den nachstehenden Fällen aufmerksam verfolgt hat, wird auch bei abweichenden Schaltungen mit etwas Überlegung den richtigen Weg finden.

a. Störungen in Anlagen mit zwei Sprechstellen.

Vorausgesetzt wird zunächst eine Fernsprechanlage mit zwei durch eine Doppelleitung verbundenen Sprechstellen, deren Apparate für Induktoranruf und Normalschaltung des Mikrophons eingerichtet sind (Figur 364).

1) Bei Stelle I kommt Gesprochenes nicht an, dagegen bei Stelle II; Weckrufe gelangen zu beiden Stellen. Der Fehler wird im Mikrophonstromkreise von *II* liegen, da der Hörstromkreis, der Mikrophonstromkreis von *I* und die beiden Weckerstromkreise offenbar in Ordnung sind. Streicht man bei *II* mit dem Finger leise über die Sprechplatte des Mikrophons oder das vor ihr befindliche Schutznetz, so wird man im abgehängten eigenen Fernhörer kein Geräusch wahrnehmen; das Mikrophon ist also tot. Man

Fig. 364.

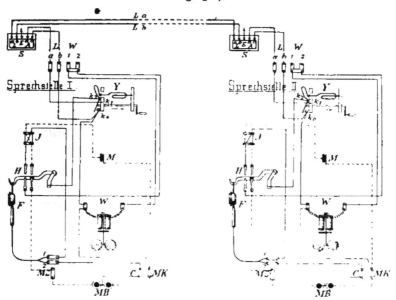

schraubt nun an die Klemme *MK* einen Hilfsdraht, verbindet das andere Ende mit einem Galvanoskop und legt an dessen zweite Klemme einen zweiten Hilfsdraht, mit dessen freiem blanken Ende die Klemme *MZ* berührt wird. Ist die Batterie *MB* in Ordnung, so muß jetzt die Nadel des Galvanoskops ausschlagen. Erfolgt kein oder ein sehr geringer Ausschlag, so ist die Batterie schlecht. Man prüft dann noch jedes Element für sich,

indem man mit dem freien Drahtende den Zinkpol, mit dem von *MK* abzuschraubenden Hilfsdraht-
ende den Kohlenpol berührt. Die hierbei keinen
Strom ergebenden Elemente werden, falls es sich
um Trockenelemente handelt, durch neue ersetzt,
nasse Elemente werden neu angesetzt. (In Nebenstellen soll ein Trockenelement, wenn es durch
10 Ohm Widerstand geschlossen wird, bei Prüfung
mit einem Spannungsmesser mindestens 0,8 Volt
Klemmenspannung aufweisen; Elemente von geringerer Spannung sind nur noch zum Wecken,
nicht mehr für Mikrophone geeignet).

Wird die Batterie in Ordnung befunden, so
berührt man mit dem freien Ende des zweiten
Galvanoskopdrahts, während der erste Draht an
Klemme *MK* liegen bleibt, nach der Reihe die
übrigen Klemmen des Mikrophonkreises, und zwar
Spiralfeder und Schleiffeder am Hakenumschalter
H bei abgenommenem Fernhörer, die beiden
Klemmen der primären Spule der Induktionsrolle
J und die beiden Klemmen des Mikrophons *M*.
Soweit das Galvanoskop Strom anzeigt, ist der
eingeschaltete Teil des Mikrophonstromkreises in
Ordnung; sobald aber die Nadel in Ruhe bleibt,
ist die Fehlerstelle in den Prüfstromkreis ein-
bezogen. Erhält man z. B. bei Berührung der
ersten Klemme des Mikrophons noch Strom, beim
Berühren der zweiten Klemme aber nicht mehr,
so liegt der Fehler im Mikrophon.

In Ermangelung eines Galvanoskops kann zum
Prüfen auch der Fernhörer benutzt werden, der jeden
Stromschluß durch ein Knacken anzeigt; dabei
läßt sich aber die Stärke des entstehenden Stromes
weniger sicher beurteilen als mit dem Galvanoskop.

Man würde also den von der Fernhörerklemme 2
ausgehenden Draht von C abnehmen und an
Klemme MK legen, ferner mit Klemme 1 nach
Lösung des daran liegenden Drahts einen Hilfsdraht verbinden, mit dessen freiem Ende die verschiedenen Klemmen zu berühren wären.

Hat man einen Wecker für Selbstunterbrechung
zur Hand, so kann auch dieser als Stromanzeiger
dienen, nachdem er auf den Strom von 1 oder 2
Elementen gut eingestellt worden ist.

Wenn man ausnahmsweise im Mikrophonstromkreise keine Unterbrechung findet, so muß
die primäre oder sekundäre Wickelung der Induktionsrolle J durch Kurzschluß ausgeschaltet
sein. Die Rolle ist dann durch eine neue zu
ersetzen.

**2. Beide Stellen erhalten nur Weckrufe, nicht
Gesprochenes.** Daß der Mikrophonstromkreis gleichzeitig bei beiden Stellen unterbrochen sei, ist
wenig wahrscheinlich; der Fehler wird vielmehr
fast stets bei Stelle I oder II in demjenigen Teile
des Hörstromkreises liegen, der mit dem Weckerstromkreis nicht zusammenfällt, also vom Hakenumschalter H ab auf dem Wege durch die sekundäre Wickelung von J, den Fernhörer F, über
Klemme C durch das Kontrollelement und über
Klemme MK zur Erdklemme des Weckers.

Man verbindet die Gehäuseklemmen La und
Lb durch einen kurzen Draht miteinander und be-
streicht mit dem Finger die Sprechplatte des
Mikrophons. Hört man dies im Fernhörer, so ist
die eigene Sprechstelle in Ordnung und der Fehler
muß bei der anderen Sprechstelle liegen. Ein
zweites Zeichen ist das Knacken im Fernhörer,

welches beim Auf- und Niederbewegen von *H* das Schließen und Öffnen der Mikrophonbatterie und des Kontrollelements verursachen.

Versagen diese Proben, so stellt man mit dem Prüfgalvanoskop fest, ob die Mikrophonbatterie Strom gibt, und schließt zutreffendenfalls das Galvanoskop an die Gehäuseklemmen *Lb* an nach Wegnahme des Leitungsdrahts und des vorerwähnten Hilfsdrahts. Darauf berührt man mit dem freien Ende des zweiten Galvanoskopdrahts die Klemme *C*; das Kontrollelement ist dann über Klemme *C*, die Hilfsdrähte und das Galvanoskop, ferner Klemme *Lb*, Klemme k_0 am Induktor *Y*, die Weckerklemme und Klemme *MK* geschlossen, das Galvanoskop zeigt Strom an. Werden nun mit dem Drahtende die übrigen Klemmen des Stromwegs der Reihe nach berührt, so muß das Galvanoskop jedesmal ausschlagen, solange die Fehlerstelle noch nicht im Stromwege liegt. Man berührt also die Klemmen *2* und *1* des Fernhörers, die beiden Klemmen der Sekundärwickelung der Induktionsrolle und die zugehörige Kontaktfeder bei *H*. Erhält man z. B. an Klemme *2* noch Strom, an Klemme *1* aber nicht mehr und vernimmt auch kein Knacken im Fernhörer, so liegt die Unterbrechung im Fernhörer oder in dessen Schnur. Auch bei betriebsfähigem Fernhörer muß an Klemme *1* die Stromstärke wegen der erheblichen Widerstandszunahme ganz bedeutend sinken.

3. Weckrufe kommen bei Stelle I nicht an, dagegen bei II; Sprechverständigung ist ungestört. Der Fehler liegt entweder im Induktor bei *II*, oder im Wecker bzw. auf dem Wege vom Hakenumschalter über die Gehäuseklemmen *W₂* und *W₁* zum Wecker bei *I*. Stelle *I* verbindet die Gehäuseklemme *La* nach Abnahme der Leitung mit der Klemme *W*₁ unter Lösung der Verbindungsschiene und dreht den Induktor. Läutet dann der eigene Wecker, so ist er in Ordnung; andernfalls muß er eingestellt oder instandgesetzt werden. Genau in derselben Weise prüft Stelle *II* die Betriebsfähigkeit des eigenen Induktors.

4. Beide Stellen erhalten keinen Weckruf, dagegen Gesprochenes. Dieser Fall kommt nur höchst selten vor und setzt zwei Fehler voraus, von den beiden Weckern und Induktoren müssen zwei fehlerhaft sein. Führt die unter 3. angegebene Probe zum Ansprechen des Weckers bei einer Stelle, so liegen beide Fehler bei der andern Stelle, wo dann also Wecker und Induktor schadhaft sind. Andernfalls ist der eigene Wecker und Induktor zu untersuchen. Ob der eigene Induktor Strom gibt, erkennt man leicht, indem man Klemme *La* nach Abnahme der Leitung durch einen Draht mit Klemme *C* nach Abnahme des Kontrollelements verbindet und den Fernhörer abhebt; dann wird in letzterem der beim Drehen des Induktors erzeugte Strom vernehmbar. Die Prüfung des Weckers erfolgt wie unter 3. mit einem betriebsfähigen Induktor.

5. Weder die Sprache noch Weckrufe kommen an. a) Prüfung der Sprechstellen. In diesem am häufigsten vorkommenden Fall liegt der Fehler fast stets auf demjenigen Wege, welcher dem Wecker- und dem Hörstromkreis gemeinsam ist, also von den Klemmen *k*₁ und *k*₀ des Induktors *Y* ab nach außen. Höchst selten wird die Störung von zwei oder noch mehr gleichzeitig im Gehäuse auftretenden Fehlern hervorgerufen. Um jedoch sicher zu gehen, empfiehlt sich zunächst eine

Prüfung des eigenen Fernsprechgehäuses; solche muß erfolgen, wenn sich im Gehäuse ein Blitzableiter befindet. Man verbindet also Klemme *La* mit *Lb* durch einen Draht und prüft durch Bestreichen der Sprechplatte des Mikrophons wie unter 2. angegeben, ob Hör- oder Mikrophonstromkreis innerhalb des Gehäuses in Ordnung sind. Alsdann ist nach den Angaben unter 3. und 4. die Betriebsfähigkeit von Wecker und Induktor festzustellen.

Ergibt die Prüfung bei beiden Sprechstellen Betriebsfähigkeit, so liegt der Fehler in der die Apparate verbindenden Leitung; es kann eine Unterbrechung oder ein Isolationsfehler vorhanden sein. Welcher Art der Fehler ist, erkennt man beim Bestreichen des Mikrophons, wenn die Klemmen *La* und *Lb* nicht verbunden sind; vernimmt man das Geräusch im Fernhörer, so besteht eine leitende Verbindung zwischen *a*- und *b*-Leitung oder zwischen diesen und Erde, andernfalls ist die Leitung unterbrochen.

Es wird nun vor allem der Blitzableiter oder das Sicherungskästchen untersucht, wo in den meisten Fällen, besonders nach einem Gewitter, die Störungsursache liegt. War Unterbrechung festgestellt, so überbrückt man Blitzableiter und Sicherungen durch Hilfsdrähte; am Sicherungskästchen wird Klemme *La* mit *Aa* und Klemme *Lb* mit *Ab* durch einen Hilfsdraht verbunden, am Spindelblitzableiter lediglich die Spindel oder das Abschmelzröllchen herausgezogen. Tritt nun Betriebsfähigkeit ein, so sind neue Spindeln oder Abschmelzröllchen bzw. neue Sicherungspatronen einzusetzen.

War Erdschluß festgestellt, so wird beim Spindelblitzableiter ebenso verfahren, beim Sicherungskästchen nimmt man die Kohlenplatten heraus,
beim Spitzen-, Schneiden- und Plattenblitzableiter
prüft man, ob die an Leitung liegende Spitze usw.
mit dem an Erde liegenden Metallteil in leitende
Verbindung gekommen ist. Bei Erdschluß muß
ein im Gehäuse befindlicher Blitzableiter noch besonders untersucht werden, auch wenn die in
obiger Weise vorgenommene Prüfung die Betriebsfähigkeit des Fernsprechgehäuses ergeben hatte.

Bei Unterbrechung in eindrähtigen Leitungen
wird hierauf, falls ein Fehler nicht gefunden wurde,
die Erdleitung untersucht. Zu dem Zweck führt
man von der Klemme Lb oder E des Gehäuses
einen Hilfsdraht bis in den feuchten Erdboden
oder in ein Gewässer oder besser zu einem Rohr
der Wasserleitung. Hat dies Erfolg, so muß die
vorhandene Erdleitung aufgegraben, genau besichtigt und je nach Befund ausgebessert oder
erneuert werden.

b) Prüfung der Leitung. Muß schließlich
noch die beide Sprechstellen verbindende Leitung
elektrisch geprüft werden, so ist wie folgt zu verfahren:

α) Bei Unterbrechungen. Man läßt bei
Stelle II die a- und b-Leitung mit Erde verbinden
und legt bei Stelle I die Mikrophonbatterie mit
einem Pol zur Erde, mit dem andern an das Prüfgalvanoskop, an dessen zweite Klemme ein langer
Hilfsdraht geschraubt wird. Dann berührt man
mit dem freien Drahtende nacheinander die von
den Klemmen La und Lb abgenommenen Leitungsdrähte. Zeigt das Galvanoskop beim a-Draht

Strom an, beim *b*-Draht nicht, so ist jener in
Ordnung, dieser unterbrochen. Der *b*-Draht wird
nun in seiner ganzen Länge genau besichtigt, ob
er eine Beschädigung oder eine schlechte Verbindungsstelle zweier Drahtadern aufweist. Wenn
nicht, so legt man die Batterie an Klemme *Lb*
und berührt mit dem Prüfdraht die *b*-Leitung ungefähr in der Mitte ihrer Länge, nachdem hier
ein Einschnitt in die Isolierhülle gemacht ist. Ein
Ausschlag der Galvanoskopnadel beweist, daß die
erste Hälfte der Leitung gut ist. Wird nun der
Prüfdraht in der Mitte der zweiten Hälfte angelegt und kein Strom erhalten, so muß der
Fehler im dritten Viertel der Leitung liegen.
Dieses kann nochmals halbiert und durch Fortsetzung des Verfahrens der Fehler auf ein beliebig kurzes Stück eingegrenzt werden. Letzteres
wird herausgeschnitten und durch neuen Draht
ersetzt. Die Prüfeinschnitte müssen schließlich
wieder gut mit Isoliermaterial umhüllt werden.

β) Bei Isolationsfehlern. Solche stören bei
Doppelleitungen nur dann, wenn beide Drähte
damit behaftet sind, so daß unterwegs eine leitende
Verbindung zwischen ihnen besteht. Letztere ist
selbst dann vorhanden, wenn beide Drähte an
zwei weit voneinander entfernten Stellen Erdschluß
haben. Bei Stelle *II* werden beide Leitungsdrähte
von den Gehäuseklemmen *La* und *Lb* abgenommen
(isoliert), bei Stelle *I* wird Leitung *Lb* mit Erde
verbunden, dagegen zwischen die von Klemme
La abgenommene Leitung und Erde die Batterie
nebst dem Galvanoskop geschaltet. Letzteres
zeigt Strom an. Sind nun bei der Besichtigung
schlechte Stellen der Isolierhülle nicht entdeckt,

so schneidet man den Draht *a* ungefähr in der Mitte seiner Länge durch. Ein Verschwinden des Stromes beweist, daß die erste Hälfte des durchschnittenen Drahtes fehlerfrei ist. Dann verbindet man beide Drahtenden wieder und durchschneidet die zweite Drahthälfte in der Mitte. Bleibt nun der Strom bestehen, so liegt der Fehler im dritten Viertel des *a*-Drahts. Dieses kann ebenfalls in der Mitte durchschnitten und durch Fortsetzung des Verfahrens der Fehler auf ein beliebig kurzes Stück eingegrenzt werden, das alsdann gegen neuen Draht ausgewechselt wird.

Hierauf wird der *b*-Draht in gleicher Weise untersucht und instandgesetzt.

b. Störungen in Anlagen mit mehr als 2 Sprechstellen.

Wenn in einer Fernsprechanlage mit 3 Sprechstellen die mittlere, Nr. III, mit einem Zwischenstellenumschalter versehen ist, so hat man beim Auftreten einer Störung zunächt festzustellen, ob der Fehler nur im Verkehr von Stelle I mit III, oder von II mit III, oder im Verkehr mit beiden Stellen sich bemerkbar macht. Im letzteren Falle liegt der Fehler bei Stelle III; man nimmt alsdann erst Leitung I, darauf Leitung II vom Umschalter ab und verbindet sie einzeln mit dem Fernsprechgehäuse. Tritt hierbei Verständigung ein, so liegt der Fehler im Umschalter oder besonderen Wecker; andernfalls ist das Fernsprechgehäuse genau zu untersuchen. — Wenn nur Leitung I oder II gestört ist, so verbindet man die gestörte Leitung direkt mit dem Fernsprechgehäuse und verfährt nach der Anleitung unter a.

Störungen in einer Anlage mit mehreren Sprechstellen, die an eine Zentralstelle mit Klappenschrank angeschlossen sind, lassen sich ohne weiteres auf einen bestimmten Anschluß eingrenzen. Durch Abnahme der gestörten Leitung vom Klappenschrank und Direktverbindung mit dem Abfrageapparat oder durch Schaltung derselben auf ein freies, betriebsfähiges Klappensystem erkennt man leicht, ob der Fehler in dem zur Leitung gehörigen Klappensystem oder in der Anschlußleitung nebst Sprechstelle liegt. Die Untersuchung der gestörten Sprechstelle nebst Leitung geschieht e. F. nach dem unter a. erläuterten Verfahren.

In ähnlicher Weise kann man bei einer Linienwähleranlage ermitteln, ob der eigene Sprechapparat betriebsfähig und welche andere Sprechstelle bzw. welche Leitung fehlerhaft ist. Man braucht nur, wenn mit einer anderen Stelle keine Verständigung erzielt wird, eine dritte und vierte Stelle anzurufen; macht sich im Verkehr mit diesen die Störung ebenfalls bemerkbar, so bedarf der eigene Apparat und die zugehörige Leitung gründlicher Untersuchung, andernfalls ist gleich die zweite Stelle und deren Leitung zu prüfen.

XII. Gesetzliche Bestimmungen.

1. Auszug aus dem

Gesetz über das Telegraphenwesen
des Deutschen Reiches.
Vom 6. April 1902.

§ 1. Das Recht, Telegraphenanlagen für die Vermittelung von Nachrichten zu errichten und zu betreiben, steht ausschließlich dem Reiche zu. Unter Telegraphenanlagen sind die Fernsprechanlagen mit inbegriffen.

§ 2. Die Ausübung des im § 1 bezeichneten Rechts kann für einzelne Strecken oder Bezirke an Privatunternehmer und muß an Gemeinden für den Verkehr innerhalb des Gemeindebezirks verliehen werden, wenn die nachsuchende Gemeinde die genügende Sicherheit für einen ordnungsmäßigen Betrieb bietet und das Reich weder eine solche Anlage errichtet hat, noch sich zur Errichtung und zum Betriebe einer solchen bereit erklärt.

Ausführungsbestimmungen.
Zu § 2.

I. Die Verleihung des Rechts zur Errichtung und zum Betriebe von Telegraphenanlagen an Privatunternehmer und Gemeinden sowie die Festsetzungen der Bedingungen für derartige Verleihungen ist dem Reichspostamt vorbehalten, soweit nicht nach § 3 des Gesetzes und nach den nachstehenden Bestimmungen Ausnahmen stattfinden.

II. Die Ober-Postdirektionen sind ermächtigt, die Verleihung des Rechts zur Errichtung und zum Betriebe von Telegraphenanlagen zwischen Grundstücken, die verschiedenen Besitzern gehören oder verschiedenen Betrieben dienen, selbständig auszusprechen, wenn die Anlage nicht mehr als zwei Telegraphenoder Fernsprechbetriebstellen umfaßt, diese in einem Orte oder im Bestellbezirk derselben Postanstalt liegen und nicht mehr als 25 km in der Luftlinie voneinander entfernt sind.

Die Verleihung findet unter nachfolgenden Bedingungen statt:

1. die Genehmigung erfolgt unter Vorbehalt des Widerrufs und unter der Bedingung, daß die Anlage für Rechnung des Inhabers hergestellt wird und in dessen Eigentum verbleibt.

2. Die Antragsteller verpflichten sich, die Leitung nur zur Beförderung ihrer eigenen Mitteilungen zu benutzen und die Übermittelung anderer Nachrichten durch diese Leitung weder gegen Bezahlung noch unentgeltlich zuzulassen. Zur Prüfung des Innehaltens dieser Verpflichtung ist den Aufsichtsbeamten der Ober-Postdirektionen der Zutritt zu den Räumen gestattet, in denen die Apparate betrieben werden.

3. Die Antragsteller verpflichten sich, die Leitung auf ihre Kosten zu verlegen, sobald die Reichs-Telegraphenverwaltung dies aus Anlaß der Anforderungen des Reichstelegraphenbetriebs für erforderlich erachtet.

Der Abschließung eines Vertrags bedarf es bei solchen Verleihungen nicht; es genügt vielmehr die Annahme der vorbezeichneten Bedingungen im Wege des Schriftwechsels.

Die Verleihung wird versagt, wenn zu besorgen ist, daß durch Herstellung der Privatanlage der planmäßige Ausbau der Reichslinien beeinträchtigt werden würde.

§ 3. Ohne Genehmigung des Reichs können errichtet und betrieben werden:

1. Telegraphenanlagen, welche ausschließlich dem inneren Dienste von Landes- und Kommunalbehörden, Deichkorporationen, Siel- und Entwässerungsverbänden gewidmet sind;

2. Telegraphenanlagen, welche von Transportanstalten auf ihren Linien ausschließlich zu

Zwecken ihres Betriebs oder für die Vermittelung von Nachrichten innerhalb der bisherigen Grenzen benutzt werden;

3. Telegraphenanlagen

   a) innerhalb der Grenzen eines Grundstücks;

   b) zwischen mehreren einem Besitzer gehörigen oder zu einem Betriebe vereinigten Grundstücken, deren keines von dem andern über 25 Kilometer in der Luftlinie entfernt ist, wenn diese Anlagen ausschließlich für den der Benutzung der Grundstücke entsprechenden unentgeltlichen Verkehr bestimmt sind.

§ 4. Durch die Landes-Zentralbehörde wird, vorbehaltlich der Reichsaufsicht, die Kontrolle darüber geführt, daß die Errichtung und der Betrieb der im § 3 bezeichneten Telegraphenanlagen sich innerhalb der gesetzlichen Grenzen halten.

§ 6. Sind an einem Orte Telegraphenlinien für den Ortsverkehr, sei es von der Reichs-Telegraphenverwaltung, sei es von der Gemeindeverwaltung oder von einem anderen Unternehmer, zur Benutzung gegen Entgelt errichtet, so kann jeder Eigentümer eines Grundstücks gegen Erfüllung der von jenem zu erlassenden und öffentlich bekannt zu machenden Bedingungen den Anschluß an das Lokalnetz verlangen.

Die Benutzung solcher Privatstellen durch Unbefugte gegen Entgelt ist unzulässig.

§ 9. Mit Geldstrafe bis zu eintausendfünfhundert Mark oder mit Haft oder mit Gefängnis bis zu sechs Monaten wird bestraft, wer vorsätzlich gegen

die Bestimmungen dieses Gesetzes eine Telegraphenanlage errichtet oder betreibt.

§ 10. Mit Geldstrafe bis zu einhundertfünfzig
Mark wird bestraft, wer den in Gemäßheit des
§ 4 erlassenen Kontrollvorschriften zuwiderhandelt.

§ 11. Die unbefugt errichteten oder betriebenen
Anlagen sind außer Betrieb zu setzen oder zu
beseitigen. Den Antrag auf Einleitung des hierzu
nach Maßgabe der Landesgesetzgebung erforderlichen Zwangsverfahrens stellt der Reichskanzler
oder die vom Reichskanzler dazu ermächtigten
Behörden.

Der Rechtsweg bleibt vorbehalten.

§ 12. Elektrische Anlagen sind, wenn eine
Störung des Betriebs der einen Leitung durch die
andere eingetreten oder zu befürchten ist, auf
Kosten desjenigen Teiles, welcher durch eine
spätere Anlage oder durch eine später eintretende
Änderung seiner bestehenden Anlage diese Störung
oder die Gefahr derselben veranlaßt, nach Möglichkeit so auszuführen, daß sie sich nicht störend
beeinflussen.

§ 13. Die auf Grund der vorstehenden Bestimmung entstehenden Streitigkeiten gehören vor
die ordentlichen Gerichte.

§ 15. Die Bestimmungen dieses Gesetzes
gelten für Bayern und Württemberg mit der
Maßgabe, daß für ihre Gebiete die für das Reich
festgestellten Rechte diesen Bundesstaaten zu-
stehen.

2. Auszug aus dem
Telegraphenwege-Gesetz.
Vom 18. Dezember 1899.

§ 1. Die Telegraphenverwaltung ist befugt, die Verkehrswege für ihre zu öffentlichen Zwecken dienenden Telegraphenlinien zu benutzen, soweit nicht dadurch der Gemeingebrauch der Verkehrswege dauernd beschränkt wird. Als Verkehrswege im Sinne des Gesetzes gelten, mit Einschluß des Luftraums und des Erdkörpers, die öffentlichen Wege, Plätze Brücken und die öffentlichen Gewässer nebst deren dem öffentlichen Gebrauch dienenden Ufern.

Unter Telegraphenlinien sind die Fernsprechlinien mitbegriffen.

Zu § 1.

Zu den „zu öffentlichen Zwecken dienenden Telegraphenlinien" gehören die Linien, die zum allgemeinen Gebrauche vorhanden sind oder die zum unmittelbaren Nutzen des Publikums dienen. Hierzu sind auch die Haupt- und Nebenanschlüsse an die Fernsprechnetze oder Umschaltestellen sowie die Nebentelegraphenanlagen zu rechnen. Die besonderen Telegraphenanlagen, die keinen Anschluß an das öffentliche Telegraphen- oder Fernsprechnetz besitzen, fallen nur dann unter den § 1, wenn sie unmittelbar dem Publikum dienen (z. B. Feuerwehrtelegraphen, Telegraphen der Deichverbände etc.). Besondere Telegraphenlinien, die nicht unter den § 1 fallen, werden von der Reichs-Telegraphenverwaltung nur ausgeführt, wenn der Antragsteller die Genehmigung des Wegeunterhaltungspflichtigen und der Grundeigentümer zur Benutzung des öffentlichen Weges und der betreffenden Privatgrundstücke zur Herstellung der Linie beibringt.

§ 2. Bei der Benutzung der Verkehrswege ist eine Erschwerung ihrer Unterhaltung und eine vorübergehende Beschränkung ihres Gemeingebrauchs nach Möglichkeit zu vermeiden.

§ 4. Die Baumpflanzungen auf und an den Verkehrswegen sind nach Möglichkeit zu schonen, auf das Wachstum der Bäume ist tunlichst Rücksicht zu nehmen. Ausästungen können nur insoweit verlangt werden, als sie zur Herstellung der Telegraphenlinien oder zur Verhütung von Betriebstörungen erforderlich sind; sie sind auf das unbedingt notwendige Maß zu beschränken.

Die Telegraphenverwaltung hat dem Besitzer der Baumpflanzungen eine angemessene Frist zu setzen, innerhalb welcher er die Ausästungen selbst vornehmen kann. Sind die Ausästungen innerhalb der Frist nicht oder nicht genügend vorgenommen, so bewirkt die Telegraphenverwaltung die Ausästungen. Dazu ist sie auch berechtigt, wenn es sich um die dringliche Verhütung oder Beseitigung einer Störung handelt.

Die Telegraphenverwaltung ersetzt den an den Baumpflanzungen verursachten Schaden und die Kosten der auf ihr Verlangen vorgenommenen Ausästungen.

Zu § 4.

Die Ausästungen sind in dem Maße zu bewirken, daß die Baumpflanzungen mindestens 60 cm nach allen Richtungen von den Leitungen entfernt sind. Ausästungen über die Entfernung von 1 m im Umkreise können nicht verlangt werden.

§ 5. Die Telegraphenlinien sind so auszuführen, daß sie vorhandene besondere Anlagen (der Wegeunterhaltung dienende Einrichtungen, Kanalisations-, Wasser-, Gasleitungen, Schienenbahnen, elektrische Anlagen und dergleichen) nicht störend beeinflussen. Die aus der Herstellung erforderlicher Schutzvorkehrungen erwachsenden Kosten hat die Telegraphenverwaltung zu tragen.

§ 6. Spätere besondere Anlagen sind nach Möglichkeit so auszuführen, daß sie die vorhandenen Telegraphenlinien nicht störend beeinflussen.

Zu § 6.

I. Bei der Herstellung neuer Telegraphenlinien ist tunlichst darauf Rücksicht zu nehmen, daß der Verkehrsweg auch in Zukunft trotz des Bestehens der Telegraphenlinie für besondere Anlagen benutzt werden kann.

II. Der Abs. I des § 6 gilt allgemein, also auch für Anlagen der Wegeunterhaltungspflichtigen. Auch diese Anlagen sind „nach Möglichkeit" so auszuführen, daß sie die vorhandenen Telegraphenlinien nicht störend beeinflussen.

---

3. Auszug aus der

Fernsprechgebühren-Ordnung.

Vom 20. Dezember 1899.

§ 1. Für jeden Anschluß an ein Fernsprechnetz wird eine Bauschgebühr erhoben.

§ 2. Die Bauschgebühr beträgt
in Netzen von nicht über 50 Teilnehmeranschlüssen . . . . 80 Mk.
bei mehr als 50 bis einschließlich 100
Anschlüssen . . . . 100 „
bei mehr als 100 bis einschließlich 200
Anschlüssen . . . . 120 „
bei mehr als 200 bis einschließlich 500
Anschlüssen . . . . 140 „
bei mehr als 500 bis einschließlich 1000
Anschlüssen . . . . 150 „
bei mehr als 1000 bis einschließlich 5000
Anschlüssen . . . . 160 „
bei mehr als 5000 bis einschließlich 20000
Anschlüssen . . . . 170 „

bei mehr als 20000 Anschlüssen . . . 180 Mk. jährlich für jeden Anschluß, welcher von der Vermittelungsstelle nicht weiter als 5 km entfernt ist. In Netzen mit mehreren Vermittelungsstellen wird diese Entfernung von der Hauptvermittelungsstelle gerechnet.

Teilnehmer, welche die Bauschgebühr zahlen, sind berechtigt, die Benutzung ihres Anschlusses zu Gesprächen mit anderen Teilnehmern desselben Netzes dritten unentgeltlich zu gestatten.

Zu § 2.

1. Die Entfernungsgrenze von 5 km ist nach der Luftlinie zu messen.

2. Der Teilnehmer, der die Bauschgebühr zahlt, darf von dritten, die seinen Anschluß unentgeltlich benutzen, eine Vergütung auch in der Form einer Entschädigung für die Hergabe des Raumes oder in anderer Form nicht erheben.

§ 4. An Orten ohne Fernsprechnetz wird für jeden Teilnehmeranschluß, welcher nicht mehr als 5 km von der Vermittelungsstelle entfernt ist, eine Bauschgebühr von 80 Mk. für den Anschluß erhoben.

§ 5. Jeder Teilnehmer ist berechtigt, an Stelle der Bauschgebühr eine Grundgebühr für die Überlassung und Unterhaltung der Apparate sowie für den Bau und die Instandhaltung der Sprechleitungen und Gesprächsgebühren für jede hergestellte Verbindung, mindestens jedoch für 400 Gespräche jährlich, zu zahlen.

Die Grundgebühr beträgt in Netzen von nicht über 1000 Teilnehmeranschlüssen . . . . 60 Mk.

bei mehr als 1000 bis einschließlich 5000
Anschlüssen . . . . 75 Mk.
bei mehr als 5000 bis einschließlich 20000
Anschlüssen . . . . 90 „
bei mehr als 20000 Anschlüssen . . . 100 „
jährlich für jeden Anschluß, welcher von der Vermittelungsstelle nicht weiter als 5 km entfernt ist.
In Netzen mit mehreren Vermittelungsstellen wird
diese Entfernung von der Hauptvermittelungsstelle gerechnet.

Die Gesprächsgebühr beträgt 5 Pf. für jede
Verbindung.

Der Teilnehmer, welcher Gesprächsgebühr entrichtet, darf sich von dritten, die seinen Anschluß
benutzen, diese Gebühr erstatten lassen.

Der Teilnehmer hat die Erklärung, daß er Ge-
sprächsgebühren entrichten wolle, entweder bei
Gelegenheit seines ersten Anschlusses oder
spätestens einen Monat vor Beginn eines neuen
Rechnungsjahrs abzugeben. Wenn er eine solche
Erklärung nicht abgegeben hat, so wird er zur
Zahlung der Bauschgebühr herangezogen.

Die Bestimmungen des § 3 finden auf die
Grundgebühr entsprechende Anwendung.

Der Anschluß gegen Gesprächsgebühren findet
in Netzen, in welchen die Bauschgebühr 80 Mk.
beträgt, nicht statt.

Zu § 5.

1. Die Entfernungsgrenze von 5 km ist nach der Luftlinie
zu messen.

2. Die Gesprächsgebühr von 5 Pf. gilt nur für die während
des Tagesdienstes innerhalb desselben Sprechnetzes hergestellten
Verbindungen.

3. Auf die Mindestzahl von 400 Gesprächen werden nur
solche Gespräche angerechnet, für die die Gebühr von 5 Pg. zu

entrichten ist, mithin nicht Gespräche zur Nachtzeit und solche im Nachbarorts-, Vororts- und Fernverkehr.

4. Die Verpflichtung zur Zahlung der Gesprächsgebühr tritt ein, sobald die Sprechstelle des Anrufenden mit der verlangten Sprechstelle verbunden worden ist.

5. Der Teilnehmer, der Gesprächsgebühren entrichtet, darf sich von dritten, die seinen Anschluß benutzen, nur die Gesprächsgebühr erstatten lassen, sonst aber eine Vergütung auch in der Form einer Entschädigung für die Hergabe des Raumes oder in anderer Form nicht erheben.

§ 7. Für die Benutzung der Verbindungsanlagen zwischen verschiedenen Netzen oder Orten mit öffentlichen Fernsprechstellen werden Gesprächsgebühren erhoben. Sie betragen für eine Verbindung von nicht mehr als 3 Minuten Dauer bei einer Entfernung

bis zu	25 km einschließlich	. . .		20 Pf.
„ „	50 „	„	. . .	25 „
„ „	100 „	„	. . .	50 „
„ „	500 „	„	1 Mk.	
„ „	1000 „	„	1 „	50 „
von mehr als 1000 km	. . .	2 „		

§ 8. Soweit sich die Gebühren vorher feststellen lassen, sind sie vierteljährlich im voraus fällig.

Zu § 8.

Die Verpflichtung zur Zahlung der Gesprächsgebühren tritt ein, sobald die Verbindung der Sprechstelle des Anrufenden mit der verlangten Sprechstelle ausgeführt ist. Bis zu diesem Zeitpunkte kann der Anrufende seine Anmeldung zurückziehen, ohne daß Gebühren in Ansatz kommen. Im Fernverkehr (mit Ausschluß des Nachbarorts- und Vorortsverkehrs) werden indes Gebühren nicht erhoben, wenn die angerufene Sprechstelle den Anruf nicht beantwortet. Ebenso werden im Verkehr nach öffentlichen Sprechstellen für Gespräche, zu denen am Fernorte die gewünschten Personen herbeigeholt werden müssen, Gebühren nicht erhoben, wenn das Gespräch nicht zustande kommt, weil der Herbeizuholende nicht angetroffen wird oder, wenn zwar der Herbeigerufene sich zur Sprechstelle begibt, das Gespräch aber wegen Störung der Leitung nicht zustande kommt. Dagegen wird die Gebühr eingezogen, wenn der Heranzurufende ablehnt, der Aufforderung zu folgen, oder wenn das Gespräch nicht zustande kommt, weil der Anrufende demnächst an der Sprechstelle nicht erscheint.

Die Gebühr für das Herbeirufen ist fällig, sobald die Aufforderung zum Gespräch an den Fernort übermittelt ist.

§ 9. 1. Für dringende Gespräche wird die dreifache Gebühr erhoben.

2. Für Anschlüsse, welche nach vorheriger Ankündigung während mindestens acht aufeinanderfolgender Wochen nicht benutzt werden, wird für jede angefangene Woche der Benutzungszeit der fünfzigste Teil der Bauschgebühr (§ 2), für jede Woche der übrigen Zeit des Jahres der fünfzigste Teil der Grundgebühr (§ 5) erhoben.

3. Die Fernsprechteilnehmer solcher benachbarten Orte, welche zufolge Anordnung des Reichskanzlers eine gemeinsame Ortstaxe für Briefe erhalten, dürfen mit den Netzen der andern benachbarten Orte ohne Zuschlag sprechen; wollen sie von dieser Befugnis Gebrauch machen, so haben sie, falls die Bauschgebühr in einem dieser Nachbarorte höher ist, als die in ihrem eigenen Netze, an Stelle der letzteren jene höhere Bauschgebühr zu zahlen. Die Teilnehmer sind berechtigt, die Benutzung ihres Anschlusses zu Gesprächen mit Teilnehmern der anderen benachbarten Orte, mit denen sie selbst für die Bauschgebühr sprechen dürfen, dritten unentgeltlich zu gestatten.

Zu § 9.

1. Dringende Gesprächsverbindungen werden mit Vorrang vor den andern hergestellt. Im übrigen werden die Gesprächsverbindungen nach der Zeitfolge ihrer Anmeldung ausgeführt.

2. Ein Gespräch darf über die Dauer von 6 Minuten hinaus nur dann ausgedehnt werden, wenn kein anderes Gespräch angemeldet ist. Daß die Gesprächsdauer von 3 oder 6 Minuten abgelaufen sei, wird dem Teilnehmer nur dann von der Vermittelungsanstalt besonders mitgeteilt, wenn er bei der Anmeldung des Gesprächs die Aufhebung der Verbindung nach 3 oder 6 Minuten ausdrücklich verlangt hat.

---

4. Auszug aus den
Ausführungsbestimmungen
zur Fernsprechgebühren-Ordnung.
Vom 26. März 1900.

I. Bedingungen für die Benutzung der Anlagen.

2. Wer die Herstellung eines Haupt- oder Nebenanschlusses an ein Fernsprechnetz oder an eine öffentliche Fernsprechstelle oder die Verlegung seiner Fernsprechstelle beantragt, hat die schriftliche Genehmigung des Eigentümers zur Einführung der Leitungen in das anzuschließende Gebäude und zur Einrichtung der Sprechstellen in dem Gebäude beizubringen. Die Genehmigung hat sich auch auf die Anbringung aller Vorrichtungen (Gestänge, Stützen usw.) zu erstrecken, welche zur Herstellung, Instandhaltung und Erweiterung des Telegraphen- und Fernsprechnetzes erforderlich sind.

4. Der Teilnehmer haftet für die von ihm selbst oder von anderen verschuldeten sowie für alle durch Feuer verursachten Beschädigungen des Fernsprechanschlusses und seines Zubehörs sowie für alle durch Diebstahl entstehenden Verluste innerhalb der Grenzen des angeschlossenen Gebäudes.

5. Die Telegraphenverwaltung hat das Recht, die Einstellung des Fernsprechbetriebs zeitweise ganz oder für gewisse Gattungen von Nachrichten anzuordnen.

Bei nicht pünktlicher Zahlung der Gebühren, bei mißbräuchlicher Benutzung des Fernsprechers, bei eigenmächtiger Abänderung der technischen Einrichtungen oder bei vorsätzlicher Beschädigung der Einrichtungen durch den Teilnehmer, dessen Angehörige, Hausgenossen oder Dienstleute, bei Einschaltung von selbstbeschafften Apparaten ohne Genehmigung der Verwaltung, bei der Anschließung von Nebenstellen ohne Vorwissen der Verwaltung sowie bei ungebührlichem Benehmen der den Anschluß benutzenden Personen gegenüber den Beamten der Vermittelungsanstalt steht der Telegraphenverwaltung das Recht zu, den Fernsprechanschluß ohne Kündigung aufzuheben. Die Aufhebung befreit den Teilnehmer weder von seiner Vertretungsverbindlichkeit nach Nr. 4 noch von der Verpflichtung zur Gebührenzahlung bis zum Ablaufe des unter Nr. 8 festgesetzten Zeitraums.

Zu 5.

Hilfsvorrichtungen dürfen mit den Apparaten und Zubehörteilen dauernd verbunden werden, falls sie sich ohne äußere Beschädigung der Apparate usw. und ohne Veränderung der inneren Bauart der Apparate und ihrer Schaltungsweise anbringen lassen.

7. Besondere Telegraphenanlagen zur unmittelbaren Verbindung von Wohn- oder Geschäftsräumen derselben Person oder verschiedener Personen sowie Nebentelegraphenanlagen zum unmittelbaren Anschluß eines Wohn- oder Geschäftsraums an eine Telegraphenanstalt werden für Rechnung der Telegraphenverwaltung auf kürzere Entfernungen hergestellt, sofern davon

keine erheblichen Schwierigkeiten für den Tele-
graphen- oder Fernsprechbetrieb zu erwarten sind.
Die besonderen Telegraphenanlagen und die Nebentelegraphenanlagen werden entweder zu Morse-
oder zu Fernsprechbetrieb oder zu Ferndruckerbetrieb eingerichtet.

Die Bestimmungen unter Nr. 2 bis 6 finden
auf besondere Telegraphenanlagen und auf Nebentelegraphenanlagen sinngemäß Anwendung. Soweit für eine besondere, nicht zu öffentlichen
Zwecken dienende Telegraphenanlage die Benutzung eines Verkehrswegs erforderlich ist, hat
der Antragsteller die. Genehmigung des Wegeunterhaltungspflichtigen beizubringen.

An welche Telegraphenanstalten die Nebentelegraphenanlagen anzuschließen sind, bestimmt
die Telegraphenverwaltung, in deren Ermessen es
auch steht, eine Nebentelegraphenanlage von der
einen Telegraphenanstalt abzuzweigen und an eine
andere anzuschließen.

Die Anlagen dürfen nur durch den Inhaber oder
die zu seinem Hausstand oder seinem Geschäfte
gehörigen Personen benutzt werden. Anderen
Personen darf der Inhaber die Benutzung weder
gegen Bezahlung noch unentgeltlich gestatten.

Ein unmittelbarer Verkehr zwischen mehreren
an dieselbe Telegraphenanstalt angeschlossenen
Nebentelegraphenanlagen findet nicht statt.

An Orten, an welchen sich eine Fernsprech-
vermittelungsanstalt oder eine öffentliche Fernsprechstelle befindet, werden Nebentelegraphenanlagen zu Fernsprechbetrieb nicht errichtet.
Sobald bei Telegraphenanstalten, an welche Nebentelegraphenanlagen zu Fernsprechbetrieb ange-

schlossen sind, Fernsprechvermittelungsanstalten oder öffentliche Fernsprechstellen eingerichtet werden, wird die Nebentelegraphenanlage zu Fernsprechbetrieb in einen Fernsprechanschluß umgewandelt.

8. Die Überlassung der Fernsprechanschlüsse und der Nebentelegraphenanlagen zu Ferndruckerbetrieb geschieht zunächst auf die Dauer eines Jahres, die der übrigen Nebentelegraphenanlagen auf 5 Jahre, die der besonderen Telegraphenanlagen auf 10 Jahre vom Tage der Übergabe ab.

Zu 8.

Die Überlassungsdauer von Nebenanschlüssen erreicht, falls sie nicht schon vorher abgelaufen ist, mit der Überlassungsdauer des zugehörigen Hauptanschlusses ihr Ende.

Bei den Fernsprechnebenanschlüssen, die nicht von der Reichs-Telegraphenverwaltung hergestellt und instand zu halten sind, braucht eine Kündigungsfrist nicht eingehalten zu werden. Die Gebühr muß bis zum Ablaufe des Kalendervierteljahrs gezahlt werden, in dem die Aufhebung erfolgt.

II. Gebühren.

9. Bei Fernsprechanschlüssen, welche in der Luftlinie weiter als 5 km von der (Haupt-)Vermittelungsanstalt entfernt sind, wird eine jährliche Zuschlaggebühr erhoben, welche

bei einfachen Leitungen . . . . 3 Mk.,

bei Doppelleitungen . . . . . 5 „

für jede angefangenen 100 m der überschießenden Leitungslänge beträgt. Diese ist nach dem nächsten ohne Aufwendung besonderer Kosten für die Herstellung der Leitung benutzbaren Wege zu messen, auch wenn die Leitung tatsächlich auf einem Umwege geführt wird.

Bei Fernsprechanschlüssen, welche in der Luft-

linie weiter als 10 km von der (Haupt-)Vermitte-
lungsanstalt entfernt sind, wird für die überschießende Leitungslänge außerdem ein Baukostenzuschuß erhoben, welcher

bei einfachen Leitungen . . . . . 10 Mk.,

bei Doppelleitungen . . . . . . 15 „

für jede angefangenen 100 m der nach der
wirklichen Länge gemessenen Leitungsstrecke
beträgt.

Wenn auf Antrag Fernsprechanschlüsse an
eine andere als die nächste Vermittelungsanstalt
geführt werden, so wird für die innerhalb der
Grenze von 5 km mehr herzustellende Leitungsstrecke neben den sonst fälligen Gebühren ebenfalls ein Baukostenzuschuß, und zwar in gleicher
Höhe wie vorstehend angegeben, erhoben.

10. Für die Benutzung besonders kostspieliger
Leitungen wird neben den sonst fälligen Gebühren
eine auf volle Mark aufwärts abzurundende jährliche Zuschlaggebühr von 10 % der Mehrkosten
erhoben.

11. Die jährliche Zuschlaggebühr für die Anbringung und Instandhaltung eines zweiten oder
mehrerer Wecker auf demselben Grundstück wie
die Sprechstelle beträgt

für jeden Wecker . . . . 3 Mk.

Für die Anbringung und Instandhaltung eines
zweiten Mikrophons werden jährlich 5 Mk. erhoben.

Für besondere Wecker anderer als der in der
Telegraphenverwaltung gebräuchlichen Art sind
neben einer Jahresgebühr von 3 Mk. die Selbstkosten der Beschaffung, Anbringung und Instandhaltung zu erstatten. Für die auf Verlangen der
Teilnehmer angebrachten zweiten Fernhörer sind

ebenfalls die Selbstkosten zu erstatten. Diese besonderen Wecker und Fernhörer gehen in das Eigentum der Teilnehmer über.

Zu 11.

I. Für die Anbringung eiserner Wecker wird neben den Beschaffungskosten und den vorgeschriebenen General- und Nebenkosten eine feste Vergütung von 4 Mk. eingezogen. Die Vergütung für andere kleinere Arbeiten bei den Sprechstellen, wie das Abnehmen und Wiederanbringen von Zimmerleitungen, das Wiederherstellen beschädigter Zimmer- oder Erdleitungen usw., wird nach einem Einheitssatze für den Arbeiter und die Stunde berechnet; die Zeit für den Weg nach und von der Sprechstelle ist dabei mit anzusetzen; angefangene Stunden werden für voll gerechnet.

Besondere Wecker und zweite Mikrophone werden auf Antrag der Sprechstelleninhaber aus den für Rechnung der Postkasse hergestellten Sprechstellen ohne Inanspruchnahme einer vorherigen Kündigung entfernt. Die Gebühr wird bis zum Ende des Kalendervierteljahrs, in dem die Apparate beseitigt werden, mindestens jedoch für ein volles Jahr erhoben. Für die Entfernung besonderer, zur Benutzung im Fernverkehr bestimmter Fernsprechgehäuse, die für Rechnung der Postkasse bei den Teilnehmerstellen neben dem Gehäuse für den gewöhnlichen Verkehr angebracht sind, gelten dagegen die Bestimmungen über die Aufhebung von Fernsprechanschlüssen (s. Punkt 8 und 16).

II. Lassen Teilnehmer mit den von der Reichs-Telegraphenverwaltung eingerichteten Sprechstellen auf denselben Grundstücken Wecker besonderer Bauart durch Unternehmer verbinden, so ist für jeden derartigen Wecker eine Jahresgebühr von 3 Mk. an die Postkasse zu entrichten. Die Kosten der Beschaffung, Anbringung und Instandhaltung des Weckers hat der Teilnehmer zu tragen. Die durch Umschalter anzuschließenden Wecker müssen in den vom Linienstrom zu betätigenden Teilen den für Weckvorrichtungen in Nebenanschlüssen festgesetzten technischen Anforderungen entsprechen (s. Best. über Fernsprechnebenanschlüsse, Ausf.-Best. zu 3 III).

III. Kosten für Instandsetzungen der zweiten Hörer sind den Teilnehmern besonders anzurechnen.

12. Die Gebühr für eine Verbindung zur Nachtzeit innerhalb desselben Fernsprechnetzes beträgt 20 Pf.

In Fernsprechnetzen ohne Nachtdienst beträgt die Bauschgebühr für vorher angemeldete Verbindungen zwischen denselben Teilnehmern

monatlich . . . . 1 Mk.

vierteljährlich . . . . . . 2 „ 50 Pf.

13. Bei Benutzung der öffentlichen Fernsprechstellen beträgt die Gebühr für eine Verbindung von mehr als drei Minuten Dauer

im Ortsverkehr und Nachbarortsverkehr . . . . 10 Pf.

im Vorortsverkehr . . . . . . 20 „

Für Gespräche im Fernverkehr werden die im § 7 der Fernsprechgebühren-Ordnung festgesetzten Gebühren erhoben.

14. Die Gebühr für die Aufnahme von Nachrichten durch die Vermittelungsanstalt zum Zwecke der Weiterbeförderung beträgt 1 Pf. für das Wort, mindestens 20 Pf.. Überschiessende Beträge sind auf die nächste höhere durch 10 teilbare Summe abzurunden. Für die Weiterbeförderung durch die Post, durch Eilboten oder Telegraph werden ausserdem die tarifmässigen Gebühren erhoben; Stundungsgebühren kommen nicht zum Ansatze.

Die Gebühr für das Zusprechen eines angekommenen Telegramms an den Teilnehmer beträgt ohne Rücksicht auf die Wortzahl 10 Pf.

15. Bei der Verlegung von Fernsprechstellen werden erhoben für Verlegungen innerhalb desselben Raumes

bei einfachen Leitungen . . . 4 Mk.,

bei Doppelleitungen . . . . . 6 „

für Verlegungen innerhalb desselben Grundstücks

bei einfachen Leitungen . . . 6 Mk.,

bei Doppelleitungen . . . . . 10 „

für Verlegungen nach anderen Grundstücken
bei einfachen Leitungen . . . 15 Mk.,
bei Doppelleitungen . . . . . 25 „

Ist die neue Stelle weiter als 10 km von der (Haupt-)Vermittelungsanstalt entfernt, so ist für die ausserhalb der Entfernungsgrenze von 10 km herzustellende neue Leitung der Baukostenzuschuss nach No. 9 auch dann zu zahlen, wenn die frühere Stelle ebenfalls ausserhalb jener Entfernungsgrenze lag.

Zu 15.

I. Wenn mehrere in demselben Raume untergebrachte Fernsprechstellen, die eine gemeinsame Anschlußleitung besitzen, zusammen nach einem anderen Raume des Grundstücks oder nach einem Raume außerhalb des Grundstücks verlegt werden, so ist als Verlegungsgebühr für die erste Sprechstelle der volle tarifmäßige Satz, für jede weitere Stelle dagegen nur der für Verlegungen innerhalb desselben Raumes geltende Satz von 4 Mk. oder 6 Mk. zu erheben. Für die Abnahme und Wiederanbringung zweiter Mikrophone und besonderer Wecker bei der Verlegung von Sprechstellen wird eine besondere Gebühr nicht berechnet.

II. Wird ein Fernsprechnebenanschluß, der sich auf dem Grundstücke des Hauptanschlusses befindet, zusammen mit dem Hauptanschlusse nach einem anderen Grundstücke verlegt, so ist als Verlegungsgebühr für den Nebenanschluß nur der für Verlegungen innerhalb desselben Grundstücks geltende Satz von 6 Mk. oder von 10 Mk. zu erheben.

16. Die Gebühr für die Aufhebung von Fernsprechanschlüssen vor Ablauf der Überlassungsdauer beträgt

für jede Fernsprechstelle . . . 15 Mk.

Daneben ist für abzubrechende Gestänge und Leitungen der der nicht abgelaufenen Überlassungsdauer entsprechende Teil der Herstellungs- und Abbruchskosten zu erstatten.

Diese Beträge bleiben unerhoben, wenn die Überlassungsdauer zu dem Zeitpunkte, bis zu

welchem die fortlaufenden Gebühren für den Fern-
sprechanschluss im voraus entrichtet sind, abgelaufen ist.

17. Für die Herstellung und Unterhaltung von
besonderen Telegraphenanlagen und von Nebentelegraphenanlagen werden erhoben für jeden
Apparat

bei Anwendung von Morse-
    apparaten . . . . 50 Mk.,
bei Anwendung von Fern-
    sprechern . . . . 20 „

jährlich. Wenn mehr als 2 dieser Apparate miteinander in Verbindung gesetzt werden können,
wird für jeden Apparat eine jährliche Zuschlaggebühr von 10 Mk. erhoben. Für die Lieferung,
Aufstellung und Unterhaltung der Ferndrucker
und der dazu gehörigen technischen Einrichtungen
haben die Inhaber der besonderen und Nebentelegraphenanlagen auf ihre Kosten zu sorgen.
Dabei dürfen nur solche Ferndruckersysteme Verwendung finden, die von der Reichs-Telegraphenverwaltung zugelassen sind.

Für jeden zur Einschaltung gelangenden Ferndrucker ist an die Reichs-Telegraphenverwaltung
eine Gebühr von jährlich 10 Mk. zu entrichten;
können mehr als zwei dieser Apparate miteinander
verbunden werden, so tritt für jeden Apparat eine
jährliche Zuschlaggebühr von 10 Mk. hinzu.

Bei Verwendung von Klappenschränken werden
erhoben:

für jede durch eine Leitung besetzte Klappe,
    ohne Rücksicht darauf, wohin die Leitung
    führt . . . . 10 Mk.,

für jeden mit den Klappenschränken verbundenen Abfrageapparat die Gebühr nach Absatz 1 und 2 einschl. der Zuschlaggebühr.

Für jedes angefangene Kilometer Verbindungsleitung werden erhoben:

bei einfachen Leitungen an Holzgestänge 30 Mk.,
bei Doppelleitungen an Holzgestänge . 50 „
bei einfachen Leitungen an eisernem
Gestänge und bei Einzeladern in Kabeln 45 „
bei Doppelleitungen an eisernem Gestänge und bei Doppeladern in Kabeln 75 „
jährlich.

Die Leitungslänge ist nach dem nächsten ohne Aufwendung besonderer Kosten für die Herstellung der Leitung benutzbaren Wege zu messen, auch wenn die Leitung tatsächlich auf einem Umwege geführt wird.

Die Bestimmungen unter No. 10, 11, 15 und 16 finden auf besondere Telegraphenanlagen und Nebentelegraphenanlagen entsprechend Anwendung, die Bestimmungen unter No. 14 gelten für Nebentelegraphenanlagen zu Morse- oder zu Fernsprechbetrieb mit der Maßgabe, daß für die Beförderung der Nachrichten zwischen der Telegraphenanstalt und der Nebentelegraphenstelle mittels der Verbindungsleitung besondere Gebühren nicht erhoben werden. In Nebentelegraphenanlagen zu Ferndruckerbetrieb wird für die Beförderung der Nachrichten zwischen der Telegraphenanstalt und der Nebentelegraphenstelle die Hälfte der in No. 14 festgesetzten Gebühren erhoben.

Zu 17.

I. Die Zuschlaggebühr von 10 Mk. für jeden Apparat ist auch dann zu erheben, wenn der Verkehr der Betriebstellen untereinander nach den vorhandenen Umschaltevorrichtungen nur in beschränktem Umfange stattfinden kann.

II. Anlagen, die mehr als zwei Grundstücke miteinander verbinden, sind als einheitliche anzusehen; in solchen Fällen ist bei der Gebührenfeststellung die Leitungslänge daher nur einmal auf volle Kilometer abzurunden.

III. Wenn die Leitung teils an hölzernem, teils an eisernem Gestänge oder in Kabeln verläuft, so ist für jedes angefangene Kilometer der Gesamtlänge der Leitung der tarifmäßige Satz für Leitungen an Holzgestänge, außerdem für jedes angefangene Kilometer Leitung an Eisengestänge oder in Kabeln der Betrag anzusetzen, um den der Gebührensatz für Leitungen an Eisengestänge oder in Kabeln den für Leitungen an Holzgestänge übersteigt.

IV. Bei der Gebührenberechnung für unterirdisch geführte Anlagen ist der nächste ohne Aufwendung besonderer Kosten für die Auslegung von Kabeln benutzbare Weg zugrunde zu legen, auch wenn die tatsächlich benutzten Kabel auf einem Umwege verlegt sind.

Ist die Umwandlung der oberirdischen Führung bestehender besonderer Telegraphenanlagen und Nebentelegraphenanlagen in die unterirdische nach Lage der Verhältnisse nicht zu umgehen, so sind die Anlagen, falls eine Erhöhung der Gebühren einzutreten hätte, zum nächstzulässigen Termin zu kündigen. Von diesem Termin ab würde die Überlassung der Anlagen gegen Entrichtung der höheren Gebühren zu erfolgen haben.

V. Für Gespräche des Inhabers eines Nebentelegraphen mit Personen im Anschlußorte, die zu diesem Zwecke zur Verkehrsanstalt heranzurufen sind, und für Gespräche in umgekehrter Richtung sind die bestimmungsmäßigen Einzelgebühren für Gespräche auf den Verbindungsanlagen und u. U. die Gebühren für das Herbeirufen zu erheben (s. A. Anw. zu 13 und § 7 der F.-G.-O.).

18. Die Gesprächsgebühr für eine Verbindung von nicht mehr als 3 Minuten Dauer beträgt im Nachbarortsverkehr 10 Pf. und im Vorortsverkehr 20 Pf.

Im Nachbarortsverkehr dürfen die Teilnehmer, welche Grundgebühr und Gesprächsgebühren entrichten, gegen die Gebühr von 5 Pf. für jede

Verbindung von nicht mehr als 3 Minuten Dauer
sprechen; wollen sie von dieser Befugnis Gebrauch
machen, so haben sie, falls die Grundgebühr in
einem der Nachbarorte höher ist, als die in ihrem
eigenen Netze, an Stelle der letzteren jene höhere
Grundgebühr zu zahlen. Die gegen die Gebühr
von 5 Pf. geführten Nachbarortsgespräche werden
auf die nach § 5 der Fernsprechgebühren-Ordnung
von dem Teilnehmer jährlich zu bezahlenden
400 Ortsgespräche angerechnet.

Die Bauschgebühren für Verbindungen im
Vororts- und Bezirksverkehr, die Gebühren für
die Benutzung von Fernleitungen zur Nachtzeit
und für die Benutzung der Verbindungsleitungen
nach dem Ausland werden von der Telegraphenverwaltung festgesetzt und bekannt gemacht.

Die Teilnehmer, welche die Bauschgebühr im
Vorortsverkehr zahlen, sind berechtigt, die Benutzung ihres Anschlusses zu Gesprächen mit
Teilnehmern an anderen Orten desselben Vororts-
netzes, mit denen sie selbst für die Bauschgebühr
sprechen dürfen, dritten unentgeltlich zu gestatten.
Im Bezirksverkehr verbleibt es bei den für die
einzelnen Bezirksnetze geltenden Bestimmungen.

19. Soll ein Fernsprechanschluß, eine besondere Telegraphenanlage oder eine Nebentelegraphenanlage im Laufe eines Vierteljahrs in
Betrieb genommen werden, so ist die Gebühr für
die Zeit bis zum Ende dieses Vierteljahrs am Tage
der Übergabe der Anlagen fällig.

Die Baukostenzuschüsse, die Kosten für Wecker
besonderer Art und für zweite Fernhörer sowie
die Kosten für die Verlegung und die vorzeitige

Aufhebung der Anlagen sind vor der Ausführung
der Arbeiten zu entrichten.

Im übrigen werden die Gebühren, welche sich
nicht vierteljährlich vorher feststellen lassen, sofort
nach der die Gebührenerhebung begründenden
Handlung fällig.

Der Inhaber eines Fernsprechanschlusses, einer
besonderen Telegraphenanlage oder einer Nebentelegraphenanlage ist Schuldner sämtlicher für
die Benutzung der Anlage zu entrichtenden Gebühren. Er hat die von der Telegraphenverwaltung
in Rechnung gestellten Gebühren zu bezahlen,
vorbehaltlich seines Rechts auf Rückforderung im
Falle der nachgewiesenen Unrichtigkeit. Er darf
sich von dritten, die seinen Fernsprechanschluß
zu Gesprächen benutzen, für welche Einzelgebühren
zu entrichten sind, diese Gebühren erstatten lassen.

20. Wenn eine ohne Verschulden des Inhabers
eingetretene Unterbrechung eines Fernsprechanschlusses, einer besonderen Telegraphenanlage
oder einer Nebentelegraphenanlage, nachdem sie
zur Kenntnis der Telegraphenverwaltung gelangt
ist, länger als vier Wochen fortdauernd bestanden
hat, so wird für diese Zeit eine Gebühr nicht erhoben.

Für die Dauer der Schließung eines Fernsprechanschlusses, einer besonderen Telegraphenanlage oder einer Nebentelegraphenanlage nach
No. 5 wird eine Gebühr nicht erhoben.

22. Auf den inneren Verkehr von Bayern
und den inneren Verkehr von Württemberg finden
diese Bestimmungen keine Anwendung.

5. Bestimmungen über Fernsprechnebenanschlüsse.

Vom 31. Januar 1900.

I. Zulassung von Nebenanschlüssen.

1. Die Teilnehmer an den Fernsprechnetzen können in ihren auf dem Grundstück ihres Hauptanschlusses befindlichen Wohn- oder Geschäftsräumen Nebenstellen errichten und mit dem Hauptanschluß verbinden lassen.

Flächen, die durch fremden Grund und Boden, öffentliche Wege, Plätze oder öffentliche Gewässer von dem Grundstücke des Hauptanschlusses getrennt sind,. gelten als besondere Grundstücke.

2. Diejenigen Teilnehmer an den Fernsprechnetzen, welche die Bauschgebühr zahlen, können in den auf dem Grundstück ihres Hauptanschlusses befindlichen Wohn- oder Geschäftsräumen anderer Personen oder in Wohn- oder Geschäftsräumen auf anderen Grundstücken, mit Zustimmung der Berechtigten, Nebenstellen, die nicht weiter als 15 km von der (Haupt-)Vermittelungsanstalt entfernt sind, errichten und mit ihrem Hauptanschlusse verbinden lassen.

Ausführungsbestimmungen.

Zu 1 und 2.

I. In sich zusammenhängende, nicht durch fremden Grund und Boden, öffentliche Wege, Plätze oder öffentliche Gewässer getrennte Flächen, die demselben Eigentümer gehören, werden als einheitliche Grundstücke auch dann angesehen, wenn sie auf verschiedenen Grundbuchblättern eingetragen sind.

II. Nebenstellen auf anderen Grundstücken als dem Grundstücke des Hauptanschlusses können auch für andere Personen als den Inhaber des Hauptanschlusses errichtet werden.

III. Wenn mehrere Hauptanschlüsse mit mehreren Nebenanschlüssen so vereinigt sind, daß die Nebenanschlüsse beliebig mit dem einen oder dem anderen Huauptanschlsse verbunden werden können, so ist für alle Hauptanschlüsse dieselbe Gebühr also entweder die Grundgebühr und Gesprächsgebühren (sofern die Nebenanschlüsse bei Zahlung der Grundgebühr überhaupt sämtlich zulässig sind) oder die Bauschgebühr für den Orts-, Nachbarorts- oder Vorortsverkehr zu entrichten.

IV. Zulässig sind auch Leitungen zur unmittelbaren Verbindung verschiedener Hauptanschlüsse desselben Ortsfernsprechnetzes. Die Gebühren sind nach den Bestimmungen für Fernsprechnebenanschlüsse zu berechnen.

V. Mit einem Hauptanschlusse können auch solche Nebenanschlüsse verbunden werden, deren Sprechstellen im Bereiche eines anderen Ortsfernsprechnetzes oder einer anderen Umschaltestelle liegen. Voraussetzung ist, daß die Nebenstellen nicht weiter als 15 km von der Vermittelungsstelle entfernt sind, an die der Hauptanschluß geführt ist. Nur wenn eine Vermittelungsanstalt im dienstlichen Interesse aufgehoben und mit einer anderen vereinigt wird, sind die vorhandenen Haupt- und Nebenanschlüsse auch dann nach der vereinigten Vermittelungsanstalt umzulegen, wenn diese von den Sprechstellen weiter als 15 km entfernt ist.

VI. Anmeldungen auf Nebenanschlüsse müssen von dem Inhaber des Hauptanschlusses unterschrieben werden.

3. Mehr als 5 Nebenanschlüsse dürfen mit demselben Hauptanschlusse nicht verbunden werden. Den Teilnehmern ist überlassen, die Herstellung und Instandhaltung der auf dem Grundstücke des Hauptanschlusses befindlichen Nebenanschlüsse durch die Reichs-Telegraphenverwaltung oder durch Dritte bewirken zu lassen. Die nicht von der Reichs-Telegraphenverwaltung hergestellten Nebenanschlüsse müssen den von der Reichs-Telegraphenverwaltung festzusetzenden technischen Anforderungen entsprechen.

Vor der Inbetriebnahme sind die Nebenanschlüsse dem Postamte, Telegraphenamt oder Stadtfernsprechamt anzumelden, welchem die Vermittelungsanstalt unterstellt ist. Dieses ist befugt, jederzeit zu prüfen, ob die Nebenanschlüsse den technischen Anforderungen genügen.

Die Herstellung und Instandhaltung der nicht auf dem Grundstücke des Hauptanschlusses befindlichen Nebenanschlüsse wird der Reichs-Telegraphenverwaltung vorbehalten.

Zu 3.

I. Werden einem Nebenanschlusse noch andere Sprechapparate angeschaltet, so sind diese ebenfalls als Nebenstellen zu behandeln und in die Gesamtzahl der an die Hauptstelle angeschlossenen Nebenstellen einzurechnen. Dasselbe gilt von solchen Vorrichtungen (Anschlußdosen etc.), die es ermöglichen, Sprechapparate zu vorübergehendem Gebrauche mit Haupt- oder Nebenanschlußleitungen zu verbinden. Die für den Hauptanschluß etwa notwendigen Vorrichtungen bleiben dabei außer Betracht.

II. Die Ober-Postdirektionen sind ermächtigt, die von der Telegraphenverwaltung hergestellten, auf dem Grundstücke des Hauptanschlusses befindlichen Nebenanschlüsse dem Inhaber des Hauptanschlusses gegen Erstattung des Zeitwerts eigentümlich zu überlassen. Für diese Nebenstellen, die von dem Eigentümer instand zu halten sind, werden vom ersten Tage des nächsten Vierteljahrs ab die unter II. B. angegebenen Gebühren erhoben.

III. In technischer Hinsicht gelten folgende Bestimmungen:

Die Sprech- und Hörapparate der nicht von der Telegraphenverwaltung errichteten oder von dieser nicht instand zu haltenden Nebenanschlüsse dürfen den von der Telegraphenverwaltung für den Ortsverkehr verwandten Apparaten nicht nachstehen. Sollen für die Nebenanschlüsse Systeme angewandt werden, die Änderungen der Umschaltevorrichtungen der Vermittelungsanstalten erfordern, so ist die Genehmigung des Reichs-Postamts notwendig.

Münden in ein Grundstück mehrere Fernsprechanschlüsse desselben Inhabers ein, so ist der Sprechverkehr zwischen allen mit diesen Hauptanschlüssen verbundenen Nebenanschlüssen gestattet. Sind jedoch außer den Nebenanschlüssen noch Privatapparate vorhanden, für die Gebühren nach II. B. nicht gezahlt werden, so sind die technischen Einrichtungen so zu gestalten, daß Gesprächsverbindungen zwischen den Privatapparaten und der Vermittelungsanstalt nicht hergestellt werden können.

Im übrigen werden die technischen Anforderungen von den Ober-Postdirektionen festgesetzt. Dabei gilt als Richtschnur, daß den Inhabern von Nebenanschlüssen in der Wahl der Apparate, des Leitungsmaterials usw. möglichst Spielraum gelassen wird.

Es liegt im eigenen Interesse der Beteiligten, zum Sprechen und Hören nur beste Apparate zu benutzen und namentlich als Mikrophonelemente nur solche Trockenelemente zu verwenden, die in genügender Menge elektrische Energie hergeben. Es empfiehlt sich, daß die Privateinrichtungen im wesentlichen den Einrichtungen der Reichs-Telegraphenverwaltung angepaßt werden, damit keine Schwierigkeiten und Weiterungen im Verkehr zwischen den Nebenstellen und den anderen Sprechstellen entstehen.

Demgemäß ist besonders folgendes zu beachten:

a) die Schaltung der Fernsprechgehäuse ist so einzurichten, daß sie im wesentlichen mit den in der Telegraphenverwaltung gebräuchlichen Schaltungen übereinstimmt;

b) es sind Kontrollelemente oder Polarisationszellen einzuschalten, wenn bei den von der Telegraphenverwaltung hergestellten Anschlüssen solche Elemente oder Zellen gebraucht werden;

c) zum Anrufe muss Wechselstrom von nicht unter 30 und nicht über 40 Volt Spannung benutzt werden. Da die Anwendung nicht polarisierter Wecker bei Erzeugung der Weckströme durch Induktoren Gefahren für die Beamten der Vermittelungsanstalten usw. in sich schließt, so sind nur polarisierte Wecker zugelassen. Der Rollenwiderstand der Wecker muss mindestens 300 Ohm betragen;

d) die Apparate und Leitungen der Nebenanschlüsse sind an die Hauptstelle und Hauptanschlußleitung in der Weise anzuschalten, daß jederzeit leicht festgestellt werden kann, ob bei Betriebsschwierigkeiten der Fehler in der Reichstelegraphenanlage oder in der Privatanlage zu suchen ist. Bei der Verwendung eines Klappenschrankes in der Hauptstelle sind die Kosten für den Klappenschrank und die sonst noch erforderlichen Umschaltevorrichtungen von dem Inhaber der Nebenanschlüsse zu tragen.

Wenn bei den Vermittelungsanstalten Betriebsänderungen in Aussicht stehen, die eine Änderung in den technischen Einrichtungen der Privatnebenanschlüsse nötig machen, so wird den Inhabern hiervon rechtzeitig Kenntnis gegeben. Auf Wunsch werden ihnen auch die Lieferer der zu den Änderungen notwendigen Apparatteile genannt. Diese Apparatteile werden aber aus den Beständen der Verwaltung nicht hergegeben; auch werden die Änderungen nicht durch Reichs-Telegraphenbeamte ausgeführt.

4. Die Inhaber der Nebenstellen sind zum Sprechverkehr mit der Hauptstelle sowie mit anderen an dieselbe Hauptstelle angeschlossenen Nebenstellen befugt. Sprechverbindungen mit dritten Personen werden ihnen in demselben Umfange gewährt, wie dem Inhaber der Hauptstelle.

Soweit nichts Abweichendes bestimmt ist, finden für die Benutzung des Nebenanschlusses die für den Hauptanschluß geltenden Bestimmungen entsprechend Anwendung.

Die unter 2. bezeichneten Nebenanschlüsse werden, sofern nichts Gegenteiliges verlangt wird, in das Teilnehmerverzeichnis aufgenommen.

5. Der Inhaber des Hauptanschlusses ist Schuldner der durch die Benutzung des Nebenanschlusses erwachsenden Gebühren.

Die Einzelgebühren für Gespräche von und nach Nebenstellen werden fällig, sobald die Verbindung mit den zugehörigen Hauptstellen von der Vermittelungsanstalt ausgeführt worden ist.

6. Das Recht zur Benutzung des Nebenanschlusses erlischt mit dem Rechte zur Benutzung des Hauptanschlusses. Außerdem kann es durch die Reichs-Telegraphenverwaltung entzogen werden: im Falle mißbräuchlicher Benutzung des Nebenanschlusses oder wenn sich ergibt, daß dieser den technischen Anforderungen nicht genügt, oder falls sonst aus der Benutzung des Nebenanschlusses erhebliche Schwierigkeiten für den Fernsprechbetrieb entstehen.

II. Gebühren für Nebenanschlüsse.

Die Gebühren für Nebenanschlüsse werden auf Grund des § 10 der Fernsprechgebühren-Ordnung vom 20. Dezember 1899 wie folgt festgesetzt:

A. Für die Errichtung und Instandhaltung des Nebenanschlusses durch die Reichs-Telegraphenverwaltung werden erhoben:

1. für Nebenanschlüsse in den auf dem Grundstücke des Hauptanschlusses befindlichen Wohn- oder Geschäftsräumen des Inhabers des Hauptanschlusses:
   für jeden Nebenanschluß jährlich 20 Mk.,
2. für andere Nebenanschlüsse:
   für jeden Nebenanschluß jährlich 30 Mk.,
3. sind zur Verbindung der Nebenstelle mit dem Hauptanschlusse mehr als 100 m Leitung erforderlich, so werden außerdem für jede angefangenen weiteren 100 m Leitung erhoben:
   bei einfacher Leitung jährlich . . 3 Mk.,
   bei Doppelleitung jährlich . . . . . 5 Mk.,
4. bei Nebenanschlüssen, die weiter als 10 km von der (Haupt-)Vermittelungsanstalt entfernt sind, werden für die überschießende, von der Hauptsprechstelle zu messende Leitungslänge dieselben Baukostenzuschüsse erhoben, wie bei Hauptanschlüssen.

Zu A 1 bis 3.

I. Werden die Sprechstellen zweier zu einem und demselben Hauptanschlusse gehörenden Nebenanschlüsse noch unter sich durch besondere Leitungen unmittelbar verbunden, so wird außer dem Zuschlag für die Leitung und die Erweiterung der technischen Einrichtung bei beiden Sprechstellen eine Gebühr von insgesamt 20 oder 30 Mk. jährlich erhoben.

Zu A 3.

I. Die Leitungslänge wird nach dem nächsten ohne Aufwendung besonderer Kosten benutzbaren Wege bemessen, auch wenn die Leitung tatsächlich auf einem Umwege geführt wird.

Bei der Gebührenberechnung für unterirdisch geführte Nebenanschlüsse wird der nächste ohne Aufwendung besonderer Kosten für die Auslegung von Kabeln benutzbare Weg zugrunde gelegt, auch wenn die tatsächlich benutzten Kabel auf einem Umwege verlegt sind.

Wird die oberirdische Führung bestehender Nebenanschlüsse im Interesse der Telegraphenverwaltung durch die unterirdische ersetzt, so tritt aus diesem Anlaß eine Erhöhung der Gebühren nicht ein.

B. Für Nebenanschlüsse, die nicht von der Reichs - Telegraphenverwaltung hergestellt und instand zu halten sind, werden erhoben

1. für Nebenanschlüsse in den auf dem Grundstücke des Hauptanschlusses befindlichen Wohn- oder Geschäftsräumen des Inhabers des Hauptanschlusses:

für jeden Nebenanschluß jährlich 10 Mk.,

2. für andere Nebenanschlüsse:

für jeden Nebenanschluß jährlich 15 Mk.

C. In Bezirksfernsprechnetzen wird für Nebenanschlüsse an solche Hauptanschlüsse, deren Inhaber die Bauschgebühr für die Benutzung der Verbindungsleitungen zahlen, zu den nach II. A. 2 und B. 2 zu entrichtenden Gebühren ein Zuschlag von 100 Mk. jährlich für jeden Nebenanschluß erhoben. Für Nebenanschlüsse, deren Inhaber die Vergütung nach II. A. 1 und B. 1 zu entrichten haben, wird dieser Zuschlag nicht erhoben.

Anhang.

Anleitung zur Herstellung von Gebäude-Blitzableitern.

1. Allgemeines.

Unter Blitz versteht man die plötzliche Ausgleichung großer Mengen Luftelektrizität, die sich in einer Gewitterwolke angesammelt hat, mit der entgegengesetzten Elektrizität der Erde. Auch zwischen zwei voneinander entfernten, verschieden elektrischen Gewitterwolken findet eine solche Ausgleichung statt. Je mehr die Elektrizität in der Gewitterwolke sich verdichtet hat und je näher die Wolke der Erde ist, um so größer ist die Neigung der verschiedenen Elektrizitäten sich auszugleichen.

Hohe Punkte der Erdoberfläche, wie Türme, Häuser, Bäume, werden vom Blitz am leichtesten getroffen; er nimmt seinen Weg in das Grundwasser der Erde und zwar am liebsten durch gut leitende Gegenstände, z. B. Metallkonstruktionen an Dächern und Mauerwerk, Dachrinnen usw. Stehen die Metallteile des Gebäudes nicht untereinander und mit dem Grundwasser in Verbindung, so daß der Weg unterbrochen ist, so springt der Blitz auf den nächsten gut leitenden Weg über; dabei erhitzt er die Übergangsstelle und bringt brennbare Gegenstände leicht zur Entzündung.

Welchen Zweck hat nun ein Gebäude - Blitzableiter? Er stellt eine ununterbrochene vorzüg-
liche Verbindung von einem oder mehreren
Punkten, die das Gebäude überragen, mit dem
Grundwasser her unter Anschluß aller größeren
Metallteile, also einen künstlichen Blitzweg und
soll eine doppelte Aufgabe erfüllen, er soll

1. die Elektrizität der Luft und die entgegengesetzte der Erde nach und nach aus-
gleichen, so daß eine große Menge Elektrizität sich über dem Gebäude nicht an-
sammelt und ein Blitz möglichst nicht zustande kommt;

2. den Blitz, wenn er dennoch entsteht, unschädlich in die Erde ableiten.

Diese Aufgabe kann der Blitzableiter nur
erfüllen, wenn er sachgemäß angelegt ist. Fehlerhaft angelegte und unvollkommene Blitzableiter
beeinträchtigen ihre Wirksamkeit, wenn sie auch
die Blitzgefahr für ein Gebäude im allgemeinen
nicht erhöhen.

Erhöht wird die Blitzgefahr für ein Gebäude,
außer durch Verwendung ausgedehnter Metallkonstruktionen, eiserne Träger, Gas- und Wasserleitungen — wenn diese Metallteile nicht etwa
schon durch ihre Anordnung einen genügenden
Blitzableiter bilden —, durch tiefgehende Fun-
damente, hochragende Mauern, Türme und Dach-
krönungen. Am meisten sind die der Wetterseite
zugewandten Gebäudeteile gefährdet. Die wahr-
scheinlichen Einschlagstellen sind die First, stärker
emporragende Schornsteine, Türme. Die Gefahr
wird vermindert durch enge Täler, die Nähe des
Waldes, benachbarte hohe Bäume, Telegraphen-
und Starkstromleitungen; dagegen ist für die

elektrischen Leitungen selbst die Gefahr, vom Blitz getroffen zu werden, sehr groß.

Es gibt drei Arten (Systeme) von Blitzableitern, die sich wesentlich nur durch die Zahl und die Art der Auffangestangen unterscheiden,

das Franklinsche oder Gay-Lussacsche System: wenige, aber hohe Auffangestangen, die durch einige starke Leitungen mit dem Grundwasser verbunden werden;

das Melsensche System: viele, aber kurze in Drahtbüschel endigende Auffangestangen, die durch viele Leitungen mit dem Grundwasser in Verbindung gebracht werden, und

das Faradaysche System: Umgebung des zu schützenden Gebäudes mit einem Netz metallener Drähte (Käfig), die von dem Gebäude selbst isoliert sind.

Wir behandeln hier nur das in Deutschland fast ausschließlich zur Anwendung kommende Gay-Lussacsche System.

Auf Grund seiner Untersuchungen über die zweckmäßigste Ausführung von Blitzableiter-Anlagen hat der Elektrotechnische Verein in Berlin „Leitsätze" aufgestellt, die wir als Richtschnur unserer „Anleitung" nehmen. Die wesentlichen Punkte der Leitsätze sind folgende:

1. Der Blitzableiter gewährt den Gebäuden und ihrem Inhalte Schutz gegen Schädigung oder Entzündung durch den Blitz.

2. Der Blitzableiter besteht aus:

    a) den Auffangevorrichtungen,

    b) den Gebäudeleitungen und

    c) den Erdleitungen.

    a) Die Auffangevorrichtungen sind emporragende Metallkörper, -Flächen oder Lei-

tungen. Die erfahrungsgemäßen Einschlagstellen (Turm- oder Giebelspitzen,
Firstkanten des Daches, hochgelegene
Schornsteinköpfe und andere besonders
emporragende Gebäudeteile) werden am
besten selbst als Auffangevorrichtungen
ausgebildet, oder mit solchen versehen.

b) Die Gebäudeleitungen bilden eine zusammenhängende metallische Verbindung
der Auffangevorrichtungen mit den Erdleitungen; sie sollen das Gebäude, namentlich das Dach, möglichst allseitig um-
spannen und von den Auffangevorrichtungen auf den zulässig kürzesten Wegen
und unter tunlichster Vermeidung schär-
ferer Krümmungen zur Erde führen.

c) Die Erdleitungen bestehen aus metallenen
Leitungen, welche an den unteren Enden
der Gebäudeleitungen anschließen und in
den Erdboden eindringen; sie sollen sich
hier unter Bevorzugung feuchter Stellen
möglichst weit ausbreiten.

3. Metallene Gebäudeteile und größere Metallmassen im und am Gebäude, insbesondere solche,
welche mit der Erde in großflächiger Berührung
stehen, wie Rohrleitungen, sind tunlichst unter
sich und mit dem Blitzableiter leitend zu verbinden.
Es ist von größtem Wert, daß schon beim Ent-
wurf und bei der Ausführung neuer Gebäude auf
möglichste Ausnutzung der metallenen Bauteile,
Rohrleitungen u. dgl. für die Zwecke des Blitz-
schutzes Rücksicht genommen wird.

4. Der Schutz, den ein Blitzableiter gewährt,
ist um so sicherer, je vollkommener alle dem Ein-

schlag ausgesetzten Stellen des Gebäudes durch
Auffangevorrichtungen geschützt, je größer die Zahl
der Gebäudeleitungen und je reichlicher bemesssen
und besser ausgebreitet die Erdleitungen sind.
Es tragen aber auch schon metallene Gebäudeteile von größerer Ausdehnung, insbesondere
solche, welche von den höchsten Stellen der Gebäude zur Erde führen, selbst wenn sie ohne
Rücksicht auf den Blitzschutz ausgeführt sind, in
der Regel zur Verminderung des Blitschadens bei.

5. verzweigte Leitungen aus Eisen sollen nicht
unter 50 qmm, unverzweigte nicht unter 100 qmm
stark sein. Für Kupfer ist die Hälfte dieser Querschnitte ausreichend; Zink ist mindestens vom
ein- und einhalbfachen, Blei vom dreifachen Querschnitt des Eisens zu wählen. Der Leiter soll
nach Form und Befestigung sturmsicher sein.

6. Leitungsverbindungen und Anschlüsse sind
dauerhaft, dicht und möglichst großflächig herzustellen. Nicht geschweißte oder gelötete Verbindungsstellen sollen metallische Berührungs-
flächen von nicht unter 10 qcm erhalten.

7. Um den Blitzableiter dauernd in gutem Zustande zu erhalten, sind wiederholte sachverstän-
dige Untersuchungen erforderlich, wobei auch zu
beachten ist, ob inzwischen Änderungen an dem
Gebäude vorgekommen sind, welche entsprechende
Änderungen oder Ergänzungen des Blitzableiters
bedingen.

2. Ausführung der Blitzableiteranlage.
a) Die Auffangevorrichtung.

Die Auffangevorrichtung besteht aus der Auffangestange mit Spitze. Als Auffangestange dient
gewöhnlich ein einzölliges, verzinktes, eisernes

Rohr, an dessen oberem Ende eine massive Spitze
eingeschraubt ist, oder aus einem $^3/_4$zölligen verzinkten, massiven Eisenstab, dessen oberes Ende
zugespitzt ist. Die Stange muß den höchsten
Punkt des zu schützenden Gebäudes um 2 bis 5 m
überragen. Wie hoch die Stange über das Gebäude ragen muß, hängt von dessen Ausdehnung
ab. Der von einer Auffangestange geschützte
Raum (Schutzraum) ist ein gerader Kegel von
kreisförmiger Grundfläche. Der höchste Punkt
der Stange bildet die Spitze des Kegels, die Höhe
des Kegels ist gleich der Länge der Stange bis
zur Dachfirst, der Radius des Kegels ist gleich
der Stangenlänge. In diesem Falle nennt man
den Schutzraum einen einfachen. Man spricht
auch von einem eineinhalbfachen, zweifachen, dreifachen usw. Schutzraum und bezeichnet damit den
Schutzkegel, dessen Radius sich zu der Höhe
verhält wie $1^1/_2 : 1$, $2 : 1$, $3 : 1$ usw. Ist ab (Fig. 365)
eine 4 m über die First des Daches ragende

Fig. 365.

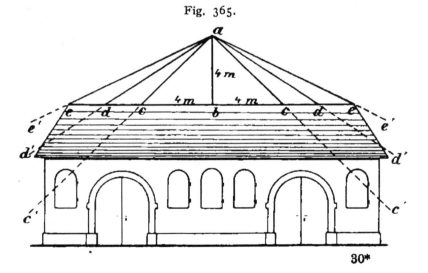

Stange, so fallen alle Teile des Gebäudes innerhalb des Kegels *c a c* bzw. *c' a c'* in den einfachen
Schutzraum. Der Kegel *d a d* bzw. *d' a d'* würde
einen 1½fachen, der Kegel *e a e* bzw. *e' a e'* einen
2fachen Schutzraum darstellen. Der von dem
Kegelmantel *c' a c'* überdeckte Raum bietet den
sichersten Schutz

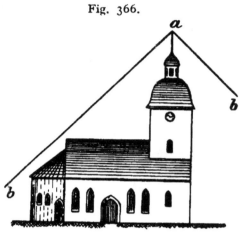

Fig. 366.

gegen Blitz-
gefahr und ge-
nügt unter allen
Umständen. Die
Kirche (Fig. 366)
würde also durch
einen Blitz-
ableiter *a b b*
sicher geschützt
werden, während
das Wohnge-
bäude (Fig. 367)
zwei Fangstangen erhalten müßte.

Bei der Entscheidung der Frage, wie viele

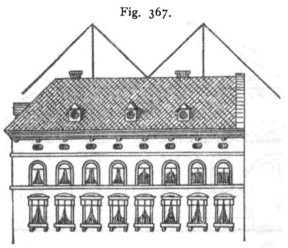

Fig. 367.

Auffange-
stangen
nötig sind,
wo und in
welcher
Länge sie
anzu-
bringen
sind, sollte
als Grund-
satz gelten,
daß die
höchst-

gelegenen Ecken eines Gebäudes im 1fachen bis
1 $\frac{1}{2}$fachen, die tiefergelegenen mindestens im
2 $\frac{1}{2}$fachen Schutzraum liegen; die höchsten Kanten
müssen sich mindestens im 2fachen, die tieferen
im 3fachen Schutzraum befinden. Schornsteine,
Türmchen u. dgl., die das Dach überragen, sollen
in den einfachen Schutzraum einer Auffangespitze
fallen, oder sie müssen durch eine besondere Luft-
leitung überdeckt werden.

Auffangespitze. Besteht die Auffangestange
aus einem Eisenrohr (Gasrohr), so wird eine
massive Spitze, die am unteren Ende mit Gewinde
versehen ist, in das Rohr
eingeschraubt. Häufig
werden Spitzen em-
pfohlen, deren oberes
Ende vergoldet, ver-
silbert oder platiniert ist;
die Praxis hat jedoch
keinerlei Vorteile solcher
teueren Spitzen gegen-
über verzinkten Eisen-
spitzen erkennen lassen.
Spitzen aus Retorten-
kohle sind ebenfalls nicht
zu empfehlen.

Den Spitzen werden
verschiedene Formen ge-
geben (Fig. 368 u. 369).
Auch Wetterfahnen und
Fahnenstangen werden

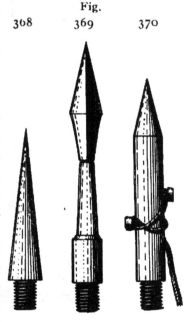

Fig.
368   369   370

als Blitzableiterspitzen ausgebildet. Soll ein Blitzableiterseil schon von der Auffangespitze ab heruntergeführt werden, so kann man eine Spitze

der Form 370 verwenden, die seitlich mit Schrauben-
löchern versehen sind, in welchen das Leitungsseil
mittels Schrauben befestigt wird.

Befestigung der Auffangestangen. Die Auffangestangen müssen so stark befestigt sein, daß

Fig. 371.

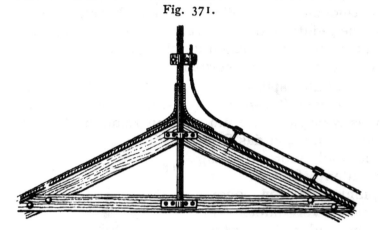

sie jedem Sturm widerstehen können, ihre Höhe
über dem Dache ist deshalb auf 4 bis höchstens
5 m begrenzt. Schon aus diesem Grunde müssen
bei Gebäuden mit größerer
Ausdehnung oder mit seit-
lichen Anbauten stets
mehrere Stangen aufgestellt
werden.

Fig. 372.

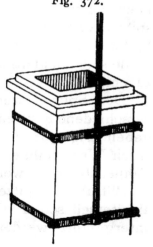

Die Befestigung der Fang-
stange auf einem Dache geschieht gewöhnlich an einem
Querholz des Sparrenwerks
(Fig. 371) in ähnlicher Weise,
wie auch eiserne Rohrständer
für Telephonleitungen be-
festigt werden. An der Stelle,

wo die Stange aus dem
Dache heraustritt, ist
zum Schutze gegen
Regen ein Trichter aus
Zinkblech an die Stange
zu löten.

Zur Anbringung von
Fangstangen an Schorn-
steinen kann man
Schellen verwenden, die
mit einem um den
Schornstein herum-
greifenden Eisenband
verschraubt werden, wie
in Fig. 372 dargestellt ist.

Man kann die Be-
festigung auch in der
durch Fig. 373 ver-
anschaulichten Weise mittels Stützen mit Steinschrauben bewirken. Die eine Stütze (*a*)
besitzt am Ende eine Schelle zur Aufnahme
der Stange, in die zweite Stütze (*b*), eine gebogene
Rohrstütze, wird das untere Ende der Stange
eingesetzt.

b) Die Gebäudeleitung.

Als Gebäudeleitung werden verwendet: runde
und vierkantige Eisenstäbe, Seile aus verzinkten
Eisendrähten, Kupferdrahtseile und massive
Kupferdrähte, Eisenband und Kupferband.

Der Querschnitt soll betragen:

bei massivem Rundeisen 100 qmm

oder rund 11 mm Durchmesser,

bei massivem Kupferdraht 50 qmm

oder rund 8 mm Durchmesser,

bei Seilen aus Eisen 110 qmm

= 7 Drähten zu 4,5 mm Durchmesser,

bei Seilen aus Kupfer 60 qmm

= 7 Drähten zu 3,3 mm Durchmesser.

Bei Verwendung von 4kantigen Eisenstäben ist eine Stärke von 10 mm im Vierkant, bei 4kantigen Kupferstäben von 7,1 mm im Vierkant zu wählen.

Diese Maße gelten für den Fall, daß die Leitung ohne Abzweigung zur Erde geht; verzweigt sich die Leitung, so müssen die Querschnitte der einzelnen Abzweigungen zusammen etwas mehr betragen, als der Querschnitt der Hauptleitung.

Fig.

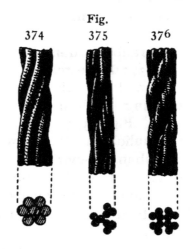

374   375   376

Wird Band als Leitung benutzt, so soll die geringste Stärke bei Kupfer 1 mm, bei Eisen 4 mm betragen.

Die Verseilung der Drähte geschieht in verschiedener Weise; Fig. 374 stellt ein Seil aus 7 Drähten dar, Fig. 375 und 376 Seile aus 9 und 12 Drähten, die aus 3 bzw. 4 dreidrähtigen Seilen geflochten sind.

Befestigung der Gebäudeleitung. Die Gebäudeleitung muß mit der Auffangestange fest und metallisch verbunden werden (vgl. Punkt 6 der Leitsätze, S. 466). Am einfachsten erfolgt die Verbindung mittels Schelle (Fig. 377) aus Kupfer oder Messing, die mit der Stange und der Leitung zu verlöten ist.

Die Blitzableitung (Seil, Metallstab oder Band) ist auf dem kürzesten Wege zur Erde zu führen und zwar soviel als möglich geradlinig und in einem Stück ohne Unterbrechung.

Fig. 377.

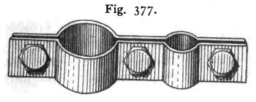

Die Leitung wird in Stützen von der Form der Figur 378 und 379 festgelegt, die in die Dachsparren eingeschlagen oder eingeschraubt werden, oder der Figur 380, die in Mauerwerk einzulassen sind.

Fig. 378.   Fig. 379. ·

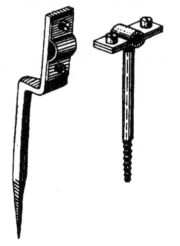

Bei Neubauten empfiehlt es sich, die Stützen von vornherein mit einzumauern und von unten beginnend gleichzeitig das Seil einzulegen.

Die Leitung soll mindestens 10 cm von der Dachfläche oder der Mauerwand entfernt bleiben. Auf der First des Daches und der Dachfläche kann man auf je 1 bis 2 m, bei der senkrechten Führung der Leitung auf je 2 bis 3 m eine Stütze anbringen. Das Seil muß straff gespannt sein, scharfe Biegungen sind zu vermeiden und ein-

Fig. 380.

springende Winkel zu übergehen. An den Befestigungsstellen legt man um das Leitungsseil zweckmäßig ein Stück Bleiblech, damit das Seil nicht verletzt wird und bei Temperaturwechsel sich freier bewegen kann. Am Fuße des Gebäudes ist die Leitung durch ein etwa $2^1/_2$ m langes Gasrohr zu ziehen, das bis in das Erdreich ragt.

Alle in dem Gebäude befindlichen Metallmassen und Konstruktionen, z. B. Metalldächer, Gas- und Wasserleitungen, Dachrinnen, sind mit der Hauptleitung durch besondere schwächere Leitungen zu verbinden (verlöten) (vgl. Punkt 3 und 4 der Leitsätze, S. 465).

c) Die Erdleitung.

Der Blitz soll auf dem Wege zur Erde einen möglichst geringen Widerstand finden. Zu diesem Zwecke müssen nicht nur die Auffangestange und die Gebäudeleitung eine genügende Stärke besitzen, auch die Erdleitung muß bis in das Grundwasser geführt sein und mit demselben eine möglichst große Berührungsfläche haben.

Da das Grundwasser in der trockenen Jahreszeit, die gewöhnlich auch die gewitterreichste ist, sinkt, so ist dafür zu sorgen, daß die Erdleitung auch beim tiefsten Stande des Grundwassers noch vollständig in der feuchten Erde liegt. Um das Erdreich feucht zu erhalten, empfiehlt es sich, die Erdleitung unter den Abfluß von Regenrinnen anzulegen. Zweckmäßig ist es auch, eine Lage Koks über der Erdleitung aufzuschütten. Wie tief die Erde aufzugraben ist, richtet sich ganz nach der Örtlichkeit; da die Wirksamkeit der ganzen Anlage wesentlich von der Güte der Erdleitung abhängt, so sollte man sich die Mühe nicht verdrießen lassen, die Erdleitung stets so tief als möglich einzubetten. Stößt man beim Graben auf eine Schicht undurchlässigen Bodens (Ton oder Lehm), so muß diese unbedingt durchbrochen werden.

Am sichersten liegt die Erdleitung in Gewässern und Quellen. Auch in Brunnen kann die Erdleitung versenkt werden; es ist jedoch zu beachten, daß in Brunnen, aus denen Wasser für Menschen und Tiere entnommen wird, Erdleitungen aus Kupfer nicht gebracht werden dürfen.

Form der Erdleitung. Die Erdleitung ist die Fortsetzung oder Verlängerung der Gebäudeleitung unter der Erde. Um eine recht große Berührungsfläche mit dem Grundwasser zu erzielen, läßt man die Erdleitung meist in einer Metallplatte enden, die gewöhnlich aus demselben Material besteht, wie die Leitung selbst. Erdplatten aus Kupferblech sollen etwa 2 mm dick, solche aus Eisen 5 mm dick sein und eine Fläche von 1 qm haben. Es empfiehlt sich, die Erdplatten senkrecht in das Grundwasser zu stellen; Kupferplatten sind zweckmäßig zu einem nicht ganz geschlossenen Zylindermantel zu formen.

Besteht die Gebäudeleitung aus einem Seil, so kann man in einfacher Weise die Erdleitung herstellen, indem man ein genügend langes Ende zu einer Anzahl verschieden großer Ringe aufrollt und letztere in das Grundwasser legt, oder indem man die einzelnen Drähte des Seiles abwickelt und fächerartig ausbreitet.

Zu Erdplatten können auch Netze aus 4 mm starkem Kupfer- oder Eisendraht und einer Größe von 1 qm verwendet werden, die man zylinderförmig zusammenlegt. Weniger geeignet sind Gas- und Wasserleitungsrohre.

Es ist selbstverständlich, daß wenn an die Erdleitung eine Metallplatte, ein Drahtnetz oder Rohre angeschlossen werden, zwischen Erdleitung und Platte usw. eine innige, metallische Verbindung bestehen muß. Diese wird durch sorgfältiges Verlöten hergestellt. Um die Verbindung zu sichern, werden bei Erdseilen die Drähte auseinandergedreht und letztere einzeln mit der Platte, dem Netz oder den Rohren an mehreren Stellen verlötet.

Verbindung der Erdleitung mit Gas- und Wasserleitungen. Bei der großen Ausbreitungsfläche, welche Gas- und Wasserleitungsrohre besitzen, ist es zu empfehlen, den Blitzableiter wenn möglich von einer geeigneten Stelle der Erdleitung aus mit den betreffenden Rohren zu verbinden. Eine Gefahr entsteht für die Rohrleitungen nicht, wenn die Dichtung der Muffen durch leitende Materialien (Blei, nicht aber durch isolierende Stoffe wie Hanf, Teer und Mennige) hergestellt ist. Sind zugleich Gas- und Wasserleitung vorhanden, so sind beide mit den Blitzableitern zu verbinden.

Die Verbindung geschieht durch Verlötung mit Weichlot auf möglichst großer Fläche. Letztere ist entweder durch mehrmalige Umwickelung oder durch Umlegen einer Rohrschelle zu gewinnen. Ist das Verlöten nicht angängig, so verwendet man eine Rohrschelle, die auf das mit Bleiblech umwickelte und vorher blank gemachte Rohr aufgesetzt und durch Bolzenschrauben fest angezogen wird.

Die Gas- und Wasserleitungen sollen während eines Gewitters in ihrem Zusammenhange nicht unterbrochen werden. Geschieht dies dennoch, so sind die getrennten Teile durch einen gut leitenden Körper, etwa durch ein Drahtseil zu verbinden.

3. Prüfung der Blitzableiteranlage.

Jede Blitzableiteranlage sollte gleich nach ihrer Fertigstellung und später jedes Jahr, insbesondere aber dann einer gründlichen Prüfung unterzogen werden, wenn sie vom Blitz getroffen worden ist. Die Untersuchung muß sich auf alle Teile der Anlage erstrecken. Es ist zu prüfen, ob Auffangestange und Spitze noch unverletzt und die Verbindungs- oder Lötstellen noch in gutem Zustande sind, ob die Leitung an irgendeiner Stelle etwa unterbrochen oder durch Rost beschädigt ist, ob Stützen und Klemmen noch festsitzen, ob die größeren Metallteile und etwa neu hinzugekommene mit der Leitung verbunden sind. Schwer zugängliche Teile der Leitung sind zweckmäßig vom Erdboden aus mittels eines guten Opernglases oder Fernrohrs zu besichtigen.

Vielfach ist es noch üblich, die Blitzableitung in der Weise zu untersuchen, daß man die Gebäudeleitung von der eigentlichen Erdleitung trennt, auf der Spitze der Auffangestange das eine Ende eines Hilfsdrahts befestigt und zwischen das andere Ende dieses Drahtes und das untere Ende der Gebäudeleitung ein Element und ein Galvanoskop einschaltet. Dann bildet Auffangestange, Gebäudeleitung, Galvanoskop, Element und

Hilfsdraht einen geschlossenen Stromkreis und die Nadel schlägt mehr oder weniger aus. Es kann aber sehr wohl an einer Stelle die Leitung fast durchgerostet sein, ohne daß dies den Nadelausschlag merkbar beeinflußt. Man kann daher aus einer solchen Untersuchung gar nicht beurteilen, ob die Leitung mehr oder weniger gelitten hat. Nur wenn sie ganz unterbrochen ist, schlägt die Nadel nicht aus. Eine Unterbrechung sowie auch geringere Schäden der Leitung sind aber durch eine gründliche Besichtigung aller Leitungsteile besser und sicherer festzustellen.

Prüfung der Erdleitung. Wenn die Erdleitung durch Rosten des Seiles oder der Erdplatte oder aus anderer Ursache schadhaft geworden oder etwa der Grundwasserspiegel sich gesenkt hat, so ist auch der Widerstand, den der Blitz beim Übergang in das Grundwasser und damit in das Erdreich findet, größer geworden. Dieser Widerstand kann aber nur durch elektrische Messung genau festgestellt werden. Die Messung liefert direkt ein Maß für die Güte der Erdleitung; hat man sich das Ergebnis notiert, so kann man durch Vergleichung mit dem Ergebnis späterer Messungen sehen, ob und in welchem Maße die Erdleitung sich etwa verschlechtert hat.

Um die Erdleitung zum Zwecke der Prüfung bequem von der Gebäudeleitung trennen zu können, schaltet man zwischen beide eine leicht lösbare Vorrichtung (Seilklemme, Schienenklemme, Konuskuppelung) ein. Fig. 381 stellt eine Konuskuppelung für ein Blitzableiterseil dar.

Wie groß der Widerstand einer Erdleitung sein

darf, läßt sich nicht ohne weiteres
vorherbestimmen. Man nimmt an,
daß eine gute Erdleitung einen
Widerstand von 10 Ohm, eine mittel-
gute bis etwa 40 Ohm zeigt; sind
die Bodenverhältnisse in bezug auf
das Grundwasser ungünstig, so kann
man eine Erdleitung mit etwa 100
Ohm Widerstand noch als brauchbar bezeichnen.

Fig. 381.

Blitzableiter-Messapparat (Tele-
phonbrücke). Zum Messen des
Erdleitungswiderstandes dient der
von Prof. Nippoldt angegebene Meßapparat,
Telephonbrücke genannt. Der Apparat wird von
der Firma Hartmann & Braun, A.-G. in Frankfurt
(Main) hergestellt und ist so eingerichtet, daß auch
ein Laie die Messung ausführen kann.

Der Meßapparat (Fig. 382) besteht aus zwei
Teilen:

1. einem Holzkasten mit einem Gaßner-Trocken-
element und einer Unterbrechungsvorrichtung.
Der Kasten wird in einem Lederfutteral an einem
Schulterriemen getragen;

2. der Meßbrücke in Dosenform. Die Brücke
enthält ein Telephon, einen Vergleichswiderstand
von 10 Ohm, einen Meßdraht und eine drehbare
Teilscheibe (Skala), von welcher die gemessenen
Widerstände direkt abgelesen werden können.

Die Messung mit der Brücke wird in ähnlicher
Weise bewerkstelligt, wie bei einer sog. Schnellwage. Man vergleicht den zu messenden Widerstande der Erdleitung mit dem im Apparat befindlichen Vergleichswiderstand. Bei der Schnellwage

Fig. 382.

1:3

wird das Vergleichsgewicht auf dem einen mit einer Teilung versehenen Wagearm so lange verschoben, bis die Zunge der Wage einspielt, worauf man das ermittelte Gewicht an der Teilung ablesen kann. Bei unserm Apparat wird der Vergleichswiderstand so lange auf dem (von außen nicht sichtbaren) Meßdraht verschoben, bis wieder die Zunge des Apparats einspielt. Der Unterschied ist nur der, daß das Einspielen der Zunge an der Wage mit dem Gesicht, bei der Telephonbrücke dagegen mit dem Gehör beobachtet wird. Das Einspielen der Zunge, des Zeigers, wird mit dem an das Ohr gehaltenen Telephon beobachtet; es tritt ein, wenn der von dem Unterbrecher im Telephon erzeugte Ton durch passendes Drehen der Teilscheibe verschwindet oder am leisesten ertönt. Das Ablesen des Widerstandes der Erdleitung geschieht, wie bei der Wage, an einer außen sichtbaren Teilung, welche sich vor dem Zeiger verschiebt.

Da jedem Apparat eine ausführliche Gebrauchsanweisung beigegeben ist, so sehen wir davon ab, die Handhabung der Telephonbrücke hier näher zu beschreiben.

Blitzanzeiger. Wenn ein richtig angelegter Blitzableiter von einem Blitzschlag getroffen wird, so leitet er den Blitz ohne Schaden für das Gebäude zur Erde. Es kann aber vorkommen, daß der Blitzableiter dabei selbst beschädigt wird und dann bei einem weiteren Blitzschlag für das Gebäude eher eine Gefahr als einen Schutz bedeutet. Es empfiehlt sich deshalb, am Blitzableiter einen Apparat anzubringen, der selbsttätig anzeigt, ob eine Blitzentladung durch die Leitung zur Erde gegangen ist, damit in diesem Falle die Anlage einer Revision unterzogen wird.

Von den verschiedenen für den Zweck konstruierten Apparaten hat sich der von Dr. Zielinski angegebene „Blitzanzeiger" der Firma Felten & Guilleaume Carlswerk A.-G., Zweigniederlassung Nürnberg als besonders geeignet erwiesen. Der Apparat (Fig. 383) besteht aus einer mit Glasscheibe versehenen Messingdose, in welcher auf einer Stahlspitze eine sternförmige Kompaßnadel schwingt. Die Dose wird mittels des rohrschellenartigen Ansatzes unter Zwischenlegung von etwas dünnem Bleiblech an dem Blitzableiterseil so hoch über dem Erdboden befestigt, daß sie für Unberufene nicht zugänglich ist. Der magnetische Stern wird sich wie eine Kompaßnadel in der Richtung des magnetischen Meridians von selbst einstellen. Bei der erstmaligen Aufstellung ist das Instrument in eine solche Richtung zu bringen, daß entweder die weiß markierte Nadelspitze oder die dieser gerade entgegengesetzte Sternspitze nach dem Blitzableiterseil zeigt. Hierauf dreht man den Deckel der Dose so, daß die am Glasdeckel befindliche Marke sich mit der weißen Nadelspitze deckt; der Apparat ist dann zum Gebrauch fertig.

Fig. 383.

Fährt nun ein Blitz durch die Leitung, so wird der vorhandene Magnetismus der Nadel vernichtet, zugleich aber ein neuer Magnetismus in dem Stern erzeugt, unter dessen Einfluß der Sternmagnet sich um einen gewissen Winkel dreht, sodaß die beiden Marken, die früher übereinander standen, sich jetzt nicht mehr decken. Die neue Stellung behält der Magnet dauernd bei.

Beobachtet man also nach einem Gewitter, daß die weiß markierte Nadelspitze abgelenkt ist, so ist dies ein Beweis, daß sich durch die Leitung ein Blitz zur Erde entladen hat. In diesem Falle hat man nur nötig, die Marken durch Drehen des Dosendeckels wieder übereinander zu stellen und der Apparat ist bereit, einen neuen Blitzschlag anzuzeigen.

Fig. 384.

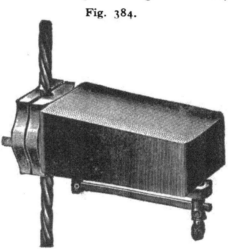

Zum Schutze gegen Wetter und unbefugte Manipulationen empfiehlt sich die Anbringung eines Schutzgehäuses aus Holz oder unmagnetischem Metall ohne Eisenschloß; am besten ist es, hierzu das verschließbare Gehäuse (Fig. 384) zu verwenden.

Lieferanten für Blitzableiter-Bedarfsartikel.
Von Firmen, die sich mit Anfertigung und Lieferung der Bedarfsartikel für Blitzableiteranlagen befassen, seien genannt:

31*

Ernst Eckardt, Dortmund,

C. Erfurth. Berlin S.W., Neuenburgerstr. 7,

Felten & Guilleaume, Carlswerk A.-G., Zweigniederlassung Nürnberg,

Sächs. Kupfer- und Messingwerke, F. A. Lange,
Kupferhammer Grünthal (Erzgeb.),

Mix & Genest, Berlin W. 57,

Stöcker & Co., Telephon- und Telegraphen-
werke, Leipzig-Plagwitz,

Westf. Kupfer- und Messingwerke, A.-G. vorm.
Caspar Noell, Vogelberg bei Lüdenscheid

Sachregister.

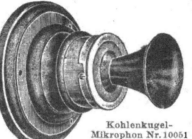

Verlag von S. Hirzel in Leipzig.

Wörterbuch

der

Elektrotechnik

in drei Sprachen.

Herausgegeben von

Paul Blaschke.

Mit einem Vorwort von Professor Dr. **F. Niethammer**
in Brünn.

Preis gebunden 15 Mark.

Band 1: Deutsch-Französisch-Englisch.
„   2: Französisch-Deutsch-Englisch.
„   3: Englisch-Deutsch-Französisch.

**Jeder Band ist einzeln zum Preise von 5 Mark
käuflich.**

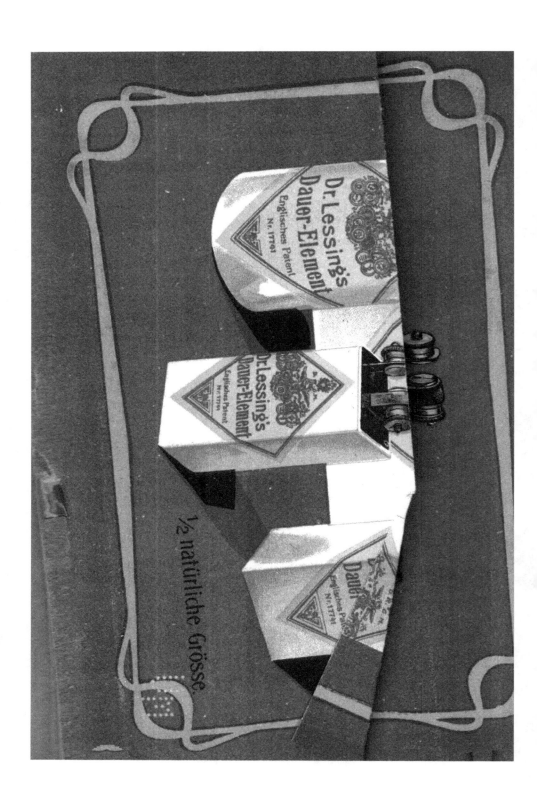

½ natürliche grösse.

Telephon-Fabrik-Actiengesellschaft

vormals J. Berliner

═══ Hannover ═══

Berlin • Wien • Budapest • London • Paris.

Deutsches Reichs-Patent

BERLINER's
automatische
Postnebenstellen-
Systeme.

**Deutsches
Reichs-Gebrauchsmuster.**

sind die zweckmäßigsten für Postnebenstellen mit gleichzeitigem Privat-Telephonbetrieb in Verwaltungs-Gebäuden, Fabriken, Geschäftshäusern, Hotels, Krankenhäusern, Lehranstalten etc.

übertreffen in Bezug auf Betriebs- und Kontrollsicherheit sowie Einfachheit der Bedienung alle bisher bekannten Systeme.

machen in Verbindung mit Arnheims automatischer Zentrale eine Bedienung bei der Ein- und Ausschaltung unnötig.

Selbsttätige Ein- und Ausschaltung bei Postgesprächen.

Postseitig anerkannt und zugelassen.

| Viele Anlagen im Betriebe. | Kostenanschläge gratis. | Feinste Referenzen zur Verfügung. |

Illustrierte Preisliste kostenlos und franko.

C. Schulze & Co., G. m. b. H., Gräfenhainichen.